杜威选集
主编 刘放桐 陈亚军

超自然的自然

杜威宗教观与艺术论

王新生 陈 佳 编

华东师范大学出版社

图书在版编目(CIP)数据

超自然的自然:杜威宗教观与艺术论/王新生,陈佳编.
—上海:华东师范大学出版社,2018
(杜威选集/刘放桐,陈亚军主编)
ISBN 978-7-5675-7831-9

Ⅰ.①超… Ⅱ.①王…②陈… Ⅲ.①杜威(Dewey, John 1859—1952)-宗教哲学-文集②杜威(Dewey, John 1859—1952)-艺术哲学-文集 Ⅳ.①B920-53②J0-02

中国版本图书馆 CIP 数据核字(2018)第 237055 号

杜威选集
超自然的自然——杜威宗教观与艺术论

主　　编	刘放桐　陈亚军
编　　者	王新生　陈　佳
项目编辑	朱华华
审读编辑	徐曙蕾
责任校对	张　雪
装帧设计	高　山

出版发行	华东师范大学出版社
社　　址	上海市中山北路 3663 号　邮编 200062
网　　址	www.ecnupress.com.cn
电　　话	021-60821666　行政传真 021-62572105
客服电话	021-62865537　门市(邮购)电话 021-62869887
地　　址	上海市中山北路 3663 号华东师范大学校内先锋路口
网　　店	http://hdsdcbs.tmall.com/

印刷者	上海中华商务联合印刷有限公司
开　本	787×1092　16 开
印　张	29
字　数	472 千字
版　次	2018 年 11 月第 1 版
印　次	2018 年 11 月第 1 次
书　号	ISBN 978-7-5675-7831-9/B·1136
定　价	138.00 元

出版人　王　焰

(如发现本版图书有印订质量问题,请寄回本社客服中心调换或电话 021-62865537 联系)

目　录

主编序 / 1
编者序 / 1

宗教观 / 1

总论——宗教与信仰 / 2
共同信仰 / 3
对《约翰·杜威是一个有神论者吗?》的回应 / 45
认识神的义务 / 47
信念和存在(信念和实在) / 49
我的信仰——现世哲学之七 / 62
苏联的宗教信仰之二——对冲突的诠释 / 71
当今的一个宗教问题 / 77
极端的反自然主义 / 80
为"宗教与知识分子"专题论坛撰写的文章 / 92
关于宗教的一些想法 / 96

宗教、心灵与人性 / 103
宗教情感的地位 / 105

原始心灵释 / 108
人性 / 118
《印度的生命观》引言 / 127
心灵如何被认知？/ 128
灵魂的复兴 / 133

宗教、科学与哲学 / 137
经院学者与投机商人 / 139
斯宾诺莎的泛神论 / 144
莱布尼茨的神学 / 152
《黑格尔宗教哲学研究》/ 160
勒南丧失对科学之信仰 / 163
论哲学和神学的关系 / 170
科学、民俗与民风的控制 / 173
论常识、科学和哲学四篇讲稿的摘要 / 178
宗教、科学和哲学 / 185
对科学的反抗 / 192
上帝与数学 / 195
科学与上帝观念 / 197

宗教、道德与社会 / 201
基督教与民主 / 203
宗教与我们的学校 / 210
希伯来人的道德发展 / 220
布朗主教：一个基础主义的现代主义教徒 / 232
教会领袖要求教会应对失业 / 235
理性生活，抑或人类进步的诸阶段 / 237
解放社会科学家 / 248

艺术论 / 259

艺术与经验 / 260
经验、自然和艺术 / 261

艺术与生活 / 285
活的生灵 / 287
活的生灵和"以太物" / 301
具有一则经验 / 314

表现与形式 / 333
表现的行为 / 335
表现性的对象 / 355
主旨和形式 / 374
形式的自然史 / 398

艺术与文明 / 421
艺术和文明 / 423

主编序

在实用主义家族中,杜威是一位祭酒式的人物。他不仅最系统、全面地阐发了实用主义哲学的基本主张,而且从实用主义出发,在政治学、伦理学、心理学、教育学、美学、宗教学、逻辑学、历史学、法学、社会学等一系列领域,提出了许多极具影响力的观点。是杜威而不是皮尔士、詹姆斯,使实用主义不再只是扶手椅中的哲学而成为穿越学院高墙、塑造美国社会的文化思潮。今天,这股原本产自美国的思潮,早已成为西方思想学术舞台上的重要角色。杜威的思想不仅受到他的本国后裔,而且也受到欧洲乃至世界思想学术界的高度关注。

对于国人来说,杜威这个名字毫无疑问处于西方哲学家名册的显赫位置。这当然首先是由于他个人与中国的特殊因缘,但更值得一提的恐怕还是他的实用主义哲学与中国传统哲学、马克思主义哲学之间的诸多交叉重叠。杜威哲学与中国儒家哲学、马克思主义哲学之间的同异,早已为很多学者所关注。研究杜威哲学,有助于促进中国哲学、马克思主义哲学的当代发展。

本选集是在《杜威全集》(38卷)中文版的基础上完成的。《杜威全集》中文版的问世,在海内外学术界引起很好的反响,但对大多数读者来说,一是体量太大,从购买到收藏,都极为不便;二是内容太杂,从浩如烟海的著述中把握杜威的思想,也殊为不易。正是为了帮助读者解决这些困难,我们编纂了这部《杜威选集》(6卷),分别涵盖了哲学、教育学/心理学、价值论/伦理学、政治哲学/法哲学、宗教学/美学。鉴于杜威与中国的特殊关系,我们专门增加了《中国心灵的转化——杜威论中国》卷。

基于篇幅的考虑,有些文献虽然重要但难以收录,我们只选取了其中的相关部分,单行本和教材的内容则尽量不选或少选。另外,杜威的探究逻辑是他思想的重要组成部分,但这一部分放在"逻辑学"名下,恐会导致一些误解或争议,鉴于杜威的探究逻辑在很大程度上可以归于他的哲学方法论范畴,因此,我们将这部分内容统一纳入"哲学卷"。

我们力求在体例上保持一致,但并不强求一律。由于"哲学卷"的涵盖面更广,内容更加博杂,用主题分类的方式加以编纂具有难度,因此分卷主编用现在的年代划分方式对其加以整理。另外,"杜威论中国卷"也不适宜主题分类的方式,我们同样尊重分卷主编的意见,采用了目前的编纂方式。各卷主编都是相关领域的专家学者,为选集的选编付出了很多心血。我们对此深表感谢。

华东师范大学出版社历来重视杜威著作的翻译出版工作,为《杜威选集》(6卷)的问世提供了大力支持,责任编辑朱华华女士做了大量的繁琐工作。我们对此也深表感谢。

刘放桐　陈亚军

2017 年 7 月 31 日

编者序

总体而言,尽管宗教思想和美学思想并非杜威思想的核心部分,但无疑是杜威思想整体十分重要的有机组成部分,而且这两个部分随着杜威思想的演进和发展变得越来越重要,特别是到杜威后期这点更加明显,在某种程度上可谓其实用主义的开花结果。在杜威思想中,这两个部分借助"共同"经验密切勾连在一道,恐怕这也是编委会决定把这两部分编选在一起的理由。

上 篇

在各种各样的论题中,杜威在宗教论题上相对"沉默寡言",这点在杜威有生之年就被很多评论家指了出来,认为杜威在宗教上的寡言少语与杜威的思想地位并不相配。随着《共同信仰》的出版,杜威在宗教方面的系统思想首次大白于天下,杜威不谈宗教的状况终于得到改观。由于《共同信仰》是杜威宗教思想的集中写照,本选集加以全文收录。

杜威较少单独谈论宗教,但并不意味着他较少涉及宗教问题,实际上他在宗教与社会、宗教与教育、宗教与科学等方面都有不少论述。鉴于编者在本选集中对这些主题都已经尽力归类,大家可以有针对性地阅读,再加上篇幅所限,所以原则上不再对具体篇目——进行阐述,只就杜威的宗教思想的整体演进和框架加以梳理。

一、新黑格尔主义、进化论与詹姆斯

杜威,1859年出生于美国佛蒙特州的伯灵顿,是年查尔斯·达尔文的《物种起

源》出版。杜威离开黑格尔绝对唯心主义的思想成长过程一直处在进化论的重要影响之下。这是我们理解杜威宗教思想的一个重要维度。

根据杜威的回忆,他童年时期在信仰方面的经验是痛苦和压抑的。杜威一方面在家乡的树林和湖泊中过着亲近自然的童年生活,但是新英格兰地区的总体文化氛围,特别是杜威的母亲不断逼问杜威是否"正确对待耶稣",他母亲的那种福音派的公理会信仰留给他一种"区分和区别感",一种"自我与世界、灵魂与躯体以及自然与上帝的异化感",总之令他感到"一种痛苦的压抑"。(LW5:153)

根据麦克斯·伊斯特曼(Max Eastman)对于杜威的采访,我们得知杜威早年读书的时候有一天晚上有过"神秘经验"。尽管那个经验不是一种非常强烈的神秘经验,其中没有异象等,只是一种蒙福的感觉,但是解决了一直困扰杜威的有关自己祷告的时候是否当真的忧虑。杜威说:"从此我不再有任何担忧,也没有信念。对我而言,信仰意味着不担忧。"①可见,杜威逐渐放弃了具体的宗教信仰和宗教信条,但他还是具有基督教文化背景下形成的强烈宗教感,这是我们在理解杜威宗教思想的时候要加以注意的。杜威的这一特征在《共同信仰》中有关"宗教"与"宗教性的"的论述方面得到集中体现。

杜威形成《共同信仰》为标志的较为成熟而系统的宗教观,经历了一个漫长的过程。特别是在上帝的形而上学方面,杜威经历了一个立足新黑格尔主义到离弃黑格尔主义的过程。1884年他写道:"作为完美的人格或者意志的上帝是唯一的实在,而且是所有活动的源泉。因而是个人人格的所有活动的源泉。这个完美的意志是个人生活的动机、源泉和实现。他(个人)已经摒弃他自己的作为一种非实在的特定生活;他已经断言唯一的实在是那普遍意志,而他的所有行动都发生在那个实在之中。"②杜威在 1930 年写道:"我已经渐渐离开黑格尔主义……不过我永远不会想忽视、更不会想否认结缘黑格尔在我的思想中所留下的长久积淀。"③

杜威在约翰霍普金斯大学读哲学研究班期间,深受 George Sylvester Morris 所讲授的黑格尔绝对唯心主义的影响,而绝对唯心主义是那个时代英国和德国的

---

① Max Eastman, "John Dewey," Atlantic 168, no. 6 (December 1941), p. 673.
② 转引自:George H. Mead, John Dewey, the Man and His Philosophy, p. 100. Cambridge, Mass.: Harvard University Press, 1930。
③ John Dewey, "The Philosopher-in-the-Making," Contemporary American Philosophy, II, p. 10. Edited by George P. Adams and William P. Montague. New York: Macmillan Co., 1930.

主导性哲学流派。杜威早期实际上是一位绝对唯心主义的捍卫者。在他看来,作为新兴学科的心理学,作为一门意识科学,可以用来支持唯心主义的基本主张。如此,他认为心理学就不会是对于人们自我-形象的一种新的科学威胁,反而是一把发现超越的精神实在的钥匙。为此,杜威不遗余力地在其首部著作《心理学》中论证其"心理学唯心主义"。

但是杜威的这类观点与当时已经颇具影响力的达尔文《物种起源》的进化论相抵牾,后者认为在生存竞争之外,在存在领域没有绝对的目的或意义。1890年威廉·詹姆斯的《心理学原理》给杜威的心理学唯心主义以致命的一击,因为其中詹姆斯从一种达尔文进化论的进路来处理心理,认为在维系生命方面,心理与手足和心脏一样具有能动的作用。1898年詹姆斯在其"哲学概念和实践结果"这个演讲中论证说,人们的观念不是世界的"图画",而是"世界假说",是植根于习惯之中的行动计划。绝对唯心主义与进化论之间的对立促使杜威思考这样一个问题,就是在进化论面前人们属灵的自我-形象如何确立的问题。

在詹姆斯的"实用主义"影响下,杜威最终脱离绝对唯心主义。而且在这样一种大趋势下,杜威对于詹姆斯《心理学原理》遗留的问题进行研究,用今天人们所知的"反馈环"取代了詹姆斯的"反应弧"。杜威认识到"学习"比"知识"更重要,后者主要是对于既有信念提供合理性的证明。在杜威那里,"知识何以可能"、"我们如何能够认识外部世界"等所谓的传统哲学问题其实都不是问题。鉴于从出生的那一刻开始,人们就在生物方面和文化方面与世界牵涉一起,所以学习是一个永恒的任务,如何成为一个更好的学习者才是问题之所在。这解释了为什么杜威早期对于宗教有一定兴趣,在芝加哥履职期间(1894—1904)对于唯心主义日益寡言少语,与此同时他的著作中宗教问题开始淡出,让位于对教育的强调。

二、知识与经验

杜威与绝对唯心主义的决裂出现在1905年离开芝加哥大学,到哥伦比亚大学终身任教的时候。尽管杜威在芝加哥大学期间这种决裂已有迹象,但是对于绝对唯心主义的批评的代表作《直接经验主义的前提》、《经验与客观唯心主义》和《信念与存在》等都出现在哥伦比亚大学任教初期。在这些作品和之后的作品中,杜威都把唯心主义作为"知识分子的谬误"的主要例证,就是把已知与实在等同、把理念当作完全现实化了的实在。杜威在哥伦比亚大学执教时期是他成为具有国际影响的哲学家和社会活动家的时期,他的主要哲学著作,包括两部论宗教的著作《确定性的寻求》(1929)和《共同信仰》(1934)在内。

限于篇幅,《确定性的寻求》没有收入本选集之内。《确定性的寻求》源于杜威1929年在爱丁堡的吉福德讲座,这个讲座旨在讲述"自然神学",即从科学的进路处理上帝问题。杜威的讲座主要借助他的工具主义探求理论批评传统的哲学知识观。就像在《经验与自然》中一样,杜威把人的生命描绘为被"不定和稳定"这两个交织在一起的主题所主导。这两个主题的交替律动导致人们通过开发得以控制环境的工具和技能来探索确保过渡性的善的途径。另一方面,对于这些善的热望促使我们设想它们已经"安全和确保了",永恒存在于一个属灵的领域。通过认为这些善以某种方式已经存在于另一个更真实的世界之中,我们人类"对于善的寻求"便偏移到"对于确定性的寻求"。

在最后一讲中杜威才直奔宗教这个主题。他在上述观点的基础上,提出一个极富挑战性的问题:倘若认识到那些理念并不属于一个实在的、现实的和完美的领域,而是属于一个可能的、因而人们必须借助行动予以实现的领域,那么该当如何?尽管人们或许失去"永恒价值"保证的虚假满足,但是会认识到,理念需要予以想象、予以奋斗,而且要不断予以重估,以便成为人的生存中活生生的意义。杜威说,"宗教性的态度"会是"一种存在的诸种可能性之感觉"和"对于这些可能性之事业的献身"。(LW4:242)换言之,正如T·M·亚历山大在杜威《共同信仰》单行本的导言中所指出的,杜威建议用"可能的东西的属灵性"取代"现实的东西的属灵性"。

《共同信仰》可以视作杜威《确定性的寻求》中相关宗教思想萌芽的开花结果。一方面,《确定性的寻求》所得出的上述结论,令人进一步有所期待,需要详细展开;另一方面《基督教世纪》中围绕杜威的上帝观所展开的论战需要他予以全面的回应与阐释。在该杂志内外围绕杜威上帝观和宗教观所展开的论战中,各色宗教立场一应俱全:有像"有一个上帝吗"中那样的开明派,有基要派和保守派,甚至有战斗的无神论派。特别值得一提的是,其中还有新教神学家、倡导若有必要借助强力进行社会改革的莱因霍尔德·尼布尔。他批评杜威的人性观过于天真和乐观,没有认真对待原罪和罪恶问题。在这个背景下杜威感到有必要自我澄清,而耶鲁大学则不失时机地给予杜威"特里讲座"这个机会,《共同信仰》则是这个旨在"用科学和哲学的亮光审视宗教"的"特里讲座"的一个成果。

三、反对超自然主义

《共同信仰》是杜威集中论述宗教问题的最为重要的著作,他在其中处理了三个重要的主题:(1)诸宗教与作为一种经验形式的"宗教性的"之间的区别;(2)作为理想的或可能的东西与实在的或现实的东西之交会的上帝;(3)把"宗教性的"作为一种弥漫性的经验模式灌输到民主生活之中。在杜威看来,建制性的宗教经常抑制或阻挠人们在他们的生活中经验到"宗教性的"东西。结果之一就是,当人们拒斥他们在其中被培养起来的宗教的时候,他们也拒绝了在生活中宗教性的东西的重要性。杜威所针对的演说对象正是这些人。

尽管杜威经历了一个放弃黑格尔主义的过程,但是黑格尔主义在他思想中的积淀在《共同信仰》中对于上帝的界定方面仍然有所体现。他对上帝界定说:"上帝概指激起我们欲望和行动的所有理想目标的统一体。"他进而承认:"这个观念——上帝代表理想价值的统一,而这个统一在其起源上本质上是想象性的——遇到语词上的困难,因为我们频繁地使用'想象'这个词来概指幻想的和可疑的实在。但是作为诸理想的诸理想性的目标的实在性由它们在行动方面不可否认的力量而得到保证。一个观念并非是因为想象是该观念借此得到把握的官能而是一种幻觉。"①换言之,上帝除了作为我们对指导我们行动的那些非客观的理想的想象投射并不存在。既然上帝的观念不是实在的,因而,既然是由幻想所创造的,那么它并非是因为满足把我们的希望和欲望理想化的目的而是幻觉性的。

与这种无神论的信条相一致,杜威猛烈抨击宗教这个观念,宗教佯装代表人与一个客观的和人格性的神的关系。他区分了自此著名的"宗教"与"宗教性"。人的行为所投射出的理想是宗教性的,但并不保证是宗教,因为没有宗教予以崇拜的额外的-精神性的神。根据杜威的说法,"为了某个理想之故而排除万难,且因为深信其一般的和持久的价值而不顾个人得失所投身的任何活动,在属性上都是宗教性的"②。然后杜威对宗教进行了挞伐:"倘若我关于宗教说过什么看起来疾言厉色的话,那么我之所以说出那些话,是因为我有这样的一种坚定信念,就是,那些宗教的这样一种宣称——宣称拥有对理想和超自然手段的垄断权,而且据称它们单凭

---

① 杜威:《杜威全集·晚期著作》第9卷,华东师范大学出版社,2015年,第25页。
② 同上书,第16页。

此就能够得到推进——阻碍了认识到自然经验中固有的独特宗教性价值的道路……像我所构想出的那样的宗教性的价值与宗教之间的对立不应被缩略。恰恰因为这些价值的释放如此重要,所以它们与宗教信条和膜拜的等同必须予以消解。"①

杜威反对超自然主义,并不满足于用他的概念性的理想替代人格性的上帝而否定宗教的基础。杜威进一步反对他所称的理性的自杀和人为弥补弱点而对启示和神恩的信仰。在杜威看来,人本身有能力获得所需要的一切知识和达到所想要的所有抱负。如果必须有信仰的话,那么就让信仰成为人在相互合作中对彼此的信仰。他说:"信仰通过人类努力的直接合作而不断揭示真理,在性质上比任何一个对完成的启示的信仰更具有宗教性。"②杜威自然主义的一个主要原则就是拒斥任何一种固定教义或信条,它们基于启示,从而窒息了必须摆脱这样的羁绊的人类科学的进步。

杜威认为,对于一种宗教而言某种固定的教义机制是必须的。但是信仰连续的和富有活力的探究的可能性并不把达到真理限定在事物的任何渠道或者图式方面。它并不首先说真理是普遍的,而后再说只有一条到达它的道路。它并不依赖于服从任何教理或者教条而寻求保证。它相信的是,人和环境之间的自然互动将孕育更多的智慧、产生更多的知识,只要那些界定起作用的智慧的科学方法被进一步推进到世界的神秘性之中。③

杜威基于人自身理性的自律而不是上帝启示的权威给信仰下了这样一个定义。杜威说:"存在着这样一种东西,即对智力的信仰在性质上成为宗教性的——这个事实可能解释了何以一些宗教人士致力于诬蔑作为一种力量的智力。他们恰当地感受到这样的一种信仰是一个危险的对手。"④

在杜威看来,知识是如此。在行动和成就方面同样为真。"人们从未完全运用所拥有的力量推进生活中的善,因为他们一直服侍着外在于他们自己和外在于自然的某种力量来做他们负责做的工作。依赖于一种外在的力量无异于放弃人的

---

① 杜威:《杜威全集·晚期著作》第 9 卷,华东师范大学出版社,2015 年,第 16—17 页。
② 同上书,第 16 页。
③ 同上书,参见第 16 页。
④ 同上书,第 16 页。

努力。"①

针对对人的这种自我完善能力的神化可能有的诘难,杜威辩护说,这并不是把人个体地或者集体地同自然隔离开来,也并不假设人的努力的需要和责任之外的东西。因而,不单独是人自己,而是与自然合一的人达到人的存在的任何可能目标;而且所说的目标完全可及的,因为它谦逊地并不奢望任何超出尘世的自然的和暂时的那些善之外的东西。"它并不包含对善的仟僮的任何期待。"②

四、"宗教性的"与"共同信仰"

杜威《共同信仰》中"宗教性的"经验不同于詹姆斯《宗教经验种种》中的"宗教性的经验"中的一种特殊的心理经验,在杜威那里它是一种对于世界的现实性和可能性的经验,它是一种对于生活的态度。作为年轻教师的杜威本人就经历过这种改造性的经验。

同样值得注意的是,杜威《共同信仰》中"共同"一词也有着其独特理解,并非只是桑塔亚那所嘲讽的"人人分享"、"平平常常"、"司空见惯"的意思。在杜威看来,"共同信仰"意味着一种对于人类生活的潜质通过行动而现实化,并且终将在意义上和价值上得到真正成全的共同信仰。③ 人们对于杜威的一种误解是,以为杜威认为"平常的"经验本身就足够了,从而批评他过于乐观。其实杜威并非认为事物像存在的那样就是足够的,他看到了现代社会阻碍了绝大多数人的生活中最美好的潜质的实现等诸多问题。在《经验与自然》中,杜威固然承认一些活动或行动在纯粹功利主义的意义上是"有用的",但是强调指出,在我们认为某些活动是"有用的"同时,往往忽略了它们对于人的生活质量的影响。在杜威看来,把某物作为"共同"东西来看待,就是要通过其发展的潜质来想象性地把握它。从这个角度,我们对于杜威所倡导的"共同信仰"的理解,就又多了一束亮光。

正是在这样一种思想基础上,我们可以说杜威的宗教思想和艺术思想是相通的。杜威之所以在《艺术即经验》中把思想的靶标对准了艺术,是因为在他看来存在的质料具有在意义上变得丰富起来的潜质,他要表明平常质料、"共同"经验能够

---

① 同上书,第26页。
② 杜威:《杜威全集·晚期著作》第9卷,华东师范大学出版社,2015年,第26页。
③ 参见 John Dewey, *A Common Faith*, New Haven, Yale University, 1934, p. xx.

加以陶冶,以便成为内在的成全性的。"共同"经验并不标示一种对于事物现状志得意满的乐观主义,无论在宗教领域还是艺术领域,对于当下诸种可能性的把握都需要创造性的探索和奋争。

下 篇

  杜威的艺术哲学思想,是他晚年学术上的一个突出贡献。从1925年《经验与自然》一书第九章"经验、自然和艺术",到1934年的艺术哲学专著《艺术即经验》,杜威的艺术观点对于传统美学思想是颠覆性的。他发扬了美洲新大陆关注现实的实践精神,抛弃了欧陆哲学的神秘直觉和抽象思辨;他引进了达尔文的自然主义进化论,挑战了康德形式主义和黑格尔绝对理念的美学立场;他强调了审美经验与日常经验的连续性,颠覆了博物馆艺术的脱离"大地"。借用美国美学家比厄斯利(Monroe C. Beardsley)的评价,杜威的艺术观点"具有一种自发性气势,有新的发现、视野新鲜、蕴含的意味极其丰富,以及一种独特的间接却稳步向前推进的杜威式雄辩"。[①] 杜威以一种深刻又简单的方式,唤起我们理解审美经验及审美价值的更广泛意义,启示我们:在艺术这个领域,我们经验中的许多潜在的可能性可以被有意识地实现并指导我们智慧地生活。

  美学选集中,编者全文收入了最集中体现杜威艺术观的《经验与自然》的第九章以及《作为经验的艺术》的第一、二、三、四、五、六、七、十四章。这九章的内容,以"艺术与经验"、"艺术与生活"、"表现与形式"、"艺术与文明"四个主题加以阐述。

一、艺术与经验

  "经验"是包括杜威在内的美国古典实用主义思想的核心概念。杜威称自己的哲学为经验的自然主义,他受达尔文的影响,以"活的生物"(live creature)为基石,将经验奠定在人的生命活动基础之上。在詹姆斯"彻底的经验主义"基础上,杜威把经验看作人在世界中的生存本身。经验并不是分散孤立的、被动的感觉,而是经历和行动在生命活动中展开的连续、发展的过程;经验并不只是认识,还包含了实践、感受和情感等;经验也并不与理性对立,而是自然、生命、生理、心理等多种因素

[①] 门罗·C·比厄斯利:《西方美学简史》,高建平译,北京大学出版社,2006年,第304页。

交织而成的有机整体,其中包含着理性因素。杜威把经验解释成一个包罗万象的唯一存在,是第一性的,是人与自然及社会环境之间持续的、长期的交互作用的过程和结果。

继而,杜威把艺术与经验相联系,提出了"艺术即经验"的主张:"在希腊人看来,经验指一堆实用的智慧,是可以用来指导生活事件的丰富的洞察力……经验就在优良木匠、领港者、医师和军事长官的鉴别力和技巧中呈现出来,经验就等同于艺术。"(LW1:266)①这里,杜威的艺术正是在"优良者"的经验中,即"鉴别力和技巧"实践中呈现出来的。这一论断是独到的,是深刻的。

首先,艺术产生于"优良者"在生存实践中主动调整以适应环境新变化的这一行动。这种行动不是随意的,而是依赖已有的经验与当下的遭受,借助理智的选择和安排,不断利用和改进自然的材料,最终与环境达成新的平衡。可见,杜威是从人与环境的冲突与和谐这种交互作用中来探索艺术问题的。

其次,艺术实践的结果产生了具有技巧和理智的对象,使原先在较低层次上的、粗糙的自然的材料和人的已有经验,得到了强化、精炼、加深、持久,因此,"艺术既代表经验的最高峰,也代表自然界的顶点"。(LW1:8)杜威强调从一种人在自然中、与自然内在关联的相融性来理解艺术,而不是将艺术当作一个与自然对立或附加在自然之上的主观臆造之物。

杜威将艺术与经验相关联,就是将艺术的范围不仅仅限于绘画、雕刻、诗歌和交响乐等现代意义上的"美的艺术",而是拓宽至"任何活动,只要它能够产生对象,而对于这些对象的知觉就是一种直接为我们所享受的东西,并且这些对象的活动又是一个不断产生可为我们所享受的对于其他事物的知觉的源泉,就显现出了艺术的美"。(LW1:274)这是他的深刻洞见。

二、艺术与生活

杜威在《作为经验的艺术》一书的开篇,即批评了由于现代工商社会与分区化制度的畸形发展,使得艺术在现代完全与生活相分离,切断了与人的其他经历的联系。而现有的美学理论,进一步扩大了审美经验与生活经验的断裂。由此,杜威提

---

① John Dewey, "The Later Works, 1925 - 1953, Volume 1:1925," Jo Ann Boydston ed., *Experience and Nature*, Carbondale and Edwardsville: Southern Illinois University Press, 1981, p.266.

出艺术哲学的任务是:"恢复作为艺术品的经验的精致与强烈的形式,与普遍承认的构成经验的日常事件、活动,以及苦难之间的连续性。"(LW10:9)①

现代二元分裂的弊端,不仅导致了审美经验与生活经验的断裂,而且还影响到人们在这个世界中进行感受和生活的方式。杜威反对知识论贬低感觉,他指出感觉建立起了人与意义世界之间的内在连续性。感知过程首先是一个创造性过程,它源于当下人与情境的相互关系,勾起以往的经验,并累积地感知到了各部分之间对于整体的关系。其次,感知中始终渗透着想象和情感。想象和情感具有一种融合的功能,使各种成分结合成一个新的整一的经验。再次,感知与理智是有机结合的,通过对对象组成部分之间的关系的认知,从而赋予对象以意义。艺术的重要性在于,它体现了人能够有意识地将感觉、需要、冲动以及行动相联合。杜威引用了多位艺术家的自述,他们对遭遇的世界保持着亲切与好奇,他们敏感地感知到了世界向他们的预示,他们深刻地体验到了自己与世界互动时的愉悦。艺术家们以开放的心态接受生活与经验的各种不确定性、神秘、疑问,艺术作品以感知生命过程的方式让我们领会了世界的意义,"这是人类历史上最伟大的思维成果"。(LW10:31)

鉴于现代社会诸多的分离与断裂,杜威以独特的视角提出了"一个经验"(an experience)(LW10:42)的概念,以区分于日常生活中由于外在的干扰或内在的惰性,而存在着大量的、支离破碎的、没有完成最初目的的经验片段。"一个经验"可归纳为三个特征:首先,它是具有时间上持续性、过程上累积性的一个整体,这种连续性把经验各个阶段有张力地关联在一起,相互作用并融合。其次,尽管"一个经验"的组成部分多变,其中总有一个占主导地位的性质,遍及整个经验,将各部分组成一个整体,使其个性突出,与其他经验有了区别。"一个经验"的第三个特征是完满性,其结局是一个令人满足的高潮。因此,"一个经验"既是实践的,也是理智的,更具有了令人满意的情感性质,因而弥漫着审美的质。

"一个经验"与审美经验之间既有相通性,又有区别,后者是前者的"审美的质"的集中、强化,二者的差异是程度上而非类型上的。杜威特别强调审美经验不仅是一个终极圆满,还起着中介的作用,能够不断启发观赏者创造他们自己的新经验,这也正是伟大艺术经久不衰的原因。杜威这一观点是具有前瞻性的,他早于20世

---

① John Dewey, "The Later Works, 1925 - 1953, Volume 10: 1934," Jo Ann Boydston ed., *Art as Experience*, Carbondale and Edwardsville: Southern Illinois University Press, 1987, p. 9.

纪70年代西方兴起的接受美学几十年,就已指出真正的艺术作品必须深入欣赏性的接受知觉。

三、表现与形式

杜威在论述了艺术与经验、艺术与生活的连续性之后,还对艺术的两个基本要素——表现与形式,分别进行了深入的考察和具有信服力的论述。20世纪前三十年西方现代美学主要盛行两大流派:直觉-表现主义和形式主义美学。尽管两派有各自的主张,但在强调审美和艺术源于艺术家的纯精神性的主观创造,进而否定艺术与客观世界的关联性的观点却是一致的,两派观点都以所谓的主观表现取代了传统的艺术模仿及再现原则。杜威对这两派都提出了质疑。

杜威针对直觉-表现主义美学所标榜的艺术家主观情感先行的观点,指出情感不是一开始就独立存在的,而是由具体情境所暗示的,是由表现性材料所引发并附着在表现性动作之上的。随着动作的做与受,随着过程的连续和累积,使环境中的事物被赋予秩序和形式,感受与行动材料在时间中彻底而完全地相互渗透,最终发生了质变,产生出了情感。杜威进一步指出,由于构成艺术的材料来自客观世界,艺术就绝不只是表现"自我"主观的思想情感,而是必定具有几分再现性。但这种再现不是在外观上对自然对象的复制,而是为表现提供了坚实的客观物质基础。再者,艺术表现的不仅仅是情感,更是通过情感传达的意义。情感的表现是在感觉到后果,并领悟到意义的情况下,有意识地对情绪的保留、充实及控制,而不是情绪的瞬间发泄和排解。

杜威反对形式主义美学强调形式与质料的分离,提出了一个重要的命题"艺术作品本身是被形式改造成审美实质的质料"(LW10:114),这一观点深刻地揭示了形式及其所表现的意义、所凸显的实质以及所彰显的质料的特性之间的内在统一性,终结了形式与意义二分、形式与质料二分的形而上学思维。形式与质料的相互融合是每个作为"一个经验"存在的经验的特征。杜威所指的"实质"与作品的主题不同。主题处于作品之外,同一个主题可以用不同的艺术形式、不同的艺术作品来表现,也可以采取非艺术的方式,例如对主题概念的理论论证。而审美实质则蕴含在作品之中,是诸多普通元素经过艺术家的个性化想象整合进完满的经验中。它是独一无二的,相比其他作品具有独创性。审美实质是实践、情感、理智的完美结合,不能用非艺术的形式表现。

形式是"标示出一种构思、感受与呈现所经验的材料的方式"。(LW10:114)这里的构思,是艺术家根据所经验的材料的自然属性与规律,借助熟练的技巧,对诸元素进行理智的选择、组织、安排,使各部分间相互适应以构成一个关系的整体。这个过程的感受,不仅是对当下情境的感受,而且是对生存命运的深切感知和对意义的领悟,是在理智的引导下朝着一定方向的充实、发展。一个新的艺术作品的创造,开启了所经验的材料的"自然灵性",同时也创造了一个新的经验,并将深入到更多人的经验之中,指导人们智慧地生活,这也就是杜威所说的形式的中介作用。形式美,因而不是指单个形式的审美趣味,这种理解误解了艺术的使命。形式美始终是同一定的社会生活内容相联系的,是时代的特征、民族的精神、历史的积淀,表达了一个民族普遍的生存体验和对真理的领悟。

四、艺术与文明

杜威指出,"审美经验是一个文明的生活的显示、记录与赞颂,是推动它发展的一个手段,也是对一个文明质量的最终的评判"。(LW10:329)

史书用文字描述每个时期的重大历史事件,无论如何精彩生动,却无法直接、内在地进入文明的内核。唯独艺术,由于它是人之经验的产物,以最使人印象深刻的感性形式,记录了生活在具体时代的人们的情感与思想。我们在米诺斯的彩陶艺术中领略到青铜时代文明曾经达到的高度;从古埃及的纸莎草纸画中揭开尼罗河古老文明的面纱;也在《荷马史诗》的英雄故事中窥见特洛伊原貌并感叹希腊文明的辉煌。这样的例子,不胜枚举。因此,艺术是文明生活的轴心,它推动了文化从一个文明到另一个文明的连续性。

对于杜威,艺术不只是一种表现,更是一种传达与交流。人类的情感在本质上是人与人在共同的社会实践中获得的相互影响、相互共鸣。艺术以其丰富的感性存在和共同的情感传达,使得社会中的个体从旁观者转为共同体的参与者,使生活的意义得以充实、巩固和加深。艺术形式借助想象力和创造力,吸收不同的生活态度和他人经验的价值,以其丰富的感性形式、以其共同的情感传达,为观众、作品、世界、艺术家之间提供了没有障碍的、比语言更为普遍的交流,使观众自身经验得以扩展,并获得有益的指导。艺术这种通过交流进行社会教化的方式,起到了道德规则强硬地教导所达不到的效果,因而杜威认为艺术比道德更具道德性,是更有效的教育方式。

> 但是艺术,绝不是一个人向另一个人讲述智慧,
> 只能是向人类表达——艺术可以说出一条真理,
> 潜移默化地,这项活动将孕育出思想。(LW10:352)

这是杜威的理想,杜威本人也以《作为经验的艺术》这本专著,践行着他的理想:艺术将开拓我们的经验、创建我们的社群、指导我们享有理智的生活。这一洞见的意义,已不仅仅在于对传统思辨哲学与形而上学美学的根本颠覆,更在于为我们呈现了一个有创造性但又是批判的人类生活远景。

本选集由杜威的宗教思想和美学思想两个部分构成,选文分别由王新生和陈佳负责。

在宗教部分的选文中,编者分几个主题编选了体现杜威在不同时期和不同方面与宗教相关的作品,特别是全文收入了杜威最为集中论述宗教问题的《共同信仰》。

美学选集中,编者全文收入了最集中体现杜威艺术观的《经验与自然》和《艺术即经验》两本著作中共九章的内容。

在编选过程中,编者得到了刘放桐教授和陈亚军教授的宝贵指点,在此表示衷心的感谢。

王新生　陈　佳

2017 年 3 月 10 日

宗教观

总论——宗教与信仰

共同信仰[*]

1. 宗教与宗教性的

历史上，人类从未像今天这样三心二意，从未像今天这样分裂为两军对垒的阵营。诸般宗教在传统上一直与超自然观念结盟，而且时常基于对超自然东西的显明信念。如今，有许多人秉持这样一种观点，即任何配称宗教性的东西都不可能脱离超自然的东西。那些秉持这一信念的人们之间，在很多方面又有所不同。他们的变阈从那些采信希腊和罗马天主教教义和圣事作为唯一确然的、通往超自然东西的途径的人们，到有神论者或温和的自然神论者，不一而足。处于上述两端之间的则是许多新教派别，认为那些《圣经》经卷辅以一种纯粹的良知，足以成为通往超自然真理和权能的通衢大道。尽管凡此种种，但他们在一点上是彼此认同的，即必然要求一种超自然的存在和一种自然力量之彼岸的不朽。

构成对立阵营的则是这样一群人，他们认为，文化和科学的推进已经彻底地令超自然的东西失信于人，所有与超自然信念结盟的那些宗教也随之信誉扫地。但是，他们远不止于此。这些群体中的极端分子相信，随着超自然的东西的根除，不仅历史上的诸般宗教必须被摒弃，而且连同它们一道，但凡具有宗教性本质的一切都必须被否弃。时至历史知识已经使人们就那些据说奠定了史上诸般宗教人物的超自然品格所做的种种声言已无信用，时至归于那些奉为神圣的诸般文献的超自然灵感之谜已然破解，而且时至人类学和心理学的知识业已揭示出宗教信念和实

---

[*] 选自《杜威全集·晚期著作》第 9 卷，第 1—47 页。首次发表于 1934 年 9 月。

践由之发端的那个不外乎人性的源头，凡是宗教性的东西也必须予以离弃——他们如是说。

有一种观念是两个对立的群体所共同秉持的，即把宗教性的东西认同为超自然的东西。在本书章节中，我将提出的问题关乎这一认同的根基和后果：它的理由和它的价值。在这一探讨中，我将就经验的宗教性层面的本质来阐发另一种概念，这一概念把此本质与超自然的东西及其增生出来的东西分别开来。我将会努力表明：这些衍生出来的东西是一些累赘，而且真正宗教性的东西一旦摆脱其桎梏，将经历一种解放；待到那时，经验的宗教性方面将首次任凭自身自由地发展。

这个观点暴露在两个阵营各自的火力之下。它冒天下传统宗教之大不韪，包括那些对当今的宗教头脑最具掌控力的宗教。在它们看来，此一观点所宣示的要害挖掉了传统宗教和机制立足其上的基础，锋芒所向将会斩断宗教要素本身的生命维系神经。从另一阵营来看，我所采取的立场看似一种胆怯的中间立场，一种让步和妥协，不配享有十足的思想价值。它被当作一种以博心智薄弱者一粲的观点，被当作一种儿提教化的情绪残余，甚或被当作一种渴望避免非难或示好的表征。

我的要点之核心就将在本书首章对其阐发而言，具体如下：在"宗教"、"某种宗教"和"宗教性的"之间存有差异；在可用名词实词指代的任何东西与借由形容词指谓的经验属性之间存有差异。要找到一个实词意义上的、赢得普遍接受的宗教定义并非易事。不过，我在《牛津词典》(*Oxford Dictionary*)中找到了下面的定义："从人这方面承认某种看不见的更高权能，不仅掌控他的命运，而且配享顺服、敬畏和崇拜。"

这个特定的定义在断言那种看不见的更高权能的超自然品性方面，与其他一些或许援引的定义相比，尚不显白。然而，它所附载的那些蕴含却有着与超自然信念——历史上诸般宗教的特色——相关的诸多观念作为源头。如若一个熟悉宗教（包括那些原始宗教）历史的人，把该定义与已知的五花八门的事实加以比对，而且着手借助这种比对决定该定义究竟何意。我想，他将遭受来自三个事实的冲击，而这三个事实把该定义的术语还原为如此这般的一个低值公分母，以至于意义所剩无几。

他将会注意到，所指涉的那些"看不见的权能"是以众多互不兼容的方式构想出来的。一经去除差异，除了裸指看不见的、充满权能的某物之外，岂有他哉！有关此物的构想包括:美拉尼西亚人的模糊且未经界定的魔力;原始神道教的神灵;非洲人的物神;具有某些属人属性、遍及自然界四面八方并激活自然力量的鬼神;佛教终极的、非人格的理;希腊思想中不动的推动者;希腊和罗马万神殿中的众神和半人半神的英雄;基督教人格性的、充满爱心的神意,它全能,还有就是受限于相应的邪恶权能;①穆斯林教的任意意志;②自然神论的至高立法者和裁决者。凡此种种,也只是那个隐匿的权能得以构想的各种方式中一些突出的样式而已。

在表达顺服和敬畏的诸多方式方面,绝无较之更大的相似性。除了一种充满可畏权能、慈爱和智慧的大写的存在,还一直有动物崇拜、魂灵崇拜、祖先崇拜和男根崇拜。用以表达敬畏的方式有:秘鲁人和阿兹台克人的人祭;某些东方宗教的欢爱;驱鬼和净仪;常怀虚心痛悔的那位希伯来先知的奉献③;希腊和罗马众教会的精致仪式。甚至献祭也从不千篇一律;它在新教教派和穆斯林教中是高度升华的。凡有献祭,形式必异,必是指向各式各样的权能和神灵。它被用以补赎,用以安抚,以及用以邀宠。凡有想到的目的,必有可用的仪式。

最后,在那些所诉诸和运用的道德动机中,没有什么可以识别的统一性。它们彼此之间相去甚远,诸如害怕无尽的折磨,盼望持久蒙福——其中性的享受有时是一种显而易见的要素;禁绝肉欲和极端苦行;卖淫和守贞;旨在灭绝不信者的战争;旨在劝信或征服不信者的迫害;慈善热忱,以及对于强加教义的逆来顺受,连同人人皆兄弟的爱和对于公义充满人间的渴望。

当然,我只是提及任何像样的图书馆馆藏书卷中所充斥的那些事实中的一星半点而已。那些不喜见宗教历史阴暗面的人们,可能追问为何要暴露这些阴暗的事实。我们全都知晓,文明化了的人类有着兽性的和迷信的背景,而且这些因素仍然与我们同在。实际上,某些宗教——包括基督教的那些最有影响的形态,难道没有说教人心完全堕落吗?宗教在其整个航程的航线上,又岂能不留有残酷和好色的可耻印记?又岂能不留下一些蒙羞的、匪夷所思的信念疤痕?对于知识无几、方

---

① 杜威此处的说法或不够严谨,"全能"和"受限"之间的矛盾是明显的,基督教神学恐难认同。——译者
② 此处译作"穆斯林教"。原文 Moslemism 是历史上西方对伊斯兰教的古旧称谓。除非特指,如今西方已弃用。——译者
③ 杜威在此处可能暗引《圣经》中的《以赛亚书》,其中的 66 章 2 节有"但我看顾的,就是虚心痛悔、因我话而战兢的人"这样的经文。——译者

法堪虞的人们,对于机制原始、听命自然而时时惊恐的人们,夫复何求?

我欣然承认,历史性的宗教一直都是与人们生活于其中的社会文化条件相对而生的。的确,我所关切的是竭力讲透用以处置过去诸般宗教疯长出来的那些特性的此种方法的逻辑。一种现在盛行的宗教的信念和实践凭借的,就是相对于当下文化状态的这种逻辑。倘若有关一种看不见的权能、有关它影响人类命运的方式,以及有关我们对其所采取的态度方面在过去已经获得如此之大的弹性,那么,为什么应当假定那种概念和行动方面的变化现在戛然而止?清除过去诸般宗教那些令人不便的方方面面所牵涉的逻辑,迫使我们探究现在为人采信的诸般宗教中有多少是自那些疯长的文化而来的遗存;迫使我们追问有关看不见的权能形成何种概念,以及我们与这些权能保持何种关系,才符合当下最好的成就和志向。它要求追问:倘若经验中但凡基本上是宗教性的东西都有机会不受所有历史负累的羁绊而自由地表达自己,那么,看不见的东西的观念究竟为何,其掌控我们的方式究竟为何,以及敬畏和顺服得以展现的途径究竟如何——借此,我们在想象力方面轻装上阵,重新来过。

是故,我们要回到前述那个定义的那些要素。何以导其在捍卫宗教的普遍性方面采信这样一个定义,它既适用于那些与看不见的权能相关的、最为野蛮和蒙昧的信念和实践,又适用于道德内涵最为丰富的一种宗教的崇高理想。所涉要点有二:其一,如果我们悄然地滑过业已归于那些权能的本质而不顾,悄然地滑过所料想的它们掌控人的命运的——以及顺服和敬畏得以展示的——那些极为多样的方式而不顾,那么看不见的权能的诸多观念中就没有余下什么值得保留的东西了。其二,当我们开始选择、择取,并且开始说当下有关看不见的权能的某种思考方式优于其他一些方式的时候,说自由而自尊的人所表露的敬畏优于惊恐的人们对于一种肆意的权能所表现出来的逆来顺受的时候,说我们应当相信人的命运受智慧而慈爱的圣灵掌控而非受狂妄魂灵或纯粹强力掌控的时候——当我说我们开始择取的时候,开始进入一条尚未到达终点的道路。我们已经抵达一个招引我们继续前行的地点。

因为我们被迫承认,具体而言,没有像单数的宗教这样的事物,有的只是众多的宗教。"宗教"是一个严格的集合术语,而且所代表的这个集合甚至不属于逻辑教科书中所例证的那类集合。它不具有批量或会聚的统一性,而是五花八门的杂集。力图证明那种普遍性,要么所证过多,要么所证过少。我们凡有所知的民族全有某种①宗教,很可能在这个意义上,诸般宗教一直是普遍的。但是,它们之间的差异如此巨大和令人惊异,以至于任何抽提的共同要素都是无意义的。宗教是普遍的这个观念所证过少,因为古老的基督教护教士在谴责己教之外的每个宗教是江湖骗子、本质上是某种魔鬼崇拜或在一定程度上是迷信臆想方面,比一些现代护教者更加明达纯熟。在诸般宗教之间,有所取舍则势在必行,而且选择的必然性令出自普遍性的论证不具有任何力量。更何况,一旦我们开始进入选择的道路,那么,立刻就会呈现一种尚未普遍认识到的可能性。

诸般宗教伦理的和理想的内涵的历史性的增长,提示着净化过程可能会更加往前推进。它标志着进一步的选择迫在眉睫,其中经验中的某些价值和功能可能得以择取。当我谈论宗教性的和一种宗教之间的差异的时候,心中所装着的就是这种可能性。我不是在提议某种宗教,而是在提议对于那些可能被称作宗教性的东西的要素和见地的一种解放。因为一旦我们拥有某种宗教,无论是苏族印第安人的宗教,还是犹太教抑或基督教,从那一刻起,经验中可以称作宗教性的东西的那些理想因素就会带上并非自身固有的载荷、一种与它们并不相干的流行信念和机构性实践的载荷。

我可以例证我所说的当代生活中一种共同的现象是什么意思。人们广泛料定,不采信任何宗教的人结果会表现为非宗教性的人。尽管如此,可以想见,当下的宗教萧条与这样一个事实紧密关联,即现在的诸般宗教因为它们的历史累赘的重负而阻碍了经验的宗教属性进入意识,阻碍了其找到适于当下智识和道德条件的表达方式。我相信,情况就是如此。我相信,许多人如此拒斥作为一种宗教而存在的东西的智识的和道德的内涵,以至于他们甚至意识不到:诸多态度本身倘若开花结果,就会是真正宗教性的。我希望,这番话有助于说清我所说的作为名词实词的"宗教"与作为形容词的"宗教性的"之间的区别。

更为直白些说,宗教(就像我刚说过的,没有一般意义上的宗教这样的事物)总是指谓一个信念和实践的特殊体,具有某种或紧或松的制度组织。相比之下,形容词"宗教性的"并不以可指明实体的方式指代任何事物,无论是制度性的实体,还是一种信念体系。它并不指代任何人可以具体指向的事物,就像能够指向这个或者那个历史性的宗教或现存教会那样。因为它并不指代任何能够凭其自身而存在的

---

① 英文原版书中用斜体表示强调,在中文版中处理为楷体。——译者

事物,也不指代任何能够被组织成一个独特性的和区别性的存在形式的东西。它指代可以对每个对象和每个拟想目的或理想所秉持的一些态度。

我提出,一旦意识到刚刚所作的区分,就会开启把宗教性的属性从现在窒息和限制它的那些负累之下解放出来的操作。然而在阐发这一提法之前,我必须提及这样一个立场,它在用词上与我所采取的立场有某些方面的相似,但事实上则整个不是那么回事。我数次用到"宗教性的经验要素"这个短语。当下,特别是在那些开明的圈子里,不乏有关宗教性的经验保证某些信念的真实性和某些实践(诸如特定的祷告和崇拜形式)的称心性的一些谈论,甚至断言宗教经验是宗教本身的终极基础。这个立场和我所采取的立场之间的鸿沟,正是我现在要用心加以指出的。

有观念认为,存在一种明确的经验种类,其本身是宗教性的;那些秉持这种观念的人们,正是仅凭此点,把它打造成某种特殊的东西,打造成一种与美学的、科学的、道德的和政治的经验,以及与同伴关系和友谊关系的经验大相径庭的经验。但是,"宗教性的"作为一种经验属性,意指某种可能属于这些经验的某种东西。它是与凭其自身而存在的某类经验相对立的一极。此一关乎明显有别的经验种类的概念,被用来证明对某种特殊对象的信念的有效性,也被用来证明某种特殊类型的实践的合理性;一旦注意到此点,分别之处便真相大白了。

现在,很多宗教人士不满那些有关上帝存在的古老"证明",即其名以本体论的、宇宙论的和目的论的证明不胫而走的那些证明。不满的原因,恐怕与其说来自康德用以表明这些所谓证明不够充分的那些论证,不如说越来越感到它们过于流于形式,无法为运行中的宗教提供任何支撑。无论如何,存在着不满。更何况,这些宗教人士为其他领域兴起的实验方法所触动。还有什么比印证他们就像任何他人一样是好的经验主义者——确实就像好科学家本身一样——更自然、更恰当呢?正如后者依赖某些种类的经验来证明某些种类的对象的存在,宗教人士依赖某种经验来证明宗教对象的存在,尤其是终极对象即上帝的存在。

在此处通过引入有关这类推理的一个特定例证,可以使本探讨更加明确。有位作者说:"过劳令我崩溃,很快濒临精神衰弱的边缘。在无眠长夜之后的某个早晨……我决意不再那么一成不变地仰靠自己,而是开始仰靠上帝。我决心每天挪出许多时间让自己的生命接续到其终极源头,重获在上帝之中活着、活动和存在的那种意识。三十年了,弹指一挥间!从那时开始,我简直再未有过黑暗或绝望的一刻。"

这个记述令人印象深刻。我不怀疑其真实性,也不怀疑所述经验的真实性。

它例证了一个宗教性的经验方面。但是,它也例证了运用那个属性来承载一个特定宗教的附加载荷。因为在基督教这种宗教中长大成人,其臣民通过作为那个宗教特色的人格上帝来诠释它。道教徒、佛教徒、穆斯林,以及包括拒斥所有超自然影响和力量的人在内的那些没有宗教的人们,拥有效果相似的经验。尽管如此,另一位评论这段文字的作者说:"相较于就思辨臆测的宇宙论的上帝或道德乐观主义的有效性所牵涉的基督似的上帝所能确定的,宗教性的专家可以更加确定这种上帝的存在。"而且,他进一步补充说,此般经验"意味着救主上帝、大能上帝——在人能够成全某些条件的情况下,赐予压倒罪恶的胜利——是一种实存的、可及的和科学上可知的实在"。应当清楚,仅当产生该效果的那些无论什么种类的条件被称作"上帝"的时候,这种推论才是周全的。但是,绝大多数读者会认为,该推论意味着:一种特定的大写的在者——基督教这种宗教中被称作"上帝"的那类——的存在,是被一种类似实验科学的方法所证明的。

实际上,唯一可说"被证明"的东西是条件复合体的存在,这些条件的运作影响到生活中的调适,即随之带来安全和平安感的一种取向。这个条件复合体所获得的那个特定诠释,不是那经验本身固有的。它是从一个特定的人浸染其中的那个文化衍生出来的。宿命论者会给它一个名字,基督徒科学家会给它另一个名字,而拒斥所有超自然的东西的人又会给它一个名字。在对该经验的诠释中起决定作用的因素,是一个人业已投身其中的那个特定的教条机制。整个情景泛滥着与先前的教导相关联的情绪积淀。它可能轻易地授予该经验一种特别神圣的珍贵性,以至于所有对其因果关系的探究都受到封禁。那稳定的结果如此能堪大用,以至于所诉诸的原因通常无外乎一再重复已经发生的事情,外加某个已经获得一种深度情绪属性的名字。

这个研讨的立意并非否定那结果的真实性,亦非否定其生活中的重要性。除非顺便捎带,并非意在指出对于事件的纯粹自然主义解释的可能性。我的目的是要表明:当宗教性的经验业已留作某种自成一格的东西的时候,会发生什么情况。所描述的那个经验中的实际宗教性属性,是所产生的效果,是生活及其条件的更好调适,而非它产生的方式和原因。经验在其中运行的方式,它的功能决定着它的宗教性的价值。如果重新取向实际发生的话,那么,它以及伴随着它而来的安全感和稳定感就是凭其自身的力量。它以为数众多的方式发生在不同的人身上。它的发生有时是因着献身某种事业,有时是凭借一段开启新视野的诗歌,有时就像斯宾诺莎——他那个时代所认为的无神论者——的情况那样,是经由哲学的反思。

在因其处于和对生活过程的作用而具有宗教性力量的一种经验,与作为一种独立种类的宗教性经验之间的差异,给我一个提及前论的契机。倘若通过摆脱具体类型的信念和实践而得解放,通过摆脱那些构成一种宗教的因素而得解放,那么,这种功能就会得以安全无虞,很多个人就会发现:那些带来更美好、更深刻和更持久的生活调适能力的经验,并不像人们普遍设想的那样罕见和稀少。它们频频地与很多有意义的生活契机相关而发生。看不见的权能这个观念,就会担当那些支撑和深化这样一些价值——承载人们度过黑暗和绝望的阶段而使之失去通常的阴郁特征——的价值感的所有自然条件和人际交往的意义。

我并非假定就很多人而言,使宗教性的东西与一种宗教脱钩是件容易生效的事情。传统和习俗,特别是带有情绪的时候,是与我们自身的存在合二为一的那些习惯的一部分。但是,这种脱钩的可能性却借由其现实性而得以展现。那么,我们暂且放下"宗教性的"这个术语,追问向生活过程提供深刻而持久支撑的态度为何。例如,我用过"调适"和"取向"这些词,它们是什么意思?

尽管"顺应"、"归化"和"调适"这些词经常被作为同义词使用,但是所存在的态度如此不同,以至于为思想清晰之故,应该加以辨析。我们遭遇到的一些条件,是不能被改变的。如果它们是特定的和限制性的,那么,我们则依照它们而改变我们的态度。是故,我们使自己顺应气候的变化,顺应收入的多少——当我们没有其他来源的时候。当外部条件持续不变的时候,我们变得习惯起来,习以为常,或者就像现在经常所称的那个过程——习惯使然。我喜欢称之为顺应的这种态度的两个主要特色是:它影响特定的行为模式,而非整个自我;这个过程主要是被动的。不过,它可能变得普泛,然后可能变成宿命论式的屈从或顺从。面对环境还有其他一些态度,它们是特定的,却是更为主动的。我们反作用于那些条件,致力于改变它们,以满足我们的需要和目的。外语戏剧要"归化",以满足美国观众的需要。房屋重建,以适合家庭变化了的条件;发明电话,以满足远程快捷交流的需要;灌溉土壤,以长出丰足的作物。代之以我们自己顺应条件,我们改变条件,以便使它们顺应我们的需要和目的。这个过程可以称为归化。

现在这两个过程常用一个更为一般性的名称"调适"来统称。但是在与我们所生活的世界的关系中,我们本身也出现了包罗万象和根深蒂固的变化。它们不是在与我们环境中的这个或者那个条件的关系中涉及这个或者那个需要,而是关涉我们整体性上的存在。有鉴于它们的范围，我们自己的这种修正是持久性的。它经由内外环境的任何变迁而延续。在各种各样的要素中，有一种组构性的、协和性的要素，尽管我们周围的那些特殊条件有所变化，但那些条件也在与我们的关系中得到分类、安置。这种态度包含某种顺从的意味。然而，它是自愿的，而非外部强加的；而且作为意志性的，它不只是斯多葛派那般任凭命运拍打我自泰然处之的决心。它比后一态度更加外求，更加心甘情愿；比前一态度更加主动。尽管称之为意志性的，但并不意味着它依赖于一个特定的决心或意志。它是一种属于意志的变化——被看作我们之在的有机丰富性，但并非意志之中的任何特殊变化。

诸般宗教宣称，它们影响到这种类属的和持久的态度变化。我宁肯把这一陈述颠倒过来说，凡是有这种变化发生的时候，就有一种明确的宗教性的态度。并非一种宗教带来这种变化，而是当变化出现的时候，无论什么原因和凭借何种方式，都有一种宗教性的见地和功能。正如我前文所说，教义性的或智识性的装置，以及增长的机制性积淀，在一种严格的意义上，对于这般经验的内在属性而言，是外来偶发的。因为它们是那个文化的——在众多个人身上得以接种培养的那个文化的——诸多传统的事务。桑塔亚那（Santayana）先生已经把这种宗教性的经验属性与诗歌所表达的那种想象性的属性联系起来。"宗教和诗歌，"他说，"在本质上是同一的，差别只在于它们附加在实践事务方面的方法。诗歌介入生活的时候被称作宗教，宗教仅仅附着于生活之上的时候会被看作无外乎诗歌。"介入之中与附着之上两者之间的差异，就像上述同一性一样重要。想象力要么在生活之上轻轻地荡漾，要么深深地进入生活之中。正如桑塔亚那先生所说，"诗歌具有一种普世的和道德的功能"，因为"其最高力量寓于其与生活理想和目的的相关性"。除非它介入，"但凡观察满眼都是粗蛮事实，但凡训诫实则都是纯粹镇压，直到这些得到消化的事实和体现在人道冲动中的这种训诫成为想象力的创造性运思的起点，成为社会、宗教和艺术中理想建构的坚实基础"。

如果我可以就桑塔亚那先生这一入木三分的洞见加以评论的话，我会说，附着的想象力与介入的想象力之间的差异，是这样两者之间的差异：一方完全渗透我们之在的所有因素，另一方只是与特殊的和片面的因素相交织。实际上，仅仅因事实之故而观察粗蛮的事实这种事情极少发生，正如几乎没有训诫是镇压和不外乎镇压。事实通常是参照某些实践目标和目的而加以观察的，而且那个目标只是想象地得到呈现。最具镇压性的训诫，也有某种要达到的目标——至少把一种理想属性归于此;否则,就是纯粹的施虐狂。但是,在这样的观察和训诫事例中,想象力是有限的和片面的。它延展不远,渗透不深不广。

想象力与自我协和之间的关系,比人们通常所想的更为密切。有关整体的观念,无论是个人存在的整体,还是世界的整体,是一种想象性而非实至名归的观念。我们观察和反思的那个有限世界,只有通过想象性的延展,才会变成宇宙。它既不能在知识中把握到,也不能在反思中认识到。自我——被称作一个整体——的完全统一,既不是观察和思想能够达到的,也不是实践活动能够企及的。作为一个整体的自我,只是一种理想、一种想象性的投射。从而有关自我与宇宙(作为自我与之关联的诸多条件的整体性的一个名称)的一种彻彻底底的和根深蒂固的协和活动的观念,只有通过想象力来运作——此乃为这种自我组构并非在特殊的意志活动或决心意义上的意志性的一个原因。"调适"拥有意志,而非其特别产物。宗教人士一直正确地把它当作来自有意识的处心积虑和明确目的之彼岸的那些源头的涌流——这个事实有助于从心理学上解释它为何一直如此普遍地被归于一种超自然的源头,而且大概也为理解威廉·詹姆斯(William James)所提到的无意识因素提供了某种亮光。值得注意的是,贯穿自我所做、所受和所得而形成的那个无休无止涌流始终的那个自我统一,是不能凭靠自我本身而达成的。自我总是指向某种它本身之外的东西,因此它自己的统一有赖于把世界的万千变化整合到我们所称的宇宙之中去这样一种观念。

想象力与经验中的理想要素之间的密切关联,得到人们的普遍承认。此般光景不同于其与信仰之间的关联。信仰一直被当作知识和洞见的替代物。在基督教这种宗教中,它被界定为未见之事的证据。① 暗含的意思是说,信仰是对于那些因我们有限和出错的本性之故而现在不可见的诸般事物的一种先见之明。因为它是知识的一种替代物,所以它的材料和对象在性质上是智识性的。正如约翰·洛克(John Locke)就此所作的总结,信仰"是根据说教者的信用……而对一个命题所给予的同意"。② 那么,宗教信仰就是给予一个当作真的命题体系的信仰,所根据的是那些命题的那位超自然作者的信用,以及用来展示这种授信合理性的理由。结

---

① 杜威此处暗引《圣经》,《希伯来书》11章1节有"信就是所望之事的实底,是未见之事的确据"这样的经文。——译者
② 参见洛克:《人类理解论》(下),关文运译,商务印书馆,1959年,第366页。——译者

果不可避免地产生诸般神学的发展或者系统性的命题体系,以便以一种组织化的形式昭显诸般附有信念和予以同意的命题的内容。鉴于此既定的观点,那些认为宗教必然蕴含神学的人们是正确的。

但是,信念或信仰还有一种道德和实践的内涵。甚至魔鬼,根据过去一些神学家的说法,也信仰——并颤栗着。因此,就有在"思辨性的"或智识性的信仰与被称作"称义"信仰的一种行动之间所作出的区分。除却任何神学语境,下述两种信念之间存在着一种差异:确信某种目的相对品行而言,应是至高无上的;相信某种对象或存在作为理智可及的真理而存在。道德含义上的确信,意味着被我们活跃本性中的一种理想目的所征服、所降服;意味着承认其对于我们的欲望和目的所提出的合法要求。这样的承认是实践性的,而主要不是智识性的。它跨到能够向任何观察者呈现的证据之彼岸。反思——通常持久而费力——在达成这种确信方面可能牵涉到,但思想的内涵并非穷尽于发现为智识同意提供合理性证明的证据。一个理想对于选择和品行所享有的权柄,是一个理想的而非事实的权柄,亦非智识保证的真理的权柄,亦非提出真理的人的地位的权柄。

这样的道德信仰并非易事。它要被追问:人子到来时,在地上是否发现信仰这个古老的问题。道德信仰一直得到各种各样论证的支撑,意在证明它的对象并非理想;而且它对我们的要求主要并非道德的或实践的,因为题中理想已经包含在事物的现存框架之中。有论证认为,理想是处于所存在的诸般事物之核心的最终实在,而且唯有我们的感官或我们本性的堕落阻碍我们把握其先在的存在。比方说,出于这样一种观念——正义不止是一种道德理想,因为它就包含在实际存在的世界的构成之中,人们继而构建诸般宏大的智识体系、诸般哲学和诸般神学,以证明诸般理想不是作为诸般理想而是作为在先存在的现实性而实在的。他们未能看清,在把道德实在性转换为智识同意问题的时候,他们显示出缺乏道德信仰。一种信仰——只要我们力所能及,某物就应该存在——被转换为某物已经存在这样一种智识信念。当有形的物理存在无法证实断言的时候,有形的东西被微妙地转换成形而上的东西。以此方式,道德信仰已经与有关超自然的东西的智识信念难分难解地捆绑在一起了。

把道德信仰和行动的目的转化为智识性的信经条款,这种倾向一直得到心理学家们所谙熟的一种倾向的促进。我们所热切渴望拥有的东西就是如此,我们所倾向相信的东西业已这般。渴望本身对于智识性的信念,具有强大的影响。况且,当条件不利于实现我们所渴望的那些对象的时候——而且就意义重大的理想而言,在条件极为不利的情况下,一条轻易的出路就是假定它们毕竟已经体现在存在之终极结构之中,假定相反的表象仅仅是表象而已。那么,想象力仅仅伴生介入责任,且被免除介入责任。那些软弱的本性把幻想当作避难所,正如强大的人之于狂热。对于那些持异议的人,第一类人徒叹奈何,而第二类人则用力使之得以转化。

已经所说的,并不蕴含凡是对于理想目的的道德信仰都凭借那个性质上宗教性的事实。仅当道德确信的那些目的激发情绪,而这些情绪不仅强烈且被足够包容,以至于把自我统一起来的那些目的所激活和支持的时候,宗教性的东西才是"情绪触动的道德"。与自我和一个包容性的自我所关联的"宇宙"相关的目的的包容性,是不可或缺的。根据那些最高水平的权威的说法,"宗教"源于意为被捆绑或被捆缚的一个词根。原初,它意指被所发特定生活方式的誓言所捆绑,正如宗教人士是一些立下某些誓言的修士或修女。宗教性的态度指谓某种东西,它经由想象与一种普泛的态度捆绑在一起。再者,这种普泛的态度,比通常意义上的"道德性的"一词所表明的任何东西都要广泛。态度的性质展现在艺术、科学和良好的公民身份之中。

如果我们把所提出的概念应用到早先援引的那个定义的术语上面,那么,这些术语就呈现出全新的重要性。某个掌控我们命运的、看不见的权能,变成某个理想之权能。所有可能性,作为可能性,在特性上都是理想的。艺术家、科学家、公民和父母在他们被其职份精神所激活的意义上,受到看不见的东西的掌控。因为但凡为更加美好而奋斗,都是受到对可能性的东西的信仰的促动,而非对现实的东西的坚守。这种信仰也不为其促动力之故而依赖智识性的确保或这样一种信念——所追求的事物必须毫无疑问地大行其道,而且成为得以体现的存在。因为对象所拥有的决定我们态度和品行的权柄,及其所得到的要求我们忠诚和献身的权利,都是基于那个理想的固有本质。所产生的结果,即便我们尽了最大的努力,也不在于我们。理想主义所有智识性体系的固有之恶,是它们把行动的理想主义转化为有关先行实在的信念体系。这个实在所获得的特征,如此不同于观察和反映所导致和支撑的东西,以至于这些体系不可避免地滑入与超自然的东西的联盟之中。

以高扬的理想属性为标志的所有宗教,对于把视角导入琐细的和变幻的存在的宗教能力,总是念兹在兹。在此,我们需要把通常的表述颠倒过来:说凡是导入真正视角的都是宗教性的,而非说宗教是某种导入真正视角的东西。毫无疑问(关涉那个定义的第二个要素),我们有赖于超出我们控制之外的那些力量。原始人面对这些力量的时候如此无能为力,特别在处于不利的自然环境的时候,恐惧成为一种主导态度。正如常言道:恐惧造就众神。

随着控制机制的增强,恐惧因素相对来说有所减弱。一些乐天派的人甚至得出结论说,我们周围的诸般力量总的来说,本质上是温良的。但是每次危机,无论是个体的危机,还是共同体的危机,都提醒人类这样一点,即人类所施展的控制力本质上是不稳定的和片面的。当个体意义上和集体意义上的人极尽所能的时候,在不同的时间和地点导致命运和运气观念、机运和天意观念的那些条件仍在。坚守奋力把自然的和社会的力量导向属人目的之人类职能,这一点本乎人的气概。但是,有关这般努力无所不能的那些不加限定的绝对主义陈述所反映的,却是自我主义而非智识勇气。

人的命运与超出人类掌控的诸般力量交织在一起这个事实,使假设与之伴随的依赖和谦卑非得找到传统教义所指定的特定渠道成为不再必要,反而是依赖感所呈现的形式特别重要。在任何人的生活中,恐惧从不提供稳定的视角;它是分散性的和在消退中的。绝大多数宗教,事实上,已经把共融仪式加到那些补赎和抚慰仪式上。因为我们的依赖性展现在与环境之间的那些关系之中,而那些关系支撑着我们的担当和志向,其程度就像在挫败中折磨我们一样。本质上,非宗教性的态度是这样一种态度,即把人的成就和目的归于独立于自然世界和人类同胞的人。我们的诸般成功有赖于自然的合作。当人的本性的尊严感基于作为更大整体的一个合作方的人的本性感的时候,它就像敬畏感一样,是宗教性的。自然虔敬既不必然是对自然事件一种宿命论的默从,也不必然是对世界一种浪漫的理想化。它可能只是基于对自然作为我们是其组成部分的那个整体的一种感觉,同时也承认我们这些组成部分具有智识和目的这样的标识,具有在它们的援助下奋力把诸般条件纳入与人类可心的东西之间一种更和谐的职能。这般虔敬,是一种应有生活视角的固有成分。

知性和知识也进入属性上是宗教性的视角之中。经由有所指导的、合作性的人类奋斗不断揭示真理——这种信仰在属性上比任何对于一个完成了的启示的信仰都更具有宗教性。当然,现在通常认为,启示在终结的意义上并未完成。但诸般宗教所秉持的是:至少在其重要的道德特征方面,本质框架是确定了的;而且所提供的诸般新的要素必须以是否符合这个框架来判断。对于某个宗教而言,某些稳固的教义器具是必须的。但是,对于持续的和严格的探究的诸般可能性的信仰,并非把真理进路局限于事物的任何特定渠道或机制。它并非先是说真理是普遍的,然后把唯有的一条道路加给真理。它并非为了确保之故而依赖于服从任何教条或教义。它所信赖的是:假如界定运作中的智力的那些科学方法进一步推行到世界奥秘当中,而且那些科学方法本身在那种运作中得到促进和改进,那么,人与其环境之间的自然互动将哺育更多的智力和产生更多的知识。存在这样的事,即对于智力的信仰在属性上变成宗教性的——这个事实可能解释了一些宗教人士何以竭力贬损作为一种力量的智力。他们恰切地感到,这般信仰是一种危险的对手。

那些因着忠诚于我们所述的这样一些理想而有意识地受到鼓舞的人的生活,在激起狂热的宗教性的功能的那种广度和强度上,相对来说,仍属少见。但是,我们在推断这样一些理想及其激发的那些行动软弱无力之先时,至少应当扪心自问:现存状况在多大程度上是因为这样的事实——宗教性的经验要素已经被招募到那些超自然的渠道之中,从而背负不相干的累赘?一个脱离人类共同的和自然的那些关系的信念和实践体系,在其影响程度上,必定削弱和耗尽这些关系固有的那些可能性的力量。把宗教性的东西从宗教中解放出来的一个方面,正是寓于此。

为了某个理想之故而排除万难,且因为深信其一般的和持久的价值而不顾个人得失所投身的任何活动,在属性上都是宗教性的。许多人,如探究者、艺术家、慈善家和公民们,以及生活在最卑微的各行各业的男男女女,无需推定、无需展示地获得了他们自身的这般统一,及其与生存条件的关系的这般统一。他们的精神和灵感,仍然需要推广到更广泛的人群。倘若我就诸般宗教和宗教貌似说过什么刺耳的话,那是因为一个坚定的信念,即尽管诸般宗教宣称拥有诸般理想和超自然手段的垄断权,而且据称唯有凭此,它们才能百尺竿头更进一步,但这种宣称阻遏了对区别性的宗教性价值的领会(是)自然的经验所固有的。万一有人被我频繁地运用形容词"宗教性的"所误导,以致把我所说的看成是对作为诸般宗教而过去了的东西的一种乔装辩护,倘若因为此而非别的原因,我应该表示歉意。就像我所构想的那样,宗教性的价值与诸般宗教之间的对立无法衔接。恰恰因为这些价值的释放如此重要,以至于对它们与诸般宗教的信经和膜拜之间的认同必须加以消解。

2. 信仰及其对象

就像我在前面所指出的那样,但凡宗教都牵扯到具体的智识信念,而且都对赞同这些教义为真——智识意义上为真——这一点或多或少地予以重视。它们拥有本质上被视为神圣的文献,包含诸般宗教的有效性与之关联的历史材料。它们发展出"教众"义不容辞(不同的宗教,其严格的程度是不同的)予以采纳的教义器具。它们还坚持认为,就它们所秉持的那些真理,存有某种特殊的和孤立的进路。

我想,没有人会否认当前的宗教危机与这些声言密切相关。怀疑主义和不可知论——从宗教人士的立场看来,它们对于宗教精神来说,是致命性的——大行其道,它们与诸如历史的、宇宙论的、伦理的和神学的智识内容——据称是一切宗教性的东西不可或缺的——直接相关。就我而言,在此无需细致入微地探析那些引起对这些内容怀疑、不信、不确定和拒斥的原因。只要指出下述这些足矣:所有涉及信念和观念,无论关乎历史性的和文字性的问题,还是关乎天文学、地质学和生物学,抑或关乎世界和人的创造及其结构,都与超自然的东西相关联,而且这种关联是导致对它们怀疑的因素;该因素从历史性的和制度性的诸般宗教的立场看来,正在耗尽宗教性的生命本身。

本论明显而简单的事实是:某些有关世界和人的起源和机制的观点,某些有关人类历史进程、人物和事件的观点,已经变得与宗教如此这般地交织在一起,以至于被等同于宗教。另一方面,知识及其方法和检验方法的增长已经达到这般程度,导致大批开化的男女接受这些信念变得日益困难,甚至使之成为不可能的事。就这些人而言,这些观念越被用作一种宗教的基础和证成,该种宗教就越发变得可疑。

新教教派基本上舍弃了有关特定的教会资源能够权威性地决定那些宇宙的、历史的和神学的信念这一观念。其中,那些更加开明的教派,至少已经减持有关个人困苦和人心不古是造成从智识上拒斥基督教的智识器具的原因这一古老信念,但这些教派(有些数量可以忽略不计的例外)还持守最小程度的不可或缺的智识内容。它们把特定的宗教性力量归于某些书面文献和历史人物。即便及至它们基本上把大宗的智识内容归约到一种可接受的程度,至少仍然坚持有神论和个人不朽。

我无意具体地复述那些以科学和宗教的冲突之名而被集体称谓的重大事实;只要哪怕最低限度的智识性同意被规定为本质性的,那么,科学和宗教的冲突就不会凭借称之为科学与神学的冲突而消除。司空见惯的是,天文学不仅冲击着宗教古老的宇宙生成论,而且冲击着那些处理历史事件——见证升天观念——的诸般信经的要素。地质学的发现,置换了那些一度显得重要的创世神话。生物学不仅给一度在宗教信念和观念中占据中心地位的灵魂和心灵观念带来革命性的变化,而且在原罪、救赎和不朽这些观念上面留下了深刻的印记。人类学、历史和文学批评提供了有关基督教的诸般宗教建立于其上的那些历史事件和人物一个极为不同的版本。心理学正在为我们开启对于那些非同寻常的现象的自然解释；这些现象如此非同寻常，以至于曾几何时，它们的超自然起源可谓是最为自然而然的解释。

就我的目的而言，所有这一切的重要干系在于，全新的探究和反思方法已经成为当今受过教育的人在有关事实、存在和智识同意方面所有问题的最终裁量者。毫不夸张地说，"智识权威的座次"已经发生革命。事情的核心在于这种革命本身，而非它对于这个或那个宗教信念的特定影响。在这种革命中，每个失败都会激发新的探究；每个胜利都会开启更多发现的大门，而且每个发现都是在智力土壤中播下的一粒新种子，从中生长出结满全新果子的新鲜植物。人的头脑正在习惯于一种新的方法和理想：唯有一条确然的真理进路——借由观察、实验、记录和受控反应而运作的耐心合作的探究道路。

下述事实很好地例证了这种变化的范围：每有特定的持守被放弃，通常就有开明的神学家发声，说那个被放弃的特定教义或所谓的历史性的或文字性的信条毕竟从来就不是宗教信念的一个固有部分；而且没有了它，宗教的真正本质比以往更加鲜明突出。同等重要的是：众教会中基要派与开明派之间的鸿沟正在变大。尚未意识到的——尽管基要派比开明派更加确定地看到——关键不在于这个或那个琐细的信念条款，而在于借此达成和证成任一和每个智识性信念的那个方法问题。

正面吸取的教训是：宗教性的属性和价值如若是真实的，并非系于任何单一的智识同意条款，甚至并非系于有神论的上帝存在这个条款；而且在现有条件下，只有通过舍弃整个特殊真理——凭其本质就是宗教性的——观念，一并舍弃通达这些真理的特殊通衢观念，经验中的宗教性功能才能得到解放。因为倘若我们承认唯有一种验明事实和真理的方法——在其最为一般和最为慷慨的意义上，以"科学的"所传递的那种方法，那么就没有什么知识分支和探究中的发现会搅扰那种本身是宗教性的信仰。我应当把这种信仰描述为自我因着忠诚于包容性的理想目的而来的一体化，而那些理想目的是想象力呈现给我们的，也是人的意志值得将之作为控制我们的欲望和选择的东西加以回应的。

因为智识能量已经投入对诸般历史性的宗教所抱有的那些教义的合理化，所以很可能无法想象，有多少智识能量从达成智识结论的常规过程中游离出来。在我看来，如此这般给定的一般头脑定势比任何特定的信念条款所产生的那些后果更为有害，就像因接受其中的一些东西所带来的那些东西一样严重。基督教智识内容的现代开明版本在现代头脑看来,要比那些遭到反对的一些早先教义更加合乎理性。事实并非如此。中世纪的神学哲学家们在给予所有罗马天主教教义以一种合理形式方面,并不比当今开明神学家从智识上阐发和证成他所抱有的那些教义困难更大。这个陈言就像适用于"三位一体"、道成肉身、赎罪和圣事一样,适用于持续神迹教义、忏悔、特赦、圣徒和天使等等。我再次重申:根本问题不是在于智识信念的这个或那个条款,而是在于智识习惯、方法和准则。

一种规避变化了的知识和方法,对于宗教的智识内容产生冲击的方法,是那种把辖区和权限划分为两部分的方法。原先,这两部分被称作自然领域和恩典领域。现今,它们以自然知识领域和启示领域为人所熟知。大概除了前章所涉科学的与宗教性的经验之间的那个区分,现代宗教性的自由主义还没有明确的名称对它们予以称谓。暗含的意思是说:在一个领域,必须承认科学知识至高无上的地位;而在另一个尚需精确界定的领域——私密的个人经验领域,又有其他的方法和准则占据支配地位。

这种用以证成某些信念要素的独特而合法主张的方法,总是面临这样的诘难,即正面的结论得自负面的事实。现存的无知或落后,被用来维护在所处理的题材性质上存在区分的坚称。尽管如此,这种缺憾可能至多是反映现存的局限,但在将来是要消除的。因为某个经验领域或方面尚未经受科学方法的"入侵",所以不服从这些方法——这种论调不仅了无新意,而且相当危险。在某种特定的保留领域,这种论调一再被证明无效。心理学仍然处在其幼儿期。但如果有人断言,私密的个人经验永远不会进入自然知识的范围,那只能说:正好应了"无知者无畏"。

然而,考量宗教人士所声言的那个属于特殊自留地的领域更加切合当前的话题,那就是神秘经验。不过,必须留意神秘经验与我们获得的有关神秘经验的理论之间的差异。那种经验,是一个我们有待加以探究的事实。那种理论,就像任何理论一样,是对那种事实的诠释。有观念认为,那种经验就其本质而言,就是对上帝直接在场的一种真实领悟;这个观念与其说基于对那些事实的稽考,不如说基于把外部形成的一种概念植入对它们的诠释之中。就其依赖于一个先入为主的超自然观念——这正是有待证明的——而言,它陷入循环论证之中。

历史展现出许多神秘经验的类型,而且各自得到那种文化中和那种现象所出现的那个领域中的那些主导概念的同时性解释。就像在北美一些印第安部落中一样,由禁食引发的一些神秘危机,伴随某种神思恍惚和略带的歇斯底里;它们的目的是获取某种特殊权能,大概诸如定位一个迷路的人或找到秘藏的物件的能力。印度人实践的神秘主义,在一些西方国家享有某种风尚。有新柏拉图主义随着完全取消自我和融入非人格的存在整体之中而来的神秘狂喜。有不依赖任何神学的或形而上学诠释的强烈审美经验的神秘主义。有威廉·布莱克(William Blake)的异端神秘主义。有突如其来无端恐惧的神秘主义,其中大地好似在人的脚下动摇。凡此种种,只是顺手拈来。

比方说,在新柏拉图主义完全脱离人的需要和条件的一种超神圣存在的概念,与通过关注圣事或专注耶稣之心而促发即刻合一这个中世纪理论之间,有什么共同要素?当代一些新教神学家强调宗教经验中发现的与上帝的那种内在人格共融感,与中世纪基督教相去之远,几乎不亚于它与新柏拉图主义或瑜伽之间的天壤之别。对于那种经验的诸般诠释,并非在可及科学资源的襄助下,从那种经验之中生长出来,而是从周围文化中流行的那些观念里不加鉴别地偷借而来。

萨满和某些北美印第安人的神秘状态平心而论,就是一些获取特殊权能的技法——就如一些复兴主义宗派所构想的那种权能。并无特殊的智识对象化与那种经验相伴。那种据称获取的知识不是有关大写的存在的知识,而是有关特定的秘密和隐秘运作模式的知识。目标不是获取有关超凡的神圣权能的知识,而是为病人获得治愈的良方,为立威获得锦囊妙计,等等。神秘经验是宗教经验一种正常的模式,借此,我们可以获得有关上帝和神圣事物的知识——这种19世纪的诠释,伴随古老的宗教护教学方法的衰落而直接成比例地时兴起来。

非但没有理由否认被称为神秘经验的那些经验的存在,反倒有理由假设它们以某种如此密集的程度频繁地发生,以至于它们被当作经验活动在一定节奏点的正常展现。下面的假设是没有事实根据的:否定对于它们的客观性内容的某种特定诠释,证明那些作出否定的人们没有所论的那种经验,俾使他们拥有那种经验,同样会为其上帝在场的客观性来源所折服。就像每种经验现象那里的情况一样,被称为神秘状态的那种状态的出现,何尝不是一个我们对其因果模式加以探究的契机。相较于一种闪电经验或任何其他自然事件的经验,绝无更多的理由,把这种经验本身转化为对其原因的直接知识。

那么,我简短地提及神秘主义的目的,不是对于被称作神秘经验的那种特定经验的存在产生怀疑,亦非提出任何理论以对它们进行说明。我提及此事,只是例证那个标定两个截然不同的领域的一般倾向——认为在其中一个领域,科学拥有管辖权;而在另一个领域,有关宗教对象的特殊直接知识模式拥有权柄。为了证明某些信念的有效而在当代对于神秘经验的诠释中运作的二元论,无非是自然与超自然之间的那种古老二元论的一种重申,不过是在术语上更加切合当下的文化条件而已。既然科学认为,成问题的正是超自然的东西这个概念,那么,这种类型的推理的循环性质就是显而易见的。

宗教护教士们经常把科学方法和材料方面发生的变迁,指责为科学作为一种知识模式之不可靠性的证据。科学在当下这代人期间所发生的那种巨大的、几乎是革命性的变化,看起来时常令他们兴高采烈。即使所声称的不可靠性,像他们所假定的那么巨大(甚或更加巨大),那个问题仍旧故我:我们还有任何别的知识渠道吗?但是事实上,他们不得要领。科学并非是由任何特定的题材体系构成的,而是由一种方法所构成的;这种方法不仅是达成信念的方法,而且是凭借得到检验的探究而改变信念的方法。它的题材随着那种方法的改进而发展,这恰恰是它的荣耀而非它的罪责。绝无神圣不可侵犯的特殊信念题材。把科学认同为一套特定的信念和观念,本身就是对既古老又现行的教条主义的思想习惯——科学与之对立且正在予以破除——的一种抱残守缺的做法。

因为科学的方法不仅与教义——如果在它只需要当作真的东西来教导和学习的一种明确信念体系这个通常的意义上,看待"教义"——相抵牾,而且与教条相抵牾。科学对待教义的这种负面态度,并不表示对真理的漠然置之。它意味着,对于借此获得真理的那种方法的至高忠诚。科学的与宗教的之间的冲突,归根结底,是忠诚于这种方法与忠诚于一种最低限度的信念——预先如此固定,以至于成为不刊之论——之间的冲突。

那种智力方法是公开性的和公共性的。那种教义方法则是受限的和私下的。甚至当宗教性真理的知识据说通过一种特殊的经验模式——被称为"宗教性的"——达到的时候,这种局限继续存在。因为后者被假定为一种非常特殊种类的经验。诚然,据称它对所有遵循某些条件的人敞开,然则就像我们所看到的,神秘经验对于不同的人而言,在信念方面所产生的结果是不同的,这仰赖于那些经历它的人们的周围文化。作为一种方法,它缺乏那种属于智力方法的公共特征。何况,当所论经验并不产生上帝在场——在宣称存在的意义上——的意识的时候,反驳总是现成的——那不是一种真正的宗教性经验。因为就定义而言,唯有产生这种特定结果的经验,才是宗教性的。这种论证是循环论证。传统的立场是:某种人心的顽固或腐败妨碍人拥有这种经验。开明派宗教人士现在更加人性一些,但他们的逻辑别无二致。

有时,人们认为,有关宗教性问题的信念是象征性的,就像礼仪和仪式一样。相对于那种持守这些信念逐字逐句的对象性和有效性的观点,这种观点可以说是一种进步。但是就像通常提出的那样,它深受模棱两可之苦。那些信念是什么东西的象征符号?它们是在那些有别于独立门户的宗教性模式的其他模式下经验到的东西的象征符号,结果所象征的东西具有一种独立地位吗?抑或在代表某种超验实在的意义上——因为不是一般而言的经验题材而超验——它们是一些象征符号吗?即使基要派也承认,后者意义上,宗教信念对象的某种性质和程度的象征主义。因为它所秉持的是:这些信念的对象如此远远地超出有限的人类能力,以至于我们的信念或多或少地要以隐喻性的术语来表达。有关信仰是我们当下资产中可用的最好知识替代品的概念,仍然附着于信仰内容的象征特征这个观念;除非我们把一种象征性本质归于它们所要表达的意思是:这些材料代表某种在一般和公共经验中可证实的某种东西。

倘若我们采纳后一种观点的话,那么,这一点就会很明显:不仅信经的智识条款必须理解为道德的和其他理想价值的象征,而且那些被当作历史性的且被用作那些智识条款的具体证据的诸般事实,本身是象征性的。这些信经条款的呈现,充其量是为了道德理想之故而被理想化的想象力所加工的事件和人物。历史人物在其神圣特质方面,是赢得献身和激发努力的那些目的的物化。它们象征着在很多经验形式中促动我们的那些目的的实在性。被如此象征的那些理想价值,也在科学、艺术和各种人际模式中的人的经验上留有痕迹;凡是源于掌控现存环境这个层面的一切,几乎无不留有它们的痕迹。人们承认,宗教对象是与我们当下状态形成对照的理想。倘若也承认它们恰恰因为是理想,所以对于品行拥有权威性的要求,那么,我们又会损失什么呢?假定这些宗教对象已经存在于某种大写的存在领域,非但看来对于它们的力量而言于事无补,反倒削弱了它们作为理想对于我们所提要求的力度——只要所提要求是基于智识上可疑的东西。问题归结为这样一点,即那些促动我们的理想是真正理想的,还是只在与我们当下资产相对照的意义上是理想的?

这个问题的内涵所及甚远。它决定给予"上帝"这个词的意义。一方面,该词意味着唯一的、特定的、大写的存在;另一方面,它意指所有激发我们去渴望、去行动的理想目的的统一体。这种统一,是因为已经在我们之外实现了的存在中,还是因为其自身的固有意义和价值,才对我们的态度和品行有所要求?暂且假设"上帝"这个词意味着一个人在某个既定的时间和地点所承认的,对于他的意志活动和情绪拥有权威的那些理想目的(只要这些目的借助想象力而呈现统一性)、一个人极力献身的那些价值。如果我们采取这种假设,那么就与有关"上帝"指谓某种大写存在——具有先在且因而非理想(non-ideal)的存在——的宗教教义形成对照,问题的要害就会清晰地凸显出来。

关于某些历史上存在的宗教,就它们全部在其神圣存在中无视道德属性而言,"非理想的"这个词要从字面上加以对待。它并不在同一文字方式上适用于犹太教和基督教,因为它们已经断言,至高存在具有道德的和属灵的特质。但是,有鉴于这些道德的和属灵的特征被当作某种特定存在的属性,被当作因为在此般存在中的体现而对于我们来说才具有宗教性的价值,它依然适用于它们。就我所见,此乃有关某种宗教与作为经验功能的宗教性的东西之间的那个区别的终极要害所在。

"上帝"代表着诸般理想价值的一种统一,而这种统一是当想象力伴生于品行时而起源的,本质上是想象性的——这一观念伴有因我们频繁地使用"想象力"这个词语,指谓幻想和可疑的实在而来的文字困难。作为理想的理想目的之现实性,是由它们在行动中不可否认的力量所保证的。理想不是幻觉,因为想象力是理想由之得到把握的官能。因为所有可能性都是经由想象力而及于我们的。在一种明确的意义上,唯有一种意义能够赋予"想象力"这个术语,即那些事实上尚未实现的事物为我们所领会,并且具有打动我们的能力。通过想象力而生效的那种统一,不是充满幻想的;因为它所反映的,是实践性的和情绪性的态度的那种统一。那种统一性并不意味着一个单一的、大写的存在,而是被这样的事实——许多目的就它们的理想力量而言,其实是一个——所激发的忠诚和努力的统一性,或激发和掌控我们的想象性的属性。

鉴于传统上,诸般上帝概念实体化为一种存在归因于一种汇流,即人的本性中那些把所渴望的对象转化为(就像前面所述的)一种先行实在的倾向,与过去文化中占据主导地位的那些信念之间的一种汇流,我们大可一问:传统上,诸般上帝概念生命之中的能力和意义,是否并非归于它们所指涉的那些理想属性?因为在古老的文化中,在"自然的"意指某种习惯的和熟悉的东西这个意义上,超自然的概念是"自然的"。看来,宗教性的人们得到借此理想价值对于他们而具有吸引力的那种实在的支撑和抚慰,要比他们得到事实存在的纯物的支撑,更加可信一些。一旦人们习惯于理想的东西与物理的东西合一的观念,那么,这两者在情绪中被如此捆缚在一起,以至于难以实施分离。这一点,符合我们有关人类心理学所获知的一切。

不过,实施分离所获得的益处是明显的。这种脱钩,使经验的宗教性价值一劳永逸地摆脱那些持续变得更加可疑的东西。随着那种释放而来的,则是从诉诸护教学的必然性中解放出来。理想的目的和价值对于我们具有的权威性这点的实质性,是一个无可置疑的事实。公义和慈爱的有效性,以及我们称之为真理的观念与实在的符合的有效性,在其依托人性方面得到如此确保,以至于宗教性的态度不必用教条的和教义的器具来拖累自己。有关宗教性的态度的任何别的概念,一经充分地分析,意味着那些秉持者更在乎力量而不是理想价值——因为一个大写的存在者所能增添的一切,无非是予以确立、惩罚和回报的力量。固然有人坦言,他们自己的信仰无需任何有关道德价值得到物理力量支撑的担保;但是他们认为,民众是如此落后,以至于理想价值不会影响他们的品行——除非在大众信念中,这些价值具有一种力量,不仅能够强迫他们服从,而且能够对那些未能服从者进行惩处。

还有一些更值得尊重的人说:"理想至上乃为起点,我们赞同。但是,为何止于此点?为何不以最大的热望和力度寻找我们能够发现的所有证据,诸如历史所提供的和自然中呈现的设计性所提供的那些证据?它们可能导致这样一种信念,即理想已经原封不动地存在于一个大写的、具有客观存在的人格之中。"

对于该问题的一种回答是:这种寻找使我们陷于所有有关恶的存在的难题之中,这些难题过去一直困扰着神学,而且那些最为巧妙的护教士们也没有直面过,遁论予以应对了。倘若这些护教士们没有把那些理想的善的存在认同为一个位格的存在——假设这个位格产生并支撑它们——即一个大写的存在,况且全能被归于它,那么,恶的产生这个难题就会是无理取闹。理想目的和意义的重要性的确与这样一个事实密切相关,即生活中有各种各样对我们而言的恶的事物,因为我们本来可以别样地拥有它们。假使现存条件完完全全是善的话,那么,有待实现的诸般可能性这一观念就永远不会浮现了。

但更为基本的回答是:如果基于一种严格经验性的基础来进行这种寻找,就没有它不应产生的理由;而且事实上,它总是以符合超自然的东西的利益而加以从事的。于是,它分散了对理想价值和实际条件加以探索的注意力,而借助这种探索,理想价值可能得到促进。历史是对这个事实的见证。人们从未充分地运用所拥有的力量以推进生活中的善,因为他们一直等待着自己和自然之外的某种力量,代理他们有责任去做的工作。依赖外部力量,等于放弃了人的努力。强调为善而发挥我们的力量,不是唯我的办法或一厢情愿的乐观办法。它不是唯我的,因为它既不个体地、也不集体地把人与自然隔离起来;它不是一厢情愿地乐观的,因为它并未超出下述这些假设:人有努力的需要和责任;深信倘若为了自然目的而寻求人的渴望和努力,条件本会变得更好。它并不包含对于善的千禧年的期待。

  关于超自然的东西作为把握那种理想及其实践性附着物的一种必要力量的信念,有其对应的一种有关自然手段腐败和无能的悲观主义信念。在基督教信条中,这是公理性的。但是,这种显而易见的悲观主义,有办法突然转化为一种夸张的乐观主义。因为根据那个教义的术语,如果对于超自然的东西的信仰属于所需要的那一类,就会马上出现再生。在所有的本质点上,善从而得以确立;如果不是,则有证据表明所确立起来的与超自然的东西的关系受损。这种浪漫的乐观主义,是过于关注个人拯救——传统基督教的特色——的一个原因。有关经由皈依和祈祷的客观效力而突然和完全嬗变的信念,是一种过于容易地摆脱困难的法门。那些问题通常被弃置在那里,它们一如既往;这种情况如此糟糕,以至于要有额外的东西来支撑,唯有超自然的襄助,才能改善这个观念。而自然智力的立场是:存在善与恶的一种混合,而且倘若在理想目的所示的善的方向上加以重建的话,必须通过持续的合作努力。面向正义、仁爱和秩序的冲动至少是足够的,所以倘若这种冲动为了行动而被调动起来,即便不期待发生突兀的和完全的转化,所存在的无序、残酷和压迫也会减少。

  本研讨已经进行到这样一个节点,需要考虑对我所采取的立场一个更为根本的诘难。这个诘难本来的那个错误理解,应当予以指出。我所推导的观点,有时仿佛被当成是这样的:把神圣的东西认同为理想目标,招致理想没有存在之根,没有存在支撑。该诘难暗含的意思是说,我的观念令人委身于理想和存在这样一种分离,以至于理想即便作为一种或许可以发芽生长和开花结果的种子,也没有机会找到扎根之处。恰恰相反,我一直批评的,正是把理想认同为某个特定的大写的存在的做法——尤其是当这种认同必然导致这个大写的存在是在自然之外这样的结论的时候;而且我一直努力表明的,是理想本身根植于自然条件之中,浮现于想象力通过把持住向思想和行动所呈示的诸般可能性而把存在加以理想化之时。有些价值和诸般善——人际关系、艺术和知识的诸般善——事实上是基于一种自然基础而得以实现的。进行理想化的想象力,利用在经验的跃变时刻所发现的那些最为珍贵的东西并投射它们。对于它们的善性,我们无需外在的准则和保障。作为善而存在的它们,拥有善性;而且,我们用它们铸就我们的理想目标。

何况,源于我们把所经验到的诸般善投射到思想、欲望和努力对象中的诸般目标之存在,只有作为目标才存在。目标、目的在人的品行中,行使着决定性的力量。慈善家们的目标,弗洛伦斯·南丁格尔①、霍华德②、威尔伯福斯③和皮博迪④的目标,并非痴心妄想。它们已经修正了机制。目标、理想并非只存在于"头脑"之中;它们存在于人品、人格和行动之中。一个人或许是艺术家、智识探究者、父(母)、朋友和邻居公民,以表明目的以一种操作性的方式存在。我重申,我一直诘难的并非这样一种观念——诸般理想与存在相关联而且其本身作为力量通过人的体现而存在,而是这样一种观念——诸般理想的权柄和价值依赖某种先验的完全体现,仿佛人类为了正义、知识或美之故的那些努力,就其有效性和合法性而言,依赖于确保在某个超自然领域存在一个地方;在此,罪犯得到人道对待,没有农奴制或奴隶制,所有事实或真理已然被发现和被拥有,而且所有的美以一种实现了的形式而得到永恒的展现。

那些驱动我们的目标和理想,是经由想象力而产生的。但是,它们并非出自虚构的东西,而是出自物理的和社会经验世界的坚实的东西。火车头在史蒂文森(Stevenson)之前并不存在,电报在莫尔斯(Morse)之前也不存在。但是,它们存在的条件本来就在物理物质、能量和人的能力之中。想象力攫取一种重整那些会演化出新的对象的现存事物的观念。画家、音乐家、诗人、慈善家和道德先知同样如此。新愿景并非出自虚无,而是浮现于:依据可能性即想象力,看到老事物以新关

---

① 弗洛伦斯·南丁格尔(Florence Nightingale,1820—1910),现代护理学的创始人。"国际护士节"定在她的生日5月12日,以志纪念。她所体现的"燃烧自己、照亮别人"的精神,被称为南丁格尔精神。南丁格尔奖则是国际医学护理界的最高荣誉奖。——译者
② 霍华德·希勒·约翰逊(Howard Hille Johnson,1846—1913),美国盲人教育家和作家,著名的西弗吉尼亚盲聋学校的创立者。——译者
③ 威廉·威尔伯福斯(William Wilberforce,1759—1833),英格兰废奴运动的领袖和相关废奴法案的主要推动者。——译者
④ 乔治·福斯特·皮博迪(George Foerster Peabody,1852—1938),美国实业家、金融家和慈善家。美国电视奖中以其命名的"皮博迪奖",不同于商业色彩浓重的"艾美奖",更加注重艺术性和公益性。——译者

系服务于一个新目标——这一点,正是该新目标帮助创造的。

再者,该创造过程是实验性的和持续性的。艺术家、科学工作者或好市民有赖于他人先前的作为,而且在他人周围的作为。对于成为有待实现目标的那些新价值的感觉,首先是以一种暗淡的和不确定的形式出现的。随着人们在头脑中念念不忘和在行动中发扬光大这些价值,它们在明确性和连贯性方面不断增长。目标与实存条件之间的互动,改善并检验理想;而且,条件与其同时得到修正。理想随着被应用于实存条件而发生改变,该过程伴随着人类的生命持续和前进。一个人和一个群体所完成的东西,成为后继者们的立足地和出发点。当这一自然过程中的那些至关重要的要素在情绪、思想和行动中得到普泛承认的时候,通过清除超自然观念中累积的那些不相干的因素,该过程将得到加速和纯化。当那些至关重要的要素获得先前一直归给超自然宗教的那种宗教性的力量的时候,作为结果产生的强化作用,将是无法估量的。

这些考量可以应用到"上帝"这个概念,或者为了避免令人误入歧途的概念,不如说应用到神圣的东西。正如我所说,这个观念是通过想象性的实现和投射所统一起来的诸多理想可能性之一。但是,"上帝"这个概念,或神圣的东西这个概念,与促进理想成长和推进理想实现的所有自然力量和条件——包括人和人际关系——相关联。我们所面对的情况是:诸般理想既非完全体现在存在之中,亦非纯粹是无根无据的理想、幻想和乌托邦。因为在自然和社会中,有一些产生出并且支撑着这些理想的力量。它们进一步借助赋予它们连贯性和坚实性的行动而统一起来。我会赋予"上帝"之名的,正是理想和现实之间的这种能动关系。我不会坚持必须给予这样的名称。有些人秉持的观点是:该术语与超自然东西的那些关联如此众多和紧密,以至于对"上帝"这个词的任何使用必定会产生误解,必定会被当作对传统观念的一种迁就。

他们在这个观点方面,可能是对的。但是,我所提到的那些事实就在那里,它们需要被尽可能清晰而有力地呈现出来。存在一些具体的和实验性的诸善——所有形式的艺术价值、知识的价值、努力的价值、奋斗之后的歇息价值、教育和团契的价值、友谊和爱的价值、身心成长的价值。这些善就在那里,但是相对而言,尚处于胚芽的状态。许多人被拒之门外,无法慷慨地分有它们;有一些作祟的力量不但阻碍现存诸善的扩展,而且危及并消耗它们。一个有关理想目标和现实条件相统一的、清晰而强烈的概念,能够激发稳定不变的情绪。它可以获得每个经验的滋养,而不管经验的材料怎样。

在一个心烦意乱的时代,急需这样的观念。它能聚合现在涣散的志趣和能量;它能指导行动,而且能产生情绪热度和理智之光。一个人是否给予在思想和行动中这一操作性的统一以"上帝"之名,完全是一件由个人决定的事。但是,在理想和现实之间,这一可操作的统一的功能在我看来,无异于事实上一直附加到所有具有属灵内容的诸般宗教的"上帝"概念之上的那种力量;而且在我看来,当下急需有关这个功能的清晰概念。

这种统一感在某些人那里,可能被神秘的经验——在最为宽泛的意义上使用"神秘的"一词——更加推进一步。这种结果主要依赖于性情。但是,在那种与神秘主义相关联的统一与我心中所想的那种统一之间,有着明显的差异。就后者而言,没有什么神秘的东西;它是自然的和道德的。对于这种统一的察知和意识,也没有什么神秘可言。有关切合实际条件的诸般理想目标的想象力,代表着受过训练的头脑的成就。固然存在这样一种风险,即诉诸神秘经验将是一种逃避,而且其结果将是那种消极的感觉——现实和理想的统一已经完成,但是事实上,这种统一是能动的和实践的。它是一种统一进程,而非某种既定的东西。

我个人认为,用"上帝"这个词指代所说的理想和现实之间的那个统一活动是合宜的,理由寓于这样一个事实,即进攻性的无神论在我看来,与传统的超自然主义有某种共同的东西。尽管与这个事实是相干的,但我并非只是想说,前者总体说来如此负面,以至于不能对思想给出正面的指导。我心中所想的,尤其是这样一点,即战斗的无神论和超自然主义两者把人孤立起来的排他性先入之见。因为尽管超自然主义涉及自然之彼岸的某种东西,但是它把这个地球认作宇宙的道德中心,把人认作万物之灵长。它把孤立而孤独的个人灵魂之内上演的罪与赎的活剧,当作一件最为重要的事情。离开人,自然要么被当作可诅咒的,要么被当作可无视的。战斗的无神论也受到缺乏自然虔敬的影响。诗人们总是予以礼赞的人与自然的那些纽带,被轻率地逾越不顾。他们通常认为,人生活在一个漠然的和敌对的世界,并且对这样的世界发出阵阵蔑视。然而,一种宗教性的态度需要人们以既依赖又支撑的方式与想象力,产生与一个宇宙的周围世界相联系的感觉。使用"上帝"或"神圣的"这样的词语来传达现实与理想之间的统一,可以避免人的一种孤立感,以及因之而来的绝望或目空一切。

无论如何,不管那个名称到底如何,那个意义是选择性的。因为它并不牵涉对于一切事物不分青红皂白地崇拜一气。它从存在中选择这样一些要素,这些要素产生和支撑我们作为目标为之奋斗的善的观念。它排除了众多在任何既定时间与这个功能并不相干的力量。自然固然产生出一些具有强化功能和指导功能的东西,但也产生出一些引致违和与混乱的东西。是故,"神圣的"是一个有关人类选择和志向的术语。一种人本主义宗教,就像它自以为是地把人类当作崇拜对象那样,如果排除我们与自然的关系,那么,它就是苍白的和单薄的。马修·阿诺德的"异己权能"概念,在其指涉操作性和维系性的条件方面过于狭隘。尽管它是选择性的,但是在其选择的基础——正当性——方面过于狭隘。该概念于是需要在两方面加以拓展。那些产生并支撑所经验到的、作为理想的善的诸般权能,不仅在外部而且在内部起作用。在阿诺德的陈言中,好像存在对一个外在的耶和华的回想。而且那些运行的力量所强化的,是价值和理想而非公义。阿诺德有关希腊主义和希伯来主义之间的对立感,源于从里里外外发挥作用的那些权能所产生的后果列表中,排除掉了美、真理和友谊。

在自然与人的目标和努力之间的关系方面,近来的科学已经打破了古老的二元论。三个世纪以来,科学一直致力于此项任务。但是,只要那些科学概念是严格机械性的(在假定不同的事物纯粹通过外部的排斥力和吸引力彼此作用的意义上),宗教护教士们在指出人与物理自然之间的差异方面就有立足之地。这些差异,本来可以用来论证某种超自然的东西已经介入了人类事务。然而,护教士们就经典类型的机械论[①]的投降而为宗教所发出的欢呼,从他们自己的观点看来,也是欠考虑的。因为对于自然所持的现代科学观的变化,只是让人与自然彼此更加接近。我们不再被迫在下述两者之间作出选择:要么通过把人还原为另一种形式的机械模型而抹杀人身上独特的东西,要么持守有关某种确实超自然的东西把人与自然区分开来的教义。越是发现物理自然并不那么机械(在其古旧含义上),人与自然就越是接近。

在那部精彩的著作《良心发现》(The Dawn of Conscience)中,詹姆斯·亨利·布雷斯特德(James Henry Breasted)[②]提及海克尔(Haeckel)[③],说他最希望回答这

[①] 我之所以使用这个术语,是因为科学放弃了那些工作机理本质上属于离散事物的一种严格的机械接触的观念,但是尚未放弃它对那些工作机理的信念。
[②] 詹姆斯·亨利·布雷斯特德(1865—1935),美国考古学家、历史学家。——译者
[③] 恩斯特·海克尔(1834—1919),德国生物学家、博物学家、哲学家。——译者

样的问题:宇宙对人友好吗?该问题是一个模棱两可的问题。在哪个方面对人友好?在关乎安适、物质成功和自私的野心方面,还是在关乎探究和发现、发明和创造,以及建设更为安全的人类生存秩序方面?无论以何种形式提出该问题,老实说,答案都不可能是没有限制的和绝对的。作为历史学家的布雷斯特德先生,他的回答是:自然对于良心和品格的浮现和发展而言,一直是友好的。那些将会全有或全无的人们,都不可能满足这种答案。对于他们而言,浮现和成长都不够。他们所要的东西,远不止胼手胝足而来的成长。他们要的是最后的成就。另一些并非那么绝对的人们可能满足于认为,从道德上说,成长是比纯粹的成就更高的价值和理想。他们还将谨记成长并非局限于良心和品格;还延展到发现、学习和知识,延展到艺术创作,以及促进人们彼此守望相助的那些纽带。这些人至少会满足于,对那种以导向理想目标的持续选择为基础的宗教功能的一种智识观点。

  在结论中,我会提醒读者注意:我一直考虑的,正是宗教态度的智识一面。我已经提出,生活中的宗教因素遭到超自然东西的那些概念的阻碍,那些概念埋藏在那样一些文化之中;我们在其中对外部自然几乎没有掌控,也几乎没有确实的探究方法和检验标准。至于当今宗教信念的智识内容的危机,则是由于我们的知识和理解手段的增进而来的知识气候的变化所导致的。我致力于表明,无论这种变化对那些历史性宗教的影响多么不利,但对于我们共同的经验中的那些宗教价值而言,并非是致命性的。相反,只要发挥作用的智力方法和结果被坦诚地采纳,那么,这种变化就是解放性的。

  它澄清我们的理想,使它们更少流于幻觉和幻想。它使我们脱离把它们当作固定的、没有成长能力的东西来看待的梦魇。它揭示出我们的理想随着自然智力的增长,在连贯性和适切性方面得到发展。鉴于在理解自然方面的成长被看作有机地与理想目标的形成联系在一起,这种变化就赋予追求自然知识的志向一种明确的宗教性品性。同一变化,使人们在自然条件中选择可以组织起来支撑和拓展诸般理想的影响力的那些因素。所有目的都是选择性的,而且所有明智的行动都包括精心选择。在我们不再依赖超自然信念这种程度上,选择是得到启蒙的,而且为了符合诸般理想的利益而作出选择——对于诸般理想与条件和结果的固有关系,人们是理解的。倘使把捉到宗教的自然主义基础和方位的话,生活中的宗教性因素就会从宗教危机的阵痛中浮现出来。那么,我们就会发现,宗教在人类经验的每个方面都有其自然地位,关涉可能性的评估,关涉尚未实现的那些可能性所致的情绪激发,而且关涉有利于实现它们的所有行动。人类经验中所有具有意义的东西,无不落入这个框架范围之内。

3. 宗教功能的属人栖所

先讨论宗教的智识内容,再从社会联系方面来稽考宗教,我这种做法并未遵循通常的时间顺序。总体而言,集体性的实践模式要么最先出现,要么更加重要。诸般宗教的核心一般所见在其礼仪和仪式中。逐渐形成的那些传说和神话,部分是作为呼应人类不可遏制的说书倾向的一些装饰性调料,部分是作为解释礼仪惯例的一些尝试。然后随着文化的进展,那些说书故事得以合并,神谱和宇宙生成论得以形成——就像在巴比伦人、埃及人、希伯来人和希腊人那里的情况。就希腊人的情况而言,那些创世故事和对这个世界构成的述说主要是诗体的和书面的,而且从中最终发展出各种哲学。在绝大多数情况下,传说连同礼仪和仪式,处于一个特殊群体即祭司群体的监护之下,而且服从这个团体所拥有的特殊技艺。同时,留出一个特殊的群体,作为信仰典籍的负责任的拥有者、保护者和颁布者。

但既与宗教实践又与宗教信念有独特关系的一个特殊群体的形成,只是部分情况。在最为广阔的视角下,它并不是那么重要的一部分。关乎宗教的社会内涵,更为重要的一点是:祭司阶层是某个共同体、部落、城邦或帝国的代表。无论是否有一个祭司阶层,作为共同体成员的个人,就像生于社会和政治组织之中那样,都生于一个宗教共同体之中。各个社会群体都有作为其奠定者和保护者的神圣存在物。它们的那些献祭、净化和共融礼仪,都是一些组织化的公民生活的展现。庙宇是一种公共机构,即共同体崇拜的聚焦之处;它的那些实践的影响,扩展到该共同体诸如家庭、经济和政治方面的所有习俗。甚至群体之间的战争,通常都是它们各自神祇的冲突。

个体并非加入一个教会。他生于和长于一个共同体,这个共同体的社会统一性、组织和传统在一个集体性宗教的那些礼仪、膜拜和信念中,得到象征和礼赞。教育是把年轻人归纳到共同体的活动之中,而这些活动在每一点上都交织着一种宗教与之密切关联并予以裁定的习俗、传说和仪式。有一些人,特别是一些在苏俄犹太人共同体中成长起来的人们,不用想象就能理解一种宗教——当它充斥群体生活的所有习俗和活动的时候——从社会上说意味着什么。对于我们合众国中的绝大多数人而言,这样的状况只是一种遥远的历史插曲。

条件方面所发生的那个变化——曾经普遍而如今罕见——以我之见,是所有历史上宗教中所发生的最大变化。科学的与神学的信念之间的智识冲突,已经吸引更多的关注。它仍然处于关注的焦点附近。但是,宗教的社会重心转变如此稳步地进行着,而且现今如此普遍地完成了,以至于已经从绝大多数人的思想中淡去。唯独历史学家是个例外,而且即便他们对它有特别的意识,也只是意识到它的政治方面。这是因为,政教冲突在某些国家仍然进行着。

甚至现在有人出生在一个特定的教会,即父母的教会,而且具有这个教会的成员身份,几乎是一件理所当然的事情。固然,成员身份这个事实,在一个人的整个生涯中可能是一个重要的,甚至是决定性的因素,但历史中的新鲜事物、从前闻所未闻的事物却是这样的:话题所涉组织,只是世俗共同体内的一个特殊机构。甚至凡是确立起来的教会,都是由国家设立的,所以可能遭到国家废除。以那些基于和关于一个宗教的组织为代价,不仅民族国家,而且群体间其他组织形式,已经在力量和影响方面发展起来。与这个事实相关联的是,宗教类型的那些团体中的身份越来越成为个人自愿选择的事情;这些个人可能倾向于承担教会所托付的一些责任,而接受这些责任出于他们自己的意愿。如果他们的确接受它们,那么,他们所加入的那类组织,在很多国家得到有关政治和世俗实体的一般性的公司法的特许。

我所称的社会重心的变迁,伴随着为了教育、政治、经济、慈善和科学目的而形成的诸般团体的巨大扩张,而这种扩张的发生独立于任何宗教。这些社会模式已经成长到如此程度,以至于它们对于绝大多数人的思想和志趣施展更大的掌控力,甚至那些在教会中拥有成员身份的人们亦是如此。志趣——从宗教观点看来,属于非宗教性的志趣——的这种积极延展是如此巨大,以至于科学对宗教信经的直接效果在我看来,相较于此是次要的。

我说的是直接效果;因为科学在刺激那些相互竞争的组织的成长方面的间接影响是极大的。那些纯粹智识的变化,充其量只是影响少数专家。相对于通过影响人类彼此关联的那些条件而导致的后果,它们是次要的。发明和技术,连同工业和商业,不用说,已经深刻地影响到这些作为根基的关联条件。从失业到银行业,从市政管理到新运输模式使之成为可能的人们的大迁徙,从计划生育到外贸和战争,凡此种种,当今的每个政治和社会难题都反映了这种间接影响。通过新知识的应用而出现的社会变化,影响到每一个人,无论他们是否意识到作用于他们的那些力量的源头。的确，因为大体上是无意识的，所以效果才更加深刻。重申我所说过的话，因为人们汇聚其下并且在其中共同行动的那些条件已经被修正了。

宗教中的基要主义者是这样一种人，他们在智识内容方面的信念，几乎不为科学发展所触动。他们有关天地人的观念，就它们与宗教相关而言，受爱因斯坦的影响与受达尔文、牛顿和哥白尼的影响差不多。但是他们的实际生活，在他们天天所做的事情和所设定的联系方面，已经被随着科学的应用而来的政治和经济变化彻底地改变了。就严格智识性的变化而言，信经展现出巨大的顺应能力；其条款经历不知不觉的视角变化；重点被更改，而且悄悄地混进新意。尤其是天主教，在处理智识性的离经叛道方面表现出从宽的处理，只要它们不触及纪律、礼仪和圣事。

在平信徒中，只有少数受过更高教育的人，受到科学信念中那些变化的直接影响。某些观念或多或少地退入背景，但并未遭到严重的挑战；名义上，它们是被采纳的。受过最好教育的人们可能一直认为，生物进化概念已经作为一种家常便饭而被人接受，直到有一天，田纳西州的立法和司寇波（Scopes）审判①带来一场尖锐的危机，才暴露出实情与之相去多么遥远。另一方面，在教会组织内部，专业人士阶层并未感到一般人头脑中有关价值的视角和重点的变化，直到某种尖锐的局面揭示出人心不古这个事实。然后，他们极力地否认已经涌现出来的那些新志趣的有效性。但是，有鉴于他们所针对的是志趣，而非纯粹针对观念，他们的绝望努力不能让人信服——除非对那些已经信服的人们而言。

在实践中，影响集体生活的那些变化深刻而广泛。甚至从我们称之为中世纪的那个时候开始，它们就一直发挥着作用。文艺复兴实质上是世俗主义的一种新生。带有18世纪特色的"自然宗教"这个观念的发展，是对教会团体控制的一种反

---

① "司寇波审判"正式称作"田纳西州诉约翰·托马斯·司寇波案"，通常称作"司寇波猴子审判"。这是1925年在田纳西小镇代顿（Dayton）开审的一个轰动美国的司法案例。该案中，一所中学的代课老师约翰·托马斯·司寇波，被支持"神创论"的一方以违反禁止在州立学校教授进化论的巴特勒法案的罪名告上法庭。最终，司寇波被判有罪，罚款100美元（相当于2015年的1345美元）。控辩双方的律师分别是大名鼎鼎的威廉·詹宁斯·布赖恩（William Jennings Bryan）和克莱伦斯·丹诺（Clarence Darrow），加之涉及基要主义与现代主义之争，该审判堪称一次世纪大审判。尽管当年辩方不服判决而上诉，但被驳回。直到1968年，美国最高法院在"埃珀森诉阿肯色州案"（Epperson v. Arkansas）中，判决阿肯色州以司寇波审判为判例，禁止在州立学校教授进化论的法令违宪，司寇波审判的是非才有后续定论。——译者

抗——在此方面作为这一运思前兆的,则有前一世纪"独立"宗教社团的发展。但是,自然宗教和独立会众一样,并不否定超自然观念的智识有效性,而是试图基于个人的自然理性为有神论和不朽提供合理性证明。19世纪的先验主义是同一大方向上更进一步的步骤,是一个其中"理性"以一种更浪漫、更多彩和更加集体性的形式呈现出来的运动。它维护通过世俗生活扩散超自然的东西。

这些运动和其他未具名的运动,是人在地球上数千年来诸般宗教中所发生的那场最伟大革命的智识反应。因为正像我所说的,这种变化与宗教的社会地位和功能有关。甚至超自然的东西对于大众头脑的掌控,已经越来越脱离教会组织的力量——即任何特定群体组织形式的力量。是故,可以说,这个处于宗教核心的观念,已经与守护和关照任何特定社会机构这一点渐行渐远。这样一个事实甚至更为重要,即对于那些作为联系形式的教会机制的一种稳步侵蚀——曾经被当作世俗化看待——已经改变了人们把时间花在工作、娱乐、公民身份和政治活动方面的方式。要点不是仅仅在于世俗组织和活动合法地从外部与教会控制加以切分,而是与任何教会的职权无关的诸般志趣和价值现今甚至如此广泛地支配着信徒们的那些渴望和目标。

个体信徒可能的确把他通过与宗教组织的联系而获得的那种倾向和动机,带到他的政治活动、他与学校的关系之中,甚至带到他的生意和消遣之中。但是,仍然有两个事实构成一种革命。首先,条件是如此这般一种情况,以至于这种活动从个体来说,是一个人选择和决断的事情,而不是社会组织性质的事情。其次,尽管相信世俗事务应该浸透宗教精神,但个人把个人态度输入或带到宗教范围之外的固有世俗事务之中,这个事实本身构成了一个巨大的转变。即便像一些宗教人士那样断言,所有有些价值的新运动和志趣都是在某个教会的相助下成长起来的,而且从这同一源头获得动力;同时必须承认:那些新船一旦下水,就在陌生的海域驶向遥远的陆地。

在我看来,问题的关键就在于此。我在一种宗教与宗教功能之间所作出的那种区分,尤其适用于此。即便当基于超自然的东西之上的宗教断言,该教会及其宗教具有主宰这些另类志趣的时候,它出于其本质,也在宗教性的东西、世俗的东西和渎神的东西之间划定界限。"宗教性的"意指一种独立于超自然的东西的某种态度和见地,这个观念无需此等划分。它并不把那些宗教性的价值闭锁在一个特定的隔间之内,也不假定一种特定的联系形式与之有独一无二的关系。至于社会方面,宗教性的功能的未来,看似与其从诸般宗教,尤其是从某种特定的宗教中解放出来息息相关。很多人因为教会众多、莫衷一是而深感惶惑。根本的困难则愈发深重。

迄今所言,我并未忽略那些宗教组织的代表就所发生的历史变化提出的解释。那个最古老的组织,即罗马天主教教会,把生活的世俗化以及社会志趣和价值越来越独立于这家教会的控制判定为自然人更加背弃上帝的一种证据:人类意志固有的腐败,已经造成对上帝托给所指派的地上代表的那种权威的蔑视。这家教会把这一事实——世俗化的进展与抗罗宗①的扩展步调一致——指为抗罗宗在诉诸个人良心和选择方面一意孤行的异端证据。对此,疗法简单:正像通过这家教会组织——上帝在地上的代理——所持续表达的那样,服从上帝的旨意是社会关系和价值重回与宗教休戚与共佳境的不二法门。

与之对照,抗罗宗诸教会一直强调这样的事实,即人与上帝的关系主要是一种个人事情,是一种个人选择和负责的事情。据此以观,所勾勒的那种变化,不仅标志着道德的进展,而且标志着宗教的进展。因为据此,总是把人与上帝的关系变成一种集体性的和机制性的事情的那些信念和礼仪,在人的灵魂与神的圣灵之间竖起了屏障。而与上帝共融,则必须经由直接的神助、因着人的全心全意而肇端。因此,在组织化宗教的社会地位方面所发生的那种变化,毫无可悲可叹之处。所失充其量是一些似是而非、外在虚浮的东西。所得却是宗教被置于其唯一真实而坚实的基础之上:良心和意志方面与上帝的直接关系。尽管在现存的经济和政治机制中,不乏非基督教和反基督教的东西;但是,由那些深受个人信仰灌输的男男女女各自努力的合力所完成的那种改变,要好过由任何一揽子的机构努力——其中个人臣服于一种外在的和终极而言的属世权威——所引起的变化。

倘若具体来看这两个相互对立的立场所牵涉的那个问题的话,或许要敦请注意一些特殊考量。或许要敦请注意:生活志趣的进步性的世俗化,并未伴随第一组人的论证所蕴含的日益退变。有许多人,就像历史学者那样,独立于任何宗教的隶属关系,他们把世俗化过程的逆转或重回那家教会作为最后权威的状态,当作对最为珍视的那些东西的一种威胁。至于抗罗宗的立场,可能要敦请注意的是:事实

---

① 原文 Protestantism,一般情况下译作"新教",但在此语境中,按其原意译作"抗罗宗"似乎更为妥贴。——译者

上，就像所发生的一些社会进展，并非是自愿的宗教联合的产物；相反，那些发挥着使人的关系属人化作用的力量，那些导致智识和审美发展的力量，来自独立于众教会的那些影响力。下述立场有其道理：众教会在最为重要的社会运动中已经落后，而且在社会事务方面的主要注意力转向了道德症候，转向了诸如酗酒、贩毒和离婚这样的胡作非为，而非战争的原因，而非罄竹难书的经济上和政治上的不公和压迫；针对后者的抗争任务，主要丢给了世俗运动。

在早先，我们现在所称的超自然的东西几乎并无确指，无非是指异乎寻常的东西。之所以令人触目惊心和印象深刻，是因为它那稀奇古怪的出格特征。即便是当今，有关自然的东西最为共同的理解，很可能是平常的、习惯的和熟悉的东西。正是在此含义上，当对于非同寻常的事件原因缺乏洞见的时候，对超自然的东西的信念本身是"自然的"。因而，只要人们的头脑适应超自然的东西，那么，超自然主义就是一种真正社会性的宗教。超自然主义对于异乎寻常的事件给出一种"解释"，与此同时，在事件不利的时候提供一些利用超自然力量的技法，以确保优势和有针对性地保护共同体的成员。

自然科学的发展，致使异乎寻常的事物与那些有"自然的"解释的事件得以等量齐观。同时，那些积极的社会志趣的发展，把天堂及其对立面地狱挤到背景之中。众教会的功能和职分变得越来越专门化；在先前的一种对照中，一直被当作渎神的和世俗的东西看待的那些关切和价值，获得了长足的发展和重要的地位。同时，那种有关基本的、终极的属灵的和理想的价值与超自然的东西相关联的观念，只是作为一种模糊的背景和氛围而存留。对这个观念的一种礼貌遵从，与具体的志趣的转移一道存在。一般人的头脑于是陷入困惑和分裂状态。前些世纪已然进行的运动将继续孵育双重头脑，直到那些宗教性的意义和价值被明确地整合进正常的社会关系为止。

问题的关键可以更加明确地予以陈述。一方的极端立场是：离开与超自然的东西的关系，人在道德水平上与禽兽无异；另一方的立场是：所有有意义的目的和所有安稳与和平的保障，都是从人类关系的母体中生发出来的，而且被赋予超自然位点的那些价值，事实上是一种理想化想象力——它牢牢地抓住了自然的善——的产物。随之产生了第二组对照：一方秉持这样的观点，即与超自然的东西的关系是动机力量的唯一最终可靠的源泉，它直接和间接地激发每个指导和矫正地球上人类生活的严肃努力；另一方的立场则是，在家庭、社区、公民身份以及对艺术和科学的追求这些具体关系中经验到的那些善,才是人们在寻求指导和支撑方面实际上依赖的东西;而且诉诸一种超自然的和超脱尘世的位点,既模糊了那些价值的真正本质,又削弱了它们的力量。

所勾勒的两组对照,界定了当前和未来的宗教难题。如果固有的和内在的满足和机会固着于并且培养自那种间或作为诸般历史性的宗教标志的激情和奉献,那么,对与人类关联的那些价值会产生什么影响呢?越来越多的人持有这样的观点,即对于自然的社会价值的贬抑,源于既在原则上又在事实上把它们的起源和重要性归于超自然的东西。夫妻关系、亲子关系、朋友关系、邻里关系、工友关系,以及科学和艺术方面的同侪关系和同好关系,所有这些自然关系都被忽视和逾越不顾,其中的一切都没有得到开发。何况,它们不仅遭到贬抑,而且一直被当作更高价值的危险对手,被当作有待抵制的诱惑,被当作肉欲篡夺属灵权柄,被当作人对神的反叛。

在当下开明派的宗教圈子里,有关原罪和完全堕落的教义,即有关内外本性腐败的教义,并不特别流行;反而盛行这样的观念,即认为存在两个分离的价值体系——这个观念类似前面章节有关两种真理启示所提及的观念。在自然关系和超自然关系中被发现的那些价值,如今在开明派圈子里被说成是互补的,正如启示真理与科学真理是同一终极真理相互支持的两面。

我不得不认为,这个立场相对于传统立场而言,代表着一大进步。尽管逻辑上,它可能面临那些针对真理的双重启示的诘难;但实际上,标志着人类观点的一种发展。但是,一旦承认人类关系带有功能上具有宗教性的一些价值,那么,为何不让问题取决于可证实的东西,把思想和精力集中到它的完全实现上呢?

历史看似展现出三个发展阶段。在第一阶段,人类关系被想成遭到败坏的人类本性的如此污染,以至于需要来自外部的和超自然源头的救赎。在第二阶段,发现这些关系中,意义重大的东西与被独特地尊为宗教性的价值的东西相类似。自由派神学家现在所达到的,就是这一点。在第三阶段会意识到,在具有理想成分的那些宗教中所褒扬的诸般价值,事实上带有自然联系特色的那些事物的理想化,然后为了维安和约束之故而被投射到一个超自然的领域中去。敬请留意基督教词汇中诸如圣父、圣子、新娘、团契和共融这些术语的地位,以及那些表露更为私密联系阶段的术语——诸如王、士师和万军之主——置换具有法律和政治起源的那些术语的倾向,哪怕是一种尚不完全的倾向。

除非有一个我业已称之为第三阶段的运动,否则,根本的二元论和生活中的分裂就会继续。有关神圣东西的那种双重和平行展示——其中,后者具有优越的地位和权威——的观点,带来一种不稳定的平衡状态。它通过划分它所指向的那些对象而分散了能量。它还专横地提出为何不辞劳苦地在通常的共同体生活中辨识宗教性的价值这个问题,认为人们在这方面,不应当再走下去了。自然的人类交流和相互依赖是敞开的和公共的,能够通过所有自然事实得以确立的那些方法获得证明。借助同一实验方法,它们能够扩大。何不集中滋养和拓展它们呢?除非我们采取这个步骤,否则,有关两个属灵价值领域的观念只是世俗的与属灵的、渎神的与宗教的这种古老二元论的一种弱化形式。

那个不稳定的平衡状态,对于富有思想的头脑而言如此显而易见,以至于现在有人企图回归更早的信念阶段。严厉地控诉现存的社会关系,并非难事。指出下述这些就已绰绰有余:战争、妒忌和恐惧主宰着国家之间的关系,国内生活的旧有纽带呈现日益的道德沦丧,政治上腐败和无为的证据令人震惊,而且自私、残酷和压迫成为经济活动的特征。通过堆砌这类材料,如果一个人愿意,他就可能得出那个志得意满的结论,即那些社会关系是如此败坏,以至于唯有依傍超自然的帮助。(第一次世界)大战和随后数十年的大混乱已经导致有关堕落和原罪神学的复兴,以及对超自然救赎的需要。

然而,从那些材料中并不能得出那个结论。首先,它忽略了这样一点,即超自然的权能所诉诸的、所有得到褒扬的积极价值,归根结底,正是浮现自那个画面可能被如此抹黑的人类联系场景。画面中,遗漏了那些事实中的某种东西。在此,我无意重提早先说到的,那种对特别敏感于超自然渠道的诸般理想考量的人们的实际思想和行动条件的影响。我要提出一个更加直接的实践问题,即通过唤起对那些现存机制的所有罪恶的关注,社会被判为"不道德的",而其中含而不露的前提则是:那些现存机制是社会关系在其本性上通常的表达方式。

倘使这个前提说出来的话,那么,它与所提出的那个结论之间的巨大鸿沟就显而易见了。社会关系与某个时期占主导地位的诸般机制之间的关系,是社会探究所面临的最为错综复杂的难题。有关后者是前者直接反映的观点,忽略了在历史上塑造这些机制的一些因素的多样性。从历史上说,就其与社会关系所给定的机制形式的关联而言,那些因素中许多是偶然的。我喜欢引用的引文之一,是克拉伦斯·艾尔斯①的陈言:"正如一些历史学家所言,我们的产业革命始于纺织业中屈指可数的技术进步;而意识到在我们身上已经发生了什么,超出显而易见的纺与织的进步之外的大事,则花了我们一个世纪的时间。"我得用这个陈述充任长篇大论,以表明我所说的机制性发展与那些主要的人类联系事实之间"偶然的"关系的言下之意。那种关系之所以是偶然的,因为所产生的机制性的后果并不是事先预见到和有意而为的。说这些是要说,在物理关系的智力存在的这个意义上,社会智力迄今并不存在。

此负面事实使必须有超自然的介入来产生重要改善的论证,沦为那种从无知的基础推导出超自然东西的古老做法的又一例证。例如,我们缺乏生命与无生命事物关系的知识;因而超自然的介入,被假定为引发了从野蛮向人的过渡。我们不知道有机物——大脑和神经系统——与思想产生的关系;因而出现有关超自然连接的论证。我们不知道社会事物方面的因果关系,结果缺乏控制手段;因而推论出我们必须仰仗超自然的控制。当然,我并不宣称,在社会关系方面,智力将要发展到多远。但是,我的确知道一件事,那就是:除非我们为之而奋斗,否则所需的理解力将不会发展。而那种假定只有超自然的力量才能控制的想法,肯定阻碍这一努力。就像早先诉诸超自然的东西成为物理知识发展的绊脚石一样,现今在有关社会智力方面的类似做法,无疑是一种阻碍力量。

无需坐等与社会事务相关的智力的更大发展,只要使用自然手段和方法,就会即刻产生巨大的不同。现在甚至做得到充分稽考复杂的社会现象,以指证那些错误的东西;做得到在某种程度上,把这些罪恶追溯到它们的原因,而且追溯到迥异于抽象的道德力量的某些原因;做得到想方设法着手纠治某些痛苦。尽管结果并非是一种拯救福音,但是将与(例如)治病救人、保持健康所追求的东西相一致。倘若使用,这种方法不仅会在迈向社会健康方面有所斩获,而且会成就更加伟大的事情;它会推进社会智力的发展,以更大的担当和更大的规模发挥作用。

既得志趣,拥有既得权力的志趣,在维持现状方面是强大的,并且在阻碍自然

---

① 此处应指克拉伦斯·埃德温·艾尔斯(Clarence Edwin Ayres,1891—1972),制度经济学德克萨斯学派的首脑,因得益于托斯丹·邦德·凡勃伦(Thorstein B. Veblen,1857—1929)和约翰·杜威的著作而形成的经济哲学而闻名。他接受了前者有关与资产阶级社会的斗争就像技术与仪式结构之间的斗争那样的观点,以及有关文化"工具性的"方面与"仪式性的"方面的两分法;接受了杜威的"工具主义"观念,并用来攻击二元论和"更高的价值"。——译者

智力方法的发展和应用方面尤其强大。正是因为这些志趣如此强大，就必须为承认智力方法的作用而战。但是，遂行这种战斗的最大障碍之一，是那种借由一般的道德原因来处理社会罪恶的倾向。人的原罪，人心的败坏，人的自爱和贪权，在把这些当作原因的时候，本质上恰恰与诉诸那些抽象权能（事实上，它们只是以一般的名称重述众多的特殊效果）的做法如出一辙——这种做法在物理"科学"中一度盛行，而且成为物理科学产生和发展的主要障碍。为了解释身体疾病，人们一度诉诸魔鬼，并且认为严格意义上的自然死亡这样的事情不会发生。引入一般的道德原因来解释目前社会的现象，这与之处于同一智识水平。获得传统宗教威望的增强，而且以有关超自然信念的情绪力量为后盾，它抑止了那种社会智力的发展；凭借后者，本来是可以把社会变迁的方向带出所定义的偶然王国的。这种广义的偶然与超自然的观念别无二致。超自然的东西的志趣因而强化了其他的既得志趣，延长了偶然像君主般行使的社会统治。

在当今某些宗教圈子里，出现了针对个体灵魂的个体拯救这个观念的强烈反弹。在政治和经济方面，也出现了针对自由放任观念的反弹。这两种运动，反映了一个共同的倾向。两者都是人们对于孤立个体性的空洞性日渐有所意识的迹象。但是，自由放任观念的根本，在于（经常含蓄而非直接地）否认智力彻底介入引导人类生活中去的可能性。现在对于超自然介入社会事务进展的诉求，也是根深蒂固的自由放任主义的一种表达；它自认为，人们被关于人类在介入社会事件和志趣方面事不关己和徒劳无益的想法，逼到了一种绝望的境地。而那些当代的神学家，一方面对社会变迁感兴趣；另一方面，为了超自然的东西而贬抑人类的智力和努力，正在做两件背道而驰的事情。反而是那些古典的观念，主张为了让上帝的旨意盛行于世而要有所作为，并主张人们要主动地承担起责任，这在逻辑上和实践上都更加值得称道。

但愿我强调把智力作为一种方法，没有误导任何人。智力，与旧有的理性概念有别，内在地包含在行动之中。况且，在其与情绪之间并无对立。有一种东西叫作激情智力，就像点亮社会存在的阴沉角落的真挚热忱，发挥提振和净化作用的奔放热情。整部人类史话表明，凡事皆可深深地激发出使人全神贯注的情绪。在情绪附着目标方面，人类尚未尝试过的、为数不多的实验之一，就是献身激情。它强烈到带有宗教性的虔诚，对于智力而言，强烈到就像社会活动中的一股力量。

但这只是部分场景。无论针对既有的诸般社会机制堆砌多少证据，对于公义和安全殷切的、激越的渴望是人的本性中实实在在的东西。源于不平等、受压迫和不安全生活境况的那些情绪,亦是如此。两种情绪的结合,已经不止一次地促发称作革命的社会变迁。说没有融合智力的情绪是盲目的,无异于同义反复。强烈的情绪可能在摧毁诸般机制的行动中表达自己。但是,确保更好的机制诞生的不二法门,是情绪与智力联姻。

  是故,对于宗教委身于超自然的东西的批评,在内涵上是正面的。所有的人类联系模式都"受到公共志趣的影响",而对于这种志趣完全认识的重要意义,在其功能上不亚于宗教性的意义。对于超自然主义的诘难是:它阻碍有效地认识到自然的人类关系蕴含的广度和深度。它阻碍我们使用力所能及的手段来彻底改变这些关系。固然,物质方面的巨大变化或许并不伴随属灵的或理想的本性的相应改进,但后一方向上的发展并非凭空而来;凭借源于超自然的那些行头来打扮物质的和经济的变化,并不能使之发生。它唯有来自对人类彼此关联中固有的那些价值的更强意识。把内隐的公共志趣、一切机制的社会价值和特定组织中的那些社会安排彼此相互割裂开来的企图,是一种致命的偏移。

  倘若男男女女在人类关系的所有方方面面,都以历史上不时成为诸般宗教标志的那种信仰和热情作为驱动,那么就会产生难以估量的结果。尽管获得这样的信仰和锐气并非易事,但是诸般宗教已经有过类似的尝试,况且所导向的是一个更加缺乏前景的对象——超自然的东西。这并非要人们成为那些人——秉持信仰可以移山①,以致事先否定信仰在可证实的实在的基础上得以展示的可能性。尽管尚属雏形,但是已经具备那种把社会条件和事件与其原因关联起来的能力,并且这种能力将会随着施展而增强。而且,已经具备为社会的健康和正常而发起一场运动——就像为公共卫生健康而发起的运动——所需的专门技能。人类有着慈爱、同情、公义、平等和自由的冲动。但是,有待于把所有这些熔接起来。只是断言上层阶级利益和权力方面根深蒂固的敌手们,对于实现这样一种统合抱有敌意,并没有什么用处。就像我已经说过的,如果这个敌人并不存在,那么就没有什么道理敦请任何改弦更张。需要把握的要点是:除非一个人把整个斗争作为毫无希望之举

---

① 杜威在此处暗引《圣经》,"同观福音"多处涉及这个话题。例如《马太福音》17:20 有这样的经文,耶稣说:"是因你们的信心小。我实在告诉你们,你们若有信心像一粒芥菜种,就是对这座山说,'你从这边挪到那边',它也必挪去,并且你们没有一件不能做的事了。"——译者

而放弃，否则，他就不得不在选项之间作出选择：一个选择是依赖超自然的东西；另一个选择是运用自然的力量。

直到该问题得以面对，无论从逻辑上还是从实践上说，指出阻挡后者道路的那些困难都是没有意义的。如果它得以面对，就要意识到：该选择中的一个要素，是依赖赢得那些委身于超自然东西的人们的支持，而且联合所有那些感受到社会情绪的骚动的男男女女，包括为数众多的、有意无意背离超自然东西的人们。那些面临选项的人们还得在下述两者之间作出选择：其一，持续地甚或更加系统地对智力以及自然的知识和理解力的源头进行自由放任的贬抑；其二，有意识和有组织地把这些手段的使用，从个人和阶级的狭隘目标转移到更大的人类目的。只要他们名义上相信需要彻底的社会变迁，就不得不提这样一个问题：他们一只手指着当下诸般罪恶的严重性所达成的东西，是否在他们为求纠治良方而把另一只手指向人和自然之外的东西的时候被消除？

把不断认识的想象力、思想和情绪转移到自然的人类关系，并不意味着现存诸般教会的毁灭，反而为其提供了恢复活力的手段。那些获得褒扬和需要珍惜的人类价值储备，所有的人类关切和安排所认可和校正的那些价值，都会受到诸般教会不同方式和不同象征的礼赞和强化。那样，诸般教会就会确实变成大公性的。要求诸般教会表现出对社会事务一种更加活跃的志趣，要求它们在诸如战争、经济不公和政治腐败等问题上立场鲜明，要求它们激发人们为了地上的神圣国度而行动——这种要求正是这时候的神迹之一。① 但是，只要社会价值与诸般教会对之持有特别立场的超自然的东西相关，那么，在这种要求与履行这种要求的努力之间就存在一种固有的不一致性。一方面，迫切要求诸般教会在自身牵涉经济和政治问题的时候，走出自己的特殊领地；另一方面，宣称即便并非拥有对于至高价值和促动力量的垄断，也至少与之有着独一无二的关系，这个事实本身使诸般教会不可能基于自然和平等的人类基础而参与促进社会目标。放弃排他性和权威性的地位主张，是摆脱诸般教会在社会活动的范围方面所陷入的两难境地的必要条件。

起初，我提及一个突出的历史事实，即社会志趣和社会活动领域与部落的或公民的共同的偶合已经消失。世俗志趣和活动在那些组织化的宗教之外已经生长起

---

① 杜威在此处暗引《圣经》。《马太福音》16:3 有这样的经文："你们知道分辨天上的气色，倒不能分辨这时候的神迹。"——译者

来,而且独立于它们的权威。这些志趣对于人们的思想和欲望的掌控力,已经把组织化宗教的社会重要性排挤到一个角落,而且这个角落的区域仍在萎缩。这种变化,要么标志着价值上堪称宗教性的一切东西的一种可怕衰落,传统诸般宗教的一种可怕衰落;要么提供了这些属性在一个新基础上和在一种新观点下的扩展机会。不可能忽视这样一个事实,即历史性的基督教一直致力于绵羊与山羊之间、获救者与迷失者之间、蒙拣选者与群氓之间的分离。不仅在有关自然和人类介入方面的无所作为,而且在属灵方面的贵族制度,都深深地包含于其传统之中。尽管口中念念不忘四海之内皆兄弟——经常不止是口惠,但那些教会圈外的人们以及并不依赖超自然信念的人们一直被当作潜在的兄弟——仍然需要大家庭的接纳。倘若不放弃超自然的基督教所执迷的那个基本区分,我不能理解,作为人类事务中至关重要的道德和属灵理想的那个民主理想的实现何以可能。无论是(除非在某种形而上学的意义上)不是人人皆兄弟,我们至少都在同一怒海中同舟共济。这一事实潜在的重要意义,是无限的。

在开篇那一章,我区分了宗教与宗教性的东西。我指出宗教或诸般宗教带有一些信念、实践和组织模式;它们累积到并被宗教发展所处的文化状态重压到经验中的那种宗教性的要素之上。我力主这样一点,即把宗教性的属性从它周围那些增生物的羁绊中解放出来的条件,现在已经成熟;那些增生物限制了宗教的可信性和影响力。在第二章,我在关于经验的宗教性价值中内在的、对于理想的信仰方面发展了这个观念;而且断言,一旦信念摆脱下述观念的桎梏,这种信仰的力量就会得到强化:该理想的重要性和有效性与这样一个命题紧密相关,即该理想已经在某种超自然的或者形而上学的意义上,体现在存在的本身结构之中。

本章所触及的问题,囊括了以前章节已经提出的问题,并且着眼于问题的正反两面。我们,连同那些没有出生的人们,深陷其中的那个因果共同体,是想象力称之为宇宙的那个神秘存在整体的最为广泛和最为深刻的象征。对于感官和思想而言,它是理智不能把握的那个周围存在领域的体现。它是我们的理想志向得以诞生和哺育的母体。它是道德想象力作为指导性标准和塑造性目的所投射出来的那些价值的源头。

存在物构成的这个广泛共同体的持续生命力,包括人们在科学、艺术以及所有良善的交往和交流职能方面的重要成就。它在内容上,囊括了所有那些对于我们的理想信仰提供可证明的智识支持的材料。基于这种材料上的"信经",将会变化和成长,但是不可能被动摇。它所放弃的,是它因为新的亮光而欣然舍弃的,而非一种无可奈何的退让。它所增添的,是它因为新知识进一步洞悉关涉我们生活目的的形成和实施条件而增添的。一种片面的心理学,一种18世纪"个体主义"的反映,曾把知识当作孤单头脑的一种成就。我们现在应当意识到,知识是一起生活的人类合作性和交流性运作的产物。它的共有性起源,是其正当的共有性使用的一个指征。在任何既定时代,已知知识的统合——并非基于不可能的永恒和抽象的基础之上,而是基于其对人类欲望和目的的统合的相关性——提供了一个可供人类接受的充分信经、一个本会提供宗教性的释放和增强知识的信经。

"不可知论"是超自然的东西黯然失色时的投影。当然,承认我们并不知道我们不知道的东西,是保持智识方面的表里如一所必需的。但是,一般化的不可知论,只是处于消除超自然东西的半途。当智识见解完全导向自然世界的时候,不可知论其义自现。当智识见解被如此导向的时候,对于大量的特定事物,我们必须说我们不知道;我们唯有探究,形成未来的探究加以肯定或拒斥的假说。但是,这样的一些怀疑是对智力方法抱有信仰方面所发生的一个事变。它们是信仰的迹象,而非苍白的、无能的怀疑主义的迹象。我们怀疑,以便我们可能有所发现,而不是因为某种难以企及的超自然的东西潜藏在我们所能知道的东西的背后。理想目标上的实践性信仰所处的那个实质性背景,是实证的和外展的。

当前这章所提出的那些考量,可以用它们所蕴含的东西来概括。我们所信仰的那些理想目标并非是阴暗和摇摆不定的。在我们对于彼此那些关系的理解方面,以及包含在这些关系中的那些价值方面,它们呈现为具体的形式。我们现今在世的人,是延伸到遥远过去的一个人类的组成部分、一个业已与自然相互作用的人类的组成部分。在文明中,我们最为褒扬的那些东西并非我们自己。它们承蒙我们仅为其中一环的那个绵延不断的人类共同体的有所作为和历经磨难而存在。我们的责任是保护、传承、矫正和扩展我们所获得的那些价值遗产,以便后生之辈比我们更加坚实和稳固地接受它们,更加广泛地亲近它们,更加慷慨地分享它们。此乃并非固封于教派、阶级或种族之内的宗教性信仰所需要的所有要素。如此这般的信仰,从来就是含蓄的人类的共同信仰。未竟之功,就是使之具有显明性和战斗性。

(王新生　译)

对《约翰·杜威是一个有神论者吗?》的回应①*

《基督教世纪》的编辑:

阁下:有幸阅读奥布里(Aubrey)先生的书信与威曼先生的评论,我想要说,威曼先生的评论没有以任何方式来改变我对奥布里先生陈述我的立场的完全认可。实际上,威曼先生的回应仅仅让我明白:他已经将自己的立场加进对我的解释之中。

我所说的可能被谨慎地冠以"上帝"之名的某物,与威曼先生归之于我的"将现实与理想结合一起"的某物,这两者之间有着根本的区别。我所说的是理想与一些产生和维持理想的自然力量的结合,这种结合在人类的想象中完成,并通过人类的选择和行动实现。正是这种结合,可能被冠以"上帝"之名。当然,伴随着对它的理解,我们知道了:它只是词语所表示的意思。我认为可以使用词语,因为对我来说,似乎正是这一结合,实际上已经在人类经验的宗教层面发生作用了。

一个善辩的多神论者运用威曼先生的逻辑,可能有助于我在多神教方面的信仰,因为我说过,有许多不同的自然力量和条件产生并维持我们理想上的终极。这些理想上的终极,便是人类想象和意志的工作。

威曼先生在对奥布里先生的信的评论中所引用的段落,可以在标题为"宗教功能的属人栖所"一章中找到。在这一文本中,并没有提及上帝。这一段落的语调和

---

① 首次发表于《基督教世纪》,第51期(1934年12月5日),第1551—1552页。这篇文章是对奥布里和威曼所写的信的回应,两位的信见《杜威全集·晚期著作》第9卷附录6和附录7;威曼的评论,见《杜威全集·晚期著作》第9卷附件5。
* 选自《杜威全集·晚期著作》第9卷,第236—237页。

目的可能由与之相邻的段落指明。例如,作为"理想化的想象、思想和感情到自然的人类关系的转移";"现在生存着的我们,是从远古至今,与自然相互作用的人类的一部分"。该段落中所提到的"原因和结果",指的是在发现它们的过程中的智力工作;并指在历史的宗教中,在超自然事物之上的一些狂热和奉献已经消耗殆尽,转向智力的需求。而且,当我声明人类共同体是最好的"被称之为宇宙的、成为想象的神秘整体的象征"时,我从未想到,有人会认为我将宇宙等同于上帝。即使是那样,在这里,我重复之前明确声明过的内容:"宇宙"是一个想象的术语,是一个诗意的术语,而不是一个认知性的术语。如果说人类共同体在其整体的范围中,是"我们理想的愿望出生和成长的母体",那么并不是我认为这一共同体作为被崇拜的事物。我忙不迭地补充这一点。

的确,在我的整个哲学中,我把人看作自然的一部分。但是,当威曼先生说"这一母体"(指涉被引用的段落)是"把理想和现实'结合一起'的事物"时,这一母体便从人类共同体滑落到万物,当然也包括人类。当我们把生物作为这一更大的、具有包容性的母体时,我认为,我已经阐明了,在这一意义上的生物也是从不良的人类冲动和习惯"出生和成长"的母体。我认为,我已经明确地说明了,我所指的"现实"是一些由人类思想和行动从整体中选择出来的事物。因此,从我的观点来看,威曼先生在理解我的思想时陷入了双重的困惑。

威曼先生的评论在目的上如此具有同情心,以至于我本该保持沉默。然而,正是这一最具同情心的特点,更有理由让我澄清自身的立场。有关威曼先生对我的书——《共同信念》的诠释,一个相反的语调可能使读者更加警惕。

约翰·杜威

(朱剑虹　译)

认识神的义务①*

　　《圣经》诸经文对怀疑论的态度是始终如一的。世人有认识神的义务。假如有人没有尽到这一义务，这并不是说他在理智上犯下了错误，而是说他在道德上铸成了罪过。信仰不是特权，而是义务，"一无所信是有罪的"。对我们这一代人来说，这是一句逆耳之言。我们不是把怀疑者视作未曾尽到义务的人，而是视作不幸的人，特殊的精神禀赋使他们无法赞美神的莅临。许多怀疑论者声称，人生的最大痛苦莫过于人像孤儿一样，活在没有圣父的傍无所依的世上；人生的最大快乐，则莫过于认识圣父。但是，基督乃至其嫡传弟子的断言是明确的。一个人要是连这些事情都弄不清，那么这不是一个理智缺陷，而是一个道德缺点。

　　世人有理由相信，同现代观念相比，这些断言中存在着对人类更深刻、更恰当的知识。现代观念源于一种虚假的起源理论、一种虚假的知识本性理论。我们已经分离了知识和意志、真理与义务。我们忘了，每个已知事实都对我们有所要求。我们忘了，除了我们的欲望、兴趣、愿望之外，简言之，除了我们的道德本性关注的一切之外，不存在其他知识。因此，这是两码事：在意志命令被执行之前，知识尚不是真正的知识；除了涉及我们的情感和欲望，使我们能够把《圣经》的断言作为确凿事实来掌握的知识之外，其他的知识都不是知识。

　　从来没有一个时代像现在这样把堆积事实普遍地视为目的自身。也可以说，

---

① 本文最初发表于《密歇根大学大学生基督教协会月报》，第6卷（1884年11月），第22—25页，后来一直没有重印。

＊ 选自《杜威全集·早期著作》第1卷，第50—51页。

现在是怀疑论大行其道之时。这些断言是有前因后果的。数以千计的人花费时间和精力来探讨最细微的自然事实和历史事实。这是一件好事；然而，一旦其结果是导致对所有彼岸事物的攻击，且我们只满足于这一点，那就不太好了。直到它们同人的整个本性发生关系，或者直到它们同人的社会活动和道德活动发生关系，这些事实才成为知识。纯粹的理智生活是不健康的片面的生活。假如一种真正的思辨生活使科学家丧失了同情心，只热衷于关于共同人性的基本真理，那么尽管福音传道者可能所知有限，但是他一直同实际人性需要、罪恶、欲望和渴望打交道，反而比科学家对宗教真理有更好的判断力。所有知识都是一回事。所有知识都是关于神的知识、宇宙的知识，确切地说，是关于神的知识。假如一组事实被解释成自在存在的事物，同神或神的创造物没有关系，那么它就不是知识。除非同人性发生关系，除非同人的活动发生关系，否则，整个自然界和历史都是没有意义的。要是科学或哲学没有致力于指导活生生的人类活动，最终使每一件事情都同人类努力奋斗的目标——走向神——挂起钩来，那么它们是没有价值的。神即意志，只有神拥有真正的知识。

另一个错误是，我们认为，知识从一开始就脱离官能，脱离我们的意志和欲望。然而事实是，知识无非是我们的兴趣主动关注的事物，以及我们的意志积极指向的目标。我们知道我们最迫切地想要知道的是什么东西。知道，或者不知道，这不是一个同人的道德性质无关的单纯智力的事情。它在本质上是一个道德的事情。我们为了发现而上下求索，我们发现的正是我们所梦寐以求的。假如人的欲望和意志都是为了神，那么人将在他的所有知识中发现神。假如一个人没有这样的态度，那么他的知识尽管可以抵达前无古人的程度，却绝无走近神的希望。他从一开始就错了。对尘世事务的关注不足以使他睁开双眼的人，决不会看到亮光。对于神圣事务的关注，不足以带领他把目光完全归向神圣事务的人，决不会看到尘世的光辉。人的有知或者无知，完全依赖于他对待神的意志和欲望的原始态度；因为这些意志和欲望是在他的控制之下的，因为这些意志和欲望表现了他的道德倾向，他的知识也是如此。神永远与我们同在，我们没有去认识神，也就是表明我们不想去认识神。

（张国清　译）

信念和存在①②＊
（信念和实在）

I

信念同时朝向个人和事物，它们就是最早的两面派先生（Mr. Facing-both-ways）。它们形成或者审判（辩护或者谴责）持有它们或者宣扬它们的信念主体。它们是关于一些事物的，这些事物的直接意义形成了它们的内容。而去相信，就是去赋予价值、含义和意义。这些评估或者评价的累积和交互作用就是普通人的世界，或者说，作为个体而不是作为职业者或者某种类型之代表的人的世界。因此，事物是特征，而不是纯粹的实体；它们行动、反应和激发。在例示和检验它们的特征的行为中，它们促进或者阻碍、打扰或者平抚、抵制或者顺从，是沮丧的或者高兴的、有序的或者变形的、奇怪的或者日常的；它们服从或者反对，是更好的或者更坏的。

因此，不管人类世界是否具有中心或者轴心，它都有存在和变化。它意味着此时此刻，而不是某种超验的领域。它自动地朝向变化的、增加的意义，而不是朝向

---

① 本文作为第五届美国哲学协会年会（剑桥，1905年12月）的主席演讲而被宣读，口语表达经修改后发表于《哲学评论》。用"存在"代替"实在"（在最初的标题中），是因为我后来认识到有一种颂扬性的历史含义与"实在"一词相联系（这与本文的观点相反），这影响了本文的阐释，因此有必要使用更加中性的词语。

② 首次发表于《哲学评论》，第15卷（1906年3月），第113—119页；修改后作为《信念和存在》发表于《达尔文在哲学上的影响》(*The Influence of Darwin on Philosophy*)，纽约：亨利·霍尔特出版公司，1910年，第169—197页。

＊ 选自《杜威全集·中期著作》第3卷，第60—73页。

一些遥远的事件,不管是神圣的还是邪恶的事件。这些运动构成了行动,因为行动产生对于信念的履行。被认为较好的东西被坚持、断定、肯定、执行。它关键性的实现环节是自然的"超验物",是进一步评价、选择和拒绝的决定性和关键性标准。被认为较坏的东西被跳过、被抵制,并且被转化为更好的工具。因此,作为信念之浓缩,特征被理解为对于幸福和悲哀的暗示或者预言;它们具体化并控制对事物的有效理解和使用之条件。这个普遍的控制功能,就是我们所谓的特征或者形式。

在存在过程中被产生的信念,通过产生进一步的存在和发展存在来作为回报。信念不是在机械的、逻辑的或心理的意义上被存在产生。"实在"很自然地激发出信念。它评价自身,并且通过这种自我评价管理它的事务。如同事物承载着评价,因此"意识"意味着相信和不相信的方式。它是解释;它不仅是意识到自身作为事实的存在物,还是辨别、判断自身,进行着同意和反对的存在物。

信念具有双重态度和联系,一方面是它的含义和那些遭遇事情和付出努力的人,另一方面是它所涉及的复杂情况以及事物的意义和价值。这种双重态度和联系是它的荣耀,也可能是它不可宽恕的过失。我们不能与其中一方面保持联系而将另一方面抛弃。我们不能保持意义而拒绝个人态度,因为信念在个人态度中被铭刻并且起作用,我们也不能使事物成为"意识"之"状态",因为意识的职责是成为对于事物的解释。信念是个人事务,而个人事务是冒险,而冒险——请允许我这么说——是充满变数的。但是,同样不可信的是意义之世界。因为这个世界的意义是作为某个人所拥有的意义而存在的,而此人的意义在特定时刻会被当作是好的或坏的。除非你讲清楚所指的是谁的世界以及如何运作、为何目标——具有什么偏见以及产生什么影响,否则你不可能形成你的形而上学。这里有一块蛋糕,你拥有它的唯一方式就是吃了它,正如消化只是为了生命,同样也只有通过生命才能进行消化。

目前为止,讨论的都是普通人的观点。但是,专家或者哲学家主要从事系统地质疑普通人的观点,也就是说,使信念不再作为最终的有效原则。哲学震惊于信念在自然存在物中并且被自然存在物直率地、几乎是粗鲁地产生出来,就像从荒漠中用巫术来发现水源,即震惊于这种既不是逻辑的,也不是物理的或者心理的,而是自然的和经验的生产模式。正如每位大学高年级学生都能详述的那样,现代哲学是认识论;正如我们的著作和讲演也许有时会忘记告诉这些高年级学生,认识论吸收了斯多葛学派的学说。毫无感情的冷静,绝对的超然,完全服从于现成的和完成的实在(这种实在也许是物理的,也许是心理的,也许是逻辑的),是认识论所宣称的理想。由于否认情感的现实性、冒险的勇敢性、未完成的和试探的真实性，认识论发誓忠于客观的、普遍的、完全的实在；这种实在也许是由原子、也许是由感觉或者逻辑意义所构成的。这种包含一切的现成实在，当然必定会包含和吸纳信念，必定会按照它自身的性质心理地、机械地或者逻辑地产生信念；不是从信念那里获得帮助或者支持，而必定是把信念转化为它自己预先就有的一个创造物，把它作为应得之物并且称它为和谐、统一和整体。①

哲学一直在做着关于知识的梦想。它所寻求的知识不是一些信念的有利产物，这些信念预先发展出它们将来的含义以便能够重塑它们、纠正它们的错误、培育它们的荒芜之地、治疗它们的疾病、加固它们的虚弱之处——这个梦想寻求的知识所涉及的对象，除了有待于被认识，别无其他性质。

倒不是关于实在的哲学家已经承认了他们的框架之具体可行性，相反，断定有无法经验地实现的绝对"实在"成为这个框架的一部分，即一个纯粹、可以被认识的对象，以及处于确定联系中的确定要素之世界的理念。感觉主义者和理念论者（idealist），实证主义者和先验论者，唯物主义者和唯心论者（spiritualist），他们用不同的方式来定义这个对象，正如他们有不同的关于知识之理念和方法的观点，他们都致力于把实在看作是只与超然的知识（即脱离了所有私人性关联、起源和观点的信念）相联系的某种东西。②

对于这种试图切断把个人态度和事物之意义自然地联系起来的纽带的做法，我们该如何评价呢？至少可以这么说：把意义、价值从归属于它们的信念中抽取出来，并且给予前者以绝对的形而上学合法性，而后者作为替罪羊被流放于纯粹现象

---

① 因为在进行以上论述时，我已经阅读了一位对哲学不那么同情的朋友的话语："哲学和科学都不能建立人与世界的联系，因为人与世界的交互性必定存在于任何科学或者哲学的产生之前；人们通过理智的方法来研究现象，并且独立于研究者的倾向和情感；而人与世界的联系不只是被理智所定义，也要通过他的感性知觉和借助于他的所有精神力量。但是，很多人也许会假设和认为：所有真实的存在都是一个观念，物质是由原子构成的，生命的本质是肉体或者意志，热、光、运动、电流是同一种能量的不同显示。因此，人们不能解释一个具有痛苦、快乐、希望和害怕的存在者在世界中所处的地位。"托尔斯泰，关于"宗教和道德"的论文，《论文、书信和杂集》(*Essays, Letters, and Miscellanies*)。
② 也许黑格尔不会被包含到这种论述之中。把黑格尔阐释为一个新康德主义者、一个被扩大的和纯化的康德主义者，这种做法只是英美的习惯。这不能进入黑格尔主义解释的复杂体系中，但是逻辑意义和机械存在对于精神、对于在其自身发展运动中的生命的从属地位，却在任何客观阐释黑格尔的观点中显现出来。无论如何，我希望认识到我个人在本文中所提出的观点是受黑格尔启发的，当然这并不意味着我的观点代表了黑格尔本人的意图。

的荒野之中,只要"我们对事物的危险方面感兴趣",那么这种尝试就会引起人们的钦佩,尽管这种钦佩还带有些怀疑。另外,我们也许会承认:试图抓住连续的直接经验、行动和激情的世界;试图谴责它当前的形式以便明确而永恒地颂扬它的精神;试图通过怀疑它们的自然存在而证明信念的意义;试图把绝对的价值赋予人类信念的目标,只因为它们的内容是绝对毫无价值的——这种技艺使哲学发展到它目前极不寻常的或者说不可思议的技术性。

但是,除了受到行家的赏识(succès d'estime),我们还能说什么呢?再考虑一下这种努力的性质。直接意义的世界,或者在信念中经验地存在的世界,会被分为在形而上学上不相联系的两个部分,其中一部分会单独地成为好的和真实的"实在",也就是超然的、非信念的知识之恰当材料;而另一部分被排除开,只涉及信念并且被当作纯粹的表象、纯粹的主体性、意识中的印象或者印记,或者当作可笑的、被鄙视的现代发现物,即附属现象。这种对于实在和非实在之间的划分是由特定个体来完成的,个体自身的"绝对"效果把该个体缩减为现象性,其根据正是无价值的直接经验,并且以优选或者选择为基础,而这种现象性被认为是不真实的!是这么回事吗?

无论如何,这些被拒绝和排除的因素也许总是会重新提出自身。把它放在"实在"之外,这种做法也许只会增加它的潜在能量,并且激发更猛烈的反弹。当伴随着信念(它们在其中记录自身)的喜爱与反感和它们要求的成果被还原为副现象,无价值地追随于一个并不包含它们的整体实在,并且通过映射来徒劳地试图安置它们自己,那么也许会因为情绪突然爆发而宣称(正如我的一个朋友所说的)理性仅仅是一些树叶来掩盖它们的赤裸。当一个人说:需要、不确定性、选择、新奇和冲突在实在中没有位置,因为实在完全由遵照预知规律的确定事物来构成,那么另一个人也许被激怒并且回答道:所有这些确定性,不管被叫作原子还是上帝,不管它们是感觉论、实证主义还是唯心论的体系的确定物,都只在有意识的行动者和遭受者的问题、需要、斗争和手段中才能够存在并且变得有意义,因为基本规则也许在经验之未成文的、有效的建构中才能被发现。

很显然,我们正与这种反抗处于同一个时代。让我们在讨论我们的主题时去探索它是如何发生的,以及它为什么采取它所采取的形式。这种考虑不仅是我们的当务之急,而且有助于尽可能准确地预测其未来变化的态势(parallelogram of forces)。这个解释需要描绘:(1)历史的趋势,这种历史的趋势已经形成了一种处境,在其中,斯多葛学派的知识理论在形而上学上处于支配地位;(2)另一个趋势,这种趋势为被轻视的信念原则提供了重新被提出的机会和手段。

II

我们很容易想象这样一个时期,这时候有人认为有意的、激情骚动的原则似乎克服了冷静的理性这种斯多葛主义理念;这时候通过信仰建立起个体的宣言以反对已经确立的、外化的客观秩序,这种要求似乎征服了个人完全屈从于世界的观念。什么样的过程导致了这样戏剧性的颠倒,在其中伦理上被征服的斯多葛学派在认识论上征服了基督教?

我们总是会想到这样一个问题,即如果基督教找到了现成的、对应于它的实践宣言的理智表述,那么会发生什么事情!

行动的最终原则是情感的和意志的;上帝是爱;通过信念或个人态度可以达到这个原则;超越于逻辑的基础和根据的信念通过它自己的运作产生它自己的完满证据,这些是基督教所暗含的道德形而上学。但是,这些含义需要成为一个理论、一种神学、一种表述;由于这种需要,它唯一找到的是哲学,哲学把真实的存在等同于逻辑推理的恰当对象。因为在希腊思想中,在有价值的意义之后,要求持续而认真选择的工业和技艺之意义产生并且让位于沉思理性,理性否定了作为它前身的有组织的努力,并且在它的自我意识的逻辑思想之功能中宣称自身是所有真实事物的创造者和保证。基督教发现,几乎已经准备好了它自己的理智陈述所需要的方式!我们回想一下亚里士多德关于道德认识的阐述和他关于人的定义。他说,人作为人是一个可以被称作渴求思想或者思想欲求的原则。人不是作为一个纯粹的智力来进行认识,而是作为很多欲求的一个组织体,并且在反思过程中影响这些欲求自身的条件和结果。假如亚里士多德使他的理论观点与实践知识的观念相同,会发生什么情况!因为实践性的思考是属于人类的,所以亚里士多德否认它属于纯粹的、冷静的认知,即某些超人类的东西。思想欲求是实验性的、试探性的,而不是绝对的。它朝向未来和对未来有帮助的过去。它是偶然的,而不是必然的。它以双重的方式联系个体性:联系被个体行动者所经验到的个体事物,而不是全体。因此,欲求是欠缺、匮乏、非存在的一个确定标志,而停止于某些它知道自己不再欠缺的东西。因此,在与不完满的存在相联系的信念中达到顶点的欲求的理性,永远不同于在完满存在者的(逻辑上完全的)纯粹知识中起作用的超然理性。

我不需要提醒你们,经过新柏拉图主义、圣奥古斯丁和经院哲学的复兴,这些观念如何被纳入基督教哲学之中,以及基督教原初的实践原则出现了怎样的颠倒。信念因此变得重要,因为在一个有限的、堕落的世界中,在一个受非存在侵蚀的时间性的、现象的世界中,它是真实知识起码的前提,而真实知识只能在一个由完满的存在物所构成的世界中才能获得。欲求是欠缺的自我意识,力图通过对完满存在的完满认识,使它自己最终实现完满的拥有。我不需要提醒你们,在中世纪法典中,理性对于权威、知识,对于信仰的表面上看起来(*prima facie*)的从属地位,毕竟只是以下学说的逻辑结论。该学说认为,作为人(因为只有理性的欲求)的人只是现象性的;并且只在上帝那里才具有实在性,而作为上帝的上帝是理性洞见和存在的完满结合——是人欲求的条件,以及人微弱地试图获得认识的实现。被理解为"信仰"的权威意味着:这种存在者外在地给予人以帮助,否则人将绝望地注定在长久的错误和非存在中经历苦难,并且这种存在者将一直指导人;在下一个世界中,在更有利的支持之下,人也许能使他的欲望在善之中得到平息,并且他的信仰也许会屈从于知识,因为我们忘记了灵魂不朽的学说不是以下理论的一个附加物而是有机组成部分。该理论认为,既然知识是人的真实功能,那么快乐只能在知识中才能获得,而知识本身只存在于对完满存在者或者上帝的成就之中。

对于我来说,我可以认为,中世纪的绝对主义以及它在这个世界中所提供的权威的、超自然的帮助并且宣称在下一个世界中超自然的实现,比现代的绝对主义更加具有逻辑性和更加人道主义;现代的绝对主义有着相同的逻辑前提,它使人们在以下事实中找到恰当的安慰和支持,这种事实就是:他的努力已经永恒地实现,他的错误已经永恒地被超越,他的局部信念已经永恒地被理解。

现代时期的标志是拒绝满足于把理性的运作和功能推延到另一个超自然的领域,并且下决心使它自己运作于它当前的对象即自然,以及伴随着在附属物之上的所有快乐。亚里士多德的纯粹理智,即思考自身的思想,把自身表现为在它自身最有效运作之当前条件下的自由探索。思想和存在的内在联系之原则并未被触及,但是它的实践核心从下一个世界移到了这个世界。斯宾诺莎的"上帝或者自然"就是逻辑产物;他的物质属性和思想属性的严格关联性也是如此;而他把对于激情和信仰的彻底不信任与对于理性的完全信任以及对于知识毫无保留的热情相结合,这种结合如此典范性地体现了整个现代的矛盾状况,即它也许会唤起我们对它的崇拜。然而,如果对它言辞稍有不慎,就会引起愤怒。

智力在实践上致力于它当前的对象即自然时,科学就产生了,并且它的哲学对应物即认识论也产生了。认识论是以自由的却是狭窄的和技术性的方式,把欧洲在实践上很紧迫的问题普遍化,该问题是:科学如何可能?理智如何能积极和直接地获得它的对象?

同时,通过新教主义,以前用来界定后世(获得充分理解完满存在的机会)的价值和意义被纳入当前的情感和反应之中。

在权威性地被作为现世之准则的信仰和作为后世之准则的被超自然实现的知识之间的二元论,转化为此时此地致力于自然事物的理智和此时此地实现着精神价值的情感及其相应的信念之间的二元论。这种二元论一度是作为简单的劳动分工而起作用的。理智摆脱了对于超自然真理的责任和专注,因此可以使自己更充分和有效地致力于现在的世界;而情感在中世纪教规所产生的价值之指控下,变成了以前只被圣徒所拥有的当下的愉悦。直接性取代了系统化的中介,未来的现在,个体对于超自然制度的情感性意识。因此,可以理解为在科学和信仰之间的协议被撕毁了。不插手,不干涉,各行其是,是新的契约;自然世界与理智相关,道德和精神的世界与信念相关。这个(自然的)世界是关于知识的,那个(超自然的)世界是关于信念的。因此,在经验中隐晦的、被忽视的在信念和知识之间的对立,在思想的纯粹客观价值和激情与意志的个人价值之间的对立,要比在知识中显明的、扰乱性的在主体和客体、心灵和物质之间的对立更基本,更具有决定性。

这种潜在的对立慢慢地变成公开的对立。在科学细节上,知识侵入道德和宗教生活所致力于的历史的传统和观点,知识使得历史变得类似于自然,就知识所获得的好处而言,历史类似于物理自然。它使自身朝向人,并且冷酷无情地说明他的情感、他的意志和他的意见。如同哲学一样,知识的普遍理论也是如此发展的。它预先遵从于一个古老的观点:绝对的实在是知识的对象,因此是某种普遍的和非个人的东西。因此,不管是通过情感主义还是理性主义,不管是通过机械论还是客观唯心主义,都产生了以下情况:具体的自我,特定的感觉性和意志性的存在,被托付给信念。在信念中,这些感觉性和意志性的存在宣布自身是"现象的"。

Ⅲ

当代的一些思想趋势所特意反对的情况,大致就是这些了。

那些不仅给予我们抗议(就像在所有时期里,信仰对于理智的不合理的反抗一样),而且给予我们一些清楚和建设性的东西的确定条件,是什么样的?这个领域太广泛了,我将只限于讨论知识观自身的发展问题。我将提出:首先,朝向自然物质的理智进程发展出了知识程序,这种知识程序提出了站不住脚的、继承得来的知识概念;其次,这样的结果,被某些科学的特定结果所加强。

1. 首先,对知识观的这种使用和对知识所专注的东西的这种表达,产生了方法和检验标准。这种方法和检验标准当被系统阐述时,就提出了一个非常不同于正统观念的知识观,以及它与存在和信念的联系。

非常突出的一个问题是:思想是探究,而作为科学的知识是系统的、受控制的探究之产物。人们曾经很自然地认为,探究应该以旧有的意义来阐释,是改变主观态度和意见以使它们能够面对以现成的、确定的、完成的形式出现的"实在"。理性主义者有这样一个实在之观念,即它具有规律、种类或者有序体系的自然性,并且同样具有概念、公理等的思想性,作为表象被显示的模式。经验主义者则认为,实在是一些微小的、分离的单个聚合体,分离的感觉就是这些东西的恰当对应物。但是,这两类人都是彻底的墨守成规者。如果"实在"被预先和完全地给出,如果知识只是被动接受,那么探究当然只是在人类"心灵"或者"意识"中的主观变化,因此都是主观的和"不真实的"。

但是,科学的发展揭示了一个独特的、不可容忍的悖论。认识论以歧视性的含义一劳永逸地谴责探究属于主观领域,但它却发现自己与科学的前提和结论在原则上和细节上处于绝对的对立之中。认识论注定要在细节上否定特定科学的结论有任何隐蔽的客观性,因为科学结论总是处于一个探究过程,即解决过程之中。尽管一个人不会因为得知他的心理活动不是真正的实在而停止活动;但是,人们会因为得知科学的发现、结论、解释和理论同样不是真正的实在,而只是一个不可靠的心灵的产物,就退缩不前。一般而言,认识论把作为探究活动的人类思维纳入纯粹的现象领域,因此使具体地达到和符合客观实在成为不可能的事情。即使它的确使自己符合"实在",但是永远也不能对实在感到确信。古老的丹达罗斯的神话[①]和他想要饮他面前的水,似乎是对现代认识论的天才预言。人类心灵越是渴求和

---

① 在希腊神话中,丹达罗斯是一位国王,因其犯过罪而被打入阴间并被罚站立在水中。当他想饮水的时候,水即流走;其头上挂有水果,但当他想拿水果时,水果即离开了。——译者

需要真理,越是努力地想要在刚好超出意识边界的存在之海中得到解渴,真理的流水越是会消退!

当这种自我承认的无结果状态与相应的特定科学的特别结果相结合,一些人肯定会发出"占着茅坑不拉屎"或者"酸葡萄"的呼喊。对于思维理论和探究理论的修改,看来是不可避免的。这个修改将使我们不再试图把知识建构为对实在进行最大可能的再现,并且这种再现是在预先谴责它会失败的条件下进行的。这个修改将直接从作为探究的思维、作为探究之条件的纯粹的外在实体开始,并且这个修改将根据有效性、客观性、真理,以及真理的检验和体系在探究中的实际含义和实际作用,对它们进行重新阐释。

这样一个立场,预示着要对信念原则长时间以来一直遭受的指责和忽视进行报复。在构成科学广泛而深入的探究中发展起来的整个思维程序,却变成了系统化的技术,或者变成被特意去追寻的技艺;从古到今从事于实践的人类,通过更粗糙的方式产生出他们的信念之含义,检验它们,并且为了经济、效率和自由的目的,来试图使它们彼此融贯。信念(完全的、直接的和绝对的信念)作为起作用的假设再次出现;发展和检验信念的活动在实验、演绎和证明中再次出现;而普遍命题(universals)、公理、先验真理等等的体系变成了特定方法的系统化,人们借助于这种方法在对公开活动的预期中产生出他们的信念之含义,及其同时为了消除不受欢迎的结果而确保受欢迎的结果去修改信念的含义。观察感觉的、度量的机制被行动者再次用来面对和试图限定他们所面对的问题。真理是抽象的假设含义之统一和具体而原始的事实之统一,而统一所采用的方式是通过从一个新的立场来判断后者从而包围它们,同时真理通过把它们用在相同的积极经验中的方法来检验概念。它完全成为个人操作的经验和个人实现的经验。

对于这些事实的了解为认识论的偏见视野带来了更明亮的曙光,并且我们可以看到,只有以下观点才会阻止我们承认思维活动及特定结果的真实性。这个观点就是:信念自身不是存在的一个真正组成部分——这个观点本身不仅仅是一个信念;而且,不同于普通人的坚定看法和科学的假设。它所值得骄傲的证据是:它不会把自身看得如此无价值,而是要发挥实际的作用。

一旦相信信念自身和任何其他一直存在的东西一样是"实在的",我们就会拥有这样一个世界,在其中不确定性、怀疑性都是实在地存在着;并且在这个世界中,不管是就自身独特的存在性而言,还是就尚不确定的实在之要素呈现出样态、意义、价值和真理的唯一方式而言,个人的态度和反应都是真实的。如果"对于固执的人来说,只有他们自我招致的伤害,才能使他们获得学习"——而所有的信念都是固执的——那么同样的,固执的人为了一个充满期待的宇宙而得到的意义之有利发展,必然成为他们最好的补偿和辩护。在一个可疑的、贫乏的宇宙中,要素必定是非常贫乏的;并且把个人信念发展为实验性的行动体系,这是慈善事业一种有组织的职责,去赋予一个充满艰辛的世界以它所渴求的意义。下面这首诗所呼唤的,首先是思想者、探究者、认知者:

> 啊,梦想者!啊,渴望者,乘着
> 未曾试水的船奔向人迹罕至的海洋的探索者,
> 啊,咬碎珍稀葡萄的人
> 奇异的滋味沾满了双唇。①

2. 生物学、心理学和社会科学提供了一系列令人印象深刻的具体事实,这些事实同样指向信念之地位的恢复,指向把知识解释为信念的人类的、实践的产物,而不是指向把信念解释为在一个纯粹有限的和现象的世界中知识所处的状态。我在这里不必(因为我不能)概述一般的感觉、知觉、概念、认知之观念所经历的心理学上的修改,它们都是一样的。很明显,它们都是"运动的"。生物学的证据是明确的,表明了整个理智生命的有机工具、感觉器官和大脑以及它们的联系都是在确定的实践基础上;并且,为了实践目的、为了这种对于条件的控制能够维持和改变生命的意义而发展起来。历史科学也同样清楚地证明了:作为信息和工具之体系的知识是协作性的社会成就,在所有的时期都被社会所影响;而逻辑思想是通过个人活动对这种社会性结构进行重建,并且朝向一些流行的需要和目标。

当然,这些众多的、一致的证据本身并不是哲学。但是,无论如何,它提供的事实具有科学的支持,并且值得被看作是与科学相关的事实。目前这些事实似乎要求我们给予特别的关注,因为它们所展现的特征在以前的哲学论述中大部分被忽

---

① 原文是:O Dreamer! O Desirer, goer down/Unto untravelled seas in untried ships/O crusher of the unimagined grape/On unconceived lips. 作者为美国诗人和剧作家威廉·沃恩·穆迪(William Vaughn Moody, 1869—1910)。——译者

视了,而那些属于数学和物理学的事实则把它们美好的意愿大量地加于系统之上。另外,似乎在知识原则上有意识地建立起来的哲学中,任何已知的事实都不应该要求获得同情的关注。

既然如此,使心理学、社会学及其类似的科学不再具有给出哲学证据之能力的理由,比对这种能力进行简单的否认更加重要。它们证明了一个根深蒂固的偏见:使某个有意识的行动者或者欠缺的、努力的、满意或者不满意的存在者产生关注的东西,在意义上当然必定只是"现象的"。

当公开承认的唯心主义者作为纯粹知识之纯洁性的拥护者而出现时,这种反感更具有启发性。唯心主义者满足于以下观念:意识决定实在,并且假定它是一劳永逸地一下子就全部完成的;而他们对以下观念感到忧虑:经验性的有意识的存在者在此时此地真正地决定存在!我认为,人们应该回忆起斯宾塞所讲的一个故事。通过一系列的议会,一个委员会被组织起来并且展开争论以通过一个法案。最后,成功的消息终止了他们的最后一次会议,结果产生了恐慌。那么,这个委员会还能做什么呢?同样有人会问,如果特定的有意识的存在者,例如具有内脏和大脑的约翰·史密斯和苏珊·史密斯(不论他们之间的血缘联系)被发现对实在的特征和存在施加影响,那么普遍的唯心主义会是什么样子呢?在"意识"中对"实在"的广泛的、不确定的决定会是什么样子呢?

有人也许有理由把唯心主义建构为一个匹克威克式的框架,它本来很愿意把理智的原则理念化而以它的特定任务为代价,但这种不情愿是斯多葛主义的基本原则和唯心主义基本观点的必然结果——它对抽象的逻辑内容和关系的专注。这种逻辑内容和关系,是从它们在有意识的、有生命的存在者中的位置(*situs*)和功能抽象得来的。

IV

我已经向你们提出过信念和实在之关系的素朴观念:信念自身不折不扣就是实在的,并且在通常的、恰当的方式中即通过修改或者调整其他事物的实在性来展示它们的实在性。因此,它们把个人生活的偏见、喜好、感情、需求和努力与价值即归属于事物的特征相联系,后者因此值得被人类所认识并且对人类交往作出反应。这点可以从关于思想史的描绘中得出,它表明了信念及其所暗示的东西如何屈从于知识和"实在"的一些预设的观点,即知识只是对纯粹理智的关注。因此,我追溯了一些主题,这些主题引起了关于逻辑知识和"实在"之间假定的、独特的联系之重新考虑;促进了对于普通人之信念更公正、更好的态度。

作为总结,我打算再说几句,以便减少(因为完全避免是不可能的)一些误会。首先,尽管一些可能的怀疑不可避免地伴随着实际的信念,我们所讨论的学说却并不是特定的怀疑论。极端的经验主义者、人本主义者、实用主义者,随便你怎么称呼,比起正统的哲学家来说,他不是更少而是更多地相信"实在"。例如,他并不是关注于对客观实在和逻辑的、普遍的思维进行怀疑;他感兴趣的是对这些事物所拥有的这种"实在"进行重新解释,从而相信而不是鄙视行动和激情之具体的、经验的意识核心。

我的第二个评论要起相反的作用。目标并不是要特别轻信,尽管它从头到尾都完全相信了所有的科学。如果我们认为,因为科学最终是人类信念的工具,所以就忽略广泛而系统的科学方法之最精确的、可能的使用,这就好像认为,因为一个表是制造出来告诉我们当前时间的,而不是成为超越的、绝对的时间之范本,那么表就可以用廉价的材料来制造,随便地制作并且拙劣地组装在一起。告诉我们当前的时间及其他所有的紧迫含义,就是为了弄清楚、确定和扩大智力或工具之最大可能性使用的职责。

例如,我对有损于知识价值的古老体系不感兴趣,以便赋予一些特别的信念以一个不受控制的领域来自由运作——这些信念甚至是对于不朽、对于某种特别的神性或者自由的信念。我们的任何一个信念都要通过它自身含义的发展,被在理智指导下的行动所批判、修改,甚至最终被消除。因为理性是根据信念在未来经验中所带来的后果来产生信念之意义的框架,所以信念更要(而不是更不要)服从和回应于理性之充分运作。①

因此,我们现在朝向最想要得到的东西,即把对于道德力量的承认与对于彻底自然主义的要求相统一。没有人真正想要破坏人的实践本性;自然科学的假设的

---

① 随着这个观点的发展,我们可以得到信念的工具论。真实的而不是伪造的信念之标志将会被研究;作为极为重要的个人反应的信念,将会区别于习惯的、联合的、未被怀疑的(因为是无意识地运作的)社会阶级和职业之传统。在《信仰的意志》一文中,詹姆斯教授已经给出了真实信念的两个特征(即"被迫得出的意见"和对结果负责),这在对他观点的批评意见(这实际上是一种讽刺)中几乎总是被忽视。根据这样一个工具论,人们可以怀疑不朽的(一方面区别于希望,另一方面区别于一种对意见可能性的理智权衡)信念是否能够真实地存在。

紧迫性,使人们仓促地作出应答。没有人真正因为蒙昧主义而背负对自然主义的怨恨。由于需要为道德关注保留一些神圣性,才迫使人们那样去做。我们都希望尽我们所能地成为自然主义者。但是,这种"所能"是很困难的。如果我们关于信念和知识提出一个确定的二元论,那么就会被以下一种令人不安的恐惧所困扰,即自然科学将要侵占和破坏"精神价值"。因此,我们把它们建造成一个要塞并且对其进行加固;即我们孤立、专业化并且因而削弱信念。但是,如果信念是最自然的,并且在这种意义上是所有事物中最形而上学的;如果知识是有组织的技术,用来产生信念的含义和关联,并且用来指导它们的形成和使用,那么害怕和谨慎是多么的不必要和微不足道。因为信念的自由是我们的,自由的思想可以作用于自身;思想越自由,信念的解放也就越可靠。死守着一些特别的信念,人们会害怕知识;相信信念,人们会热爱并且忠于知识。

在这里,我们也有可能在思想上、语言上和态度上对哲学家和普通人有一个通常的理解。如果哲学家不是必须放弃他的一些普通人性以便加入一个种类,那么哲学家将不会给出什么呢?当他受到质疑的时候,难道他不总是这样为自己辩护:所有的人都自然地在进行哲学思考,哲学家只是以有意识的、有条理的方式来进行,因为如果以任意的、不规则的方式来进行的话,就会带来损害?如果哲学同时成为一种关于信念的自然历史和逻辑,即技艺,那么它的技术性的辩护最终就是它的人性的辩护。爱默生说,人的自然态度就是相信:"哲学家在经过一些抗争之后,只拥有相信的理由。"让这样的抗争启发和扩大信念;让理性激发和产生新的信念。

最后,在这里所提出的不是结论而是问题。作为哲学家,我们对于结论的异议比起对于问题的异议来说,是微不足道的。以相同的观点和视角来看别人看到的问题,这是有所作为的。相比而言,对结论的赞同是敷衍了事。经历别人所感觉到的相同问题,这也许就是赞同。区分是令人厌恶的,如同比较是令人讨厌的,理智仅仅通过比较和区分来进行工作。在这样的一个世界中,一个人还能期望做什么?

但是,信念是个人的事情,并且我们仍然相信个人是社会性的。要成为一个人,就是成为思想着的欲望;欲望的一致不是理智结论的一致,而是激情的共鸣和行动的一致。而在感情和行为上的重要统一也需要依赖于思想上的共识,这种共识只有通过区分和比较才能获得。

(徐 陶译 赵敦华 校)

我的信仰
——现世哲学之七①*

I

信仰,曾经几乎毫无例外地被认为是接受一套明确的理智命题,这种接受基于某种权威——特别是来自天国的启示。这意味着遵守由固定教义组成的信条,我们的教堂每天都在背诵这些教义。而最近又出现了另外一种信仰的概念。对此,一位美国思想家如此表述道:"信仰使人有行动的倾向。"根据这一观点,信仰便成为所制定之信条的源泉,也是对进取心的鼓舞。从前一信仰概念转变到后者,标志着深刻的变化。无论坚持何种基于特定权威的教条,都表明不相信经验在自身发展进程中有能力为信仰和行动提供必要的准则,而较新的信仰概念则表示经验本身是唯一的最高权威。

此类信仰概念内部囊括了成为某种哲学所需的一切元素,因为它暗示着经验过程和经验材料对生命起到支撑和维系作用,经验的各种可能性为规范行为提供了全部所需之目标和理想。若将这些隐含之意明朗化,那么一种明确的哲学就会浮出水面。在此,我无意详细介绍此种哲学,而意在说明就人类文明当前之状态而言,基于作为知识和行动最高权威的经验哲学究竟是何意思,它对所思所为会做出怎样的反应。因为目前,这种信仰既没有得到清楚的表述,也不广泛为人所接受,否则,它就不过是常识的一部分,而不能称其为哲学了。

---

① 首次发表于《论坛》(*Forum*),第 83 期(1930 年 3 月),第 176—182 页,是系列文章之一。
* 选自《杜威全集·晚期著作》第 5 卷,第 206—215 页。

事实上，它与教授给人类的传统思想之总趋势大相径庭。人们基本上一直否认经验和生命可以自我规范、可以用自己的方式来提供指导和启迪。除了偶有反对之声，历史上的哲学几乎都是"先验的"。此类哲学的这一特点反映出主流的道德准则以及宗教信仰都是寻求某种超越经验的事物，该事物在价值上被认为更加基本、更为优越，而与之相对的经验则受到轻视。

现世生活被当作为其之外或之后的生活所做的准备。人们一直认为它没有规律，没有意义，没有价值，除非用于证实超越其自身的某个实在（reality）。其主要信条的基础是有必要摆脱想象出来的经验所带来的困惑和不确定性。生命被认为是罪恶和无望的，除非其自身内部明确表示出能够达到更高的实在。这些摆脱现实的哲学，同时也是对被经验的世界之疾病与痛苦作出补偿的哲学。

人类几乎从未询问过如果经验的各种可能性得到认真的探究和利用将会怎样。在科学领域，人们做了大量有系统的探索，在政治、商业、娱乐等领域，人们也进行了许多不同寻常的开发利用。然而，这种关注可以说是偶发的，与信仰公认的主流模式完全不同；它的出现并非是因为人们相信经验可以提供组织原则以及方向性目标。宗教处处充满超自然现象——而超自然现象恰恰指超越经验之事物。道德准则已经与这种宗教信仰的超自然主义结为同盟，并从中找寻基础，获得认可。与此类深深植根于所有西方文化中的观念的差异赋予了经验哲学信仰以明确深邃的意义。

II

为什么过去人们会求助于超越经验的那些哲学呢？为什么现在人们认为有可能不再需要它们的帮助了呢？第一个问题的答案是毫无疑问的，即没有任何迹象表明当时人们所具有的以及可以合理预见到的经验有能力提供自我规范的手段。它作出承诺，却拒绝履行；它唤醒欲望，却不加以满足；它点燃希望，却使其破灭；它激发理想，却对其实现漠不关心甚至充满敌意。人们无法解决经验所带来的难题和罪恶，便自然不会相信它有能力提供权威性的指导，而经验又没有引导自身发展的技巧，于是主张逃避现实、寻求安慰性补偿的哲学以及宗教便自然而然地随之而来了。

那么，如果人们认为这种情况已经得到了改变，现在有可能相信经验本身所带来的各种可能性了，这又有什么依据呢？该问题的答案提供了经验哲学的内容。

当今经验所具备的一些特性是以往占主导地位之信仰产生时所不了解、不具备的。如今的经验本身就拥有发现和检验的科学方法,其标志为创造各种技能和工艺的能力——即安排和使用各种自然的以及人类的条件和能量的技术。这些新能力为经验及其潜力赋予了全新的意义。人们普遍认为,自17世纪以来,科学已经彻底改变了我们对外部自然界的信念,它也会继续开始彻底改变我们对人类自身的信念。

当认真思考这一非比寻常的变化时,我们的头脑很可能会想到在天文学、物理学、化学、生物学、人类学等学科的研究课题中所发生的转变。虽然这些变化非常重大,但与方法领域内发生的变化相比,可谓相形见绌,因为后者乃是信念内容发生革命的开拓者。除此而外,新的方法还致使我们的理智态度以及与之如影随形的道德风气发生根本性的变化。我们称这种方法为"科学的",它为当代人(一个人并非仅仅因为生活在1930年便成为当代人)揭示所存在的各种实在(realities)提供了唯一可靠的方法,是启示(revelation)唯一真正的模式。拥有了这样一种其使用可以不受任何限制的新方法,就意味着对自然以及经验的各种可能性产生了全新的观念,从而带来了对信心、控制和安全的全新的看法。

知识的改变与我们所谓的工业革命之间确实存在着明显的关联,它创造了许多指导和使用自然能量的技术。技术当然包括那些制造出铁路、汽轮、汽车、飞机、电报、电话、无线电以及印刷设备的工程技术,但是,它也包括医疗卫生领域的新程序、保险业在不同部门的功能,以及即便没有实际发生也是潜在存在的那些可以应用于教育领域和其他人类关系的全新方法。"技术"就是指可以引导和使用自然以及人类的能量来满足人类需求的一切智力技能,它不可能局限于几个相对而言比较机械的外在形式。在这些可能性面前,传统的经验概念便显得落伍了。

许多不同的理论都或多或少成功地描述了这些新运动的这个或那个方面,但却没有整合成人们的日常习惯以及主导观念。这一事实有两个重要的标志和检验标准。在科学和工业领域,人们通常可以接受不断变化这一事实,然而道德、宗教以及明确的哲学信条则是基于稳定性的观念。在种族的历史上,人们向来害怕改变,改变被视作衰落退化的根源,被当成无序、混乱与动荡的原因而加以反对。人们之所以愿意相信超越经验的东西,主要是因为经验总是处于变化之中,人们不得不在其之外寻求稳定和安宁。17世纪以前,自然科学也始终相信稳定性优于变化性,理想化地想要找寻永恒不变的事物。当时的哲学,唯心的也好,唯物的也罢,都以该观念为基础。

科学和宗教钟情于固定不变的事物,这反映了宗教与道德普遍深入的一个观点,即暂时性意味着不安全,在存在的兴衰变迁之中,唯有永恒之事物才是安全与支持的基础。基督教提供了绝对的、一成不变的上帝(Being)和真理所带来的固定启示,这个启示又被扩展为由指导生命方向的确定的规则和目标所组成的体系。因此,"道德规范"被视作一部法典,时时处处都保持不变,所谓美好的生活就是固定地遵循那些一成不变的原则。

III

与这些信念相反,自然科学各分支的突出之处便在于认为存在即是处于过程和变化之中。然而,虽然自然科学中的运动和变化得到了理解,但这对普通人看待宗教、道德、经济和政治问题的影响却微乎其微。在这些领域,人们仍然认为我们只能在困惑混乱与固定不变之间作出选择。人们认为基督教是终极宗教,耶稣是神与人最完备、固定不变的化身;我们目前的经济体制至少在原理上表现出某种终极恒久的东西——只是偶尔希望在细节上略作改进;虽然实际情况明显地在不断变化,但产生于中世纪的婚姻家庭习俗却是终极不变的规范。

这些事例体现在变化的世界中,稳定性这一理想究竟达到了何种程度。经验哲学会全盘接受这样一个事实:社会存在和道德存在与自然存在一样,都是处于不断的、有时较为模糊的变化之中。它不会试图掩盖不可避免的变化现实,也不会打算为即将发生的变化之程度设置界限。它不会徒劳地将精力耗费在从固定不变的事物中获得安全感和精神寄托,取而代之的是,它将努力确定即将发生的改变之性质,针对与我们最息息相关的那些事务给出某种程度的智力指导。提到这点并非为了重拾那些乌托邦式的观念,即社会变化非常迫切地需要此类智力指导,而是旨在传达这样一个信念:随着人们对已经发生在自然和技术领域的革命的全部意义的了解程度的加深,经验哲学也能够慢慢得以实现。

凡固定性思想居统治地位之处,也是无所不包之统一性思想占主导地位之地。大众化的生活哲学总是渴望获得这种无所不包的同一性,形式哲学则致力于从理智方面实现人们的渴望。考虑一下大众思想中寻找生活的那一个意义以及宇宙的那一个目标(purpose)所占据的地位,那些寻找单一意义和目的(end)的人要么按照个人愿望和传统,构想出这样的意义和目的,要么因为无法找到这样单一的同一性而绝望地放弃,得出的结论是生活中发生的任何事件都没有真正意义。

然而还有其他的可能性,没有必要一定在毫无意义和无所不包的单一统一性之间作出选择。我们遇到的诸多情境可能包含很多意义和目标,可以说每种情境都会有一个意义和目标,每种情境都是对思维和毅力的挑战,都体现了其自身的潜在价值。

我想即便是认为存在许多互相联系的意义和目的的观念取代了认为只存在那一个意义和目的的观念,也无法想象出个人乃至集体生活之中究竟会发生怎样一些改变。找寻无所不包的单一美好注定会失败,生活之幸福来自竭尽全力从每一个经验的情境中获取其独特完整的意义。相信各种经验都拥有不同的可能性,伴随这种信念的将是不断发现、不断成长的喜悦。只要生活经历被当作可以揭示意义和价值的潜在力量,而借助这些意义和价值可以在未来获得更加完整、更有意义的经历,那么即使遇到困难和失败,也同样可以体验到这种喜悦。相信只存在单一的目标则会扰乱思想,浪费精力,倘若这些思想和精力被导向可以达到的目标,则可以帮助创造一个更加美好的世界。

IV

我上文所陈述的是一个普遍原则,因为我认为哲学不仅仅是就这个或那个问题简单地列举出一个个信条。当然,这个原则只有应用到实际问题时才会确定无疑。那么宗教又会怎样呢?放弃经验之外的强制力量是否等于放弃了一切宗教呢?这必然要求放弃历史上与基督教相关的那些超自然主义、固定教条以及僵化的制度。然而,据我对人类本性和历史的了解,宗教信仰的理智内容最终总会在科学与社会情况明朗以后与之相适应,从某种意义上说,它的内容便是寄生于这些情况之上的。

因此,我认为,那些关心某个宗教观点的人不应该被科学与传统教条之间的冲突所困扰——当然,我可以理解原教旨主义者(fundamentalists)与自由主义者(literals)的困惑,他们把宗教等同为一套特殊的信念。我认为,对宗教未来的关心应该有不同的方向。很难看出,当宗教信仰适应了可以瓦解教堂教条的知识体系所带来的影响之后,它该如何既能适应传统社会习俗又能保持其生命力。

在我看来,宗教的首要危险似乎在于它过于受到尊重。它在很大程度上成为对社会存在之事物的认可——对制度以及习俗的一种注释。原始基督教的某些主张是具有破坏性的,它是一种放弃并谴责"现世世界"的宗教,要求人心发生某种改变从而促使人际关系产生彻底的变革。由于现在西方世界自称已被基督教化了,因此制度陈旧过时的世界得以被接受,并受到尊崇。这样一个以要求彻底变革作为开端,如今已经成为对经济、政治以及国际制度的认可的宗教,应该带领其虔诚的信徒认真思考一下他们所膜拜的神亦即该教的创始者曾说过的话:"人都说你们好的时候,你们就有祸了,"①"人若因我辱骂你们,逼迫你们……你们就有福了。"②

我此言的意思,并非是说宗教的未来与回归启示中天国很快就会到来的预言紧密相连,也并非是说我认为早期基督教即使在萌芽阶段本身就具有了救治现存弊病、解决现实问题的现成方法,而是要表明宗教的未来取决于人们是否会对人类经验与人类关系的可能性产生信念,在这种信念下形成对人类共同利益的强烈意识,并采取行动实现这一意识。倘若我们所谓的宗教组织学会如何利用其象征以及仪式来表达并促进这一信仰,那么它们将会成为与知识以及社会需求和谐共处的某种生活概念有益的同盟。

既然现在的西方文明之所以如此,主要是因为工商业力量的驱使,那么真正的宗教观念就应该考虑深深影响依赖于工作条件及结果的人类工作和休息的一切因素,也就是说,它应该承认经济因素对生活的重大影响,而非回避它。阻止我们理解并实现经验的各种可能性的最大障碍存在于我们的经济体制,人们无需接受经济决定历史和制度这一教条便可以意识到:参与人类日常交际模式中某个富有艺术性和理性并且有所回报的经历取决于经济条件。只要影响人们思想、制定人们行为条件的那些人不惜一切力量维系现在的货币经济和私人利益,那么相信存在内涵丰富、意义深远、全民参加的经验的各种可能性就只能局限于哲学。然而,一旦这个问题是通过考虑宗教信仰而引起的,其意义就将远远超出宗教范畴,它将影响到生活的方方面面。

许多人早已非常敏锐地意识到经济之罪恶,它们影响了占人类主体的工薪阶层的生活,然而若想看出那些我们所谓的富人或"有钱人"的经验是如何受到局限及扭曲的,则多少需要更多的想象力。他们似乎从当今形势中获得了很多好处,但

---

① 《新约》路加福音 6:26,译文引自《圣经——中英对照(和合本·新国际版)袖珍本》,香港:圣经协会,第 113 页。——译者
② 《新约》马太福音 5:11,译文出处同上,第 7 页。——译者

实际上也饱受其缺陷带来的伤害。艺术家和科学工作者被排除在主流生活以外,成为其边缘的附属品或者其不公的牺牲品,这结果殃及所有审美利益及理智利益。毫无价值的铺陈与奢侈以及靠占有东西、社会地位和凌驾于他人之上的经济权力来确保幸福的企图是徒劳无益的,恰恰体现了存在于似乎受益于当前秩序的那些人的经验的局限性,相互害怕、怀疑、嫉妒也是它的产物。所有这一切对人类经验所造成的扭曲和削弱是不可估量的。

曾经一度,或许的确需要对这类事情忍耐一段时间,因为那时人类既没有知识也没有技能来获得可以被所有人分享的内涵丰富的生活。现在科学技术已经为我们提供了方法来有效地处理经济力量的运作,随着这一情况日益明显,关于经验的各种可能性的哲学便会形成具体的意义。

V

我们的国际体系(尽管非常混乱,但确确实实是一种体系)显示出另外一个显而易见的例子,即由排他性和孤立性所造成的经验的局限性。在艺术和技术科学中早已产生接触和交流,这些哪怕在一个世纪前都是无法想象的。物质商品贸易的情况也是如此,尽管设置了可憎的关税壁垒。然而与此同时,种族歧视却从未像现在这样有如此之多的机会毒害人们的心灵,而民族主义也被提高到了跟宗教同等的地位,美其名曰"爱国主义",不同的民族和国家之间即便没有公开发生冲突,也存在着潜在的敌对情绪。这些事态以难以计数的方式限制并削弱每个个体的经验。这种局限性的一个外在标志便是我们经常引用的一个事实,即我们国家支出的80%是用于补偿过去战争留下的后果以及准备未来的战争。个体某个至关重要的经验的状况与复杂的集体社会关系如此息息相关,以至于过去的个人主义早已失去了意义。个体将始终是经验的中心和终点,但个体在其生命经验中实际上究竟是什么则取决于社交生活的本性和活动。这便是我们的经济和国际体系迫使我们接受的一个教训。

道德本身不能成为学科,因为它本身既不是一个事件,也不是一个部门。它标志着生活中不断汇集的各种力量所引发的事件。面对变化的科学和社会,那些确立了固定不变的目标和规则的法典有必要缓和下来。一种全新有效的道德风范只能从人类关系的现实中挖掘出来,心理学和社会科学正在着手探求从事这一研究的手段。不尊重经验给这个领域带来的灾难性后果比任何其他领域都要多,因为没有哪个领域像它一样造成如此巨大的浪费;很多过去的经验被抛弃了,没有认真细致的积累过程,个体相互接触交往的相关知识也没有得到系统地传承,人们认为传递固定的规则和目标就足够了。就像现在从自然世界获得科学经验的实际情况一样,只有当人类关系全部相关的经验所带来的结果得以筛选和交流的时候,有控制的道德发展才可以开始。

在大众口中,道德往往指男女关系问题。虽然处于迅速转折期的一些与当前情况类似的现象不足以成为我们进行预测的基础材料,但显而易见的是,那些在名义上依然流行的法典产生于片面、局限的条件之下。如今关于爱情、婚姻和家庭的观念几乎毫无例外都由男性制定,就像以片面经验为主的那些人类利益的全部理想一样,这些观念在理论上是浪漫的,而在实际应用时则是乏味的。感情用事的理想化一方面在几乎被认为是合法的制度里有其对立面,男人、女人、孩子之间相互关系的实际情况早已沉没于多愁善感和墨守成规之中。妇女不断寻求解放所带来的唯一成果便是可以制定更为现实、更加人性化的道德,其特点是一种新的自由,外加新的正确性,因为它将受到社交生活之实际情况的驱动,这些情况会通过细致系统的调查来揭示,而非结合传统以及枯竭的法律体系感性地来得出。

VI

这个时代主要的理性特征是对所有建设性的哲学都感到绝望——不只是针对它的技术含义,也包括任何综合的展望和观念。上世纪的发展已经达到如此程度,以致我们现在意识到旧的信仰已遭到冲击和颠覆,然而建立在与科学和现实社会条件相一致的事实基础之上的、关于自然和人类的崭新一致的观点还有待形成。我们现在口中的维多利亚女王时代①似乎有着这样一种哲学,一种关于希望、进取以及所有被称为自由主义的事物的哲学。但是,人们日益感到一些社会问题不但没有得到解决,还因战争而更加严重,那个信仰便随之发生了动摇,现在想要恢复那种情绪已经不可能。

其结果便是对所有综合的积极的观念不再抱有任何幻想。拥有建设性的理想被认为是一个人承认生活在幻想的世界里。我们已经丧失了推理的信心,因为我们早已了解到人类主要是习惯和情感的动物。认为习惯和冲动本身可以在任何广

---

① 维多利亚女王时代(Victorian Age,1837—1901),英国维多利亚女王统治的时期。——译者

阔的和社会的范围内被合理化,这不过是又一个幻想而已。因为过去的希望和期待丧失了信用,于是任何影响深远的计划和方针都会遭到冷嘲热讽。我们查明过去的希望和抱负的虚幻特性所使用的知识——被原本认可它们的人所否定了的知识——也许会促使我们形成基础更加牢固的目标和期待,这一点被忽视了。

事实上,与维多利亚女王时代的乐观主义进行对比,对于形成一种完全不同的哲学的必要性和可能性具有重要意义,因为那个时代从不质疑旧观念的根本真实性,它清楚当时的新科学需要从某种程度上净化传统的信仰——例如,破除对超自然事物的迷信。然而大体上,维多利亚时代的思想就好像把新的条件当作有效的工具放到我们的手中来实现旧的理想。现在非常典型的震惊与不确定则标志着发现旧的理想本身遭到了破坏,科学技术并没有给我们提供实现它们的方法,而是动摇了我们对广泛综合的信仰以及目标的信心。

当然,这个现象只是暂时的。新生力量的影响在当下是消极的。西方文明所信赖的对神圣造物主兼最高权威的信仰以及所传承的灵魂及其归属的观念、固定启示的观念、制度绝对稳定的观念和自动发展的观念在西方有教养的人看来,都不可能继续存在了,人们心里自然会认为其结果应该是导致对一切基础的、起组织指导作用的观念的信仰土崩瓦解,怀疑论成为人们受过教育的标志甚至心态。这一点更具影响力,因为它不再直接反对这个或那个旧信条,而是对任何影响深远的观念都怀有偏见,否认这些观念可以系统理智地指导事务。

正是在这样的背景下,一种受惠于科学技术而形成的彻底的经验哲学才具有重要意义。对它而言,传统观念的瓦解恰恰是它的机会。产生这样一种经验的可能性本身就是一种新奇事物,在这种经验中,科学和艺术相互结合,从而影响到工业、政治、宗教、家庭生活以及普遍的人类关系。我们还不习惯它,哪怕它仅仅是一个观念。然而,对它的信仰既不是梦想,也没有被证明会失败;它的确是一种信仰,我们可以在很大程度上通过观察所获得之物从而在未来实现这一信仰。当然,一旦它从批判性、建设性的统一观念体系中被抽象出来,那么作为一种可能性,它的概念就形成了一种哲学——一种有条理的展望、诠释以及构建的观念体系。一种使人有行动倾向的哲学信仰,只能通过行动来试验和检测。对于本文所述之哲学,目前我还不知道任何切实可行的替代方案。

(战晓峰 译)

苏联的宗教信仰之二
——对冲突的诠释①*

"宗教是人民的鸦片。"②没有哪句话比它更多地题写在苏联公共建筑物的墙上,或者比它与苏联政体存在更广泛的联系。在苏联,这句话的创作者被认为是列宁,但事实上,卡尔·马克思才是它的创作者。列宁只是把它连同其他许多学说,从马克思那里借用了过来。在这句话的同一个段落里,马克思还写道:"因此对宗教的批判就是对苦难世界——宗教是它的灵光圈——的批判的胚胎。宗教批判摘去了装饰在锁链上的那些虚幻的花朵……要人扔掉它们(指锁链——译者),伸手摘取真实的花朵。"③马克思的宗教观主要来自费尔巴哈以及黑格尔的左翼学派,他代表的不是纯思想学说,他属于那个时代,因而会受当时思想潮流的左右。然而,人们很自然也很轻易地把他的经济观和理论观视作与社会主义思想属于同一体系的不可分割的部分,但事实上,它们不过碰巧同时存在于他这一个人的思想中而已。

然而,东正教为沙皇俄国的政治经济地位提供了特殊的时机和推动力量,促成了经济上的社会主义与宗教上的无神论联合起来。沙皇既是教会的领袖,又是国家的元首。所有东正教教会都由国家支持,而反过来,教会全体以及特殊形式的集

---

① 首次发表于《当代历史》(*Current History*),第 32 期(1930 年 4 月),第 31—36 页。这是专题论文的第二部分。
* 选自《杜威全集·晚期著作》第 5 卷,第 280—285 页。
② 此处译文引自《黑格尔法哲学批判导言(1844)》,《马克思恩格斯全集》,第一卷(1956 年),北京:人民出版社,第 453 页。
③ 此处译文出处同上。但因为此译文为德译中,而杜威的引文为德译英,因此两者有所差异。——译者

会也会给专制国家及其统治宗教以庇护和支持。俄国乃神权统治国,反对沙皇既是宗教犯罪也是政治叛国。在现代世界,甚至在古墨西哥的鼎盛时期,也没有任何地方的宗教制度与所建立的政治经济体制像俄国的那样联系如此紧密,这一情况便是布尔什维克宗教态度的背景,它成为他们对其进行猛烈抨击的关键。

值得注意的是,上述来自马克思的引文表达了两个观点:一个是对现存经济政治秩序的攻击,必然会导致宗教信仰的瓦解;另一个是对宗教信仰的直接攻击会暴露出现存体制的"锁链",从而可以促进新制度的创立。一方面,它促使人们相信,创立共产主义社会将会自动取代人们对宗教教条和宗教膜拜的兴趣,为人类和新社会提供新的能量宣泄方式。布尔什维克的观点认为,现在人们的精力大大浪费掉了,因为它被误导到了超自然和反社会的渠道。另一方面,列宁认为考虑到他的目标,现存的教会是他所开创的新制度的敌人,这个判断毫无疑问非常正确,因为它与旧的经济体制和政治专制关系太过紧密,以至于它的继续存在会威胁到他的计划的实现。这两方面的考虑和行动所产生的主要后果,便是共产主义本身成为一种不容背叛的宗教信仰。任何教会如果主张有权控制教徒的社会生活,都会被共产主义者当作敌对的政治组织。共产主义的宗教性和教会的政治经济性导致了反宗教运动的彻底性和剧烈性。

当我提到共产主义的宗教性时,我的意思是指它要求其拥护者投入深入、强烈的情感和热情,这通常是宗教信仰达到顶峰时才出现的情况。除此之外,它还聪明地要求涉及生活的各个方面,没有任何思想和生活不受其要求的影响,它具有——你几乎可以说它就是——一个教条体系。这个体系与历史上任何教会的一样明确,不可侵犯。历史上记载了许多取得权力的宗教迫害另一宗教信仰及其信徒的事例,而苏联的情况与此类似。把它严格地视作政治力量对宗教信仰的镇压的人,是无法理解这一点的。若想理解它真正的意义,必须在思想上把它与历史上著名的敌对宗教之间的激烈斗争联系起来。

虽然布尔什维克政府一方面直接攻击宗教信仰,另一方面通过建立使宗教信仰显得不合时宜的社会秩序来间接攻击它,但这二者却采取了不同的方法。直接进攻通过宣传教育来进行。苏联现在的统治者从不隐藏他们对此类宗教信仰的敌视以及他们的无神论主义,也不隐瞒他们打算使用一切教育手段——学校、新闻舆论、海报宣传——来铲除对上帝及所有超自然力量的信仰。他们使尽了各种生动的方法来揭示科学和宗教信仰之间的矛盾冲突,以此来强调这样一个训诫:宗教信仰的胜利等于被无知和愚蠢所统治，也因此等于社会的落后。毫无疑问，除了特殊的政治目的以外，苏联今天的统治者把造成苏联农民落后的责任全部推到了东正教的身上，当然，农民占了人口相当大的比重。

任何了解俄国历史的人都不得不承认，这个观点具有相当的历史正确性。然而，对于一个美国人来说，从他自己熟悉的情况出发，很难理解宗教信仰与政治、文化和经济会有哪些不同的关系。他会询问：即使布尔什维克的领导人有足够好的理由来反对宗教组织和体制，但他们为什么如此仇恨所有的个人宗教信仰？概括性的回答是共产主义本身就是一个宗教信仰，但是，还存在许多具体的理由。共产主义者发现或者认为自己已经发现，宗教信仰如果出现在共产主义政党里，会成为明显的缺陷，会削弱他们宣传共产主义信仰的热情。于是，有宗教信仰的人就被毫不留情地踢出了党外。同样的动机自然而然地被用在年轻人身上，他们是社会主义未来的补充力量，非组织的个人信仰被认为会使他们的思想和精力无法专注于苏联工业建设这一十分艰巨的任务。

列宁的个性和教导也是重要的因素。他认为辩证唯物主义不是哲学，而是等同于科学本身。科学没有给宗教留有余地，他对世界的改造依靠科学对人类智慧的征服。马库①是列宁传记的作者，他说道："在思想和抱负中，似乎没有什么比容忍更令列宁难以理解的事情了。对他而言，容忍就等于缺乏指导原则，是卑躬屈膝的开始。"列宁的追随者继承了这种一丝不苟的精神，宗教信仰和被解释为科学真理的辩证唯物主义信条同时卷入建设社会新秩序的生死较量之中。它们成为不共戴天、无法妥协的敌人，任何一方若想取胜，就必须彻底消灭对方。

所有观察苏联局势的人都会同意，这一观点，即反宗教的宣传运动在年轻人中间取得了巨大的成功。欣德斯②讲述过，他在苏联非常偏远的地区遇见了一群年轻人，他们没有直接接受过任何苏维埃的教导，却把无神论视为理所应当，对上帝存在的想法表示嘲笑。很多苏联人都有着同样的体会，当他们还是孩子的时候，在年轻人中间，如果有人否认上帝的存在，就会引起一阵骚动；然而现在，如果有人认为上帝确实存在，则会引起同样的兴奋。更加重要的，或许是政府官员对在校学生

---

① 瓦列留·马库(Valeriu Marcu，1899—1942?)，著有《列宁》(*Lenin*)(1928)。
② 莫里斯·G·欣德斯(Maurice G. Hindus，1891—1969)，俄裔美籍作家、记者、演说家，苏联和中欧问题专家。——译者

宗教信仰进行调查得出的统计结果。他们很惊讶地发现,50%的孩子仍然相信上帝的存在,这件事发生在两年前,促使政府花了两倍的力气利用学校来根除宗教信仰。

有一种情况令世界上其他地方信奉宗教的人都感到惊异,那就是刚刚归纳的教导和说服的方法都没有使用强制力量,而就连有宗教信仰的人都把强制视作一种考验,来考察人们宗教信仰的深度和现状,把不够忠实的人从忠诚的人当中踢了出去。虽然这些方法在年轻人中间取得了惊人的成功,但是,了解它们的人在有关苏联人的宗教本性方面仍然存在根本性的分歧。格雷厄姆①等一些人认为苏联人与生俱来地有着根深蒂固的宗教天性,他们的灵魂具有神秘的性质;另外一些人则认为这纯属文学虚构,迷信思想早已在农民心中扎根,他们之所以对宗教信仰感兴趣是出于现实的原因,把它作为获得丰收和其他世俗的庇佑的魔法。权威持不同意见的地方,外行也同样无法作出判断。然而,最近的新闻报道一致认为苏联的反宗教运动已经进行了这么长的时间,以至于人们早已把它当作理所应当,它在那里并没有引起与在国外一样的反感。

使用强制力量进行宗教迫害的准确程度,是难以估计的。麦克唐纳②在2月下旬发表的一封公开信里说到,英国政府无法说明这种形势的真实情况,这非常说明问题。如果这是拥有调查事实所需设施的政府所面临的局面,那么个人当然就更无法作出准确的判断了。一位伦敦的犹太拉比(rabbi)曾宣布,十起报道中至少有九起是虚假的,塞尔登(Charles Selden)也曾在《纽约时报》(*New York Times*)的专栏报道过,有充足的理由怀疑英国大部分骚动是由保守分子挑起的,他们想要给工党政府难堪。

然而,还是有理由相信一些突出事件的真实性的。在苏联私有财产国有化的总体过程中,教会财产也没有得到幸免。在技术上,它们归国家管辖。此外,国家撤销了对牧师的支持,他们现在必须从自己的教会组织获得资金。许多教堂已经关闭,但是同时,到最近几个月为止,任何拜访教堂的人都会证实,仍然有足够多的

---

① 斯蒂芬·格雷厄姆(Stephen Graham, 1884—1975),英国作家,最为著名的作品是关于苏联的游记。——译者
② 詹姆斯·拉姆塞·麦克唐纳(James Ramsay MacDonald, 1866—1937),英国工党政治领袖,曾分别担任两届英国首相(1924年1月—11月,1929年6月—1935年6月),是英国第一位工党首相。——译者

教堂来容纳想去那里的人。最初还存在专门反对东正教权威的运动，他们当中不愿意接受沙皇的覆灭和苏联政府的建立的人，像其他反对者一样遭到了驱逐。东正教在那些至少愿意忍受新的政治统治的牧师的带领下进行了"改革"。塞尔吉主教(Metropolitan Sergius)，也就是东正教总教主，否认苏联存在宗教迫害现象，而国外狂热的宗教人士对此嗤之以鼻，因为他们认为他只是政府的工具。但他们忽略了一个事实，即他的存在本身就是一个证据，证明教会及其仪式在保证忠于政府的前提下继续存在，并未遭到妨害。主教称教堂是应社区成员包括教堂成员的要求而关闭的，这也得到了独立报纸观察员的证实。觉醒后有了新理想的社区愿意把过多的教堂建筑部分地变成学校和俱乐部，这并不会让我们感到有何不妥。如果中国政府决定把一些"异教"寺庙用作学校和公共场所，那么现在正积极反对苏联类似行为的一些人是否也会表示不满，这才是我们要一探究竟的问题。

　　苏联最近颁布的法令是前期教堂财产国有化和政教严格分离政策合理的继承，它成为英国教皇(Pope)和首席大主教(Primate)直接反对的对象。虽然它言辞激烈，但却并非独一无二。不容忽视的是，它明确规定了允许宗教社团的存在，详细说明了它们的活动条件。否认它们司法地位的做法与其他国家在革命后采取的行动一模一样，法国、墨西哥、土耳其都是很好的例子，在每个例子中，该行动的命令都是出于对产生国中国(imperium in imperio)的担心。禁止经济活动也与其他国家的法律革命一样，当信仰者不需要再像签了合同一样必须看管和维护教堂建筑时，后者就可以归还给公众使用，这个规定毫无疑问导致了许多教堂的关闭，这不过是在实现国有化的基本理念而已。关闭修养场所、图书馆、禁止慈善救济等方面要比其他国家深入得多，这符合苏联允许地方苏维埃独立管理这些职能的政策。

　　苏联政府强调并没有对严格意义上的宗教事业进行迫害，他们打击的是政治目的，我毫不怀疑此话的真实性，但是，若想在二者之间划清界线却并非易事，特别是在正在经历革命的国家里。有证据表明，苏联政府使东正教屈服以后，便转而对付所谓的新教派。自沙皇以来，迫害对于它们而言就不是新鲜事物，但自革命初期以来，它们取得了很大的进步。我们有充分的理由认为共产主义者担心它们对自己的同志产生影响，因为他们的信仰更加激烈，不像东正教的那么传统。这些教派中许多都教导不反抗和手足情谊，他们认为这些就是宗教教义，而政府则认为这些具有政治意义，因为国家信奉阶级斗争的信条。难以划清界线的还在于宗教教育问题，政府允许对家长私下进行宗教信仰方面的教导，却禁止在任何机构里或在课堂上对不满 18 岁的少年儿童实施该行为。

  写作此文之时,对于在明斯克(Minsk)及其他地方逮捕拉比的传闻,尚未有任何事件得到证实。但官方声明他们之所以被捕,是因为在学校向年轻人传授犹太教信仰的煽动性行为。从政府的立场来看,这是一种对抗法律的行为,违反了苏维埃政府的法律,就像其他形式的违法行为一样不能姑息。

  在结束文章之前,我必须表达一个个人观点。所有来自苏联的报道都认为,共产主义的权威一致认为"宗教"运动不过是资本主义国家企图颠覆社会主义政权的又一个尝试;任何了解苏联的人,都可能早已预见到这种结果。虽然许多人的确是出于宗教原因而提出抗议,但他们却卷入了一场充满危险的运动。只要教会在苏联有宗教影响力,就会激化对宗教的反对,证实教会根本怀有政治经济目的的想法。我们视为内政的事务如果受到外国干涉,就会激起我们的愤慨之情,而该运动一旦出现这样的迹象,也会激起同样的情绪,外国的煽动会强化苏联政党的孤立主义,使它加强军事行动。这会被当作进一步的证据,证明外国已经做好了集中一切力量、不惜使用任何手段来推翻共产主义政权的准备。苏联政府已经清楚地区分开了教会严格意义上的宗教活动及其社会组织和社会目的,这种区分是苏联整个体制合理的产物。任何对苏联政府反对教会参与社会活动的抨击都只会使它更加确信:个人的宗教信仰只是对政治、教育和社会活动的一种掩护,这些活动的目的就是摧毁他们正在努力建设的社会。

(战晓峰 译)

当今的一个宗教问题①*

休斯(Hughes)博士对哲学讨论的问题的类型作了划分,很明显,他的划分非常有用。我们记得,这种划分是分为历史问题、重构问题、分析问题、残留问题和当今问题。② 我想补充的是:大多数哲学著作都是交叉的,尽管其重点常常放在上述类型中的某一个上面。残留问题和重构问题的讨论,往往也关注当今的问题;分析并不经常讨论当今不时兴的问题,甚至历史问题的讨论也至少间接地参照当今的问题。然而,我认为,休斯博士不会觉得有必要否认这个陈述,无论如何,它也不是我想讨论的要点。

我想说的话是由休斯博士对本人的著作作出的某些评论引起的,特别是他对《共同信仰》(A Common Faith)所作的一些评论。我要说的与那本书无关,但是涉及他对当今真正的宗教问题作出的过度自信的陈述。他否认它是关于超自然在宗教中的地位,他认为,超自然在宗教中的地位问题"只有神学专家才可以讨论"。他说,当今的实际问题是:是否"人的生活精神或生活态度与他在社会中的职能如此紧密地联系在一起,以至于那些掌控社会的人必须塑造人的心灵"(第215页)。这个问题的一方是某些人,他们相信存在某种东西可以被看作独立自主的精神文化或教育;"独立自主的",是指这种教育"除了科学、工业和政府问题以外,它有自身可定义的目标和方法"——尽管从前面的陈述看来,它好像不能脱离社会的掌控。

---

① 首次发表于《哲学杂志》,第33卷(1936年6月4日),第324—326页。
* 选自《杜威全集·晚期著作》第11卷,第87—89页。
② 同上书,第212—217页。

问题这一方的辩护者们认为,人的情感倾向的类型应该按照"伟大传统"中的指示被塑造,这些指示也许全部是一些惯例。根据休斯博士的观点,对这两种东西——独立自主性和特殊惯例,它们相敌对的态度构成了当今这个问题。

这个问题的产生是事实;我不会像休斯博士那样,对复杂的事实问题如此乐观,认为它通过证据就能被解决,而无需辩论或维护。我怀疑我们每一个人是否拥有使我们能肯定地发言的那种证据知识。然而,虽然我怀疑是否存在某种东西可以被称为当今唯一的宗教问题,虽然我认为一个人作出的选择只能代表那个人自己的兴趣,不能代表事情的总体状况,但我知道存在一个当今的问题,它是休斯博士指明的那种类型。然而,这个问题似乎是很小一撮"自由主义者"的问题,他们放弃了与超自然主义紧密关联的那些教条,他们想要为自己也为他人保留某些价值,他们从教会惯例中得出的价值。然而,说这是一个"全世界都在讨论的"问题,这一点很值得怀疑。

我的印象——除了谈印象,休斯博士和我都不可能做得更多——是他排除的东西,即超自然物的地位;对更多的人而言,正是当今的问题。人们现在说的、写的甚至做的,都有这个陈述的证据。罗马的天主教会以及新教的福音派教会都不能被排除在这幅图画之外。这些团体的"理想"或中心结构是超自然的、宇宙论的和历史的。另一方面,还有许多放弃了超自然物的人,他们正在考虑是不是必须相应地把宗教也放弃了。对很多人而言,这是一个真正的、极其重要的当今问题。

注意到休斯博士对"伟大传统"反复灌输的那些教规的重视,也就不能不注意到超自然物以某种形式处于这些教规的核心。休斯博士似乎除去了传统的本质,却保留了那些教规。并且还有一个当今的问题,他没有提到。至少在西方世界,这个伟大传统的专门教规就是基督教会的教规,是否唯有通过这些教规,人们才能够组织所需的"精神"生活并形成统一的想象和情感模式?休斯博士即使没有公开地假定,也默认事情就是这样。因此,他认定,那些不接受他关于这些专门教规的立场的人,就是在否认需要进行那种他以为必要的教育。

我并不怀疑传统对实现我们想要的组织是重要的。但是,对那些认为只有一个可行传统的论证,我深表怀疑。我们有很多现成的传统。我们有自成一体的文学、音乐、绘画以及一切高雅艺术的伟大传统,其中每一个中又有很多重要的传统。我们有民主的传统;我们有实验科学的传统,这个传统即使还没完全建立,也早已不再处于萌芽期了。对于很多人而言,一个当今的问题是:除了那些历史上的宗教传统,他们是否就不能从这些传统中提取与教规相应的东西?而那些教规来源于不再被他们接受的传统,并且再也不能滋养他们的"心田"。考虑到现存各种各样丰富的传统,以为"对建筑、绘画、音乐、装饰、赞歌、祈祷者的姿势和形式、恰当的训诫方式等的态度"仅仅从单一的有限传统中就可以得出,这种想法有点狭隘。

我不情愿说,这就是与宗教态度和生活相关联的唯一的当今问题。但是,有足够的证据表明,这是一个极为重要的当今问题。

(熊文娴　译)

极端的反自然主义[①]*

I

哲学的自然主义比起通常人们所认为的具有更高贵的血统,例如,有亚里士多德和斯宾诺莎的血统。不过,对近代哲学有着巨大影响的亚里士多德,他的自然主义并没有阻止他在存在等级中将自然的层面看作最低的层面,也并没有阻止他认为纯粹的理智是这一等级中的顶峰,"纯粹的"是由于摆脱了一切物质因素的污染。然而,如果亚里士多德没有被作为教会的权威哲学家,如果他的著述没有通过中世纪的变形找到进入近代文化的方式,他的工作是否会像以往那样,为反自然主义增光,是值得怀疑的。

因为在这段时间,罗马天主教会的彻底的超自然主义无时不在注入对亚里士多德的解释。他论述中的自然主义因素被超自然的信仰遮蔽了、覆盖了;或者,如果不可能做到那一点,便被作为未受希伯来-基督教来自天启的解释启蒙的、愚昧的异教徒观点而忽略了。超自然主义对亚里士多德的曲解混杂着亚里士多德著述自身的因素,这些因素从现代科学的观点看确实是非自然主义的。它导致许多近代作者将他与柏拉图都作为唯心论的反自然主义哲学的奠基人。

然而,作为道德理论的问题,亚里士多德的自然主义从字面上看十分明显,以致中世纪基督教神学哲学被迫赋予他的论述以根本不同的解释。这一解释有多么

[①] 首次发表于《党派评论》,第 10 期(1943 年 1—2 月),第 24—39 页。
* 选自《杜威全集·晚期著作》第 15 卷,第 36—48 页。

不同,可以从红衣主教纽曼(Cardinal Newman)的话中推断出来,他代表着权威观点:"模范的人、公正的人、正直的人、慷慨的人、可敬的人、尽责的人,如果他的这些品德不是来自超自然的力量,而是来自仅仅是自然的美德","天堂就会向他关闭,拒绝接受他"。① 当用这种标准来衡量诸如荣誉、正直、公正及慷慨等美德时,我们当然很容易知道如何判断这种产生于爱好与欲望的行为。因为有关后者的判断甚至更深地浸染着保罗和奥古斯丁关于整个肉体和对肉欲的渴望都是堕落的观点。人的自然本性堕落的学说的历史渊源被置于次要的地位。但是,西方世界是在教会学说和圣事的影响下成长起来的。人性中固有的罪恶是"自然的",更高的自我是"精神的",这两者之间对立的假定被一些哲学家保留了下来,这些哲学家公然批判超自然主义——如在康德那里就非常明显。教会从来不会忘记提醒迷茫中的信徒们这种对立是由于他们的堕落状态造成的,因为否则就不需要超自然地求助于赎救。同样,反自然主义、但表面上宣称非超自然的反自然主义哲学家从来没有停止过思考自然人仅仅具有感官享受和利己主义的特征,没有停止过思考自然冲动和欲望在道德上的诱惑性特征,因为否则就没有下述学说的立足之地,即人类关系中的真正的道德因素是为精神性的非自然的源泉与权威双重决定的。

使用非自然主义的与反自然主义的两个词是完全必要的。因为除了公开的超自然主义外,还有一些哲学家声称他们外在于自然主义,但不是超自然主义;他们的学说是建立在更高的理性或直觉能力上的,不是建立在某种天启,或诸如此类的其他什么上的。我个人相信,他们的哲学只能被理解为对公开的超自然主义的历史继承,我不强烈主张这种观点。我更愿提醒人们注意两种反自然主义学派成员之间的一致与实践上的合作。他们都将自然主义等同于"唯物主义"。因此,他们用这种等同来指责自然主义者将人类独特的道德、审美、逻辑等价值都还原为物质实体的盲目的机械的关系,这种还原将人类独特的价值全部摧毁。于是,这种等同允许反自然主义用谩骂来代替对特殊问题用适当术语及其具体证据进行讨论。

鉴于这一等同,人们在这里可以注意到,自然主义者必然尊重自然科学的结论。因此他很清楚,在现代科学中,"物质"不具有古希腊和中世纪哲学赋予它的粗卑的、低等的、惰性的性质:这些性质是那些完全对立的更高等的性质的基础,褒义的形容词适用于这种更高等的性质。结果是他认识到,由于"物质"和"唯物主义"

---

① "仅仅"一词在反自然主义的著述中起着巨大的作用。

是在与被称为"精神"和"唯心主义"的东西的对立中获得其意义的,自然主义没有给后者留位置这一事实,也剥夺了前者在哲学中的所有意义。要找到比古希腊-中世纪传统中的"物质"与当代科学中仅适合用数学符号表达的技术含义上的"物质"差距更大的两个词,是非常困难的。

谈到科学,我们想到,或许除了最教条的超自然主义者外,谁也不会否认,现代的实验观察方法在天文学、物理学、化学和生物学等学科中带来了意义深刻的变革;也不会否认,这些领域发生的这种变革对人类关系发生了最深刻的影响。除了这一认识外,自然主义者还认识到一个具有重要意义的事实。他认识到,反自然主义是如何反对运用科学方法探索人类社会事务领域的问题。它因此阻止了科学完成其事业、实现其建设性的潜能,因为它认为,人类是外在于自然的。因此,用以研究人类的工具与方法,根本不同于迄今一直支配人类的、已为人类掌控的、用以认识被认为是自然的一切事件与问题的那些方法。评估当代人类状况不可取之处,在多大程度上与在认识和获得真理方面的不彻底的、混杂的、不能整合的状况表现出的分裂、隔绝、混乱与冲突有关,超出了人类的想象力。只要反自然主义拖延并阻止下述方法的使用,即单单使用这些方法就能够理解并进而引导社会关系,民主政治就既不能对其自身意义获得足够认识,又不能在实践中一致地获得实现。

就此而言,讨论一些或多或少偏离这篇文章主题的话题,是适宜的。哲学的自然主义在其迄今为止只能称得上刚刚涉足的一个领域还有工作要做。因为超自然的宗教的影响,首先是天主教的影响,其次是新教的影响,不仅仅"物质"一词仍反映着前科学与前民主时期的信仰,下述词汇,诸如心灵、主体、自我、个人、个体,更不用说"价值"了,其通行用法——导致了混乱的哲学表述——及其含义,这些含义来自对外在于自然之物的信仰,它们都带有浓厚的前科学与前民主时期的信仰色彩。在心理学与社会学的分析与描述中使用的词汇,几乎没有一个不受这种影响。

因此便得出了这样的结论,当代自然主义最紧迫的问题和最迫切的任务,是以可利用的证据为基础,对由下述词汇表述的事物和事件进行自然主义的解释,这些词汇如今几乎完全支配着心理学和社会学探索与报告。例如,对自然主义理论来说,没有比观察的性质更根本的问题了。然而纵览当代文献会发现它们很少用自己的术语来讨论问题,就像在天文台的观察中,在化学、物理学和生物学实验室的探索中,在植物学家和动物学家涉足的野外实地考察中,所使用的程序术语来讨论问题。相反,似乎必须将观察还原为感觉、感觉材料、感觉与料(具体哪个词并不重要)等词汇并用它们来代替观察,这些词汇均受非自然主义传统影响。

目前流行的对语言的讨论——也是具有根本重要性的话题——提供了一个例子。从逻辑的和社会学的观点研究这一主题的学者,认为自己是反形而上学的科学的实证主义者,他们在写作时,仿佛词汇是由一种"内部的"、私人的、精神性的核心或实体和"外部的"物质外壳所构成的,依赖于这种外壳,本质上主观的、无法传达的东西"跨越主观地"得以传达!他们似乎完全没有觉察到他们假定了外在于自然的起源和状态。在自然主义者将他们的原则与方法用于表述心灵、意识、自我等话题之前,他们会处于严重的劣势。因为反自然主义的"理性的"各类哲学家几乎总是从关于心灵、意识等所谓事实中抽取他们的前提。他们假设这些"事实"是自然主义者所承认的。当发现没有得出他们得出的结论时,他们便谴责自然主义者持矛盾的和断章取义的观点。

II

这一主题太大了,不适宜在这里讨论,所以这篇文章的其余部分将集中讨论对自然主义的指责(因为它被等同于"唯物主义")与实际情况之间的差异。今天确实冒出了许多这类指责。大多数指责似乎将当今世界的悲观状况看作天赐良机,以此来指责自然主义应当对我们正在遭受的各种罪恶负责。我便从引述某些例证开始讨论。

"决定论者、唯物主义者、不可知论者、行为主义者及其同类只是因为其自身是矛盾的,因此才会是民主制度真诚的捍卫者;因为不论是否愿意,他们的理论不可避免地导致以强力为政府辩护,导致否认所有我们称之为不可剥夺的权利与自由。"自然主义者不包括在前述名单中。但是混杂着下述作者们的一份名单表明他们属于"同类":"康德和卡莱尔(Carlyle),威廉·詹姆斯和赫伯特·斯宾塞(Herbert Spencer),威廉·麦克道尔(William McDougall)和亨利·柏格森(Henri Bergson),戈宾诺(Gobineau)和张伯伦(Chamberlain)——他们都会对纳粹主义的全部产物深感惊恐——他们使得这样一种哲学[以强力为政府辩护]不仅成为可能,而且几乎是不可避免的,因为他们否认某种自由的、人道主义的和基督教的社会观念赖以建构的基础。"①

---

① 托马斯·P·尼尔(Thomas P. Neill):《天主教世界》(Catholic World),1942年第5期,第151页。

这些人的哲学完全没有或几乎完全没有共同点,除了他们都否认或忽视罗马天主教的神学哲学的教条外,而这一信仰的信徒将这些教条看作"自由的"和有序的社会的唯一基础,将这些人放在一起,是作者用来进行评论的思想标准。这是一种自然主义者不敢苟同的不负责任。只有一个人自信地认为他代表由神创建和指引的机构,才会将这些具有对立信仰的人混同在一起。甚至还可以指出这样一个事实,即被认为引发当今社会无序的人中,康德是哲学上的反自然主义者。此外,他详细阐明了这样一种学说,即每一个人都是自己的目的,都因为是高于自然界的领域的成员而拥有自由。康德认为,能够引导共和政府成为遵循他设立的哲学原则的唯一政府,这是历史的作用,是社会结构的渐进的改良。

由于柏格森被列于这一名单中这一事实,从下面这位作者那里引述的引文就显得十分有意思,这段引文被新教徒作为天主教会自由主义的例证,但这位作者公开表达特别受惠于柏格森:"现代世界与文明在思想秩序方面所需要的,四个世纪以来人的现世的善所需要的,是基督教哲学。现代世界产生了一种孤立的哲学和非人道的人道主义,一种由于它想要以人为中心而不是以上帝为中心因而对人有害的人道主义。我们已经饱尝苦难,现在,血腥的反人道主义,凶恶的反理性主义,以及理性主义的人道主义最终通往奴役的倾向就在我们眼前。"[①]

"单纯的"自然主义者即便能依仗听众的无知或健忘,也不能理直气壮地假设,世界在理性主义、自然主义与人道主义高涨之前,处于幸福有序与和平的状态,摆脱了流血与暴行。甚至普通读者也会记起,人类历史上某些最血腥、最残酷的战争,是以超自然主义和在上"四个世纪"前一直统治欧洲文化的神职机构的名义下发动并获其公开批准的。

而且,如果读者熟悉中世纪超自然主义哲学的文章,也会回忆起为了教会的利益而进行的血腥与残酷的迫害与压迫有各种形式。因为在后一种情况下,他们企图拯救异教徒的灵魂免于永恒的诅咒;或者如果不可能做到,至少也要保护其他人不要被"该诅咒的"异教污染。圣托马斯·阿奎那(St. Thomas Aquinas)(现在是教会的官方哲学家)对《圣经》的律令"如爱你自己一样爱你的邻人"的解释是这种正统传统的证明,因为这种爱是对不朽的灵魂的爱,而灵魂只能为接受教会信条、

---

① J·马里顿(J. Maritain):《当代宗教思想的复兴》(Contemporary Renewals in Religious Thought),《宗教与当代世界》(Religion and the Modern World),第 14 页。

分享教会圣事来拯救,耶稣的律令完全不具有字面上的、自然的含义。因为这是明确认可试图拯救灵魂免遭地狱折磨可以使用任何一切手段。与超自然的永恒相比,只是平静地、带着世俗与自然满足地、拥有合理程度幸福地活到古稀之年又算得了什么?因此,正确的道路只能为真正的"爱"来指引。

现在我想起这样一个论断,如果我没有弄错,这一论断的倡导者既有超自然的反自然主义者,也有哲学上的反自然主义者。"在民主国家持这种自然主义观点的人没有觉察到其立场的危险性。由于当今哲学唯心主义、浪漫的先验主义或宗教的一神论的影响,他们在理智上对这些精神观念进行批判,却像相信这些精神观念那样行动。他们试图为了人的尊严保持他们的情感,同时对本质上唯物主义的哲学赋予敬意,而根据唯物主义哲学,人只是(原文如此!)高度发展的动物。他们远离古典的宗教传统,生活于精神领域之外,精神之都在他们那里坍塌了。……由于这一矛盾表明它在理智上是无法忍受的,学者们与教师们必须(!)恢复并重申我们来自古希腊与希伯来-基督教源泉的关于人及其善的精神观念。如果他们不能这样做,不仅宗教尊严与道德责任,而且他们直接涉及的学术活动,都会受到严重威胁。在极权主义政体下,这些活动正在被破坏;在民主政体下,破坏的程度略好,但亦是如此。"①

这一声明的署名人既可能属于超自然的反自然主义,也可能属于理性主义的反自然主义。声明中提及我们的古典的与宗教的传统,古希腊的与希伯来-基督教的源泉,表明了这种情况是可能的。他们的攻击目的是一致的。但是,反复询查会揭示出两者根本上的不相容。例如,哲学上的反自然主义满足于对因自然主义而发生的恐怖事件做出可怕的预言。然而,他们超自然主义的同伴则意识到,一度用于制止如自然主义等异教传播的积极的暴力工具,可以防止可怕结果的发生。如果对自己的信仰有足够的认识,他们就会认为,这种方法依旧需要,但由于自然主义的自由主义在文明国家的传播,这种方法如今无法得以实行。当这一群体的成员们想到,教会有力量保护信仰免遭"所谓的科学"的攻击、免受危险的学术思想的侵蚀时所付出的各种努力,他们就会嘲笑那些无知的同伴,这些同伴暗示,在自然

---

① 引自多位普林斯顿教授署名的声明,发表于《科学、哲学与宗教研讨会文献汇编》(*Proceedings of the Conference on Science, Philosophy and Religion*)第2期,虽然题目中出现"科学"一词,但是这一会议的交汇点与讨论主要致力于维护反自然主义的某些方面;本书的作者们由于对涉及的哲学问题无知,而充当了这一混合物的黏合剂。

主义不能立足之处,探索、学术与教导便完全没有了障碍。他们当然会说他们仅仅是哲学上的同事,他们没有生活在超自然传统的都市中。单纯的自然主义者会非常惊讶,这宣言的突出特点是,考虑到世界的非基督部分,宣言体现出对历史的无知、自满或偏狭的地区主义,抑或是纯粹修辞上的教条主义。对于致力于在现代世界实现民主制度与心灵自由的人们的信仰,以及能够承受各种艰苦努力直到事件的发展迫使他们终止蒙昧主义的人的信仰,思想史家将能够贡献某种值得注意的资料。

接下来,我将引述在危机强烈地表现出来之前写下的一段话作为结束。G·K·切斯特顿(G. K. Chesterton)在访问这个国家后,在一本书中谈到了这个国家的民主制度的前景:"就民主制度成为或依旧是天主教与基督教而言,民主制度会保留民主。……人们会越来越明白,如果一切事物都没有意义,民主制度也就没有意义;如果宇宙没有一个作为我们权利基础的核心意义和权威,任何事物就没有意义。"

我认为,如果任何事物都没有意义,民主制度也没有意义,就无法期待进步能够真正实现。这段话的要义在下述断言中清楚地表现出来,即除非权利与自由是归因于某种完全外在于自然并外在于人们相互之间的社会关系的核心与权威的,否则构成民主制度的权利与自由就不具有有效性或意义。这一关于人的本性的本质上怀疑论的、甚至愤世嫉俗和悲观主义的观点,是所有下述断言的基础,即断言自然主义破坏与民主制度有关的价值观,包括对人的尊严与人类生活价值的信仰。这一毁谤的观点(温和地说)是整个声讨自然主义的计划的基础,不论这一声讨使用多么美妙的哲学语言。事实是,自然主义发现,上述价值,即男人与女人的尊严的价值,是建立在人类本性自身基础上的,建立在人类个体之间现实的与可能的自然的社会关系中的。不仅如此,自然主义在任何时候都持下述观点,即内在于人与自然的基础比起所谓外在于人与自然结构的基础更合理。

我认为,劝导这样一些人,他们认不清人类本性本质上是堕落的和不值得信任的这一观点的历史起源的背景,并不是权宜之计或策略。我们应当回忆起,其源泉是圣徒保罗(和奥古斯丁)对古代希伯来人关于亚当和夏娃在伊甸园中的传说的解释。基督教信仰的信徒们如果一直受到地质学、历史学、人类学与文学批评的影响,可以理解,他们就会更愿意将这个故事归于符号论的领域。但是全部本性完全堕落,人类全体与个体都处于堕落状态,这一观点是下述主张的唯一依据,即主张有必要以外在于自然的手段来实现拯救。被称作理性主义形而上学的唯心主义或理想主义的较弱的历史超自然主义的哲学观点,没有相应的对人类本性的完全悲观主义的观点,也就没有依据来建立其"更高级的"非自然的结构与功能,以及这些结构与功能据言显现出的超自然真理。

Ⅲ

我现在来谈谈各种反自然主义哲学关于一般意义上的本性,特别是人类本性是堕落的观点与基础所带来的道德与社会问题。我从下述事实出发,即这一观点的整个倾向是将可能改良人类生活的资源大大削减。对于任何无偏见的、头脑清楚的人而言,只需要问一个简单的问题就足够了:认为任何一点对人类状态的基本的和重要的改良,都必须基于外在于自然与社会的手段与方法,因为人类能力非常低下,以至于依靠人类的能力只能使事情变得更糟,持这种观点的不可避免的结果是什么?科学不能帮忙,工业与商业不能帮忙,政治与法律安排不能帮忙,普通的人类情感、同情心和友谊不能帮忙。每一种反自然主义都将这些自然资源置于可怕的障碍下,其结果是什么?并不是上述事物实际上不能实现任何结果,而是它们的运作恰恰由于超自然主义的盛行而变得无力并受到牵制。

将科学当作由"自然的"手段和方法获得的"自然的"知识的例子,再加上这一事实,即从外在于自然主义的观点看,毕竟科学只是自然的知识,必须完全反对它进入能够理解外在于自然的东西的更高的真理领域。会有人相信,这种意见流行之处,科学方法以及运用科学方法得出的结论还能够做它们力所能及的事情吗?否认任何群体拥有合理的自由(reasonable freedom)及其连带的责任导致了这样的情况,而这种情况又会被引证为为什么这一群体不能被赋予自由或特定的责任的理由。同样,它对科学的评价不高,且认为因为科学观念专注于自然界,它不能对可用形容词"理想的"、"更高的"(或任何具有歌颂内涵的形容词)来修饰的价值观形成影响,这样的评价和观点因此也限定了科学的影响。反自然主义的成果于是为攻击自然主义奠定了基础。

如果我说,对科学是自然的评价不高,这本身就降低了反自然主义者的理智水平,使他们对于证据的重要性的感觉迟钝了,使他们对论述需要准确性的感觉迟钝了,纵容了情感修辞而损害了分析与辨别,我似乎过于紧跟反自然主义的诽谤者(如上面提到的)提出的模式了。然而可以说,虽然反自然主义的某些作家追随亚里士多德对"理智的美德"谈论了很多,我却找不到任何论证可以表明,他们理解科学方法的出现如何扩大了这些美德的范围,并增强了这些美德的影响。当贬低科学方法成为他们的图式的必要部分时,他们又怎么能代表更高层次的方法与要素以获得据说是无限重要的关于外在于自然的真理呢?

除了表现出对科学方法的系统的不尊重外,当科学发现与他们的信条冲突时,超自然主义还否认科学发现。结果是神学与科学的冲突。在当代,这一冲突减少了。但是,正如已经指出的,这非常有助于说明在前面引述的声明中的指责,即正是自然主义者危及着学术自由。哲学的反自然主义者在对待某些科学问题时是暧昧的。例如,胜任生物学领域的科学工作者都乐于接受如下观点,即所有植物与动物物种,包括人类,都有某种形式的遗传发展。这一结论明确地直接将人置于自然界之中。或许可以问,非神学的反自然主义者对这一结论持什么态度?例如,签署声明认为自然主义者将人看作"仅仅是高度发展的动物"的这些人,是否打算否认科学的生物学结论?他们是想承认是哲学的自然主义而非科学探索产生并支持了这种发展学说吗?或者,他们是想利用"动物"一词来表达自然主义哲学家很粗俗吗?

由于自然主义哲学家不折不扣地接受由细致的、彻底的探索所验证的事实,他们认为,他们全力观察得到的事实,揭示了人与其他动物的不同,也揭示了科学研究中发现的人与动物在进化上的连续性。认为正是在自然主义中存在一些因素阻止我们承认不同特征各自的重要性,或迫使我们将这些特征还原为蠕虫、蛤蜊、猫或猴子的特征,这一观点是没有根据的。缺乏根据或许能够解释,为什么反自然主义的批评家们发现可以将自然主义描述为仅仅是一种形式的唯物主义。因为被归于自然主义的这一观点仅仅是哲学论战中经常采取的低劣步骤的另一个例证,即根据批评家认为可能的术语来表述对立面的观点,对手本身的术语中并没有这种意思,但是在转化为一种对立的理论术语后便包含了这种意思。总的来说,非超自然主义的反自然主义者处于这样一个进退两难的境地,我们应对他们表示同情。如果他们以自己的术语表述自然主义的观点,就必须重视说明科学方法及其结论。

但是如果这样做了,他们就不可避免地受他们正在攻击的哲学的某些观念的影响。在这种情况下,他们自己正反感情并存的态度就容易被理解了。

科学方法毕竟是在搜集、罗列和检验作为证据的事实时,系统、广泛、谨慎地运用慎重的、无偏见的观察和实验的方法,对科学方法的不尊重,伴随的是一种目的论和教条主义的倾向。非神学的反自然主义者可能会否认他们的观点以超自然的狂热为标志。而他们在其他事情上都没有表现出同样强烈的狂热。但从逻辑的观点看,必须说,他们不尊重科学,更应归因于他们的心而不是他们的脑。因为其学说的本质部分是,在持续坚韧的不断探索、不断学习与从事实验的科学方法之上,存在着某种要素或禀赋,它们会揭示终极的永恒的真理;除了这样获得的真理外,社会道德与人道的制度安排便没有确定的基础。正如一位自然主义的批评家(确实有些天真地)评论道,没有这些绝对的终极真理,在道德方面就只有存在于物理学和化学中的那种确定性。

非神学的反自然主义者们的所写所言仿佛表明,所有绝对论者在关于终极真理的特殊内容的标准、规则和理想方面都完全一致。超自然主义者更有头脑。他们意识到存在的冲突,他们知道,声称具有完全的权威的终极真理之间的冲突,是可能存在的最基本的不一致。因此,他们要求超自然的指导;因此,狂热的宗教发起运动清除危险的异教,因为他们声称拥有终极真理。非超自然主义的反自然主义通常采取更为人道的态度,它们依靠的是为现代自由主义的发展断然否定的传统资源。如果它们的追随者遵从逻辑的要求,他们就会看到,这样一些人的立场有多么的安全,这些人假设了终极的永恒的真理,认为没有这些真理只会导致道德与社会的混乱与冲突,因此需要一种特殊制度去传达并强制人们服从这些真理。

在社会风俗没有什么变化以及群体之间相互隔绝的时期,人们相对容易满足于在保证他们自己确定的实践与信仰的条件下生活。那个时代一去不复返。不同民族、种族、阶级之间获得相互理解与合理的友好合作的问题,与使用和平与民主的手段解决问题是相关联的,使用这种手段可以调整目前处于冲突状态的价值观、标准和目的。对各种形式的反自然主义中包含的绝对主义与极权主义因素的依赖,增加了这一已经极为困难的事业的困难程度。

声称自然主义的道德似乎否认任何规定的目的和标准的存在与合法性,这是将一种观点转变为与其对立的观点的另一种情况。认为除非标准与准则是永恒不变的,否则它们就根本不是准则与标准,这种观点是幼稚的。如果观察能够确认什么事情的话,那就是人类天生珍爱某些事物与关系,他们自然地确立了价值观。他们渴望并需要以目标与目的指导他们自己,不可能有其他的途径确立价值。这些标准与目标生长起来,并以各种相对偶然的方式获得了控制人类行为的有效性,这也是一个充分确定的观察事实。其中许多标准与目标反映了地理上隔绝、社会种族隔离,以及缺乏科学方法的状况。这些状况不再流行。要断言大量对自然的新认识,包括对人的本性的认识,都不能被用来或不会被用来使人类关系更人性化、更公正与自由,这样断言需要浓重的悲观主义。指责自然主义所支持的这种认识与这种运用,将增加误解与冲突,这种观念是对教条主义的绝对主义诉诸外在于自然的权威所造成的结果的非常奇特的"反转的指责"。

谈到上述悲观主义,会使人想起目前一种一致的看法,即声言自然主义致力于危险的浪漫主义的、乐观主义的、乌托邦的人性观点。这一断言或许会被看作一种受欢迎的对自然主义的变相指责,即指责自然主义把人类"仅仅"看作是动物。但这种指责也恰恰被排除在自然主义的特征之外。在致力于清除理性主义的概括的人看来,将同样无限的乐观主义归于他们的对立面,来与他们自己的悲观主义相对应,或许是"自然的"。但由于自然主义者致力于将结论建立在证据上,他们同样注重观察到的事实,这些事实既指向非社会的行为,也指向亲密合作的行为。然而,在两种情况下,现存的事实都不能被当作最终的和固定不变的。它们被看作目前涉及的事物的指征。

自然主义的确很有希望拒绝红衣主教纽曼表达的下述观点,他说:"她(教会)认为这个世界以及其中的所有事物,与单一的灵魂的价值相比,都是尘埃与灰烬……她认为,这个世界的活动与灵魂的活动完全是不相称的。"自然主义拒绝这一观点,是因为"灵魂及其活动"作为超自然的东西被置于自然的世界及其活动的对立面,而自然的世界及其活动被看作是完全堕落的。但是,自然主义并没有跳至另一对立的极端。它坚持以自然手段发现人类本性状况与环境状况的可能性,这些状况造成了社会健康的具体形式,也造成了社会疾病的具体形式,这种可能性作为认识并通过充分的知识来相应地调控行为的可能性,在用药过程中得到实际的证实。这条道路上的主要困难是,在社会问题与道德问题上,我们落后于希波克拉底(Hippocrates)发现疾病与健康原因的自然属性两千五百年。我们也落后于他的名言,即所有事物都同样神圣,同样自然。

我进一步提出一个反自然主义与自然主义关于社会问题相关立场的对比。由于关于人类本性与物质是粗俗的观点的影响,在被称作经济的东西和被称作道德的东西之间,划出一条明确的界限,这一界限被普遍接受,尽管事实证明,与其他独立因素相比,现代工业和商业对于人们之间的实际关系影响更大。"经济的"东西被划作独立的部分,是因为一方面它被当作源于肉体的欲望与需求并为了满足这些欲望与需求,另一方面经济活动只与"物质"有关。

不论卡尔·马克思是否发明了这一思想,即经济因素是导致社会变革的唯一终极的因素,他并没有发明这种因素是"唯物主义的"观念。他是从流行的古典的古希腊-中世纪-基督教传统接受这一观念的。我不知道有什么方法能够判断,在现存的社会关系中,有多少尚可补救的严酷的东西和残忍的不人道的做法,与否认我们赖以生活的各类活动的内在的道德意义有关。我并不认为,反自然主义是存在的罪恶的根源。但我确实认为,相信所有自然的东西都是低于正常标准的,并且其倾向是反道德的,这一信仰与在我们掌握了能够使得情况更人性化的自然手段后,事态却仍然继续恶化有莫大关系。而且,在政治方面,我们没有注意到,所谓的自由放任的个人主义,及其将人类相互隔离的极端的分离主义,事实上是只与上帝相关联的超自然灵魂学说的世俗翻版。

对可怕状况的恐惧与厌恶,伴随着巨大的压力与紧张。关注当代危机的焦虑情绪大大加强了下述哲学,这种哲学试图支持下述说法,即自然主义的兴起应对当代罪恶负责,它们是民主国家人民反对的敌对意识形态的具体形式。强烈的情绪既无效也不能引起任何反应。它仅仅根据黑白分明来看待事情。因此,具有学术教养的人们会这样著述,仿佛在自然主义兴起之前,就没有野蛮、残忍和偏狭。魔鬼的突然出现,是与超自然主义中突然出现的扶危救困人物相对应的,自然具有令人激动的戏剧性。自然主义作家作为人,会屈从于恐惧与厌恶的影响。但这是因为他放弃了人道主义的自然主义。人道主义的自然主义倡导观察具体的自然的因果条件,设计符合探索中揭示的社会条件的目标与方法。这种哲学致力于继续使用一切可以利用的理智操作的方法,致力于反对反自然主义固有的逃避现实的空想与人文主义的失败。

由于战争成为全球的战争,和平也必须是尊重全世界所有国家与"种族"的和平。我早先提到,将世界上的非基督教徒——特别是亚洲的(后来还有非洲的)非基督教徒——排除在外的地方主义,是出于哲学上的非超自然主义在真正的人类范围之内依赖它自己的形而上规定来确认得出的。如果哲学上的非超自然主义坚持其理论,削弱对于自然手段包括文化、科学、经济、政治等手段的依赖,而依赖这些可以建设一个更人性化更好的世界,哲学上的自然主义者就既不会满意也不会赞成其信仰和行动。相反,在自然主义者看来,当今的悲惨局面是一种挑战,要求我们大胆地、不断地、持续地、慷慨地使用所有目前可能由我们自由支配的自然资源。

(余灵灵　译)

为"宗教与知识分子"专题论坛撰写的文章①*

当今知识分子对科学失去信心,继而转向他们作为一阶层已放弃的道德态度和信仰,这是一个引人注目的事件,《党派评论》编辑所发起的这一探究应时且这一话题也重要。对文化生活的发展和倒退感兴趣的人都会对其"原因"或控制源头感兴趣。当我说后者与要解释的事件一样明显和突出时,我无疑把一切都过于简单化了。即使如此,指出上述这点有助于使以下讨论的论点更为明晰地显现。

不管怎么说,知识分子丧失信心和回归不久之前放弃的立场,与人类事态最近的发展之间有时间上的巧合。相应地,我将指出我之所以相信这不仅仅是巧合的根据;丧失信心和信仰愈演愈烈的时期也正是国家、种族、团体和阶级之间关系被侵扰至离析的时期。这一纷扰是全球性区域或范围内的,而在国家内部,它遍及生活、政治、经济和文化的每一制度。

我想,没人会否认意大利和德国的极权主义革命带来普遍的震惊。无需争辩,之前发生的两次世界大战使得过去在自由主义知识分子中盛行的信仰——即我们已进入一个尽管缓慢然而稳步地向和平的世界秩序发展的时代——被悲惨地击倒。向着更幸福、更平等的人类秩序的必然进步这一信仰不仅仅局限于世界和平这一主题中。它与坚信民主政治必然发展的信仰联系并被其支持,后者以个人自由渐进且必然的发展为特征,包括朝着经济机会平等这一方向的发展。这些诱人

---

① 首次发表于"宗教与知识分子:专题论坛"(Religion and the Intellectuals: A Sympolsium),《党派评论》(*Partisan Review*),第 17 期(1950 年 2 月),第 129—133 页。
* 选自《杜威全集·晚期著作》第 16 卷,第 319—322 页。

的结果被认为是科学的持续发展所带来的常识理性的必然结果。

因为,当19世纪的知识分子放弃18世纪启蒙信仰快速、革命地建立更好的新秩序的部分想法时,他们接受了对于更漫长、渐进、但更确定的进化过程的信仰。由于不再有革命进程的毁灭性暴力,达到目标可能丧失的时间足以得到补偿,还尚有多余。

我们还没提到,上述说法过于概要,需引入一些限定条件。但总的来说,这一说法如实地展示了自由主义知识分子所拥有的维多利亚时期的自信。此外,所需限定条件的缺失被一尚未提及的事件所弥补,且尚有余。法西斯和纳粹被苏联和民主国家联合击败,后者的军事联盟的终结导致先前的大乱状态成了彻底的分裂。即使这纷扰会长久持续而逐渐演变成为一场冷战,寒气已是肃萧,像冰山雪崩一样埋葬了之前温暖的希望和火热的理想。

如此广泛和深入的集体性颠覆,不可能不导致那些参与制度安排的人态度上的严肃扭转。尽管知识分子对纷乱最为敏感也最具反思性,他们远非唯一受影响的人群。从实际而非反思的角度来说,丧失信心和打破平衡影响到广泛的大众。对此间接的证明可从那些忠于弥漫着超自然主义的旧态度的知识分子的立场上看出。事实上他们现在一致唱道:"我们一直都在跟你说,如果不依靠超自然权威会发生什么。现在既然一切已发生,你看你对于安全的唯一希望就是回归宗教的无上权威,它要求超自然的源泉和支撑。"就在我写作本文时,一声号召强有力地伴随着这一声称,在全球回响:所有离开罗马而迷失的人都应带着卑微的服从回去;在这世纪中叶,如果可能的话,身体要回去;而精神则一定要回去。

正如知识分子阶层的话题要被放在更大的社会-文化背景中考虑,宗教话题同样应如此。当我们要考虑"现在的趋势暗示对于心灵的科学态度已被抛弃了吗"时,宗教的处境和命运不能和其他广泛的人类事件状况分开,这一点已确实被承认,不过只是部分的。这一承认是部分的,因为"科学"是唯一的另一个被提及的、需要被考虑的人类广泛关注所在。但科学本身的状况如何呢?如果它被抛弃了,且确实如此,它的被遗弃以及从超自然角度看的随之回归宗教,就一定有它的特定的"因果"条件作用。是否可以合理地设想,尽管科学由相对少数的一群"知识分子"(包括从事科学研究的那些,当然他们必然被包括)占有和享受,它依然受既非宗教也非科学的活动和关注的潮起潮落的影响?

这是众所周知的事实,对科学普遍尊崇的高潮在维多利亚时代:大致可被视为一战以前的时代;而它崇高地位的低潮始于二战,由于德国及其盟友的战败展示了旧民主和苏联的联盟是外在、表面、形式上的,低潮变得明显(也似乎有周期性)。我们的一个物质世界被分成两个相对的世界。在它们之间,甚至交流(作为达成理解和一致的条件)也在实践上不可能了。

就"科学"在战争中曾被用于宣传和不断增强杀伤力来说,似乎之前对科学的乐观被悲观所代替是必然的。就像所提问题中那样,当科学态度被称为"关于心灵的"时,必须认识到此处的心灵不是某个人或被称作知识分子的这一团体或阶层的私有的心智。它指的是一种广泛深入弥漫的心态,其中,源于恐惧且在有组织的不信任中发展起来的集体轻视代替了之前广泛的欣赏的目光。

那么,对于放弃"心灵的科学态度",基本的考虑是,人类大众并非出于他们从未分享过此态度这一简单的原因而放弃它。大众当然是经历了它的成果。很久以来,科学的技术性运用持续加速,在不断扩大的地理范围和不断增加的深度上成为人类经验的主要源泉。只要总的来说科学成果被享用,"科学"的排行就很高。现在,战争和战争威胁成为国家和民族间接触的明显后果,所发生的放弃和回归就没什么神秘的了。尊崇的丧失没有更甚,很可能是由于物理化学和生物学的兴起给"科学"提供了大众赏识的新的、积极的基础。

于是我们面临又一个问题:"是否有必要重新调节,给予科学态度一个新的位置?"我希望,下文会解释所引段落的句子中省略的短语——"在知识等级制度中"。之前所述的立场是:重新调节,给予科学"新地位"是首要必须的。对大众来说,长久以来科学态度在他们最要紧的担心事和关注中所占地位很低。由此,这一态度必然存在和局限于特定的知识阶层。

对于我们要考虑的宗教问题,前文没作什么明确的回答。我现在补充一下,就我最好的判断,由于科学被建立成某个按自身存在的事物而不是所有社会-文化关注和活动的表达,这导致科学的"孤立";对于宗教也如此,可能还更甚。我把对此要说的限定在最后一个问题里:"设想在过去宗教养育了某些关键的人类价值,在没有对超自然的广泛信仰的情况下这些价值能否维持?"

鉴于这一事实,即历史显示,宗教依靠超自然会是暴力争端的源泉,毁坏基本人类价值;即使在今日,宗教的不同仍把世上的民族分隔开——对此问题的一个概要回答是:价值会被维持,有力地被不依赖于超自然的宗教所支持。

这并不是说只要有反对超自然主义就够了,而是说脱离它会带来深入和普遍的、人类和人性化的宗教经验的发展。由此,当问及"那每个文明的宗教经验不是得本质上多元化么",我的回答是,正如当每个人的能力都得到保证可以按其所好发展时,人类会变得更丰富那样,在保证有内部交流的自由的前提下,世上民族的宗教多元化也是如此。

(任 远 译)

关于宗教的一些想法①*

I

在并不久远之前,基督徒们为基督教作辩护是根据它的唯一性,根据它与其他宗教的对比,根据它是正确的宗教而其他则是被错误地称谓了的宗教。其他宗教(除了犹太教,它被认作是尚在准备中的或是预告型的基督教)可能是残忍权势(diabolic powers)的发明和影射,可能是堕落的人类本性的创造物和它迷失的身份的证明,可能是对一种原始的神圣启示的腐败了的回忆(corrupted reminiscences)。但是,无论如何,与作为那唯一正确宗教的基督教的这种差别,正是其他宗教所特有的东西。

今天更为开明的辩护者改变了这一切。值得我们自豪的是:在道德上,我们已经不再有这种观念的偏狭;在理智上,我们已经获得一种更具历史性的和公正的态度。今天对基督教的辩护是根据宗教的普遍性(universality),还根据基督教最为充分地表达了那种即使在最迷信的信仰和崇拜中也暗暗地、微弱地起着作用的动机和渴望。拜物教、万物有灵论、偶像崇拜、献祭和仪式禁忌不再那么多地被视为有别于正确宗教的错误宗教的证明,反倒成了宗教直觉或宗教需要之普遍性的证据。由黑格尔所作的对基督教之为"绝对宗教"的辩证法示范,为这种概念模式铺

---

① 杜威于1910年3月17日为纽约哥伦比亚大学哲学俱乐部所作的演讲。打字稿(并非杜威所打),收藏于纽约州纽约市:哥伦比亚大学,巴特勒图书馆,善本和手稿室。

* 选自《杜威全集·晚期著作》第17卷,第312—317页。

平了道路,哪怕是在反黑格尔主义者中间;进化的和历史的方法理应能够令其得到保证,而无关乎任何哲学教条。

我谈到这一状况,并不是为了直接来讨论它,而是因为它在我看来所意味着的不仅是在传统宗教信念方面的丧失,而且是某种理智的清晰性和简单性的丧失。在这个俱乐部内外听取不同的关于宗教方面的讨论的过程中,我已经更为明确地注意到(或至少在我自己看起来已经注意到):一种在历史基础上对宗教的考虑与一种在观念基础上对宗教的考虑之间的某种混淆;一种实际(*de facto*)和法理(*de jure*)之间的混淆;一种试图根据已有的东西来为今天和将来决定宗教该采取何种形态的尝试。更学术地来看,我已经感觉到,根据宗教所经历的一切而推进宗教需要和宗教态度之普遍性的努力,以及从某些人愿意令它变得更普遍、更根本这个意义上来理解的普遍性概念,此两者之间存在着某种混淆。根据基督教与异教之间的对比来定义宗教,也许是不对的;然而,根据与历史上的宗教(包括基督教)的对照来定义——或期望宗教,却可能是对的。某些现象(心理学的、社会的、伦理的,或形而上学的)在过去"普遍地"伴随着宗教,这也许是对的,然而,这些"普遍性"和任何我们应该期望它普遍化的那些宗教态度或信念几乎没什么关系。从任何意义上来说,宗教都还未成为普遍性的,这也许是对的;然而,存在着某种特定的性质、性情或态度,是我们可以期待它普遍化的——在尽可能广泛的意义上——而且我们不妨称之为宗教的态度,这也的确是对的。无论如何,这是我希望讨论的上述提示的内涵所在。

II

在我可能简单地称之为"宗教的发展定义"(the developmental definition of religion)的东西当中,有一个特性在于坚持向伦理因素的明确性作逐步的进化——那些在更低级宗教中曾有一种自然或魔力意义的特性,已经在更高级的和晚近的宗教中披上了道德意义的外衣,所以我们应当相信,这个因素在未来将会变成主导性的因素。那么,这是一种进化,或者它是一种革命吗?这种变化究竟强调还是忽略了真正的历史延续性?有什么可想象的、延续性的断裂能比一种以从非道德到道德作为最典型特性的变化更彻底吗?现在,如果我们承认这种从非道德到道德的转变,还能用通约法(denominator method)来描述或定义宗教吗?我承认,这种想要依靠纵览历史上的宗教现象、同时把历史的进化强调为一种从非伦理向伦理的进化、以此来构想宗教正确的普遍性的企图,是站不住脚的。我又饶有兴致地回想起我在一次讨论中听到的,历史学家们怀着激情考察宗教是否与道德有关这一观点。他们着重声明,在与他们所观察的宗教的相关因素中,没有什么比道德更与宗教不相干的了!我在听的时候就困惑了,因为在我看来,他们是对的;而那些指出宗教中道德因素不断增长的人,在我看来,也是对的。我发现,走出这一困惑的唯一道路就是坦率地承认,我们在此并不是处理更低和更高"阶段"上的同一现象;而且我们必须坦率地在两种评判标准中,作出自己的选择。我们必须要么把非伦理的宗教现象的典型特征当作提供材料以用来构建概念;要么,直截了当地说我们认为(然而却是武断地)没有什么值得被称作宗教的,除非它多多少少地深化我们的道德态度。所以,只有承蒙一种多少有点可疑的语言的允许,历史上的"宗教"中更大的部分以及我们现在所提出的作为今天和明天的"宗教",才可以都被称为宗教。

Ⅲ

也许注意到这一点还是切题的,即那些企图凭宗教态度在历史上的普遍存在来为其宗教态度辩护的人,在为此普遍性所定的评判标准以及那些典型的结构和形式方面都未能达成一致,而普遍性正是在其中得以表达的。有些人是循着心理学之路来寻找它的。在通过这条路来寻找它的人中,一些人发现它是在一种特殊"直觉"(instinct)的意义上显现的,这种特殊"直觉"借由未知或无穷(的什么东西)向外传播,或借由被含糊感觉到的整个种族而非个人的福利而向外传播。另一些使用这同样的一般评判类型的人,强调某种特定的情感,它们在畏惧(它又变成敬畏和崇敬)的情感和亲密共享的情感之间摇摆,或者令两种情感并存。另有一些人强调幸运、机遇、命运在不确定的人生变迁中的意义。还有一些人,他们注意的不是一种普遍的直觉或情感反应,而是某种普遍需要。

还有另外的一些人(也许没那么多,但总归是另外的一些人)认为,试图通过任何心理学的路径找到普遍性的尝试,注定要自动失效的——普遍的东西必定是客观的,以及客观上必要的。他们从一种关系的角度来寻找普遍性,它非常不同于任何的直觉或情感(尽管可能带有它自己独特的情感伴随物),尽管有些直觉或情感必然存在于人类与宇宙之间。一些人认为(任何一个实在论者都必然会认为),这种普遍关系可能存在;然而许多个人意识不到它,以至于宗教的普遍性能兼容许多非宗教的个人——乃至于在那个意义上并不会变糟。这种关系可能被构想成不同的东西;构想为有限与无限的关系,构想为理智与一个不能被理性化的世界的关系,构想为必然的无知和随之而来的信仰与一个尽管其自身是理智的、却永远不可能被我们的理智所掌握的世界之间的关系。我无意利用关于普遍性的心理学与形而上学标准之间的这些差异性,来证明搜索任何存在的普遍性都是徒劳的。我愿意承认某种调和它们的可能;或者承认知识的进步会消除错误的尝试,并证实某一种方法的真理性。然而,我认为,这些差异性是对这种状况困难性的证明,而且它们需要得到比它们已经得到的更多的关注。我尤其希望:一方面用历史的事实,另一方面用宗教辩护作为一种当前的和未来的事实,唤起大家对调解任一概念之困难的注意。如果我们从敬畏和崇拜的概念开始,那么也许有可能将大规模的、譬如说秘鲁人的人类牺牲纳入这一概念。如果我们从那些亲密关系和共享的概念出发,也可能在此名义之下引入有组织的寺庙淫乱和被特许的亚洲狂热信徒的乱交。但是,究竟哪里才是我们现在希望推荐和辩护的那种宗教的入口呢?许多(看来是个不断增长的数字)历史学学者趋向于认为,从历史来看,巫术/魔法是宗教的一个远比我们迄今为止所意识到的普遍和重要得多的特性。有一种信仰认为,所有的事物中都散布着一种奇妙的能量——一种类似于电荷的东西,它对人类命运既有害又有益,某些个人可以通过特定的修炼进入与它的和谐关系之中,如此就能为了个人或社会的目的控制住它——这种信仰,被一些学者认为是所谓自然宗教的根本事实。显然,这种信仰可能跟有关宗教的心理学的和形而上学的定义有一些关联。它甚至可能被认为是在象征意义上对一种深刻的伦理事实的预示——前面所说的修炼,或许会被证明是灵魂特有的态度和激情,而所得到的好处可以被证明是某种深刻的道德改善。但我还是没有看出来,通过将魔法型的关系和伦理型的关系作相互的比拟之后,宗教的普遍性和假定有效性是如何被推进的。我们可以把一种或另一种类型的关系当作宗教概念的标准尺度;但是,同时采用两种,这可能吗?

要确定那些表征或决定了历史上的宗教的心理学和社会现象,的确是一个有趣的问题。探索那些历史上著名的不同宗教都曾呼吁和怀有的情感态度的类型,是一个正当的领域。可以想象,未来的研究将会证明这是合理的,即把伴随的心理学现象还原到一或两个基本主题。据此,表面上的多样性仅仅是一些变种而已——虽然看起来更大的可能性似乎是:和我们已经假设存在的相比较而言,更深入的研究将揭示出更为多样的心理学动机和反应。可是,即便有成功的还原和简化,宗教的正确本质和有效性是否得到了更多的解释呢?就好比对点金术和占星术的先驱们的研究,能否令当下和未来的科学得到更多的解释呢?

Ⅳ

当然,我必须表达我对历史的进化和延续性的尊重。诚如我的读者们已经清醒地看到的,我是在否认这一必要性:将当前的宗教设想和定义为通过进化而出于过去的宗教;而且,我认为这样一种向宗教索取有效性的方法是徒劳的。否认任何可能的未来宗教严格来讲可以由过去宗教的进化而成,但并不是要否认未来的宗教将是一种进化。还存在着先前(prior)宗教之外的东西呢!我们应该提醒自己,从中可能进化出一种未来宗教。我们不必局限于假设一个正确的宗教就是原有宗教因素的释放,这些因素尽管负载了各种外来的和有害的添加物,却一直都在过去的教派和教义中潜伏着。未来的宗教态度之根也许在一种科学和政治改善了的状况中,要比在被称之为宗教的领域中扎得更深广。大致说来,在人类的本性中,无疑存在着某些特定的不变因素。毫无疑问,这些不变因素在它们与自然、社会环境的交互作用中,已经自然而然地产生出众多的事物,其中之一是宗教。但是看起来,那"普遍性"似乎要到这些交互作用中去寻找,而不是在任何一个孤立的特性(strain)中寻找,无论是心理学的或形而上学的。然则,民主与科学,以及今天的艺术,可能远比任何我们力求在宗教现象的标题之下分离出的现象,更广泛地预示着我们将要在未来加以传播的宗教。

很显然,我所说的并不是一份关于宗教信仰的声明,但可以适当地补充一句:它并非必定是一份非宗教的声明。这正如普遍性是一个事实,个性本身也是一个事实。值得注意的是:到目前为止,宽容已经成为一个消极的而不是积极的观念。我们已经学会忍受那些在我们看来是错误分歧和古怪信念的东西(哪怕在我们认为它们或多或少是有害的时候),这部分是因为我们希望他人也能容忍我们自己的特质,部分是因为我们已经认识到不宽容的方式在社会中是行不通的。事实上,在宗教信仰方面,这些态度已经带我们走了很长一段路。但是,我们几乎还没有调整自己的情感和观念以适应实际的变化。关于个人信仰的神圣性,谈论得比较多,而被深刻确认的却很少。如果我对被叫作宗教的某种普遍的东西作一个更为确定的研究,那么倾向于重视个人那种非强制和未经斧凿的态度,当他那自然本能和成熟经验在对待生命之事的某种严肃态度中结合起来之时。如果宗教并不比它所是的更普遍或更广泛,那么我愿意相信,这在相当大的程度上是由于一些人长期以来的癖好:告诉其他人宗教是什么,或应该是什么。从表面上看,新教是一段历史上著名的反抗的插曲;也许更为深刻和恒久的意义存在于其固有的个人主义预设中。

V

如果我把事情概括为某些问题,也许有助于讨论,尽管我不希望通过提出这些问题来限制讨论。

1. 从过去的宗教现象中对一种一般因素(无论是心理学的,还是客观的)的搜寻和发现,是否建立起了

(a) 一种赞成此种宗教态度的预设?然则,如何做到?

(b) 对于今天的人们应该将它们当作宗教去珍视的那种东西,它是否对其本质有确切的解释?然则,如何做到?

2. 如果我们放弃此种构想和辩护宗教的方法,那么,还剩下什么其他的方法?

(徐志宏 译)

宗教、心灵与人性

宗教情感的地位[①][*]

如果人们能得到宽恕的话,是否可以这么假设:存在着一个类似于宗教卫生学的东西,存在着一些有助于用来实际规范宗教生活的要求与戒律。尽管生理学规则不能使有病的身体康复,那些要求和戒律也不能给病态的心灵带来正直与平和,但是,它们有助于保持身心健康,在身心健康情况下促进其成长。我不知道,在实际的基督教生活中,还有什么比适当的情感行为更为重要。健康的情感是如此重要,以至于我们会想当然地认为,整个宗教生活总是保持着正确的路线。我在思考这个主题时认为,存在着两种不健康的情感:其一是了无生气的、冷漠的情感;其二是不恰当的、无节制的刺激。毋庸置疑的是,假如没有对有趣事物产生及时而主动的兴趣,并适当地反映它,那将不会产生真挚的奉献与虔诚的服务。宗教情感的流露与不断复兴,是使我们从沉寂迟钝中、从无穷幻想中、从空虚漫无目标的生活中获得新生的唯一动力。它能将我们从单调的日常领域中解脱出来,引导我们进入天堂的愉悦之中。这个真理不拘囿于宗教活动领域。它与所有活动共存。假如没有情感提供的兴趣,人们或许在梦乡中沉睡,而将永不能苏醒或活动。但应当谨记的是,那种感情不是由于本身而成为善的,它之所以是善的,因为它确实唤醒、唤起了雄心壮志,点燃了奉献精神,并引导我们产生服务精神。

[①] 本文首先发表于《密歇根大学学生基督教协会月报》,第8期(1886年11月),第23—25页。后来没有重印过。
[*] 选自《杜威全集·早期著作》第1卷,第72—74页。

这意味着一个事实:如果说使宗教情感保持活力与发展是至关重要的,那么毫无疑问,使它们保持健康也同样重要。但是,不健康的宗教情感是什么呢?用马丁尼尔博士的话来说,"它一直敏锐地监视着大脑中的精神气象,一直评估着各种情感,测量着体温,描述着云层气象,但它受限于个人条件,因而永不能将其明朗化。"假如宗教情感受到监视与分析,以确信它是否存在、是否正确、是否还在成长,那么它就是不健康的。不断地观测我们自身的宗教状态与经历,就如同把一颗种子从地里面挖出来以检查它是否在成长一样,都是致命的。我们必须种下并培育那颗种子,然后把剩下的事交给它所属的主人——神去完成。无论如何,神对人们自身的感觉与经历没有任何特殊兴趣或关注。宗教情感是关于神的思想与情感的集合,或者作为内心世界温柔而神圣的情感的集合。把自身掩饰起来,就不再是一种宗教情感。有多少人会把宗教当作产生与观察自身精神状况的机会,甚至把神不仅当作我们提供特定宗教情感的一条途径,而且把他当作理应接受我们生命之最为谦卑的崇敬与服务的人?只要情感仍被简单视作是一种自我状态,且仅作为一种经验,或一种我们为自己的沉寂而自责,为自己的爆发而欣喜的机会对我们产生兴趣时,它的失败已经不仅仅限于宗教领域了,此时它是非宗教的。因为它让我们闭口不提我们那可怜而卑贱的存在,而宗教的本质在于使我们的自我意志虔诚地服从于神的意志。我们或许可以吹嘘,我们过着高级的基督徒生活,产生了温柔与雄心壮志的感觉,对见证这种生活产生了遗憾与烦恼;然而,假如这些情形正确地得到了解释,它们只能证明:我们在自私的小圈子中转来转去,永远未曾在那同一个完美生活中找到自身的生活。在此等情况下,任何其他的情感——尽管被称为宗教——都进一步证明了,我们在宗教领域不扮演任何角色,也不占据任何领地。无论宗教情感或其他健康情感,它都没有任何时间或机会来详述自身并审视自身的发展过程;它在推进高尚的感召荣誉工作中迷失了自我。正是情感本身在行动中拓展了自身,也正是情感本身给予新的奋斗以动力。

我们必须培育我们的宗教情感。那么,我们应当如何培育这种情感,以避免上文提及的错误呢?办法在于,更多地思考神及其意志,更少地思考我们自身;更多地关注宗教本身,更少地关注我们自身在宗教中的进步。假如我们培育了在完美无瑕的耶稣基督现身时呈现的谦卑,那么我们将发现,不必特地寻找,我们就马上会为自身缺点而抱憾与自责;假如我们培育了我们通过耶稣基督而明白的对完美而永生的神的意志的崇敬,我们便没有必要也更少有机会去追寻自身的精神境界,去探索我们是否正在享受恰当数量的神的荣光,获得充足的热量。神的荣光将普照世人,奉献服务的热量将是我们的热量。

（王大林　张国清　译）

原始心灵释①*

原始人的心理态度和特征并不仅仅是人类心灵借以穿越而留在身后的阶段。它们作为结果无疑已经发生进一步进化，其本身构成了现有精神组织框架整体的一部分。这种积极意义至少在理论上通常被归因于动物心灵，但是理应对于发生心理学有着更大相关性的野蛮人的精神构造却被很奇怪地忽视了。

这种忽视之原因，我认为在于至今所取得的成效之不足，由于比较性方法的滥用——这种滥用反过来又起因于缺乏一种恰当的解释方法。当前所运用的比较法至少在三个方面是有缺陷的，甚至是不合常理的。首先，它的运用是无区别的、随意性的。事实从它们的社会和自然环境的情境中被剥离开，混杂着堆积在一起，因为它们给予观察者的印象在某一方面是类似的。为了寻找有关这一点的例示，我偶然打开了斯宾塞著作的一页②，上面有勘察达尔人(Kamschadales)、吉尔吉斯人(Kirghiz)、贝都因人(Bedouins)、东非人(East Africans)、贝专纳人(Bechuanas)、德玛拉人(Damaras)、霍屯督人(Hottentots)、马来人(Malays)、巴布亚人(Papuans)、斐济人(Fijians)、安达曼群岛人(Andamanese)——所有这些引述都是要确立原始心灵的某种共同属性。生物学家总是求助于譬如蛇、蝴蝶、大象、牡蛎和知更鸟的某种外部特征来支持自己的陈述，对此，我们该如何看呢？可是，上述民族表现出差异甚大的文化资源、各种不同的环境以及独特的体制，在如此情况下所达到的一

---

① 首次发表于《心理学评论》(*Psychological Review*)，第 9 卷(1902 年)，第 217—230 页；重印于《哲学与文明》(*Philosophy and Civilization*)，纽约：明顿鲍尔奇出版公司，1931 年，第 173—187 页。
* 选自《杜威全集·中期著作》第 2 卷，第 29—39 页。
② 《社会学》(*Sociology*)，第 1 卷，第 57 页。

个命题具有什么科学价值呢？

第二，这种偶然的、不受控制的选择产生的只是静态事实——这些事实缺乏为发生学考察所必要的动态特性。下面是斯宾塞先生笔下对原始人的情感和理智刻画的一个概要：

他在感情上容易激动且混乱无序，无远见，像孩子一样欢乐，不能容忍限制，只有很少量的利他主义情感，①专注于无意义的细节且不能选取由之得出结论的事实，对于思想的领悟力很弱，不能发出理性上的惊喜，没有好奇心，缺少独创性又没有建设性的想象力。② 甚至唯一正面陈述的一种特性，即敏锐的感知力，也被完全以否定的方式来解释，认为它是与反省性发展相对的一种特征。"他们有多少精神能量用于无休止的感知，就有多少不能用于深思细虑。"③此说竟出自一位心理学感觉论者！

类似这样的描述也证实了我所说的第一点。斯宾塞先生的描述中有诸多明显的不一致之处（如《社会学》第 1 卷，第 56、59、62、65 页，等等），我们不难找到大量文本证据来支持他每一种主张的完全对立面。但是，我这里要说的是，现在文明化的心灵实际上被当作了标准，而野蛮人的心灵则是用这一固定标准来度量的。

这就不奇怪了，这样度量的结果是否定的；原始心灵以"缺乏"、"没有"等词加以描述：其特点就是无能（incapacities）。以如此方式界定的特性，对于显示更不用说对于确定进步性必定是毫无助益的；相应地，它们也无法用于以变化、生长、发展为关注点的发生心理学。

我要说的第三点是：所达到的结果即便认可为正确的，也只能产生各种不相关特性的松散聚合——而不是一种融贯的心灵图式。我们并非仅仅要滥用"官能"（faculty）心理学来避免一种无机拼合的心灵概念，我们的立场必须再多一些正面性。我们必须认识到，心灵具有一种模式，一种对于其构成要素的配置式样，一门严肃的比较心理学所要做的就是详细地展示这些模式（patterns）、形式（forms）或类型（types）。我用这些词语，并不是指某种形而上的东西；而是指出，诸如动物学家常识的概念是必要的。像有关节的或有脊椎的、食肉类或食草类这些词，都是我

---

① 《社会学》，第 1 卷，第 59、60、63、69、71 页。
② 同上书，第 79、82、85—87 页。
③ 同上书，第 77 页。

们想要的那类"模式"词。它们暗示着,动物并不仅仅是通过在某某处考察一只眼睛、一只耳朵或一组牙齿所分别获得的孤立部分的随意复合之物。它们所表示的是,构成成分是以某种方式被配置的;这些成分共同地适应于有机体的主要功能,彼此也必然是共同关联的。心灵的发生心理学只有在精神形态论(psychic morphology)中发现并指明这类一般的形式或模式时,才能得到推进。

对于此种类型有一种确定之法,它正是我希望在本文提出的。生物学观点所给予我们的信念是,心灵无论它其他方面如何,至少是用于依照生命过程之目的而控制环境的一种器官。

如果我们在某社会群体中查找与心灵相关的那些特别官能,诸行业(occupations)立刻便显现出来。① 诸行业确定了根本的活动方式,因而控制着习惯的形成和运用。这些习惯反过来又不仅仅是实践的和公开的东西。"统觉团"(apperceptive masses)和联想特质(associational traits)必然符合这些主导性活动。行业确定了主要的满足方式、成败标准。因此,它们提供了有关价值的有效划分和界定;它们控制着欲求过程。此外,它们决定着哪些对象和关系是重要的,由此也提供了关注内容或材料以及能够引起特别兴趣的性质。从而,被给予精神生活的这些指导也扩展至情感上的和理智上的特征。行业活动的群组性如此根本与普遍,以至于它能提供对于精神特质进行结构组织化的图式或模式。行业把特别因素整合进了一种功能整体。

因为狩猎生活与其他生活,譬如农业生活的差别,不仅在于其所提供的那种满足和目的,在于其所要求关注的对象,在于其所设立的用以反省细思的问题,而且在于其所激起和选择的心理-生理(psycho-physic)协同机制,我们完全可以不带隐喻地说起狩猎型的心理(psychosis)或精神类型。同样也可说起畜牧业的、军事业的、贸易业的、手工生产(或制造)业的等等。作为对该立场和方法的一个特别说明,我将选择澳大利亚原住民所从事的那种狩猎业为例。我将首先试着描述其主要的区别性标志,然后指出其所形成的精神模式如何延续到初看起来与狩猎生活毫无关系的各种活动、习俗和产品中。如果此类支配性影响能得以阐明——如果能够显示艺术、战争、婚姻等往往在心理上与狩猎业所形成的模式结合在一起,我

---

① 我们可能总是在相反方向说,生物类是"行业上的"划分。它们代表着以适合于自身的不同工具(器官)谋生的不同方式以及由其所设立的不同联结关系。

们将由此获得一种解释社会体制和文化资源的重要方法——一种用于社会学的心理学方法。

澳大利亚人所居住的环境在整体上是有利的,没有极端的或强烈的不利的自然作用力(除了在部分地区有旱涝交替),没有被野兽捕食的危险,而且有充足的食物来源可以维持小族群良好的营养状态,虽然不至于充足到可以不用持续改变居住地就能维持这样。部落未曾培育植物,也没有圈养动物(除了澳洲野犬),因而没有驮兽,不知道也不使用金属品。①

接下来说在此种场合下所形成的心理模式。所有人所共有的感觉-动作协同机制(sensory-motor coordinations)是如何形成的?又如何借助适合于如此情境的活动被激励和抑制而成为相对永恒的心理习惯?

按道理,食物和性的刺激是心理-生理活动最为迫切的激化剂,而且与它们相联的利益是最为强烈和持久的。但对于文明人,各种中间条件项(intermediate terms)出现在刺激物与外化行动之间、外化行动与最终满足之间。人类不再将其目的界定为对于饥饿的满足本身。它相当复杂,充满了各类技术活动、联想、思虑以及社会劳动分工,以至于有意识的关注和兴趣出现在其过程和内容中。即便在最为粗放的农业文化中,他们对于手段的发展达到了自觉关注的地步,他们对于习惯之形成和运用的控制也达到了被视为替中心利益而加工、享受食物本身则成为次要和偶然之物的程度。

收集和保存种子,选地,播种,护田,收获,照看牲畜,作改良,坚持观测时间和季节,这些都涉及思想并指引行动。总之,在所有后狩猎(post-hunting)的情境中,他们的目的从精神上不再被理解和看作为食物满足,而是一系列持续安排的活动及其所专有的客观内容。因而,个人直接展示的能量、个人付出的努力、个人获得和运用的技能,不再被看作或感受为食物加工的直接部分。但是,狩猎情形却正好相反。他们没有中间设备,不为长远目的而作手段调整,不会把满足予以拖延,不把兴趣和注意转向复杂的行动和对象体系。需要、努力、技能和满足彼此有着紧密

---

① 所有这几点都是重要的,因为如果是面对凶猛野兽的话,如果是面对极其匮乏或极其丰富的食物来源的话,如果是面对极其恶劣的自然力量的话,如果从事狩猎是与各种不同程度的农业或畜禽饲养结合在一起的话,所形成的一般狩猎心理就会表现出明显差别。为节省笔墨,我没有提到澳大利亚的几个食物来源(在此类情况下通常是捕鱼)异常丰富以允许半永久性居住的地区,虽然其中所引起的心理变化是值得关注的。

关系。其根本目标与对于眼下的迫切关注是同一的;他们对过去的记忆与对未来的希望,遭遇到当前问题的重压而消失于其中;工具、器械和武器并非机械的客观手段,而是当前活动的一部分,个人技能和努力的有机部分。土地并非获致结果的一种手段,而是与生命紧密相融的一部分——这并非客观检查和分析的问题,而是充满友爱和同情的关注。至于武器的制造则被认为是对武器的一种令人兴奋的使用。植物和动物不是"事物"(things),而是展示能量并形成最强烈满足内容的因素。原始心灵的"万物有灵论"是对存在于需求、外化活动、用以满足之物和所获满足本身之间的直接关系的一种必然表达。唯有当事物只是被作为手段并与长远目的相区分和隔离时,它们才能变成"对象"。

兴趣、注意和行事之间的这种直接性是游牧猎人的本质特点。他不种植庄稼,没有成套的设备用于护理、看管动植物;他甚至不制作干肉为未来作打算。当食物丰足时,他就塞饱肚子,而不作储存。他的居住地是临时搭建的棚屋。在屋内,他甚至不把毛皮用作抵御寒冬的衣服,而是将其与动物身上其他部分一起煮食。一般来讲,即便在水边他也没有永久船只,而只是在需要时根据需要用树皮现做。除了在获取或食用食物当时所实际用到的那些东西,除了用于追捕和战争的武器,他没有其他工具或器械。甚至设置陷阱和捕网这些工作实际上也不为野蛮人所知。当他能用自己的双手抓到野兽、飞禽和游鱼时他就不用棍和矛;而如果他用到网子,那是某一个人自己想去用而已(he is himself personally concerned in their use)。

诸如此类的这些事实通常都是以纯粹消极的解释给出的。它们被用作证明野蛮人的无能。但事实上它们是极其正面的心理的一部分。若以自身来看而不要仅仅以其他标准判断,它们要求并显示有高度专业化技能,而且提供了强烈的满足——心灵和社会上的满足而不仅仅是感官放纵。野蛮人对于我们所称作高级生活水平者的反感不是由于愚蠢、迟钝或冷漠(或是由于某种别的纯否定的性质),这些特性是"高级种族"后来形成的,适用于那种很愿意利用工具的那些个体。他的厌恶是由于这样的事实:在新的行业中他没有如此清晰或如此强烈的一种领域来展示理智上和实践上的技能,或者说他没有这种机会来生动展示他的情绪(emotion)。意识即便是表面化的,都有着一种更高的强度。[①]

[①] 关于澳大利亚人厌恶农业等等的极有权威的可靠论述,参见:Hodgkinson, *Australia, from Port Macquarie to Moreton Bay*, p. 243; and Grey, *Two Expeditions*, Ⅱ, 279。

狩猎生活必然具有大量的情绪性关注(great emotional interest),而且对于获取、运用高度专业的感觉、运动、创造、策略、搏斗技能有着充分要求。第一点几乎没有必要去争论。博弈和运动等词现在仍然意味着最为强烈的、涉及全过程的直接的情绪展示。这些词语仍旧最为大量、最为贴切地适用于狩猎。狩猎语言的应用转向真之追求、情节趣味(plot interest)、商业冒险和投机,转向各种强烈而生动的娱乐形式,转向赌博和"运动生活",这表明狩猎模式或图式何等深刻地嵌入在后来的意识中。①

对于博弈的兴趣、交替的焦虑与运动,对于一直在变的刺激物保持极度机警的注意,这些始终都要求得体、快捷、策略而有力的回应;按照需要、努力、成败而出现情绪变化(the play of emotions)——从心理上说这属于真正的戏剧类型。我们对戏剧或小说情节推进(the movement of play or novel)的令人窒息的兴趣是狩猎行业中所包括的那种精神态度的反映。

野蛮人全身心地投入到对戏剧的享乐之中,因为这对他来说,意味着生或死。② 而且,博弈本身的情绪性关注被其社会伴生物予以无限加强与深化。技能和成功意味着欢呼和赞美;它意味着有可能十分慷慨大方(lavish generosity)——这是所有品质中最高的品质。竞争、效法和虚夸全都会给予激励,促其生长。它意味着性方面的赞美和征服——更多配偶或更多情人。如果能够稳固的话,它意味着为部落中最具有尊严和权威的位置最终选择了一个人。

但或许有关其中情绪满足的最大证据是这样一个事实:男人为自己保留了狩猎行业,给予女人的则是与呆板性生存有关的一切(那里的被动性题材不能激起戏剧性游戏),以及所有各类涉及更为长远的手段适应于目的的活动,因而都是些苦差事。③

类似证据也出现于这一事实:随着农业生活的变化,狩猎之外的行动类型(如果妇女不够用的话)被交给奴隶,而其所获得的能量和技能被运用到战争竞技中。

---

① 我不仅在具体建议上受惠(通过个人交谈以及他的论文)于托马斯博士,而且在此所提出的观点也受惠于他,以至于可以说,本文实际上是我们合写的。参见:Thomas, "The Gaming Instinct", *American Journal of Sociology*, Vol. Ⅵ, p. 750。
② 虽然有些作家甚至会说,野蛮人对于狩猎游戏的兴趣如此之大,以至于他们所要猎取的不是食物而是兴奋。参见:Lumholtz, *Among Cannibals*, p. 161 and p. 191。
③ 这种在妇女身上间接形成的不同精神模式无论就其本身,还是就其与后来发展的关系以及与现在精神兴趣的关系来说,乃是具有重大意义的问题。

这也解释了伴随文明进步而出现群众的心理退化这一表面矛盾。其益处在于被释放出来的少数人的活动,社会生活之客观器物的累积,以及最终出于征服需要所形成的与长远目的有关的崭新兴趣模式——考虑(considerations),然而这仅仅在极其往后的时期才被大众在心理上所意识到。

至于由狩猎行业所激起和创造的高级的实践和理智技能,情况同样也是明晰的,即假若牢记了为所需直接调整相适应的那些技能类,我们就不会去寻找在此种情境下因为无用而不相关的特性。

没有人曾经称一个纯粹狩猎的种族迟钝、冷漠或愚蠢。有关野蛮人厌恶高等文明资源的作品已有很多——譬如,他们拒绝使用铁具或武器,他们沉浸于自己老一套的习惯中。这些全都不适用于澳大利亚或任何其他纯狩猎类的民族。他们的注意力犹如他们的生活一样是易变的、流动的;他们对于凡是能适合自己戏剧化情境以便强化技能、增长情绪的东西,有着一种近乎贪婪的渴求。这里,表面上的矛盾又一次成为对事实的加强。只有当土著人被迫采用外来的新资源却不能将其适合自身目时,他的手艺、技能和艺术品位才一起退化。

有足够的证据一致表示,土著人甚至在首次接触文明人结构复杂的设备时,倘若这些器具具有一种直接的或当下的行动标记(action-index),他们显示出了敏捷而精确的理解。一种最为常见的旅行家评论(很难说是对野蛮人的好感)是,他们在敏锐度、机警性以及某种理智品性(a sort of intelligent good humor)上要优于普通的英国乡下人。他们精确、灵敏、细致的视觉、听觉、嗅觉并不是如斯宾塞所说是毫无意义的感官细节的空洞累积;它们所培养的是关于一种戏剧化生活之器物和方式的至上技能与情绪效用。至于土著人对于艰苦持久劳动的兴趣,他们的耐心和毅力以及他们优美而灵巧的运动(这种优美度和灵巧度表现在手指和脚趾上,足以使得即便高技能的欧洲人也相形见绌),同样也是如此。通常之所以否定野蛮人长期艰苦工作的能力,否定他们的耐心和忍耐性,那是因为对于他们的考验是根据一种外来标准——即关注那些涉及一长串手段而与所有纯个人调适性问题无关的目的。野蛮人所显示的耐心、毅力和持久努力只出现于他们精神模式得以形成的那种直接竞争性的情境范围内。

我认为,几乎不用说,在谈到这些东西时我并无意把野蛮人的理智和意志加以理想化。野蛮人为在有关个人调适的各种事务上高度专业化的技能所付出的代价是他们在各种非个人性即长远的、一般化的、客观化的、抽象化的事务上的无能。

但我要说的是,我们若要理解他们的无能,就只能把他们视为正面的积极的组织化发展;更进一步说,唯有主要从积极的一面来看待他们,我们才能抓住野蛮心灵对于长期而曲折的精神发展过程的发生学意义,并从这样的考察中获得帮助,进而领会我们现有心灵的结构。

现在我要简短谈一下第二个要点——在多大程度上这种心理模式波及所有生活关系并成为情绪上的一种同化介质(an assimilating medium)。首先来看艺术。澳大利亚人的艺术并非建设性的,并非结构化的,并非图画式的,而是戏剧化的、模仿性的。① 任何对于澳大利亚人狂欢会(不论是临时的、非宗教的,还是正式的、典礼性的)具有直接了解的著者,都可证实其中所显示出的对于戏剧化表现的强烈兴趣。他们通过舞蹈对动物追逐性运动和行为的再现,是惊人的。在对近期事件和个人特质的改编与再现中,也显示出重要心情(great humor)。这些表演都伴有高度的情绪发作;相伴之下所设计的所有装饰、歌唱、音乐、观众呐喊等等,都是为了唤起为野蛮人所看重的那种直接性冲突-情境(conflict-situations)之下的特有感觉。新奇性是非常宝贵的;老歌被抛弃掉了;对部落联谊会的主要兴趣之一在于学习新的舞曲(dance-songs);获得一段新舞曲往往是应邀参加一次盛大集会的足够动机。

典礼式的狂欢会当然不只是艺术形式。② 从中我们发现了相对于狩猎活动直接性原则的唯一例外。狂欢会上有着高度复杂的结构化的精细的传统仪式——其精细程度和复杂程度几乎令人难以置信。③ 但这种例外是对规则的证明。发挥传统力量(traditionary agencies)的这种机构组织既没有实践上的控制也没有理智上的控制,它在客观上并不成功。其作用仅仅在于再现捕食冲突情境中的那种激动情绪;特别是要在年轻人身上塑造出一种精神气质,以使他们全神贯注于这些必要的表演。④

由此可自然过渡到宗教。图腾崇拜、大量的动植物神话(尤其是动物神话)以

---

① 当然他们有图像,但相对而言,那很少且又粗制。甚至雕刻,如果最初是图像的,现已失去那种特性,变成了约定性的。
② 当然,历史事实是:戏剧艺术(通过希腊人)的实际起源是节庆典礼之类活动中的模仿性舞蹈。
③ 当然,最好的解说来自斯宾塞和吉伦(Gillen)。某些典礼要花费数月时间。
④ 当然,并不是说所有这些典礼都具有初步性;相反,许多都是"迷人的",被用于提升他们主要食品(food-supplies)的生产力。但即便这些也都是以戏剧化方式进行的,以此方式可再现现实行业生活中所涉及的那种情绪气质。

及少量的宇宙和天体演化神话证实了他们对竞争或狩猎情境的集中关注。试图插入式地(in a parenthesis)解释图腾崇拜是荒唐的,但任何不重视同一情绪性情境中部落和动物之牵连的解释都必定是根本上有缺陷的。猎人和被猎者是处于一种紧张关系中的因素,其精神情境,除非采用这两种因素,否则就不能得到界定。如果动物跑掉了,肯定是因为它们试图要离开;而如果动物被擒,那肯定是因为毕竟它们并非全然不乐意——他们双方是友好的。而他们通过分享最强烈的一种生活满足即把可口的食物分给饥饿的动物,从而确认了友谊。事实上,他们双方在群族生活中是合作者。那么他们双方为何不能被看作一种近亲呢?无论如何,他们对动物的集中关注和兴趣比对其他事物更为持久;动物提供了集中性理智活动的内容所在。食物禁忌以及它们超自然的约束力,显然在心灵中创造了紧张或者再现了冲突情境,因而可用于在意识中保持那些否则将几近降至机械式习惯或因为感性而不再理想化或情绪化的价值。

现在我要谈的是死亡和疾病,它们的原因以及治愈,或者,如果治愈无望,它们的补救性治疗(remedy by expiation)。这里,向狩猎活动的心理同化是显而易见的。某人的疾病和因病死亡都一律被认为是外人攻击的结果,这些攻击者身怀奇怪的秘密武器正在猎杀受害者,并最终会致其死亡。而补救之法就是追寻猎杀者,求助于那位神奇的追踪者——这位医药人(the medicine man)凭借超凡的能力追捕到当事人(the guilty party),或者凭借高超的技能搜寻出安放在受害人身边的致命弹药或毒药。

如果死亡紧接着发生,那么我们就有了对当事人进行探寻和定位的方法。于是就出现了现实冲突、现实追捕。对死亡的复仇,只能通过战斗的严酷考验来实现——在此,我们就可以解释战争以及我们对此已多有涉及的类似战争的行动。然而现在一般都认为,这些类似战争的遭遇的主要目标是再现冲突性情绪而非杀害。也就是说,它们是大规模的心理决斗——正如一位观察家所说,它们乃"满是吵闹、自吹和勇气外显却极少有伤亡"的战斗。[①] 而所发生的调遣、投掷和躲藏则是对于他们追逐行业之效用的一种积极的戏剧化演习。

最后,来谈婚姻以及性关系。我们所说的关于对图腾崇拜进行充分解说的不可能性,在很大程度上也适用于确定婚姻可能性的群族关系体系这一问题。然而,

---

① See Horn, *Expedition*, Part Four, p. 36.

很显然，禁令和限制体系是要用于形成一种有关约束和强化激励的图式，以使得性满足也成为一种追逐、冲突、胜利和战利品之事。不会说完全缺乏约束，其中很少有个人调适，这不能把性感觉带入情绪本身的范围；也不会说存在一种自主约定和爱的系统，这只有在高度发达的理智控制方法以及有关长远未来的宏大图景下才是可能的。只有成比例的自由与限制才形成了戏剧化本能并给予求爱和占有妇女所有狩猎性的情绪性欢乐——个人展示，竞争，用足全力以刺激机体；英勇性情绪加进了放纵的身体感觉。这里与在狩猎心理的其他地方一样，新奇性是最宝贵的，因为心灵依赖于一种眼前的或当下的刺激物来发起活动。我们不需要艰深的科学分析就可知道，性关系现在仍旧主要处于戏剧化阶段；这种情绪展示伴随着连续不同的戏剧阶段的设立，但它只是非常缓慢地通过对整个教育和经济环境的修改，才让位于真爱和有理智的远见。新近著作者关注婚姻的体制面（因为我们正经历一种重复雅利安法律关系的时期，正如我们先前重复雅利安神谱和神学），我认为他们忽略了与狩猎本身相符的心理因素的直接展示所具有的极大重要性。①

作为结论，我要指出，借助于一种成问题的、有疑问的、不确定的情境，习惯向目的的调适正是现有理智和情绪建基之上的结构形式。它仍旧是基础模式（ground-pattern）。因而有关发生心理学的进一步问题就是指出，野蛮人当中纯粹当下性的个人向直接满足的习惯调适，如何通过引入非个人的、一般化的客观手段和目的而得以转型；它何以又不再是直接性的，而是开始满载一种迫使个人需要、进取心、努力和满足越来越分开的内容，对于劳动、中间力量以及它们之间的客观内容作出各种社会性划分。这个问题关系到为农业的、军事的、专门职业的（professional）、技术的和贸易的事业所特有的精神模式之形成，以及原有狩猎图式的改造与覆盖。

但借助于这些力量，我们并未怎么破坏或超越对于心灵的狩猎型结构配置，因为我们既然释放了其构成性的心理生理因素，便可使得它们处处受到关注并用于各种各样客观的理想化追求中——追求（hunt for）甚至是来自天堂和上帝的真理、美、德性、财富和社会福利。

（张留华　译）

---

① 关于一种正确处理其中心理生理因素的说法，参见：Thomas, "Der Ursprung der Exogamie", *Zeitschrift für Sozialwissenschaft*, Vol. V, p. 1。

人性①*

对社会科学来说,人性观念的重要性可归为这三个问题:(1)当代的政治和经济制度是不是人性的必然产物?或者更一般地说,是不是人性的构成表明某些社会安排可能是成功的,另一些社会安排则注定会失败?譬如说,是否因人性的事实而使战争成为无法避免的东西呢?是否自我利益在人性中根深蒂固,以致产业的发展只能有赖于为个人利益进行的互相竞争,否则的话,这种发展肯定会走向失败?(2)人性在多大程度上可通过人为的努力加以改变?换句话说,自然或者培育,哪一种形式更重要?要是再换一种其他形式的话来表述便是:遗传和环境互相之间存在何种联系?哪一种因素对于行为的决定更具效力?(3)若涉及个人和团体的关系,那么人性的变化范围有多大,又在多大程度上固定不变?某些种族或社会集团由于不能改变的原因天生就比其他的种族或社会集团低劣吗?对于各集团中个人所处的地位,我们可以提出这个同样的问题。

这些问题引发了许多夹杂着激烈情绪的争论。它们在很大程度上决定了保守主义者和自由主义者、贵族统治论者和民主主义者、民族主义者和国际主义者之间的差别。它们化作了自鸣得意、傲视一切和唯我独尊的情感。所以,要对它们得出不偏不倚的看法是极其困难的。在这类讨论中,人们经常以有所偏袒的理由为据,按照已设定的某种立场为自己的观点作出系统的辩护。然而,有关人性的一个无

---

① 首次发表于《社会科学百科全书》(*Encyclopaedia of the Social Sciences*),纽约:麦克米兰出版公司,1932年,第7卷,第531—537页。

* 选自《杜威全集·晚期著作》第6卷,第25—33页。

可否认的事实是:这个术语运用起来含有多种不同的意思,思想史中存在着某种相似之处,这一点可以从人们对这个术语所作的概念解释,以及按时代一般的制度和思想特征对其所作的解释中看出来。

这里可以提到有关这一术语的四种主要构想:(1)这一术语用来指明所称的原初和天然构造之类的东西,它是与生俱来的,并非后天获得的。这一说法可能存在吊诡之处,除非它能把这一点搞清楚:这种构造是赋予所有正常人的共同的东西,还是赋予特别之人的独特的东西。(2)人性应按照所称的心理力量或能力来加以定义,这种"心理"存在与自然物和社会存在形成了对照。据说每个正常人都拥有某种能力,如知觉、判断、记忆、愿望,但这些是形式上的力量;它们与知觉到的、回忆起的、思考中的、想得到的东西存在着区别。这类物质内容自有其外在于人性的来源,它们或源于物质自然,或源于社会生活。这种将人性和其他性质加以划分的二元论已得到广泛的散布,以致它无须作出什么公开表示,便常常影响到人们的讨论:在许多人的眼中,它是"常识"的直接产物。它的身后其实隐藏着一部绵长的思想史:由约翰·洛克详细阐释的这一观点,被英国的自由主义学派承续了下来,它构成了某种区分的基础。一方面,是对固有的"自然"法和"自然"权利(置于人性形式结构中的这种权利是不变的、普遍的)作出区分;另一方面,是对人为的礼貌和政治权利(这种权利依形势不同会有所改变)作出区分。(3)人性本质上是空洞的、无定形的,所以能被外部影响加以塑造。洛克本人便宣称,要是说起任何特别的观念和信仰,那么心灵只是一张白纸,尽管他也赋予心灵以某些形式的能力或力量。他的法国后继者,像孔狄亚克(Étienne Bonnot de Condillac),特别是爱尔维修(Claude-Arien Helvétius),认为他们使洛克的主张获得了逻辑上的一贯性。他们认为,"能力"也就是压印到心灵中的经验,心灵不过是对外部压印易于产生感受的东西。按照这一观点,教育和环境的影响便带有极大的分量。如果有人堕落了,变得一叶障目,只顾追求他们个人的势力和好处,那么这是因为制度造成了他们的那种偏好。(4)用个人或是天赋或是获得的构造说都不能对人性进行适当的构想和定义。人性只能通过其重大的制度性产物——语言、宗教、法律和国家、艺术等才能求得了解。在个人那里,这类产物的展示带有潜在性质,它借助文化习俗的影响而发展成为现实的东西,它构成了客观心灵和意志的内容。这一理论从亚里士多德学说那里,特别是借助他对"潜在"和"现实"的人性所作的区分而获得了某种支持。但尤其是黑格尔(Georg Wilhelm Friedrich Hegel),以及以他为首的制度唯心主义学派,才对此作出了详细说明。除了其中表述的那些形而上学的公式之外,这种说明对一代以上研究比较语言学、宗教和法律的德国学者产生了影响,并成了人们提出社会心灵概念的一个重要因素,这一概念构成了整个社会心理学学派的基础。

  对这个术语构想出来的内容变化不一,以致期望能就人性及其与社会关系的说法加以更改并达成一致意见,显然是没有希望的。比如,从最后陈说的那个构想来看,它明确否定了原初的、天赋的、结构的和本能的事实,而第一种构想又认为构成人性的东西不只是未加提炼、未得到开发的潜能,它们本身就是可以自行发展完善的东西,它们的生成能力不是知识所能把握的,我们甚或不知怎么来称呼它们,我们的知识仅限于用来记录某种成熟文化的建制形式。这里我们碰到的这个争论的例子,其实早在亚里士多德那里就出现过。亚里士多德问道,我们是把"自然"按起源的意思加以定义,还是按圆满完成,也就是"终结"(ends)的意思来定义。乍看上去,好像可以把这种差别解释为仅仅是文字定义的差别,某个学派使用一个词来说明事实的一个方面,另一个学派使用一个词来说明事实的另一个方面。可是,如果以为可以把这种差别归于人们对使用某个词或许没有达成一致意见,而他们对使用不同的名称来命名各种事物是存在共识的,情况并非如此。要是认为存在这样一种纯天然的原初的人的构造,它区别于所有获得的学到的东西,这并不能见证于事实。这个观点只适用于这样的情况:某个块面产生的静电干扰,也就是说,我们把生成的过程略而不提。比如说,这种理论仿佛是为人的出生拍摄的一张快照,它并不理会这个人待在子宫里的前史和未来的人生记录。这种被认为固定不变、现成的结构是在与环境的相互作用中发生变化的。从生物学的观点来看,所有生长都带有可变性,所有的器官都必须被看作并理解为从他物发展而来,又转化成他物的东西。这样来看,那种构成人性固定的、可加以枚举的禀赋倾向的概念,至多也就是供研究人的某个特殊发展时期之用的方便的思想设计和标杆。企图在一个足够长的时段中,对天赋的和获得的、原初的和驱迫成的东西作出区分,徒劳无益。与所有生来就带有的意图和目的一样,后天产生的意图和目的也会深深扎根于人的心中。"习惯"是人的第二天性,一个大家都承认的事实不是这样讲的吗?另一方面,如果考虑到漫长的生物进化,可以说,如今那种给予的原初的东西是以往长期生长过程的产物。

  然而,从实践上看,涉及对天赋和获得的区分加以控制的可能性具有重要的意义。优生学对人的某种未来的可能发展加以禁阻,我们对生长的实践控制从出生那一刻起就开始了;要控制未来的发展,我们必须时时从当下的事情做起。我们必须对现有的器官、冲动、本能倾向加以塑造,因为这些东西是未来发展的资源和资本。可是,这种天然储备物中包含的正是学习和获取的倾向。这种学习,进而去改造和被改造的倾向,本身就是天赋(和遗传)结构的一部分,有关这一点显然含有太多需要讲述的自明之理。不过,必须记住:这一点是确定无疑的,即要强行或简捷地对自然的和获得的、天赋的和文化的东西作出区分,这实在是不可能的。改造的能力是人的倾向之自然构造的一部分,它属于一种天然的学习禀赋(如果在特定时分对它加以定义的话),而学习过程本身又会使这种禀赋产生变化。承认这一事实,会使我们不致去为那些虚假问题耗费精神,转而集中精力来关注这样的重要问题:通过学习以求改造是否存在着某种限度?改造的具体进程为何?它在多大程度上是可控的?

　　对于这类问题——事实上,也就是对于所有涉及人性的问题——历史上,人们曾存有各种不同的观点。古希腊人的思想依据的是人之天赋、生来不平等这样的信念。这种观点广为人知的表达可见于亚里士多德的陈述:有些人"生来"就是奴隶,因而他们被列为作为生产手段的工具和家畜。商人阶级尽管在法律上是自由人,也属于这个范畴,但他们因其天性而被排斥在真正自由或高尚的心灵生活之外。小店铺的主人也是为物质利益服务的工具,不属于"目的"王国的人。当这种观点在某种程度上因为社会的偏见而被希腊人的制度所吸收,从而得到了合理化,它带来了更多的东西——对人性解释的一种系统思想。按照这类解释,理性应成为人心的主宰者。有些人生来就是奴隶——比这个观点甚而更重要的是——他们在掌握理性的洞察力方面存在固有的缺陷。理性是人心中的统治力量,它是自我管理和参与公民政治的条件。冲动和激情必须臣服于理性的目的,否则就会造成社会道德的混乱。于是,有些人应当成为他人的活动工具,这是天然合理的。希腊人以外的那一大群人不是公民,也不是奴隶,而是要被归为天生就是器械(也就是工具)之类的东西。据说他们所处的道德地位比奴隶还要低,盖因后者生活在其主人家中,通过彼此间的亲密接触获得了反思的理性之类的东西。妇女的身体构造同样是低等的,因而生来就要服从父亲和丈夫;与希腊人相比,野蛮人的地位同样可想而知,虽说精神冲动强烈的北方人种的地位比亚洲人种要高,但占据他们头脑的也是渴求安适、拥有狂热的享受。

希腊文化衰落后不久,斯多葛学派一度成了占优势地位的思想流派,它设定了一种公理——人生而平等,他们之间的差别要归为由习俗、政治组织和经济关系造成的地位差别,这种差别是制度性的而非生来就有的。我们对经历数个世纪完成的一场革命还难以作出说明,但在很多影响的因素中可以辨认出这个事实,斯多葛学派中那些愤世嫉俗者的先驱大部分来自没有公民身份的无产者。城邦国家的衰落以及对类似组织的忠诚的消退、冷漠超然的罗马帝国的壮大、地方性联系的弱化和世界性情感的发展,所有这些都是在这期间发挥了作用的客观力量。

就这个教义的初始形式来看,它并不含有针对现存制度的激进的喻示。政治和经济的不平等并非出于自然,而要归咎到制度,这样的概念并未致使它含有抨击后者的内容。斯多葛学派的观念有利于在个人与个人之间传播那种体现着手足之情的道德感,但总的来说,它呼唤人们诚恳地接受其在现存社会秩序中所处的地位。基督教会同样公布了天然平等的教义,但它也是侧重宗教和道德含义上的解释,并不提及政治上的喻示。然而,教义本身会超越它的原始背景,在后来的日子里,人们对斯多葛学派和基督教有关天然平等的观念作了某种革命性的解释。

希腊主义是希腊思想和东方文化的混合物,它在亚历山大港一带散布开来,并造成了另一种转折,不再把价值赋予物质或人性等任何形式的自然。由于吉尔伯特·默里(Gilbert Murray)说过"精力不足"的原因,这个时代把它的思想和情感兴趣主要放在关心超自然的东西,以及通过特殊手段与其建立一种适宜的关系。那种能对灵魂救赎产生影响的方法价值极大,相比之下,任何形式的社会制度都不具有什么价值。逐渐灌输的贬低自然的观点与宗教的联系竟达到了这样的程度,以至于后者丧失了它在古希腊人那里曾有过的那种市民参与的形式。

中世纪的思想主流呈现为各有其来源的种种观念的综合。这个时期曾出现关于人的天然平等的观念,特别在中世纪早期,人们对这个观念备感亲切,这时各基督教会的会众主要由那些没有继承权的人组成。从道德上讲,需要反复灌输一种强烈的道德情感。然而,也出现了这样的传统:与为天堂表征的精神旨趣相比,自然人的价值不值一提。事实上,由于人的堕落造成本性的败坏,需要使自然人服从教会的会规和圣礼,因为教会是经上帝授意设立的精神真理的守护者。修行者圈内盛行的禁欲主义风气也强化了对自然人加以贬损的观点。与此同时,当教会被确立为欧洲至高无上的体制,根据其教义又形成了经院哲学,这时它的正统理论对自然人的概念就远非那么持有敌意了。在复活了的亚里士多德主义的影响下,它反而给予自然人一定限度内的正当地位,也就是说,他要听从启示,不管这种启示在何处权威发布。加之,随着教会和帝制国家争夺权威地位的斗争变得日益尖锐,那种体现着政治权威之常见、确定或者积极特征的教义,它所采取的形式一定会与帝国宣称的东西针锋相对。于是,教会理论家们的学说就被用来当作攻击独裁政府权力的武器,将随后的革命者武装起来。

  称之为近代的这一时期又对自然产生了新的兴趣,使之重获尊重,这一点已是老生常谈。这种态度也扩及对人性持有的看法。人们显然打算让道德和政治理论摆脱教会,其实也就是所有制度架构的影响。这一运动的积极方面在于发现了研究人性所需的新的道德和政治权威。但在围绕什么是"自然地"占支配地位的要素,由此必须考虑按这一理论对政治理论和实践提供支持的问题上产生了一场论战,人们对人性的看法几乎立即产生了裂隙。由格劳修斯(Hugo Grotius)草创、经欧洲大陆后继者们发展的一个坚持自然法传统的学派强调,"理性"是至关重要的因素。然而,这种理性除了名称外,它与古希腊人的概念很少存在共同之处,虽说它与斯多葛学派的概念多少存在着某种亲缘关系。理性是普遍的要素,这种普遍物含有共同的东西,正是这种共同性使人类的联合得以维系。甚至在政治国家的形态之外,或者在政治国家的形态出现之前,它都成了将社会中所有人聚集到一起的社会纽带。它的社会本性通过那种构成政治组织之基础的自然人、道德、法律得到了表达,如果它有充分的根据,那么政治组织的建立必须遵循这种东西。一批法学家和哲学家正是依据人性的这种要素,对国家及其基本法和公民权利的体系作出了推断。

  17世纪英国人的思想却采取了不同的进路,18世纪盛极一时的法国人的思想全面追随这条路线。大陆的思想欲表明,它们是按照作为人性的支配要素的那种理性对法律和权威作出证明的。英国人关心的是保护个人免遭政府行为的侵害,如有必要,它还要证明反抗有理。从心理学方面看,它从欲望、情感而不是理性起步,以权利理论而非义务理论而告终。作为英国思想真正的奠基人,托马斯·霍布斯(Thomas Hobbes)的著作在确立这一关系方面具有重要的意义,虽说从外表上看,他把他的学说用来证明:对强大的集权国家的诉求是有其道理的。激发他作出这种证明的,是他对教士们的诉求——长老会教友、独立派教徒、英国国教会的拥护者以及天主教徒的诉求——充满敌意。他直接诉诸人性中首要的感情因素。霍布斯对他那个时代的内战和分崩离析感触颇深,他特别提到了恐惧和对安全感的需要。霍布斯之后,英国的政治思想一直以非理性因素的首要性对人性进行解释,指出这些被运用的理性是理性获得自我满足的工具。

然而,伴随新型工商业的兴起,一种重要的变异因素被引入了社会。那些打算对新兴的工业主义作出思想阐发的经济学家按照英国流行的学说,一上来便强调人性的感情方面。可是,在对欲求(wants)的本性和作用的学说加以扩展方面,它们比以往已经发展了的理论要系统得多,从中产生了有关自然法的新概念。按照这种观点,经济活动是基本的活动,人类行为的自然法在非人为性这层意思上正源自这种活动。社会是人为了满足其欲求奋力拼搏的产物,因为这种满足涉入了劳动分工、固定资产的交换。政府和政治行为以次要的方式显示其存在,以便对经济力量的自由发挥提供保护。在其早期阶段,这种理论在对摆脱了对政治行动之人为管制的未来社会作出的预言方面,充满了乐观的调子,其中或隐或显地体现着有关自然和谐的构想。李嘉图(David Ricardo)的地租理论和马尔萨斯(Thomas Robert Malthus)的人口论引入了不可避免的非和谐的冲突因素,这类因素后来造成了对人性作用所持看法上的悲观主义转向。

由此不难看到,欧洲思想史中关于人性的构想大部分呈现出来的并非是由科学的客观性框定的东西,而是出于制定一种思想公式,为实际的社会运动提供支撑这样的需要。之所以这样,除了把一种观念运用于日后实践活动这种一般趋向外,还存在另外的理由。一种新的社会运动把至此为止在人性中休眠或隐蔽的因素激发了出来,在唤醒它们投入行动的同时,也把它们带入了条理思想的关注范围。可以举出有关事实的一个醒目例子:古希腊人对归于欲求的那种处境作了思辨,而大多数新近的理论却颠覆了这类思辨的结论。在古希腊人的思想中,欲求是某种缺陷的标志,它们是造成社会道德失序的主要原因,必须严格地加以控制。工业革命的理论一般主张:欲求是社会进步的发动机,是激励原创、发明、财富生产和新形式的驱动力。

在往后的日子里,具备生物学基础并以人类学发展为依据的心理学,构成了用更为客观的依据提出人性构成问题的因素。这种心理学的因素清楚地表明:要对人的天然的原初的禀赋得出确定的看法,人们必须从心理学的研究中寻找答案,这类研究关联到对不同生长阶段的人的行为,特别是对在子宫内和出生后不久人的行为进行结构性研究。大致说来,天然禀赋等同于生物的禀赋;承认这一事实,就要适时地把关于物质的理论移出思辨的领域,使它成为可被观察的事实。另一方面,人类学也清楚地表明,以往多种多样的文化和制度形式不能被追溯到所谓原初的无法改变的人性那种东西,它们是社会环境交互作用的产物;它们在数学的意义上,作为制度组织和文化传统行使着功能,把原始的生物材料制作成确定的人的样式。要是我们撇开极端的学派立场不谈,可以认为,人们现在已接受了这一观点:已有的或者仍会存在的丰富多样的文化不可能直接源于任何种类的原初力量和冲动,问题是要用它们自己的术语对作用于原始人性的那种文化环境的多样化进行解释。由于这一事实得到了承认,不变性的问题就被习惯或传统的持存性这样相类似的问题所取代;它全然事关经验的决定,而非先验的理论构造。人性和制度变化存在着某种不可更改的限制,这是没有疑问的,但这些限制要通过经验观察才能知道。就目前阶段来说,我们还未占有足够的使我们这类看法得以立足的经验资料。此外,即使我们发现了这样的限制,重要的问题是要去发现它们是天生的、绝对的,还是说在某种程度上要归为那种造成变化的技术的限制。某些在任何特定时期存在的限制肯定会减少,恰如以前对物理性质的能量控制方面存在的限制一样,它伴随人们对因果关系知识的不断增长而减少了。例如,我们现在可以根据统计学对教育方法的结果,作出某种程度上的预测。但说到要就教育对某个特定之人的发展所起的作用作一预见,则很大程度上还是猜测的事情。我们很难找到这样的事实,通过它可以更为有力地说明目前的技术在促成人性的改变方面存在着限制。尽管有很多学派认为,即便像教育这样一种对性情的改变实施控制的过程,也不过是处在婴儿期的发展状态。

当前主张人性的本质不变性和认为人性在很大程度上是可变的争论,主要是围绕战争的未来和为私人利益驱动的竞争性经济制度的未来问题而展开的。我们有理由不带成见地指出,人类学和历史的证据都支持渴望改变这类制度的那些人的观点。显而易见,许多被归为人性的那种为变化设置障碍的东西,事实上要被归为制度的惰性和权势阶级维护其现有地位的蓄意图谋。就经济制度改造的可能性这一问题来说,历史已经表明,现存的体制相对还比较年轻;可以把发生革命的社会视为社会的实验室,在这个实验室里,人们可以借助其他那些不同于在资本社会中起作用的刺激物,对可靠的经济制度的优越性进行试验。当前被人们认为有望提出的所有涉及人性的一般问题有:愿意用特别具体的"改变"计划来取代不加区分的断言和否定;科学态度的成长弱化了以往观念的力量和决战的呼声;乐于看到在不受外部力量的干预下尝试进行社会实验;对种种教育手段加以运用,它们受制于理智的眼光和计划,而非惯例和传统。

(马　迅　译)

《印度的生命观》引言[1]*

要找到一个像本书作者那样善于利用以前的研究知识对吠陀哲学的解说写上一段引言的人,这也许很困难。但伴随东西方思想接触的增多,我们西方人应对印度文化拥有真实的资讯,这种重要性显而易见。与婆罗门教相联系的哲学构成了这种文化的本质部分。从某些方面来看,有关它的知识是理解印度的历史思想的一把钥匙。这样,不仅所有学者,就是所有那些对促进东西方精神交流怀有兴趣的人,都会对这套系列丛书的出版,包括推出的这第一本书表示欢迎。

就像我本人那样,即使一个并非吠陀哲学专家的人,也会承认博学家查特吉对该哲学所做的表述系统、彻底而又清澈流畅。我们可以放心地说,任何地方的读者和学生都会发现:由这样一位无可置疑的权威作出的如此富有内涵、如此清晰的说明是多么有用。似无须说,对西方的读者来讲,这种东方思想体系的基础和方法与我们看到的哲学体系的倾向相去甚远;要把一种体系转译为另一种体系,做到这一点不太容易。这一事实增加了摆放在我们面前的这份完整明了的陈述报告的价值。它给出的是一份人们十分需要的方向定位图。

(马　迅译)

---

[1] 首次载于贾加迪什·钱德拉·查特吉(Jagadish Chandra Chatterji):《印度的生命观:吠陀的智慧》(*India's Outlook on Life: The wisdom of the Vedas*),纽约:凯拉斯出版社,1931年,第7页。

* 选自《杜威全集·晚期著作》第6卷,第268页。

心灵如何被认知?[1]*

所有对哲学感兴趣的人都会同意,"心灵(mind)与精神(mental)是什么"是一个非常重要的问题。但他们也都认为,得出的结论有很大差别。近来关于这一主题的一些讨论使我想到,只要作为权宜之计,或许提出下述问题是可取的,即如何看待心灵的本质,这一问题与认识精神的本质的方法有关。提出这一设想,我并不打算涉及从认识论上探索认识可能性的任何本质问题,只涉及使用的方法这个一般问题,正如我们可以就任何主题提出探索它的最有效的方法。

提出认识的方法问题有助于说明关于精神的本质某些现存观点之间的差别。很明显,一些关于精神本质的学说事实上停留在一种假设上,即唯一最恰当的方法就是内省的方法;内省一词其含义与对除"精神"之外的一切事物的观察所具有的含义有着根本的差别。

另一种可能存在的方法以及关于这一方法的特点,为"内省"一词较早的含义所提示。因为它最初用作检查、考察、观察的同义词,通常被考察的对象是一个人从某种道德观点出发的个人行为。无疑,一个人的个人行为是被考察的对象,这一事实在"内省"这一词义以后的发展中起着作用,由于词义的发展,"内省"代表心灵或意识的一种直接的和直觉的认识行为。然而较早的意义与后来的意义具有明显的差别。仔细全面地研究完成了的行为的道德特性——这是为较早的用法所规定的,它包含着确定的方法,即在从事这些行为时其道德本质严格说来是没有被认识

---

[1] 首次发表于《哲学杂志》(Journal of Philosophy),第39期(1942年1月15日),第29—35页。
* 选自《杜威全集·晚期著作》第15卷,第22—26页。

的,而是要求反思的对象。①

古代和中世纪认识接受的假定是,确定性是一切有资格被称为严格意义上的认识的本质属性,因此,推断或推论得出的结论之所以能作为认识,因为它们是经由固有的必然为真的程序,从直接的自明的已知为真的前提中推出的。现代物理科学摧毁了这样一些特殊命题的基础,而这些特殊命题以前被作为终极真理,被作为其他一切科学真理的真理性证明所依赖的前提。然而,认识具有内在确定性的假设被保留了下来。诉诸意识的直接事实,或"精神性的事实"来作为必须的不可动摇不容置疑的第一真理,没有这些真理,就不可能推断其他真命题,这种看法在现代思想史上并不陌生。或许可以引用一个有趣的例子。早先的现代哲学依然相信数学定义与公理是自明的真理,这与古代和中世纪的哲学是相同的。但是,物理学变革没有为具有自明性的数学真理有效地运用于物理学现象提供逻辑根据。因此,需要在"意识"或"心灵"中发现某种完全确定的东西为这种运用提供可靠的根据(例如笛卡尔和康德,尽管他们之间有其他差别)。

一些人喜欢引用桑塔亚那(Santayana)的下述论述,即认识一样东西和以完全占有的方式成为它之间是不同的,认识并不像吃东西那样,还有一些人接受的原则与桑塔亚那认可的原则无关,他们都会意识到,认识"精神性的"东西所运用的方法之间有着根本差异。因为相信认识精神性的东西具有直接性与确定性,其背后的认识论学说,是精神性的东西是什么和被如何认识是同一回事。为了认识其他事物,通常需要利用形成假设和经验观察,或多或少通过长期探索间接达到认识。但是就精神性的东西而言,应当这样假定:被认识的对象或事件是自我表露、自我揭示的。拥有它们就是认识它们。

这一立场有其逻辑上的困难。除了与其他主题比较和对照外,我们如何知道讨论的特殊对象或事件是精神性的?假设所指的事件是独特的,与其他任何东西都不具有同一性或不能与其他任何东西相区别,"精神性的"一词,或者"意识"一词,其可能的含义又是什么?我并不想探究这一逻辑上的困难。我提出这一困难是要我们重视这样一个事实,即认识其他一切意味着通过比较与辨别建立联系,依

---

① 或许值得注意,conscience 和 consciousness 在意义上也发生了一些相似的变化。Conscious 和 conscire,最初意味着与他人分享的认识(to know with another),conscire alii 和 conscire sibi 是正统的表达。"自己的认识"(to know with one's self)无疑意味着私人的或独享的认识。但它不意味着某种本质上私人的认识。

靠这种比较与辨别联系被揭示出来。这是认识心灵和精神的本质的对照方法,这一方法通常被忽视,因此这篇文章致力于提出的这个问题是正当的。

特殊的、个体的、唯一的东西不能被认识,这一结论常被得出,但在进一步证明之前意思是不确定的。它可以意味着就其特殊性而言它不能被认识,或它不能以任何方式被认识。前一种意思与下述观点一致,即认识包含根据构成某种联系的特点进行描述。在这个意义上,"精神性的"认识所具有的直接性,就其发生的特殊性而言,与任何事件的直接性一样。① 因为被认知的事件被称作为火、发热、战斗或其他名称,就其发生的直接性而言,都是特殊的。在后一种意思中,就其特殊性而言,它们与其他发生之事没有丝毫共同特征。如果意识着落在一件事情上,比如莱布尼茨的单子,就可以说,就这件事被意识到而言,其性质是私人的;"私人的"一词在这里是"特殊的"同义词。如果同样的逻辑方法被用于"精神"直接与直觉地洞察自身的学说,一个事件就可以被说成对其自身性质的认识,是能够认识其"自身"状态及过程的唯一的存在。

沉溺于事件的这种想象出来的天赋能力不失为一种方法,即注意到"有"与认识(和被认识)的不同,这一不同标志着每一事件发生的特殊性。例如,说我牙痛是私人的,是为我直接知道的,是任何他人完全无法理解的,这样说的时候,只有一个要素是可以由经验证明的。这个要素与"认识"无关。你有牙痛与我有牙痛是完全不同的一件事,这一事实是能够证实的。这并不意味着你认识到你的牙痛与其他人认识到的牙痛的方式有什么不同。事实是,牙科医生可能比有牙痛之人更清楚地知道牙痛的性质,这种牙痛的特殊之处以及其他特征。它的"私人性"似乎依赖于身体条件而不是任何内在的东西。我们有理由相信,如果技术进一步发展,神经嫁接或许可以使我感到牙痛或有牙痛,而其发生处则是在你的颚上,就如同用收音机我们可以听到源于远处的声音一样。

简言之,诸如享受与受苦等事情,就其发生而言是"私人的"。它们被认识的方式,完全不同于我们认识声音、颜色等的方式,这一断言似乎是建立在认识理论上的,而不是建立在某种与其特别相关的证据上的。而且,享受与受苦就其发生的私

---

① 显然,"精神的"与"心灵"指的是类性质。我忽略了如下逻辑困难:"类"属性以及它们所断言的特殊性之间存在矛盾,因为它应该是前面提到的逻辑困难的另一种形式,即不与他物相比较或相区别,认识某物是精神性的是困难的。

人性而言,似乎描述了一个社会事实,就像一个守财奴拥有并贪婪地注视着"私人的"黄金储备。我在最近读的一本书上偶然看到这样的话:"个人以私密投票的方式来私下表达他的意志。"无需论辩便能证明,私下或秘密投票是公众决定的事情,社会公众相信它是可取的。在上述引文中提到的"个人",只有当年龄、公民身份、登记等公众参与决定的条件满足之后才能投票。同样,强调商业中"私人的优先权"作为某种社会政权制度的标志,是这样一些人极力主张的,他们由于所谓的社会利益而支持将这种优先权作为一种社会政策。我们甚至竟可以说,认识到享受与受苦是私人具有的,这一认识的意义关乎社会道德。因为它是随着超出了人种与宗教界限的人道主义与慈善事业近来的发展而产生的。错误地将"有"作为认识的唯一模式,这一学说的流行可以说是政治学与经济学方面的"个人主义的"社会运动的混乱的产物。

对我的这一论述的一个反驳是:它完全忽略了被称作亲知(acquaintance)的这一主要的认识方式。而且我的论述还远不止是忽视了亲知这一事实。我在这里不再重复我在其他地方的论述,即熟悉与认识到如何以适当的行动应对事件之间具有密切关系,例如熟悉一种外国语,或熟悉约翰·F·爱克斯伯里(John F. Exbury)。指出亲知与任何做出科学或哲学断言的认识的不同就够了。人类在达到如今被看作科学的认识之前的很长时间,就非常熟悉炎热和寒冷,熟悉各种疾病,熟悉石头、植物和动物。正如古希腊和中世纪的"科学"表明,相信科学认识与熟悉具有同样的规则,这一信仰将实际的科学压制了若干世纪。就我而言,我怀疑,一个人是否能够比熟悉牛奶、橡树或邻居,更熟悉他所享受和经历的事情,除非他依靠比较和区别的操作获得了更多的东西,这些操作赋予他所享受和经历的事情以一般的或公共的形态。但是我关于亲知与可称之为哲学或心理学方面认识的精神性认识之间不同的观点,与我的上述信念无关。

任何其正确性依赖于假定特殊的认识形式的关于精神本质的理论,如果只能运用于特殊的对象而不能运用于其他对象,我相信,这种理论如果不是一种用于交流的特殊形式的认识论理论,就是高度可疑的。考虑到这种交流形式,先前的怀疑就被依靠检验、在封闭圈中的特殊的推理抵消了。实际上心灵的极其特殊的本质被说成是需要同样特殊的、唯一的认识心灵的程序。而且,既然精神完全独特的本质的学说是建立在假设这样一种被认知的方法上的,这一论证并不能使人信服。

如果被称作精神现象的本质,是根据其他直接表现出来的独特的性质,诸如这种热、这种冷、这种红等被认知的,那么"精神性的"东西就与几乎不需要中介就被认知的事物是完全相反的。要科学地认识红颜色是什么,需要广泛的实际的和理论的知识作为必要条件。我们必须获得仔细检验过的光的本质的观念,并且会发现这些观念又与电磁学理论有关。我不需要进一步详细说明关于为经验直接拥有的特殊性质的间接性特征。我在这里并不想描述精神性东西的特殊性质,而只是提出,为了解释精神性东西的本质,我们或许只能从由生物学观点得出的关于行为的最佳结论出发,然后综合构成文化的各种条件,包括交往或语言,对导致修正这一行为的所有认识加以利用。

C·I·刘易斯(C. I. Lewis)在其文章《关于精神性东西的某些逻辑思考》①(Some Logical Considerations)中,至少九次使用了短语"行为的和[或]大脑的状态"。他并没有论证,但将对精神性东西的行为说明等同于对大脑状态进行描述。因此可以说,当我在前面一段用行为一词时,行为甚至在生物学水平(不涉及行为的文化组成)都包含许多超出"大脑活动"的东西。的确,除非对有限的行为方式本身的描述取决于最广泛的生理学意义上的已知的整体行为方案,在这个意义上行为方案也包含环境条件的相互作用,否则我很难理解,人们怎么能给予大脑行为以可以理解的说明。刘易斯有一段话与刚才提到的九处表述相反,他谈到"大脑的真相或身体行为的真相"。即便这里的"或"表达了一种可选择的替代而不是"同义词",形容词"身体的"也构成了对行为方式的限制,这种行为方式仅仅为"行动主义者"所接受,他们对行为的说明从属于认识论的思考。

最后一段只用于说明这一事实,即认知心灵,不同于有"精神性的"性质,我们必须转向非心灵的亦非精神的东西,将直接出现的性质转换为事件之间的一系列联系。它们被用来说明的方法的观念,正如已经指出的,是与完全不容置疑的直接认识方法对立的,后者彻底排除了反思与探索的需要。由于提出的是方法问题,我在这里不会提出任何关于心灵的本质的结论,而利用系统研究的方法或许可以引导我们得出这样的结论。然而完全可以说,这篇文章已经获得了而不仅只是预示了积极的结论。

(余灵灵 译)

---

① 《哲学杂志》,第 38 期(1941 年),第 225—233 页。

灵魂的复兴[1]*

几年前,有位德国人发表了一部著作,标题很抓人眼球:《发现灵魂》(Discovery of the Soul)。然而,那些耗尽一生寻觅灵魂、以求与它来个理性对话的另类人士倘若买了这本书,多半会感到失望的,因为书上所说的灵魂只是一种气味。这位博学的德国人以相当深奥、晦涩和真诚的方式搜集了大量心理学事实,用以表明嗅觉在精神生活中的重要性。他使自己相信,以上就是知识和感觉中的基本事实;经由心理学家可以理解的过程,这事实被转化成了巨大的实体。所以,灵魂就是气味,由来已久的奥秘被揭开了。现在,人们或许能够接受自己的祖先被解释为披着毛皮、拖着尾巴的树栖动物;但是,若要说他们自己和祖先一道,可以被分解为一系列气味,那就走得太远了。杰格(Jaeger)先生被视为科隆(Cologne)的圣徒、教父,算是当之无愧;但是,世界的其余部分只会待之以沉默和无视——这是他那轻率的理论所应得的,姑且不论它是真是假。到如今,这位雄心勃勃的灵魂界哥伦布早已湮没无闻,只有偶尔闯入的心理学猎奇者有可能听说过他。

但是,当今时代见证了一个同样引人注目的现象,据说它会更加持久,那就是灵魂的复兴。在将近一代人的时间里,灵魂遭到近乎刻意的无视。你说自己有灵魂倒也罢了,但没有什么事比假定你的邻居有灵魂更缺乏教养了。先进的科学与讲究教养的社会形成合力,一道把灵魂挤入幕后。倒不是说人们确信人仅仅是肉体,绝非如此;他总得是些什么,无论如何总得是一丁点儿那什么;这一丁点儿东西

---
[1] 首次发表于《大学》,第219期(1885年12月5日),第6—7页。
* 选自《杜威全集·晚期著作》第17卷,第8—11页。

是先前灵魂信念的基础,是它让审美趣味永葆活力;这趣味涉及往昔岁月中的种种奇异现象,如艺术、诗歌和宗教。看上去,人的肉体着实不足以解释这些现象。倘若肉体竟能产生出这般趣味,那真是太不可思议了;所以,正如灵魂曾经遭遇禁令一样,肉体在此地也碰壁了。这样一种感觉逗留着:在不可知的深处,有那么一种东西;然而把它当切知识来对待是庸俗的,用"灵魂"这么个陈词滥调来称呼它,也未免亵渎。灵魂反对者的失误,就在于允许这种感觉逗留不去。他们本该彻底地将它一笔勾销——倘若有必要,不妨采取全体自杀。看吧,灵魂又回来了,它变得无所不能——除了在道德领域;而且无所不在——除了在英语诗歌和美国小说中。

这一新鲜而盛大的复兴究竟原因何在?当代历史学家的眼界不足以阐明这个问题。不过,以现存事实为依据指出几点特征是可以的。至于确切的原因,那就有待 25 世纪勤学深思的西蒙兹(Symonds)或帕特(Pater)去细究了。无论如何,眼下可以指出一些粗浅的情形。有一个情形与科学有关。人们钻研身体越是深入,他们看上去就越接近灵魂。所以,为研究大脑和神经倾尽一生的生理学家冯特(Wundt),在一两年前宣布了这么一个观点:生理学家一般认为身体是灵魂的原因,但颠倒过来才对——其实,灵魂是身体的原因;只要身体在结构、行为的复杂程度上确实高过无机的自然界。最近还有英国唯物论的摧毁者克利福德(Clifford)教授,他的生涯是从断言世间不存在无所不能的灵魂开始的。他曾仔细考查过空间,却没有发现任何头脑结构的痕迹;可是最终他宣布,整个世界都由心灵材料构成,无论这材料实际上是什么。灵魂方面兴趣的复兴还有一个理由,从其本性来看更为常见——那出自某种新感受力的需要。眼下这一代人总想说出和听到些新鲜玩意儿。他们的探索上天——或曾经的天——入地,为新情绪兴奋颤栗,为新经验踌躇满志。但是,他们厌倦了,因为一切看上去都在彼此复制,周而复始。于是,有些人想出了这么个聪明主意:"别为寻找了不得的感受瞧这瞧那啦,绝对的新鲜就在你自身之内——那就是你的灵魂。"

灵魂先知打出了近乎决定性的一击。追逐新经验已经厌倦的人们忽然发现面前多了个奇异的领域,先前他们对于灵魂的无视有多固执,如今他们探询灵魂的劲头就有多贪婪。于是,灵魂被吞并进来了。研究灵魂的社会团体遍及各个方面。信仰疗法、形而上治疗者,实质的心灵主义者和非实质的唯物主义者,断言只有灵魂存在的人,以及否认肉体存在的人——这些在公众中风起云涌,在媒体上纷纷冒泡,试图引领整个时代。旧时代的唯物主义者们明白,他们已经被云彩笼罩。假如他们露出头来,那就是在轻轻地咕哝说,以上正是他们一向要说的东西。物质只不过是物质化了的灵魂,旧式的唯灵论者发现奥赛罗的职业已经过时。当每个人都知道自己没有灵魂的时候,让人感到他多么地接近于看到灵魂,这只是个率性的冒险或挑逗性的虚张声势,因为归根结底,人依然确信灵魂不存在。可是在当下,以灵魂为形式的鬼怪已经成了最真切可信的现象;什么思想传递、精神作用于精神、幽灵现身,这些都再正常不过了;暗幽幽的光线,磷光闪闪的舞动的双手,上有铙钹下有班卓琴——这是跳大神搞的老一套,如今已经显得陈腐不堪。当代的口号是:每个人,自己的鬼魂。

但是说正经的,整个事情中有那么一些令人沮丧的因素。在新英格兰,有一个感觉敏锐、才智犀利、具备神奇的自省能力的女士,她先前就曾看见这门半开着,甚至曾越过这道门槛;这回她紧扣时代的脉搏,就毫不令人吃惊了——最近她在《北美评论》(*North American Review*)上发表了一篇文章。读者诸君都会记得,文章的立场是:这一次对于灵魂的重新发现是属于19世纪——倘若算不上属于整个历史的话——的伟大机遇。需要做的仅仅是组织起尽可能多的心灵研究团体,竭尽全力地仔细观察,广泛搜集,彻底称量和细分,作出足够准确而包罗万象的概括,以便把整个灵魂存在的问题一劳永逸地予以彻底解决,就如同达尔文等人对于机体生命问题的解决那样。此种观点出自这个作者,是毫不奇怪的。但是,它反映出来的普遍感受和共同期望,多少令人悲哀。这个时代陷于怀疑主义的绝望和无力,在为科学或猎奇而复兴灵魂的这件事上已经表露无遗。一言以蔽之,想用科学来为宗教问题找答案,是绝对不可能成功的。宗教把世界看成整体,通过爱来发现整体的律动,靠着意志在智慧和力量中孕育。科学却根本不对付整体,也和爱、智慧、意志无关。科学仅仅是发现事实之间的联系。它为现象之间的共存或继起确立关联,并把这些关联命名为法则。超越现象关联,进入绝对实在的领域,这不是科学所能做到的。

假如科学研究能够满足菲尔普斯(Phelps)女士等人的期待,得出确切的结论,那么,要么是宗教生活的问题还根本未曾被触及,要么是宗教的丧钟已被敲响。像科学连结事实那样连结"彼岸世界"和此岸世界,会把灵魂生活庸俗化到这般程度,以至于这无常现世中的一切卑贱绝望都成了永恒生命的有机组成部分。这样一来,精神生活就更没意义、更琐碎了,甚至都不如乔治·艾略特(George Eliot)用"彼世"(other-worldliness)这个词讽刺指称的东西。不过,真正的宗教可不会掉进这个陷阱。它会宣告自己对所谓的灵魂——那作为事实摆在感官面前的东西——

一无所知,也和所谓的不朽生命——科学研究它并将它和现世生命相联系,正如科学联系行星和另一颗行星——毫无关系。真正的宗教会说,以上这些或许是事实,但它们离精神生活实在太远了;就好比新发现的小行星的名字或新发现的甲虫的身体构造一样,和生活无关。她(指宗教——译者)会拒绝希腊人的欺骗,尽管希腊人给她挖掘出新鲜可见的灵魂并贴上标签,还送来勘探完毕并绘制好地图的天堂作为礼物。生命中有些部分是不可见的,有些东西尚未被感官揭示出来;这才是宗教的神圣特权所在,也是信仰所在。华丽的灵魂秀,邻家客厅般的天堂,这些都不是宗教生活的精义所在。在今天,和以往时代一样,公正必须和信仰同在;正如19世纪伟大的诗人所吟唱的:

你不能拒绝信仰中的不确定,
倘若你拥有信仰之为信仰。

精神的生活不存在于科学研究的对象中,不存在于数学论证的领域内。它属于意志领域。它的根据并非如此:我知道灵魂及灵魂的永恒命运都存在,因为我曾是心灵研究团体的成员,我亲眼见过、亲耳听过;而是:我愿意($will$)它们是真的,因为倘若它们不真实,我自己就不真实。整个灵魂就奠基于此,整个存在也奠基于此。尽管这关于整体献身的表达出自未知事物之中,但这就是宗教生活。

灵魂的复兴或许能给我们带来大量的心理学知识。只要别过于专注地只知道跟着鬼故事跑,或者只想通过宣布没有肉体拥有神经来治疗神经痛,那么,它确实会有成果。它或许能深化这么一个印象:归根结底,人和皮囊一样好,心理学和物理学一样值得研究。这一印象会逐渐延伸:希腊人和雕齿兽一样有价值,前者的研究和地质学相比,不会显得更像拜物教。只要这一印象不至于被扭曲到这般地步,即灵魂不是人和历史本身的生命所在,而是"黑巫师"似的鬼怪或《仲夏夜之梦》中的小精灵,作用无非是被人拿来猎奇或玩弄光景,那么,我们满可以对上述结果怀有美好的期待。但无论如何,说到灵魂的复兴——无论作为科学现象还是作为大众感受——对宗教的增益,那是绝对没有的,永远不可能有。宗教所说的灵魂向来就在那里,用不着被重新发现,也无须神气活现地来什么复兴。

(李宏昀 译)

宗教、科学与哲学

经院学者与投机商人[①]*

I 经院学者

故事稀奇会获得接受。近来有报道说经院学者抛开了与中世纪相伴的生活，从而使得炫目的强光突然射向那蛛网缠结的隐居所。更有可能的途径不是飞跃，而仅仅是转型。进化论者告诉我们什么都不曾消失，表面上逝去的仅仅是转变成了其他某种东西。因此，经院学者改换了他的外衣以及曾被用于鉴别他的恒久特征，但未变的是其内在习惯与倾向。

旧的经院学者的特点以其对亚里士多德的处理为代表。首先，他把生活在希腊清新氛围中的亚里士多德转移到他自己乏味的单人居室中；他排除了亚里士多德生活中的时间、地点、给予其意义的社会与思想生活背景，抽象地（in abstacto）看待他，也就是说，把他虚拟化。他不是人类智慧发展过程中的个体，而是成为一位哲学教皇，从一切境况中抽象出来，逍遥自在地签发敕令。他从一种协同因素，一种对人类发展有贡献的能量，变成了一个"权威"。他的人性思想在希腊思想中的地位不是一个幂数、指数，而是一个公式。一句话，没有什么变化与生活，只有僵化。一切都是由于抽象，把亚里士多德隔绝于他在人类思想发展进程中的某个位置。我们在哲学中大量谈论抽象。应该记住抽象在哲学中的意味，正是它在任何

[①] 本文首次发表于《内陆人》(*Inlander*)（密歇根大学），第2卷（1891年12月），第145—148页；第2卷（1892年1月），第186—188页。此前未曾重印。

* 选自《杜威全集·早期著作》第3卷，第122—127页。

别处的意思——拿走某种东西。如今,某人可以有两种理由拿走某种东西。一个理由是好好地观察它,把它与隐藏并产生混淆的事物堆隔离,以便凸显其自身的本质。这里,抽象是简单地提取出某一个事物,区分它,那就是说,把它放到它所属的位置。这是人类心灵获取任何事实的正常过程。但还有另一种抽象。当某报纸说一位出纳员抽取了保险箱内的物品并潜逃加拿大——这是所有人都理解的形而上学术语。这是哲学所说的错误的抽象。它不是从其表面关系中抽出某物以使之进入真实的关系,而是从诸关系中抽出某物并使之保持脱离。直截了当地说,经院学者是盗用者。他试图使亚里士多德脱离人性,脱离在人类思想与行动的前进纵队之位置;他想为自己保留他,用于他自己的个人体系、他自己的阶级-利益。经院学者不是商人,他并不给予与索取,为了给予而索取,为了索取而给予;他拿走所有他能得到的,只在强迫下给予——该强迫就是我们所说的文艺复兴。经院学者是"抽象的",他是哲学的吝啬鬼,是那个唯恐其被拿走而希望保存真理的人。他保存其财富的坚固箱子,就是所谓的"体系"。

  经院学者死了么?例如,是否亚里士多德完全回到了现实,也就是说,回到了人类生活的具体情境?他是否属于人群、群众,或如政治家所说的,他是否仍然被盗用他的哲学家们所占有?或者,把问题来个总结,如今哲学与科学被认为是什么:是理解并促进人类行动的手段,还是被认为是有自身价值的关于理论和事实的独立实体?若是后者,那么对生活的抽象依然在继续。人类心灵依然投身于保存与储存进程中。正是心灵的这种保存进程,而不是任何特别行动或历史的特殊部分,构成了经院主义。

  但我已经在经院学者这一方面详谈如此之多,我必须尽快说到他的另一个主要特性。当他把亚里士多德从其生活情境中移出并使之窒息时,经院学者进一步肢解剩下的一切。我想,即使吝啬鬼也会在他的黄金上做点什么,否则他不会知道自己拥有它。他必须不停地计算,他必须把它们放在一起叮当作响,他必须把自己的五指没入其中并搅动那些金币。因此,经院学者不得不以某种方式应用其学识。他把它扒拉来扒拉去,直到把它扒拉成了碎片。当一切都被抽象,当它被自己甩上天空,已经失去其联系物,剩下的一切就是对同样的东西一遍一遍地分解、分割、分析,接着对碎屑进行分类、集堆。差异的制造与收集总是伴随在经院学者的习惯中。在其生命的每个阶段,经院学者只看到另一只苍蝇在其不停的运动中骚扰他,那只苍蝇将被粘住并消灭——接着和其他这类事情一起塞入到卡片盒中,被永无休止地洗牌、再洗牌。把各种事实和观念从其在生命活动的场所中抽离出来，从人们时髦地称作进化的过程中抽离出来的一切科学、哲学，都完全是这样的苍蝇粘。当事物游离于这一活动场所时，生命也抽身而去了，统一性也与生命一起离去了。只有零星物件还保存在科学的橱窗中。

随着近代科学、实验的与历史的方法逐渐被理解，经院学者并未被摧毁。它只是外在形式的另一种不得已的改变。实际上，作为一项历史记录般的精巧策略，经院学者看起来向俘虏他的科学家投降了。经院学者获得了更广的行动范围。他不再限制于亚里士多德与《圣经》文本，而是打开了可供劫掠的新领域。自然与历史为他提供了可被抽象的巨大仓库。等待储存的财富增长不可限量。甚至其外在的变化比通常想象的还小。单一的居室已经变成了专业的演说大厅。数不尽的"权威"已经取代了亚里士多德。没完没了的年报（Jahresberichte）、专题论文、杂志占据了关于亚里士多德评论所留下的空白。若说过去的经院学者历尽艰辛地擦除旧手稿中的笔迹，以便在其上加入属于他自己的东西，新的经院学者也有他自己的重写本。他对某些其他经院学者评论其他评论的评论作评论，笔迹不断地叠加，直到实在的基础长久地模糊不清。

但话说回来，让我们对经院学者公平些。在一个足够大的水平上完成的抽象是正当的。人类必须有某种东西赖以生活，若他不把它从发疯的人群中单独地取出来，他又如何能得到它。群聚、生活中的困惑是如此之大，若某人不把他所抓住的真理隔开，真理将马上从他身边被拖走。保存是有必要的。除非他已经保存，否则他用什么来做这些事情？着实就像物质产品的交易一样，心灵与世界的交易需要相应的资金、资本化的商场。经院学者一直在从外在事物的压力下盗用事实，继而在保险箱里保存它们。只有经过这样，人类才得到保护，而免于野蛮，免于精神破产，也就是说，免于智力不能满足行动之必需所提出的要求。而且这种抽象，这种保存不可能是问题的一切，肯定有某些目的、某些用途。它是什么呢？

II 投机商人

思维与交易的比较是自然的类比。只存在一种交易：心灵与实在交会。有时是一种我们称之为思想的交会，有时是一种我们称之为语言的交会，有时是一种我们称之为艺术的交会，有时是一种我们称之为正义、公正的交会，有时是一种我们称之为贸易的交会。仅仅因为我们是这样的物质主义者，注意力紧紧盯着僵硬的东西,而不是动态的行动,我们确实把最后的交换特别地等同于交易。在宇宙中只有一种经济,对它来说,逻辑学、政治经济学以及分子的运动是同样的景象。所有的接触都包含两个方面,所有的接触都意味着交换,所有交换都遵循互惠法则,这就是交易。不论它是思想与事实的交换,或鞋子与棉花的交换。根据这种想法,在每一个真正的讨价还价中,每一方都付出而每一方都根据自己的付出得到一定比例的回报。心灵需要给予它所面对的世界以意义、观念,作为其投资的回报,世界回馈真理与力量。和商业生活一样,智慧的问题在于支出与收益的适当比例。

思想就是平衡观念与事实,每一个制造业或贸易的项目都是类似的平衡。自然通过复式簿记系统保存它的账册,每一笔投资完成必须及时对应于初始真理资本的核算。当万有引力定律出现在牛顿的脑海里,正是试图使思想的贷方等于经验的借方。美孚石油公司(Standard Oil Company)也是一样,试图平衡智慧与现存的社会情境。形而上学家说真理存在于关系中;政治经济学家说没有价值保存在交换中;物理学家说作用力与反作用力相等;化学家谈的是恒等律(law of equivalency);那位人类的伟大导师①说,一个人只有当他失去生命时才得到生命;每一处都是同样的伟大交易行为——同样的交互作用。

人们为了产出而存留,因此,他为了收取而花费。人类智慧总是在时代的劫难中聚集财富,并拥抱自身的救赎以揭示其完全的意义:这是经院学者。但智慧必须再次把它的资金投入到生活的压力中,它必须以其储蓄的投资来应对事实的压力:这是投机商人。

美国佬(Yankee)是伟大的投机商人。他并未受到益格鲁-纯粹主义者(Anglo-purist)的干扰,延续着自己对生活的伟大"猜想"。若他在任何程度上不再说"我猜想",只是因为他已经前进了一步,并学会了说"我打赌"之类。若代表生活之旧概念的语法反对这种短语,伴随它们的是动态真理的逻辑。每个思想,每一判断,包含着向前一跃、一跳、一次投机。形式逻辑家可能试图从前提得到结论,每一个实践者知道前提只是跳板,是跳入到动态事实之洪流中的有利之点。有些人可能想把思想的这一阶段尊奉为所谓的假说,或尝试性归纳,或难以归类的东西,但所能发明的最大术语也不足以表达从知识的跳板跃入无知的海洋。就像常人所说,各种规则设计出来,不是用以告知那些没有"感觉"或"好的判断力"的人如何完成这

---

① 指耶稣基督。——译者

种跳跃。情况总是这样，总是必须保留个体的投机：针对生活的持续之流，以自我或自我的某些部分为赌注。某人关于生活所下的每一判断，必然是他的"我打赌"，他的投机。他在判断中投入了大量自己保存的真理资本："事物的状态是如此这般。"事实之流在其判断中淌过，并带着收益返回到他本人。他的猜想，他的投机，胜利了：逻辑学家称之为确证。或者，事实的洪流卷走了他的投资，那么他再也见不到它了。他的投机与市场导向不符合，那么他就失败了。

康德写了一本著作，讨论"先天综合判断如何可能"。该问题听起来是技术性的，可究其根本，它仅仅意味着：心灵能够与真理打赌并获胜是怎么发生的？必须是哪一种世界会欢迎心灵的投资并回报它们附加财富？哪一种心灵敢于对其外在的资金巨流进行投机，哪一种能在动态游戏中以其真理集为赌注并收回其本金与高额利息？

然而，有两种经院学者：一种是为了获得行动中一次新的购买而储存；一种是只为了储存而储存。因此，也有不同的投机商人。但商业人士储存，理想的储存不是拥有一个从不去触碰的储备，而是利用一切而没有浪费。有一种储存意味着取款、分离；有一种储存意味着与实在的情况平等地利用。当棉花商根据棉花市场的动向投下了他的所有资金，这是他最好的囤积。偷放在餐巾下的零钱根本不是储存；最终是其他人获得它。有一种投机，其存在只是为了投机。只要你愿意，华尔街就是这种投机的符号，正如每一项大型买卖代表着一次投机的发生，旨在获得其更大的相关效用。那种投机是为了利润、奖池，另一种则是为了游戏。因此，在人类智力的历史中，有过两种思想-投机商人。曾有那些倾其所有的冒险者，为了利润而把一切真理库存都用于他自己的私人投资：他们的体系。他们插手人类的一切财富，把它们作为其理论的赌注，他们进行私人打赌。所有伟大的哲学家都有过一点儿这种无情的思想冒险，不计后果地把真理的累计库存抛掉。尽管挥霍者总是比吝啬者更有吸引力，但肯定还有某种更好的方法。仅仅因为思想与行动分离，生活中经济学家与理论学家分离，投机预定了其私人形式。商人的投机是买卖，而不是赌博，仅在于其自身行动与公开行动的程度上。掮客的投机是赌博而不是买卖，仅在于他本身不行动，而是试图从他人行动中得利，在于他在暗中而不公开的程度上。根据真理而行动是思想商人的标志，尽管他既储存，又花费；而既不盗窃，也不赌博。

（邵强进　译）

斯宾诺莎的泛神论①*

哲学问题旨在确定我们所发现的事物或现实事物的意义。鉴于这些事物可以用三个标题来概括,哲学问题变成了:确定思想、自然和神的意义,以及此三者的相互关系。思想的第一个阶段是独断论阶段,最初的哲学是普通的未受教化的心灵的哲学:自然实在论。神、自我和世界是三个独立的实体,每一个实体的意义就是其看起来所是的样子。不过,假如它们是独立的实体,那么它们是如何发生相互关系的呢?这个问题产生了第二个阶段的独断论哲学,这种哲学(按照持有者的精神)要么采取独断的唯心论方向,要么采取视神为解围者(Deus ex Machina)的二元论方向,比如笛卡尔的二元论。这些因素的调和导致了第三个阶段,在此阶段中,神变成了绝对,自然和自我只是神的表现。这就是泛神论,它是斯宾诺莎的观点。思想和存在变成了一个东西;思想的次序就是存在的次序。于是,最后的统一似乎已经达到,实际知识是可能的。

哲学问题旨在确定实在的意义,其终极的检验必定是完全性,具有完全性的答案与实在相一致,并且说明了实在。诚然,我们在这里所讲的意思并不是它的解释必定与普通的解释一致。不存在支持如下假定的理由,未教化的心灵具有的形而上学是所有形而上学都必须与之吻合的终极形而上学。但是,每一种哲学都必须回答以下问题:它是否提供这样的要素,在其中,它们的每一个发展都说明了由那个理论解释的实在,并且说明了其他解释?简言之,它必须不仅说明它们的实际状

---

① 本文最初发表于《思辨哲学杂志》,第 16 卷(1882 年 7 月),第 249—257 页,后来一直没有重印。
* 选自《杜威全集·早期著作》第 1 卷,第 8—16 页。

态,而且必须说明它们的貌似状态。仅仅停留在第一点上止步不前,就规避了这个问题。一个问题的最佳答案是,它能够使你理解和说明所有其他可能的答案。

斯宾诺莎是否提供了这样的答案呢?必须承认,对许多心灵而言,他似乎提供了这样的答案。我们不妨来看一看他究竟是否提供了这样的答案。让我们重述一下这个问题:仅仅通过对无限的假定,把无限和貌似的有限调和起来;仅仅通过对绝对的假定,证明绝对和貌似的相对之间的统一。这是一项艰巨的任务。但是,在阅读斯宾诺莎《伦理学》的过程中,我们似乎发现他已经完成了这个任务。这两个因素逐个地演绎自一个共同的原则。我们现在的目标是:支持心灵去决定这项成就只是貌似的成就,还是实际的成就。

我们将努力证明斯宾诺莎对这个问题的解决:两个因素的调和只有通过假定他的前提中相互矛盾的因素,他在证明过程中暗中带入了新的假定才能实现。从一开始,我们就不可能做得比康德还要好。像斯宾诺莎那样,依几何学展开的体系必须得出要么综合要么分析的结论,分析的结论是已经事先蕴含在给予观念中的结论,综合的结论是超越了事先给予的观念,增加了新意义的结论。假如它是综合的结论,那么除非你回避整个问题,否则你必须证明你的定义的有效性和现实;假如它是分析的结论,那么你必须证明在所给予观念之外你从何处获得你的材料。我们将努力证明,斯宾诺莎的前提中存在自相矛盾的因素,我们将不是通过直接考察它们,而是通过间接地从它们得出的与斯宾诺莎的结论最实际的矛盾来证明这一点。

斯宾诺莎《伦理学》第一部分"论神"试图证明具有无限属性的无限实体的存在,试图证明这个实体同有限事物的关系,即后者只是前者的意外。我们的考察将尽可能地清晰,我们将采取斯宾诺莎的方法,把他的公则和界说当作前提,以几何学的形式得出结论。为了表示区分,我们的命题用阿拉伯数字标明,斯宾诺莎的命题用罗马数字标明。

界说

Ⅰ. 自因,我理解为这样的东西,它的本质即包含存在,或者它的本性只能设想为存在着。

Ⅱ. 凡是可以为同性质的另一事物所限制的东西,就叫作自类有限。

Ⅲ. 实体,我理解为在自身内并通过自身而被认识的东西。换言之,实体的概念,可以无须借助于他物的概念而形成。

Ⅳ. 属性,我理解为由知性看来是构成实体的本质的东西。

Ⅴ. 样式,我理解为实体的分殊,亦即在他物内通过他物而被认知的东西。

Ⅵ. 神,我理解为绝对无限的存在,亦即具有无限多属性的实体,其中每一属性各表示永恒无限的本质。

Ⅶ. 凡是仅仅由自身本性的必然性而存在、其行为仅仅由它自身决定的东西叫作自由。

Ⅷ. 永恒,我理解为存在的自身,就存在被理解为只能从永恒事物的界说中必然推出而言。

公则

Ⅰ. 一切事物不是在自身内,就必定是在他物内。

Ⅱ. 一切事物,如果不能通过他物而被认识,就必定通过自身而被认识。

Ⅲ. 如果有确定原因,则必定有结果相随,反之,如果无确定的原因,则决无结果相随。

Ⅳ. 认识结果有赖于认识原因,并且也包含了认识原因。

Ⅴ. 凡两物间无相互共同之点,则这物不能借那物而被理解,换言之,这物的概念不包含那物的概念。

Ⅵ. 真观念必定符合它的对象。

Ⅶ. 凡是可以设想为不存在的东西,它的本质不包含存在。①

命题1. 属性必定通过自身且只有通过自身才能被理解。

证明:由知性看来,属性是构成实体的本质的东西(界说Ⅳ),所以必须通过自身而被认识(界说Ⅲ),这是第一点;它只通过自身而被认识;假如属性可以通过其他事物被认识,因为它构成了实体的本质,那么实体也可以被如此认识,这是荒谬的(界说Ⅲ)。所以,属性必定通过自身且只有通过自身才能被理解。

命题2. 属性不具有样式。

证明:假如样式存在着,它便要么是实体的分殊(因为属性构成实体的本质),

---

① 参阅斯宾诺莎:《伦理学》,贺麟译,商务印书馆,1983年,第3—4页。——译者

要么是属性的分殊;或者属性存在于他物之中,它必须通过他物被认识(界说Ⅴ)。但是属性必须只有通过自身被认识(命题1),所以无法具有样式。证明完毕。

命题3. 存在着的只有属性和样式。

证明:因为所有事物要么通过自身,要么通过他物被认识。但是通过自身被认识的是属性(界说Ⅳ和界说Ⅲ或命题1),通过他物被认识的是样式。所以,存在着的只有属性和样式。

修正1. 存在着的只有属性。假如不如此,假定存在着别的事物,那么(根据前面的命题)它必定是样式。但是因为样式(界说Ⅴ)无法存在于自身中,它必须存在于他物之中(公则Ⅰ),那个他物只能是属性,因为不存在属性之外的他物。但这是荒谬的,因为(命题2)没有属性能够拥有样式。所以,存在的只有属性。

修正2. 只有通过它们的属性,事物才能得到区分。因为不存在其他事物。

修正3. 无法给予两个或更多的属性以同一本性(前面的修正)。事物只有通过它们的属性才能得到区分,假如存在同一本性的两个属性,它们便无法区分,也就是说,两者是一样的(公则Ⅳ)。所以,同一个本性无法给予两个或更多的属性。

命题4. 每一个属性都是无限的。

证明:因为假如一个属性是有限的,它必定受到与其具有同一本性(界说Ⅱ)的某个属性的限制(修正1,命题3),那是不可能的。所以,每一个属性都是无限的。

修正:不存在有限的事物。因为存在着的只是属性(修正1,命题3),它们都是无限的。

附释:现在立即可以看到的是,我们已经否定了斯宾诺莎的一个基本结论,即有限事物作为神的样式或分殊存在着。我认为,它没有充分地指出,斯宾诺莎如何偷偷摸摸地引入了这个观念。它将在命题28中被发现,在那里,他声称,每一个特殊事物都是有限的且定在的事物,非经另一个有限的且定在的客体,它便不能存在,也不能有所动作,而且这一个原因也非经另一个有限的且定在的原因决定它存在和动作,便不能存在,也不能有所动作;如此类推,以至无穷①。但是,需要注意的是,这是一个有条件的判断,只是声明,假如存在有限的事物,它们便是如此确定的。不过,问题是:存在着如此有限的客体吗?斯宾诺莎只是提出了那样的假定。他只是通过偷偷带入有待说明的事物来作出他的综合判断。有限的客体是如何确

---

① 参阅斯宾诺莎:《伦理学》,贺麟译,商务印书馆,1983年,第29页。——译者

定的,这个问题不具有相关性或有效性,除非以下情形得到了证明:有限的客体是完全能够存在的。但是,斯宾诺莎进行的论证似乎是,他的有条件的判断不仅在它的结论中,而且在它的谓词——有限事物的存在——中具有有效性。简言之,他完全诉诸这个问题。他的第二部分,多半内容最终是以上述这个问题为根据的。对第28个命题证明的检验将表明,就他的大前提的谓词的定在而言,斯宾诺莎应当得出的结论。通过提及前面的假定,他首先证明,任何被决定的东西都是由神决定的,但有限的事物无法产生于神的某个属性的绝对性,也无法产生于永恒而无限地得到修正的某个属性。他得出结论,所以,它必定由某个有限的修正所产生。换言之,有限事物的条件是有限事物,由此形成了一个无限序列。换言之,有限事物的存在根本说明不了什么;它仅仅是被提出的假定。他可能得出的结论如下:有限事物,假如它是存在的,就必须依赖于另一个有限事物,以至无穷。所以,神,由于他是无限的,决不可能引起一个有限的事物;尽管他是每一事物的原因,但没有一个有限事物是被引起的,或者拥有存在。所以,这个假说是虚假的。斯宾诺莎没有看到,这是他的论点从逻辑上得出的唯一结论,由此表明,他的心灵已经完全被他无意识地从前面体系得出的实际假说所占据。通过相似的方式,我们可以证明,假如我们承认前面的结论,那么有关决定行动或变化的假说肯定是虚假的。因为它们证明了,没有一个属性能够发生变化或产生变化,因为它是永恒不变的(修正2,命题20)。假如样式是可变的,那么这种变化必须依赖于另一个样式的变化,以至无穷。也就是说,神不能做出第一个变化,而这是荒谬的。所以,有关变化的假说是荒谬的。

命题5. 一个属性不能由另一个属性产生。

证明:既然它们不具有共同点(修正3,命题3),它们无法借助于彼此得到认识(公则Ⅴ),与此相应地,一个属性不能由另一个属性引起(公则Ⅳ),证明完毕。

命题6. 它属于属性存在的性质。

既然一个属性无法由另一个属性引起(前面的命题),它必定是它自己的原因,即(界说Ⅰ),它属于它的存在性质。

修正:属性是永恒的(前面的命题和界说Ⅷ)。

命题7. 存在着无限数量的属性。

证明:假如你否定它,试想象一下一个无限数不存在的情形。那么同理,说每一个属性的本质将不包括存在,这是荒谬的(命题6)。所以,这个假说是荒谬的。

附释:读者会发现,这恰好是斯宾诺莎有关神存在(命题21)的论点。

命题 8. 存在着无限多的实体。

证明:像前面的命题那样得到证明。或换一种证明,既然存在着无限多的属性,每一个属性构成了实体的本质(界说Ⅳ),所以必定存在无限多的实体。

修正:不存在神或拥有无限多属性的实体。

附释:准备证明有限事物的存在矛盾于斯宾诺莎哲学其余部分的读者也许会惊讶于对神存在的如此否定,他们会认为,它可以依赖于某些语词欺骗,而不是在逻辑上蕴含在斯宾诺莎的前提之中。但我认为,事实证明,这的确是蕴含在斯宾诺莎的前提中的。在命题11中,他试图证明由无限属性构成的唯一实体的存在,但他实际上只证明无限多的实体的存在,证明了无限多的属性的存在。后面这些蕴含都无法通过这个命题得到证明。在对命题10的附释中,他似乎认识到了令同一个实体具有无限属性的困难性,但他试图通过以下说法来回避它:再也清楚不过的一点是,现实越是成为现实,它拥有的属性必定也越多,所以,一个绝对无限的存在必定拥有无限的属性。假如他先行证明了,依照他的定义,实体拥有这样的数量是可能的,那么这本来可以是真的,或不蕴含矛盾。但是他没有那样做,这一点在他随后的做法中得到了证明。属性构成了实体的本质。所以,假如在同一个实体中存在着两个或更多的属性(一个无限性),那么它们要么构成了不同的本质,而这是荒谬的;要么构成了相同的本质,在这一种情况下,它们是相同的属性。两种情形只对斯宾诺莎来说是可能的。他要么拥有无限数量的属性,它们的存在是完全相互独立的;要么存在着一个无限的实体,它拥有一个无限的属性。但是,正如前面证明的那样,统一这两个观念蕴含着矛盾。不过,这是他在实践上当作紧急情形来处理的事情。

我们现在把斯宾诺莎看作一个持有道具的魔术师。有两个无限,一个是对有限的否定,另一个只相对于有限而存在;有两个实体,一个实体具有许多属性,另一个实体只有一个属性,他能够在我们惊讶的目光下通过灵巧的手法变出任何想要的结果。

这就是我们考察第一部分所得出的结论。我们希望,我们起初提出的陈述,即在斯宾诺莎的假说中存在着矛盾,以及从外部引入新观念,将得到正当辩护。这个矛盾现在可以作如下理解:在界说Ⅲ和界说Ⅳ中,实体,其安置只能被设想,它只能自在地存在,只能由以相同方式存在的必然属性所组成。但是,在界说Ⅴ中,我们拥有了某物能够在他物之中存在的观念。假如界说Ⅲ和界说Ⅳ得到了接受,那么界说Ⅴ必定被否定,除非我们主张存在着除了实体和样式之外的其他事物,而这又矛盾于公则Ⅰ和公则Ⅱ。在我们最后的命题的附释中,前两个界说和界说Ⅵ之间的相似矛盾也暴露了出来。

阅读斯宾诺莎的其余部分便是在浪费时间。它只是证明,无论如何,他对有限和无限的表面调和,要么借助于引入有待探讨的事物而进行,要么矛盾于他的体系的其他部分,要么两者都是。现在解决问题的线索掌握在读者手中,希望解决它的任何一个读者都可以详细地把它阐发出来。

不过,我们希望简单留意一下第二部分"论心灵"中的几个要点。他用这一部分的公则Ⅴ作为证据:构成人类心灵的实际存在的观念的对象是肉体(参阅命题13,第2要点),这个公则宣称,我们既感觉不到也知觉不到除了肉体和思维样式之外的任何特殊客体。但是,命题16第1要点宣称,在无限样式中的无限事物必定存在,从每一个那样的事物必定产生某个后果(命题36,第1要点),那个后果必定蕴含有关其原因的知识(公则Ⅳ,第1要点)。正如第一部分试图把有限事物解释为实体的殊相那样,第二部分试图把错误仅仅解释为不适当性或丧失,而不是缺乏实证性。为此,他务必假定三种神。首先,神是无限的(命题6,修正:*quatenus infinitus est*),他构成了人类心灵的本质(同上:*quatenus humanæ Mentis essentiam constituit*)。它被视为受到实际存在的特殊客体的观念的影响(命题4,*quatenus rei singularis actu existentis idea affectus consideratur*)。毋庸说,这些不同观念要么没有意义,要么互相矛盾,只是在一些紧急情形之下碰巧才需要这一个而不是那一个的。但是,读者可以轻易地证明,即便错误是在丧失或不适当知识的意义上被界定的,通过使用第一部分的命题也是不可能的。另一个矛盾可以表述如下:在对命题15的附释中,他证明了,就其同想象力有关而言,物质可以看作是可分的,由许多部分组成的;但是在第二部分,当他考察想象力时,他断定这些相同的部分是为了一个适当的解释而做出的(参阅附录,命题15,16,17,第2要点的修正和附释)。

实际上,斯宾诺莎是口袋里藏着两个神的魔术师,一个神是完全无限和绝对的存在,另一个神仅仅是如其向我们呈现时那样带着其所有缺陷的宇宙的总和。当他希望证明神是万物的充分动因时,当他希望解释真理和谆谆教导的道德原则时,他的障眼法把第一个神摆到了我们的眼前;当要解释无限的事物、变化、错误等等时,他的第二个神便出现了,那个神不以他是无限的那样做事,而是受到有限事物的观念的影响。

我们能够先验地知道,在一个像斯宾诺莎那样的泛神论体系中,必定会发生这样的矛盾。其根据是,唯一真正的知识是当下的知识。在这种情况下,绝对变成了唯一的存在,一个抽象的共相,不拥有肯定,因为肯定就是否定。因此,当斯宾诺莎真正地符合逻辑的时候,这个绝对就是他的神。但是在这种情况下,他无法解释具体的特殊的对象。从斯宾诺莎的知识立场来看,这两个因素必然是无法调和的。

两个逻辑的泛神论体系是可能的。一个必须开始于绝对完美存在的观念,所有事物都在那个存在之中;但是,这个理论无法按照我们发现它们那样地解释事物。它必定否认事物是它们表面上的那样,要把它们提升为神圣。但是,每一个这样的理论遇到的难题是:假如果真如此,所有事物都是神圣的,那么它们如何会向我们呈现为另一番景象呢?这正是斯宾诺莎的失败之处。另一个理论必须始于如事物表面所是那样的事物观,它提出了它的泛神论,不是通过把万物提升为神,而是通过把神降格为万物。这样的理论当然从来无法抵达绝对、完美、无限的观念,严格说来,它根本不是泛神论,而是泛宇宙论。不过,这不是一个解决问题的办法,而仅仅是对所有有待解释的事物的一个假定。

(张国清 译)

莱布尼茨的神学①*

在关于知识的那些章节中,其中有一章题为"论我们对于上帝的存在所具有的知识"。这把我们引至莱布尼茨的神学和间接地引至在关于意志这一章中已勾勒出的那些完整的伦理学说。莱布尼茨使用三个论据以证明上帝的存在:作为世界的充足理由的上帝存在(实质上是宇宙学上的证据);作为前定和谐的根源的上帝存在(目的论证据的延伸);作为本体论证据的上帝存在。莱布尼茨相信,把上帝存在作为前定和谐的根源的始作俑者是笛卡尔;但却坚持在该证据被列为不止是假定的证据之前,这一目的论证据的延伸需要证明。安瑟尔谟(Anselmic)和笛卡尔的论据(像莱布尼茨陈述的)如下:"上帝被界定为最伟大或最完美的存在者,抑或被界定为最高贵和最完美的存在者。但是,在完美的存在者这一概念中,存在必须包括在内,因为它是存在着的东西而不是不存在着的东西。抑或说存在是完美,所以它必然属于最完美的存在者;否则一些完美也许是欠缺的,这是有悖于上述界定的。"或者说像笛卡尔论述的,偶然性包含在诸如树、山、三角形这样的任何东西的概念中。我们可以随意设想这种对象存在着或不存在。我们的思想不涉及必然性。但是,我不能思考完美的存在者,除非它存在着。这不在于我们的思想是否包括存在于该概念中的这一决定。我们一思考这种存在者就必须思考存在。

莱布尼茨采取中间态度,他所说的内容介于承认上文论述的可作为证明的论据的那些人与视上文论述为纯谬误推理的那些人所说的之间。这一论据所预先假

---

① 首次发表于1888年,为《莱布尼茨的人类理智新论》一书第11章。
* 选自《杜威全集·早期著作》第1卷,第317—325页。

定的是：最高的存在者这一概念是可能的，或者它不涉及矛盾。这个假定将得到证明，首先，它大大地简化了这一论据本身。笛卡尔的界定可还原为如下的论述："上帝是一个存在者，在上帝那里存在和本质是同一个东西。按照这一界定，可得出一种推论，即这种存在者，如果可能的话，存在着。就事物的本质恰恰作为构成事物的可能性的东西来说，显而易见的是，借助事物本质的存在等同于借助事物的可能性的存在。于是，自在存在，抑或上帝，可极其简单地界定为这样的存在者，即他必然存在，如果他是可能的。"

有两种方式（直接的方式和间接的方式）可对上面最后一个状语从句（即，他是可能的）加以证明。间接的方法用于反驳作出如下断言的人：根据纯概念、观念、定义抑或可能的本质，我们不可能推断实际的存在。这类人简单地否定自在存在的可能性。但是，如果自在存在，抑或绝对存在，是不可能的，那么借助另一个的存在，抑或相对的存在，则也是不可能的，因为不存在自在存在可以依赖的"他者"。没有什么东西，在这种情况下能够存在着。或者说，如果必然的存在是不可能的，则不存在可能的存在。换句话说，上帝是可能性所必需的，就像上帝是实际的存在所必需的一样。如果存在着任何事物的可能性，则存在着上帝。这就逐渐转到了直接的证据这一话题，因为可得出如下结论：如果可能存在着上帝——在这个存在者中存在与本质是一个东西——上帝存在。"只有上帝具有这种态度：存在是必然的，如果可能的话。不过，因为不可能存在着有悖于不受限制的存在者的可能性——存在者因此不具有否定，并且不具有矛盾——这就足以证明上帝是先天存在的。"简而言之，作为肯定与纯自我同一的上帝，他的存在这一观念不能包含矛盾，所以上帝的存在的观念是可能的，是必然的。关于上帝作为纯自我同一，没有否定的这一概念，我们将在之后再作论述。

宇宙论的论证是：像我们已看到的，世上每一原因同时又是结果，这不能是任何事物的充足理由。整个系列是偶然的，并且需要并非先于系列而是超越系列的根据。关于任何事物的唯一充足理由，乃同时也是它自身的充足理由的东西——绝对存在。目的论的论证，我相信，莱布尼茨始终与前定和谐理论相关联来描述它。"如果经验的实体"，贯穿于莱布尼茨的整个论证过程中，"尚未从某一普遍的最高原因那里获得自己的主动和被动的存在，经验的实体则该是相互独立的，因此不该展现出我们注意到的自然的次序、和谐与美。这一论证只拥有道德上的确实性，这种确实性借助我已作介绍的一种新的和谐（前定和谐）得以展示。因为每一实体以它自己的方式展现着在它自身范围之外发生的东西,并且不能影响其他的具体存在者。毫无疑问,每一实体,在从它自己的存在的深度发展出这些现象之前,一定已从普遍原因那里获得了这种本质(外在现象的内在根据),而且,一切存在者取决于普遍原因,并且普遍原因产生这样的结果,即某个原因应该和每一其他原因完全相一致并且应相当于每一其他原因。这种情况不会发生,除非借助一个具有无限的认识和能力的存在者。"

在确定了上帝存在后,莱布尼茨陈述了上帝的属性。这些属性可归纳为三种:上帝是完美的能力、完美的智慧、完美的善。"完美只是和事物的限制与界限无关的整个被动的实在。在不存在限制的地方,像在上帝那里一样,完美是绝对无限的。""在上帝那里存在着能力,这种能力是一切知识的根源——这种能力领悟观念的领域(直到这一领域的细枝末叶)和意志的领域,这种领悟目标对准一切创造物并依据最佳原则改变它们。"或者说,像莱布尼茨在其他时候展开论述的:"最高原因必然是理智的,就现实世界是偶然的,并且无数的其他世界同样是可能的而言,毫无疑义,世界的原因使我们考虑到一切可能的世界以决定选定其中一个世界。现在实体与简单观念之间的关系必然是理解力与它的观念的关系,而选定一个世界乃是意志的选择行为。最后,正是实体的力量扮演着意志的角色。力量有它存在的目的;智慧或理解力在于真理;而意志在于美德。这样,原因必然是绝对完美的力量、智慧和美德。上帝的理解力是本质的根源,上帝的意志是存在者的根源。"

这一论述把我们引到上帝与世界的关系,或者引至对上帝的创造活动的说明。这论述可被认作具有形而上学的、逻辑学的或道德上的必然性。说它具有形而上学上的必然性,乃是说它系神圣的本质所致,乃是说它也许意味着上帝所特有的存在的矛盾,因为世界不存在并且不是像世界所是的那样存在。简而言之,世界仅仅成了力的流溢,因为像我们刚才得知的,力量与存在是相互关联的。但是,这仍未对理解力作出说明。并非所有可能的世界都从上帝的存在中流溢出来,但人们能认识到一切可能的世界及其相互关系。如果世界仅仅是出自神圣的理解力,无论如何,世界该具有逻辑上的必然性,即它与上帝的理解力的关系应该等同于必然真理具有的与上帝的理解力的关系。世界的对立面也许确实不是意味着上帝存在的矛盾,而意味着上帝的理解力的矛盾。不过,上帝的意志在选择理性所描述的可供选择的世界中,扮演着极其重要的角色,其中每一可供选择的世界在逻辑上都是可能的。在这些世界中,有一个世界,尽管以和其他世界一样的理智计划为根据,却在道德上更胜一筹——即,这涉及构成这个世界的生物的更大的幸福和完美。上帝于是被更好的(并且这是最好的可能的)世界这个观念所引领。上帝的意志不在于随心所欲的创造;上帝的意志不用命令般的蛮力来发挥作用。然而,上帝的意志也不是宿命论的:上帝的意志借助强制的必然性而发挥作用;上帝的意志是自由的,因为它不受什么东西引领,但上帝自己对目的的认识除外;上帝的意志是必然的,因为上帝(上帝存在)不能借助这个更好世界的原则以外的东西发挥道德上的作用——并且涉及偶然性问题的这一点,意味着最好的世界。所以,莱布尼茨的乐观主义在这里无需进一步论述就可以得出。

既然最完善的世界恰恰是上帝自己,那么,显然,上帝创造出的世界将尽可能具有神的完美。上帝创造出的世界因此将可能从上帝这一概念和上帝与下面这一世界中推演出来;这个世界具有我们在前面通过分析所达到的莱布尼茨单子论的一切特点。上帝是个体,而且是具有无限理解力的个体。每一实体都再现最高实体的这些属性。存在着无数个这类实体,以便世界尽可能完美地反映上帝的无限性。每一个世界,就它存在而言,都反映着上帝的能动性,因为能动性是完美所特有的本质。因此,我们可以感受到单子的全部属性。

为了完成现在的讨论,无论如何,所要注意到的是理解力和意志必然见于每个人身上,并且如此一来,我们对甚至最低级的单子也具有的特点即"欲望"和"知觉"作出了说明。不过,单子的等级不可能是尽善尽美的,除非在有些人那里欲望成了意志、知觉和自我意识的理解力。这类单子总是完全分有与上帝的其他关系,而不是分有和盲目地具有统治性冲动的实体的其他关系。"精神,"莱布尼茨说,"能成为上帝的共同体的内容,并且上帝不但作为自己的机器的发明者(像上帝是其他生物的创造者一样)与精神相关联,而且上帝作为自己臣民的王子,或者更恰当地说,上帝作为自己子女的父亲与精神相关联。精神社会构成上帝之城——在最完美的君主统治下的最完美的国家。上帝之城,这个货真价实的世界性的君主国,是自然领域的一个道德世界。在上帝的全部作品中,上帝之城是最为崇高和神圣的。在上帝的全部作品中,上帝之城成了上帝的真正荣耀,因为,除非上帝的伟大和仁慈为精神所知晓和钦佩,否则也许不会存有上帝的荣耀;并且,在上帝和这个社会的关系方面,上帝首次显露自己的仁慈,而神到处显现其力量和智慧。而且,像我们在前面证明了自然的两个王国(动力因的王国和目的因的王国)间的一种完美的和谐一样,我们在这里同样必须宣布自然的物质王国与恩典的道德王国之间一种完美的和谐——即,作为机械世界结构的建筑师的上帝与作为精神世界的君主的上帝之间一种完美的和谐。"上帝完成了自己的创造,换句话说,完成了其在精神王国的创造;并且上帝之所以完成了这一创造,是因为在这里生活着的人们确实不仅仅反映着上帝,而且和上帝结成了伴侣的关系,并构成了一个共同体。精神相互间与上帝的共同体乃是道德世界,并且我们因此复又被带到莱布尼茨的伦理学。

学者们经常指出,莱布尼茨是赋予伦理学自从有德国哲学以来一直保持的形式(自然法和自然道德的划分)的第一人。括号中的这些术语很难用英语来表述,这一点经常被指出。但是,和自然道德相对应的通常称之为"道德哲学",而自然法称为政治哲学,就它具有伦理意味而言。或者说,自然道德可说成在本质上论述伦理理想和道德动机及义务,而自然法论述社会、公众,从某种意义上说是道德的外观。

普芬道夫(Puffendorf)无疑使人想到这种划分属于莱布尼茨,因为莱布尼茨把义务分成外在和内在两种——第一种义务是领悟自然法和民法,第二种义务是领悟道德神学。但是,普芬道夫使第一种义务局限于纯外在行为,不包括动机和意图,并使第二种义务局限于神的启示。这两种义务都是"肯定的",并且都具有某种随意性——一种义务事实上只是依靠某些习俗的获得,另一种义务实际上只是依赖上帝已宣布了某些东西。另一方面,对莱布尼茨来说,上帝的意志不创造真理,而实现了神圣的理解力的永恒真理。道德真理有如数学真理。再者,不存在纯外在道德这种东西:道德始终含有内在的内容,并且这内在内容只为外在的行为所展现。莱布尼茨因此可说是作出了两个发现,确切点说,作出了两个再发现:一个是存在着伦理学,独立于法律、习惯和实证的权力的伦理学;另一个是"自然的"和"实证的"道德的基础,不是上帝的纯意志,而是具有永恒真理作为其内容的理性。

在道德领域,目的是幸福,手段是智慧。幸福未被界定为发生的事情,而被界定为条件,或存在的状态。"幸福是永恒的喜悦之条件。这不意味着喜悦实际上每时每刻都感觉得到,而意味着:一个人每当思考喜悦时,便处于喜悦的状态,并且有时喜悦出自他的活动和存在。"快乐,无论如何,不是一种状态,而是一种感觉。快乐是完美的感觉,不管它是在道德领域还是在任何其他事物中。由此得不出如下结论:我们或者理智地感知到令人愉快之物的完美所在,或者感知到这东西在我们中发展出的完满的方式。这种令人愉快的东西足以在感觉中得到实现,以便给我们快乐。完满常被界定"为存在者的增加。像疾病似乎是对健康的削弱和衰退一样,完满是超过了健康的东西。它显露于权力的运用中,因为一切实体在于某种权力,并且权力愈大,实体就愈高级且愈自由。然而,权力增加的程度如下:'多'通过'一'显露自己并且显露于'一'中,而'一'统治自身的'多',把'多'变成'一'自己。但是,多样性的统一只不过是和谐;并且,从和谐中生出次序或比例,从次序中继续生出美,并且美唤醒爱。这样一来,幸福、快乐、爱、完满、实体、权力、自由、和谐、比例以及美是如何融为一体,就变得一目了然了"。

根据这一集中的概述(取自莱布尼茨本人),莱布尼茨伦理学说的主要特征清晰可见。我们过去研究自由时,看到了自由主要不是作为意志的起点,而是意志的目的地和理想。我们还看到了真正的自由取决于知识,取决于对永恒和普遍的认识。我们在这里所具有的,乃是以感觉和意志(而不是用认识)的字眼对莱布尼茨的伦理学说作出陈述。幸福被说成是人的目的,但幸福这一概念以它被看作相当于亚里士多德的自我实现这一概念的方式加以阐发;"幸福是实体的发展,并且实体是能动的"。幸福是"一"与"多"的统一;并且"一"(根据莱布尼茨的不变学说)是精神的要素,而"多"是赋予理性统一以意义的实在的内容。幸福因此意味着完满,而且完满意味着得以完全普遍化的个体。迈向伦理生活的动机在别处被说成是爱;爱被界定为有助于完满,所以完满以上帝之爱这唯一绝对的完满而告终。爱也源于作为完满之起源的上帝;因此,莱布尼茨说,爱上帝的人爱一切事物。

天赋人权,作为区别于道德的东西,基于正义这一概念,它是智慧或知识的外在显现——对行为与幸福关系的体会。莱布尼茨所作出的界定如下:正义与非正义是对公众有用或有害之物——即,对精神共同体有用或有害之物。这种共同体首先包括上帝,次之包括人类,再次之包括国家。这些是极其次要的,以至于在和义务冲突的情况下,上帝这一关系的集合出现在人类的利益面前,并且出现在国家的利益面前。在另一些时候,莱布尼茨将正义界定为社会的美德,并且说,存在着多种"权利",就像存在多种自然的共同体一样,在自然的共同体中幸福是行为的目的。自然的共同体被界定为依靠欲望和使欲望得到满足的力量的共同体,并且包括三种不同的共同体——家庭共同体、公民共同体、教会共同体。"权利"被界定为维持且发展任何自然共同体的东西。换句话说,权利是追求幸福的意志,这里的幸福指的是与对使人们幸福的东西作出深刻思考相融合的幸福。

与社会机体这三种形式相对应的(像我们现在应称作"自然共同体"一样),是三种法权——狭义的法权、公平和虔诚。此三种法权,每一种都有它相应的规定的东西。狭义的法权规定的乃是不要伤害别人；公平规定的是"己所不欲，勿施于人"；虔诚规定的是使道德律变成行为律。狭义的法权包括战争与和平的权利。和平的权利存在于个体之间直到个体破坏和平为止。战争的权利存在于人与物之间。人战胜物意味着财产。物因此拥有它们相对于一切其他人所属于的人的权利，即个人反对别人攻击的权利（和平的权利），包括反对别人对自己财产的侵犯权利。诚然，狭义的法权在一切情况下都借助民法及和它相伴的强制性力量得以实施。公平，无论如何，在不存在强制性权利的许多情况下超出了义务范围。公平的法则是：应该对一切人提供帮助，但应该对每个按照他的价值观念和主张行事的人提供帮助。最后来论述虔诚。其他两个阶段是受限制的。最低的阶段是否定的，它避开伤害；中间的阶段旨在追求幸福，但只不过是在尘世的存在的范围内追求幸福。为了他人起见，我们应该独自承受痛苦，即便是最大的痛苦，并且我们应该使全部存在隶属于更高级的东西。这里的所谓应该之举无法得到证明，除非我们把自己的精神社会或精神共同体看作与上帝相关联。与上帝相关的正义包含一切美德。存在的一切东西都源自上帝，因此一切行为的法则乃是使一切东西以它们在上帝的观念中所处的地位为转移，以它们在普遍的和谐中所起的作用为转移。这样一来，虔诚不但与其他两种正义相辅相成，而且是它们内在的伦理价值的源泉。"严格的正义"可能与公平相冲突。但是，神所造成的是，适用于公众康乐的东西——即，适用于宇宙的东西和适用于人类的东西——也将适用于个体。因此，从上帝的观点看，合乎道德的行为是有益的，而不道德的行为是有害的。康德受益于莱布尼茨将会立即表现为这种益处被纳入他的哲学。

莱布尼茨从未详细制定出他的伦理学或政治哲学；但是，显而易见的是，这两门学科已初步提出并且涉及人与神的关系范围，这两门学科实际上对实现普遍、而非纯形式的和谐的方法作出了说明。因为，和谐在莱布尼茨那里不是外在的有序，而是存在所特有的灵魂。完美的和谐，或对关系的宇宙的适应，是个体的目的，并且人类被内心的快乐感告知向目的进发。

可以进一步说，莱布尼茨的美学理论就其得到阐发而言，依赖的基础等同于伦理学依赖的基础——即依靠"上帝之城"中的成员，或精神存在者的共同体。这一点，实际上蕴含于上文已引用的那段话中。在那段引文中，他陈述了美与和谐及完满的密切联系。美感意味着认识到仍然未被理智地加以描述的次序、比例、和谐感，莱布尼茨以音乐、舞蹈和建筑为例来说明这一点。和睦感也成了产生的冲动。

像对美的感知可视为莫名其妙的或混乱的一样,对真理的感知或美的创造同样可认作不成熟的意志。对真理的感知或美的创造是走向完美的自由的行动,因为自由只不过是明确地认识和谐的活动。

我们最好引用莱布尼茨《自然和优美原理》(*Principles of Nature and of Grace*)中的一段文字,作为我们所探讨的问题的结论,尽管这段文字部分地重复了我们已知的东西。"在理性的灵魂抑或精神方面还存在着更多的东西,不只是在单子抑或简单的灵魂方面存在某物。精神不但是生物的宇宙的一面镜子,而且是神的存在的镜像。精神不仅能感知上帝的作品,而且能生产出类似于上帝作品的东西,尽管精神只能小规模地生产这种东西。更不用说梦,在梦里,我们毫无烦恼且无意地创造出的东西,成了我们必须长时间反思以便在我们醒着的状态发现的东西——更不用说我们的灵魂是在自愿地建筑这一点;而在发现与上帝所控制的一切东西(沉思、测量、计算)相一致的科学时,灵魂在它的活动领域,在它自己活动的世界中所仿造的,正是上帝在整个宇宙中造出的东西。这乃是精神(通过理性和永恒真理而成为上帝之社会的一部分的精神),是上帝之城的成员之缘由——那也就是说,这种社会是最完美的国家,它由最佳的君主建立和统治。在这种国家中,凡犯罪均受到惩罚,凡良好的行为皆受到褒奖,而且美德和幸福应有尽有。这种情况的出现,不是通过自然的干扰(似乎上帝与灵魂打交道违背了机械的法则),而是借助自然的东西所特有的次序,原因在于自然和恩典王国之间永恒的前定和谐,抑或作为君主的上帝与作为建筑师的上帝之间永恒的前定和谐,因为自然通向恩典,而恩典使自然完美地利用恩典。"

上述引文是我们所能发现的、作为对莱布尼茨分析的最好结语。这段引文不但回荡着莱布尼茨思想伟大而广博的特点,而且还含有他的本质的观念、他的杰出的"笔记",意味——自然与超自然或机械和有机的和谐的观念。机械对莱布尼茨来说,是这个词所表示的意思;机械是工具,而这就是这一术语的全部含义。自然是工具性的,因为它发挥着功能,实现目的,而且如果没有自然,精神或有机体乃是空洞的梦。精神,另一方面,乃是意义、自然的观念。精神使自然变得完美,因为精神使自然对它自己来说是工具性的,因而精神给予自然不是纯物质力量的一系列被动的全景画,而是生动的精神的显露。

(朱进东 译)

《黑格尔宗教哲学研究》[1]*

西伯利神学院伦理学和护教学教授斯代尔雷特(J. Mac Bride Sterrett, D. D.)著,纽约:D. 阿普尔顿公司(D. Appleton and Co.),1890年

有这样一种普遍的印象:黑格尔与"神秘的"是等同的,即神秘(misty),他的这种格调使注释者陷入其思想与言语背后的混淆之中。斯代尔雷特博士并未受此困扰。我并不是经常如此有幸读到这样生动易懂且具思想性的著作。放在我们面前的这本书,读起来相当的轻快和生动;十分大胆而又简洁地易于理解。正如斯代尔雷特博士在序言中所坦言的,本书的目的是护教性的。但他有一个很有价值的护教学概念。显示宗教是人类道德生活中一个必需和真实的要素,显示基督宗教作为宗教的成就——就是斯代尔雷特博士所理解的护教学。在本书的前面部分,他告诉我们:他"个人在学术上的兴趣是从纯粹的神学——理性追寻作为所有事物之所是的自觉理智的上帝——开始和延续的"(第14页)。更为特殊的是,斯代尔雷特博士认为黑格尔的宗教哲学可以辅助护教学——在被转变的现代科学和文化的状态所设定的境况下来试图理解上帝和宗教——的现在(present)的需要。斯代尔雷特博士指出,这并不是思想可以形成宗教的最高级的证明;最高级的是去显示宗教的绝对理念(idea)的权威。在这样较高的工作以及将永远有效的宗教观念从过时和不充分的形式和语言中转变为更充分和更令人信服的现代形式中,神学有许多方面需要向黑格尔学习。这就是斯代尔雷特博士处理他的工作的精神。

因此,他的基本原则是清楚的。这正好就是认为宗教哲学是基督宗教唯一的

---

[1] 本文首次发表在《安多弗评论》,第8卷(1890年6月),第684—685页。此前未曾重印。
* 选自《杜威全集·早期著作》第3卷,第154—155页。

最终的护教学,"或者这种宗教哲学必须被达到,或者我们必须在奇迹和大公会议这些外在的证据中安顿。其他的唯一选项就是拒绝去检讨,不去寻求论据,靠任意的思想压抑来保持孩提时代那简单的信仰到成年"(第 96 页)。"圣经,理性(Reason),以及教会,一个接一个地,被作为护教学的立足地,但是其中没有一个是确实可靠的。每一个都需要一个更强的护教学来证实其权威。当把它们自己建立在宗教的绝对理念的权威之上时,它们都是相对的充足理由。"(第 97 页)我强调这种宗教哲学概念作为任何护教学的基础,因为它于我而言似乎是斯代尔雷特博士整本书的基调。对这个立场的讨论不可能在我的范围之内,但我发现自己发自内心地赞同它。在这本书的方法问题上说些什么,也许是有用的。前两章是流畅的梗概,完全是非正式却是如目标所需那样的准确,概述黑格尔主义和对诸宗教的哲学讨论的发展。第三、四、七以及第八章主要依据黑格尔,说明了他的"介绍"、他的关于"宗教的重要理念"(Vital Idea of Religions)的章节、"前基督宗教的分类"(Classification of the Pre-Christian Religions)和"作为绝对宗教的基督宗教"(Christianity as the Absolute Religion)。第五和第六章没有宣称与黑格尔有任何直接关系,但却是从一个独立而又带着同情的立场对其他章节中所讨论问题的说明。因为即使在详细说明黑格尔的时候,斯代尔雷特博士始终考虑的,不是那些渴望使自己成为黑格尔技术(the Hegelian technique)专家的学生,而是那些对黑格尔理念更广泛的动向感兴趣的人们。所以很明显的,他做了对所有于当代神学的基础问题感兴趣的人有重大价值的一项工作。当试图找出内在于世界和历史的上帝这样的企图是如此的明白,以至于斯代尔雷特博士给了我们一本在这个方向上,倾向是如此强烈和自觉的书籍的时候,我不禁想到,这是我们的神学在当今接合点的一个好兆头。

在结束的时候,我要简单地把焦点放到这本书的三个进一步的特征——首先,著名的关于联合教会(Church Union)的附录。有一点,我完全相信,当教会联盟那个值得高兴的日子来到时,它不会基于斯代尔雷特博士所放弃的路线上,因为他拒绝放弃强硬路线,但是合一却贯穿在他字里行间的精神之中。另外,就是他的坦诚、公正和对坦率的理智方式的热爱的精神,这些赋予斯代尔雷特博士所写的文字以生命力。有时人们说,我们的神学院教育缺乏理智之光和诚实。这里几乎没有关于神学院的问题,正是这个问题引起了这本书以及基德尼(Kedney)博士最近在这个书评中涉及的一个问题。第三个特征就是在哲学著作中很少出现的——恰当和真正解说性地使用危险的隐喻。我有许多段落可以引用,但是一个或两个肯定足够了。说到不可知论和神秘主义,斯代尔雷特博士写道:"一个完全侵蚀思想的生命力,另一个只是用比它准备能接受的更多树液来淹没它。"此外谈到精神找到它那似乎在最初限制它自身的方法,他说:"如此正是古老的罗马意识到她自己那样。她的护界神(Terminus)足够灵活去包括和转变所有的敌人成为她的公民(cives sui),并且她成了世界的至高无上的主人。"

(邵强进　译)

勒南丧失对科学之信仰[①]*

恩斯特·勒南(Ernest Renan)[②]所著《科学之未来》(The Future of Science)的基本概念是,科学在主观上和客观上都是社会性的:它的基本材料在其最为重要的那些方面需要到人类的历史当中寻找,而其目标是增进人类的组织机构。科学与人的福祉的关系是本书的真正主题;而此处的福祉不是在什么有限定义上的福祉,而是在一个包括了人的心智享受、艺术享受以及宗教态度的如此广义上的福祉。"至于我自己,"他开宗明义地说,"我只承认科学的一种结果,即为人类答疑解惑,向人类最终解释万物的意义,向人解释其自身,以唯一合法权威(整个人类本性)的名义赋予人以宗教现成给予的那种信条。"而且如果勒南把科学的理论结果构想为这种人类向其自身的启示,那么他对它的实践结果的构想也绝不较为狭义一些:"欧洲四个世纪以来的整个进程可以概括为这样一个实践上的结论:使人民得到提升和走向高尚,让所有的人分享智力的喜悦。"

我打算相当长地援引《科学之未来》第五章开头的一段文字,这段文字概括了他对科学的本质与目的的理解;然后,我将逐一查看一些主要观点。

[①] 本文首发于《公开法庭》(Open Court),第七卷,1893年1月,第3512—3515页。后以"恩斯特·勒南"为标题重印于约瑟夫·芮讷(Joseph Ratner)所编的《人物与事件》(Characters and Events),第一卷,第23—30页,纽约:亨利·豪特公司,1929年版。
* 选自《杜威全集·早期著作》第4卷,第10—16页。
[②] 约瑟夫·恩斯特·勒南(1823—1892),法国语文学家、哲学家、历史学家和宗教学家。著作除本文涉及的《科学之未来》之外,尚有《宗教历史研究》(1957年)、《耶稣的一生》(1963年)和系列著作《基督教起源史》(1863—1881年)等。——译者

我用**科学**一词意指通常所称的**哲学**并非出于疏忽大意。进行哲学思考是我最乐意用来概括我的生活的词;不过,鉴于目睹该词的流行用法仍然只是表达了内心生活的一种片面形式,此外它只是蕴含着个体思想者的主观事实,我们必须运用更加客观些的词;取人类之立场而认知。的确,时候将到,那时人类不再信仰;但是那时人类将认知;就像人类现在认知物理的世界一样,那时人类将认知形而上学的和道德的世界;那时人类政府不再热衷于事端和阴谋,而是倾向于合理地讨论何为最佳,习惯于谋求最灵验地取得最佳的手段。如果这是科学的宗旨,如果科学的目的是把它的宗旨和规律教导给人,使人把握生活的真谛,用艺术、诗歌和美德编织出单凭其本身就赋予人类生存以价值的那个神圣理想,如果这是科学的宗旨,那么科学可能有严肃的诋毁者吗?但这样的问题将被追问,科学将会完成这些辉煌的使命吗?我所知道的是,如果科学完成不了这些使命,也不会有别的什么会来完成,人类将永远不知道万物的意义。

那么,科学的定义就是从人类立场出发的认知;其目标是这样一种生活感,以致使人能够凭智力而不是靠机运来引导其与同胞相关的行动。正是这点——勒南1848年对科学的社会基础和目的的信仰——我要给予特别关注。

根据勒南的说法,目前时代的标志是智力最终意识到其社会功能。比方说,及至法国大革命,科学的功能就已经是分析性的——主要是否定性的和消解性的。凡是科学都是批判,但是批判在过去一直等同于对现存概念、情愫和习惯的分析,而这导致摧毁有效性。这样一来,理性就显得不具有什么积极性的和建设性的功能;其工夫用于竭尽分析和分解既定事物之能事。但是把分析和支解进行到底的科学最终遭遇到底层的统一体;对于既成观念和机制的破解只是起到显出基本整体的作用。这样一来,分析性的科学最终遭遇到作为那个统一体的人,而人则是一切的旨归。因此科学的主导工作是综合性的。这个统一体揭示规律和目的;而理论必须付诸实践;认识必须付诸行动。这就是法国大革命的最终意义。人类最终认识到自身是一个整体,"在没有自我意识的婴儿期的黑暗中摸索了数个世纪之后,而且仅仅凭其自身有机体的驱动力,伟大的时刻到来了,其时,就像个体一样,它占有了自身"。法国大革命是首次有意识地尝试付诸行动,缔造生活实际和表达理性。它呈现出一种历史上不为人知的空前景象:"哲学家们彻底地改变先前获得的整个观念并且最大地就(人们)对体系的着意信仰进行革命的景象。"这种外表上的和显而易见的结果本来在很多方面不能令人满意,这一点绝不是令人称奇的原因。大革命从狭隘的理性概念来诠释其观念——用理性控制生活;它之所以没有认识到理性已经体现在机制当中,只是因为理性并不是由它本身所嵌入的;它从使之与本能相对立的意义上来诠释理性。这种必不可免的暂时结果是,不稳和剧变,代替了既定秩序。结果是如此这般,以至于许多人怀疑起整个尝试。但这是把最初必然不完满的原则应用与原则本身相混淆。实际上,"所包含的原则无可争辩。唯有智力必须君临天下,唯有智力、感觉是用来治理世界的"。而且勒南再次说:"要甘冒一切风险予以维持的信条是,智力的使命是根据其自身的那些原则来改造社会。"而且他又说:"从此,我们开始以每一种可行的方式宣示理性之通过合理的科学和对现存事物的理论知识来改造社会的权力。"

  那么,当到达承认人的统一性这一地步的时候,科学的这种发展对于艺术——包括诗歌——和宗教的影响效果会是什么? 关于这些,勒南一点也不比对科学的社会使命更加怀疑。当科学达到对人的全面综合的时候,诗歌和科学必须合流。恰恰因为科学在其完全性上是人的科学,所以科学的最高发展必须意味着赋予人的整个本性以完全施展的余地,赋予同情(sympathy)以应有的地位。但是另一方面,既然在其真理当中揭示这种统一性是科学的主旨,那么只有当科学履行其工作,摧毁虚假的偶像并使真理大白的时候,同情和赞美才有充分的(自由的)机会。"那些佯装具有诗人天性,设想他们在没有科学的情况下能够获得万物真意的人们,后来将证明是如此多的一些妄想贩子;而忽视了更多精致天赋的那些一丝不苟的专家……将让我们想起那些有关米尼亚斯①的女儿们的智巧神话。她们因为面对一些本来应该运用一种更宽宏大量的方法来解释的迹象,不能够确立论证,而被变成了一些蝙蝠。"如果世界上的确没有意义的话,那么科学才能摧毁诗歌;但是,也只有在这种条件之下。我们将如何通过假设我们迄今所能够编织的那些微不足道的梦想,要比科学为我们所揭示的实在更加辉煌和壮观,来限制真实的宇宙?"自从科学向我们揭示出世界的无限性以来,我们的上帝的圣殿就没有得到扩大吗? ……我们这样假设——科学的方法应用到形而上学的和道德的领域……也将

---

① 米尼亚斯(Minyas),古希腊维奥蒂亚(Boeotia)奥尔霍迈诺斯(Orchomenus)国王。传说其女儿们因为蔑视奉祀酒神狄俄尼索斯的宗教仪式,而惹怒酒神,遭罚变成蝙蝠或鸟。——译者

完全粉碎一个狭隘的和微不足道的世界,开启另一个无限奇妙的世界——就得不到相似的合理性证明吗?"实情是:要么,没有什么理想,除了一个欺人的梦想之外一无所有;要么,这个理想体现在宇宙之中,有待科学从中加以发现和汲取。"这个理想靠近我们每一个人。"

对宗教而言,也是一样;无论科学破除什么,都只是因为它提供给我们更加深刻的真理。这个观念才真正是该书令人鼓舞的灵魂。它与该书的整体处理交织在一起,以至于我只将择取一二予以引述。科学之人是"那笔神圣信托的监护人";"真正的宗教是智力训练与栽培的顶点";"社会的和宗教的改革必将到来……但是,将会来自大家都熟悉的、扩大了的科学,而且在人的无拘无束的智力之中运作";"从而,科学是一种宗教,自此它将独自制订信条,因为科学能够独自为人化解那些永恒的难题,而这是人的本性势在必行的要求"。在他的讨论过程中,勒南只是详细阐发了上述的那一点——科学的这种宗教流溢有待出现在这样的时候,其时,一方面,它的范围扩大到把人包括进去,另一方面,它的实际结果,倘若不是它的深奥结果的话,已经占有了所有的人们。"如果只有一些孤立的思想家到达非常先进的地步,如果只有一些人的头脑像野地的橡树那样出类拔萃地耸立,那么这对于人类智力的进步而言是不够的……带有巨大紧迫性的问题是扩大卷入其中的人数;否则一些个体或许达到天堂,而大众却仍然在大地上踯躅而行……一旦智力文化变成一种宗教,那么从这一刻起,剥夺任何个人享有此点的权利就会沦为野蛮之举。"

我可以作出这样的概括,就是说,勒南在1848年的信仰是科学行将普及——范围方面普及到把人包括在其主题之内,应用方面普及到就其突出结果而言普遍占有所有的人们。勒南期待从这种延伸之中涌现出进一步的结果:他期待科学成为一种"社会马达",成为安排人类事物秩序的基础;他期待科学在一种奇妙的艺术运动中找到表达,尤其是,在一种巨大的宗教爆发中达到顶点。1890年的情况怎样?

在某种意义上说,勒南仍然滞留在40年前所伫立的地方。他仍然认为,一开始在其"智力生涯中坚定地相信科学和使之成为他的生活目标"是对的。他甚至说,1848年他毕竟是对的;"除了一些失望之外,进步一直是沿着我所设想的路线在迈进"。然而当我们更加具体地考察勒南后来的立场的时候,这些为数不多的失望看起来则比所获得的成功更为重要。对于抽象而言的科学,对于作为寥寥无几的能人的最有价值的目的的科学,勒南无疑仍然一如既往地予以坚定地信仰。但是对于科学之社会事业的信仰,对于智力的广泛分配之为一种科学地控制的民主之基础的信仰,业已烟消云散;对于科学适合于艺术、适合于对宇宙的一种广泛的理想性的诠释的观念,对于科学作为所有的人对真理的一种占有的概念,在他已经沦为一种充满年轻人热情的梦想。通过成熟岁月的经验他已经获悉,"不断地增加人类知识总量的集约文化与为了无数现存的人的福祉而越来越多地传播这种知识的粗放文化不是一回事。扩展着的一片水面不断丧失深度"。于是,"启蒙、道德和艺术在人类当中将总是由长官、由少数人所代表,保留着真善美的传统"。现在有的非但不是科学成为一个社会马达,从而为既自由又浸透着法律的社会组织提供一种基础的信念,反而是一种对于科学有力量走自己的道路和在实践中实现其真理的不信:"我们得付出昂贵的代价,保护我们免于罪恶的力量正是寓于特权之中。""虽然通过19世纪的不懈努力,事实知识得到可观的增加,但是人类的命运却变得比以往任何时候都要模糊。"与1848年勒南不断宣示科学的主旨本身是向人揭示人的命运——对科学的任何别的理解,都只会成为一种精致的微不足道之物——相比,还能想象出比这更全面的(我本来几乎就要说出更轻蔑的话)退缩吗?

与1848年的这样一种信念——科学就是要揭示寓于实在中的意义,以及这就是唯一真正的唯心主义——相对照,我们在勒南的后期著作中持续发现他把这一理想与某些盲目轻信的梦想等量齐观:对于这些梦想,有文化的人自己将总是珍爱有加,但却没有确证的希望。这个理想不再是宇宙本身所暗示的目标,不再像探究所揭示的那样有待遵循;"非常明显,我们的信条无力为实践性的政策提供基础;相反,我们的目标必须仔细地予以掩饰"。至于科学和宗教,至少就大众而言,我们必须放弃达到任何基于知识的信仰和热忱的所有希望。在业已提到的[①]勒南的《理智和道德的改造》(*Intellectual and Moral Reform*)一书中,他几乎向统治势力提出一种协约:教会当局要允许那些专家们解放思想、自由质询,只要那些专家们反过来任凭大众持有现存的信仰,而不试图把他们自己所获得的启蒙推广到大众身上。在《科学之未来》一书的1890年版的《前言》中,他严肃地怀疑有什么面向整个

[①] 参见《早期论文与〈批判的伦理学理论纲要〉》(*Early Essays and Out Lines of A Critical Theory of Ethics*),《杜威全集·早期著作》第3卷,第178—179页,卡本代尔:南伊利诺伊大学出版社,1969年。

人类的信仰共识,除非以返回原始的轻信为条件。"理想性的信念的毁灭注定伴随超自然信念的毁灭,这一点是可能的;人类道德的真正降低的时日要从看清事物的实情那天算起……坦率而言,我无法看清在没有那些古代梦想的情况下一种高尚和幸福生活的基础如何重新确立。"

尽管对那些导致这种对科学的更大的、社会的功能明显失去信仰的诸原因的研究,可能甚至比这个事实本身更加令人感兴趣,但是此处我无意详细地介入这个讨论。当勒南说,目前的科学看来是为学校准备的,而不是学校为科学准备的,他本人就暗示了一个原因。就科学之精神和目标而言,科学是古老的经院主义的合法传人。勒南著书立说的40年间,在为科学的结果增加人的精神和人的诠释方面乏善可陈,而是走向了为科学增添技术的和疏远的特征。甚而至于,勒南看起来并未充分认识到壁垒分明的阶级利益这个累赘,它抗拒着科学呈现出实践上的形式和成为一种社会"马达"的所有尝试。当我们记得,科学每前进一步都已经包含着机制生活的一种重整的时候;当我们记得,即便像太阳系这样的一种明显遥远和冷漠的领域,不激起当时最强有力的政治组织的反对力量,就不能纳入科学探究的时候;当我们忆起这样的一些事情的时候,像科学方法推进最接近人的那些事物——人的社会关系——本应比预期的要慢一些这一点就没有什么令人惊讶之处了。来自这样的推进所威胁到的当权方的抗拒变得更间接、更微妙了,但并没有变得不那么有效。有一件事是明确的:这种信仰的衰减不能当作勒南的一种个人癖性来解释;它深深地植根于过去半个世纪的生活当中。

我坦言有些惊讶,就是勒南的这种部分退缩还没有被反动派所利用。对于那些在假装关心人类的道德和精神事务方面,抓住一切机会诋毁科学、宣示处理严肃的实践问题的重要性的人们而言,这当然是求之不得的。我不禁想,1848年的勒南要比1890年的勒南更有智慧,他承认这样的事实:人的利益最终和主要的是实践上的;如果科学不能成功地满足这些利益,那么它就几乎与人类历史上的一个插曲无异;终极的意义和控制总是与宣称这个实践领域属于它自己的权势同在——如果不是与科学同在的话,那么就是与教会的权势同在,而勒南早年就背弃了教会。① 一直令人称奇的是,有那么多已经放弃,甚至挞伐一切独断权威的科学之人

---

① 勒南最初作为天主教神学生接受神学教育,因发现教会的教义与历史评断学的发现不符而出现信仰危机,1845年脱离天主教会。——译者

却到不可知论当中去为自己寻求庇护——他们没有看清,除非科学本身推进那个将允许科学成为一种行动指南和一种社会马达的全面的综合体,对独断权威的任何持久否定都是不可能的。

(王新生　译)

论哲学和神学的关系①*

在上一学年的后半部分,杜威教授就上述主题向牧师乐队(Ministerial Band)发表演讲。原本期望有人速记这场报告,但是这一期望没有实现,《每月公报》的读者会从根据笔记所作的概述之中获益。

在讨论上述问题时,我希望你们记住一点:我采取的是哲学立场。神学家们必会关注他们的目的。何谓哲学?哲学的价值在于它的方法,而不在于它所达到的目标。作为一种方法的哲学,意味着它解释经验或尽我们所及的一切时代和年代全部的人类生活。解释涉及批判和重构,即思想上的重新调整。批判是检验、研究,而非仅仅找出缺陷。哲学是推及一切生活的科学立场。调查证明,一个人已经具有他信以为真的东西,他还有怀疑和不满。当任何人使他自己采取这种调查的态度,那么他就是一位科学家。哲学就是深入到表象之下进行调查。它并不创造什么东西,而是重新塑造似乎是事实的东西。它为我们重新塑造事实。在这种意义上,任何事实在接受哲学检验即科学或哲学研究之后,就不再是它们曾经之所是的事实。但是,我们还会发现我们原来的信念是真实的。

宗教是我们人类经验的一个阶段,因此属于哲学研究的领域。一旦人们认为生活中的任一事实不在科学研究的范围之内,那么哲学就不复存在,教条主义开始出现了。像其他任何事物一样,宗教是哲学的主题。要么神学和哲学没有关系,要么神学和哲学有关系。哲学工作就是不断探索直至它达及彻底而永在的合一,它

---

① 本文首刊于基督教学生联合会编:《每月公报》,第16卷,第66—68页,1893年1月。未曾重刊。

* 选自《杜威全集·早期著作》第4卷,第315—317页。

称之为上帝。从哲学立场来看,没有哪两个事物会做同样的工作。就任何一个人着手成为一个哲学家,将生活中他认为完全是超越进一步解释和认识的部分抛在一边来说,他不会实现他的这一目的。他可能会比哲学家做得要好;我希望不要讨论这一问题。哲学不承认任何在它之外或在它之上的任何东西。

我们向有理性的普通人解释哲学上存在着两种倾向。就第一种倾向来说,哲学是好的,但是仅此而已;还有些东西完全存在于哲学之外。就哲学强化业已接受的观念来说,第二种倾向支持哲学,但是全盘(in toto)否定哲学方法。换言之,它从哲学当中形成护教学。如果神学具有和哲学一样的方法,那么它就是哲学;如果神学和哲学不具备同样的方法,那么它和哲学毫无联系可言。

〔在现场的人提出许多问题之后,杜威部分回答如下〕

问:检验真理的尺度是什么?

不存在一把尺子。尺度存在于哲学过程之中。真理的最终检验尺度是真理本身。人类心灵从来不会即刻怀疑整个真理,但每每会怀疑改变整个真理的事物。检验的尺度是同一,即和谐原则。

问:我们如何知道什么时候会出现这种和谐?

在和谐之外不存在一个和谐的标准。关于钢琴,你如何能够说出什么是和谐?但是,你绝不能够停止对和谐的感受和感知——你必须一直这样下去。

问:就未来生活,哲学能够谈论些什么?

就未来生活与经验毫无关系来说,哲学与之无关。否定不能加以证明的一切的人,根据信仰作出判断,和接受信仰的人是一样的。

问:什么叫作不朽?

在某种意义上,当一个人尚活着,他就不曾有过完全的生命。他被各种空间关系所约束。死亡是除去时间和空间关系的条件。在死亡之后,任何人的思想都会具备完全的力量。这就是耶稣说他离开这个世界要比在这个世界要好所指的含义。同样,一个人所坚持的真理在其死后日益有力和正确,为什么它不也应当对他来说更加纯粹和真实呢?任何非自我意识的意识都不是真正的意识。自我意识不会生存,因为一切的生存(becoming)取决于自我意识。

问:赎罪的含义是什么?

赎罪是意识到一直已经在那里存在的东西——人与神的真正的关系。它不过是意识之中的变化。任何人以美善的信仰和忠诚接受了他寻找到的状况,就是和神和好。"你们要完全",①指的是心甘情愿地接受生活的状况。当一个人以最严肃和最热诚的态度对待生活,他与神的关系就是他与生活的关系。就我们已有的确据来说,耶稣是历史上第一个带领人实现神人合一并有意而为之的人。而且他比任何人曾经所做的都要尽力。教会的功能就是将自身普世化,因此从实际存在(existence)之中消失了。耶稣所教导的以及第四福音书和保罗对他的解释是说人现在得到拯救,而非增加另外一副重担即寻求自身的拯救。

下一个宗教先知将对人类生活产生持久和真正的影响,他是这样的一种人:成功地指出民主的宗教意义,即在日常生活之流中找到宗教的终极价值。这个问题就是做耶稣曾经为他那个时代所做的事情。"天国在你们当中",是对犹太教的抗议。

问:但是我们继续相信那些必不可少的事物?

从理性的立场来看,没有原因说明为什么人应当匆忙地相信任何东西。如果神学是一个理性体系,那么它就能够通过并不比哲学短的路程达及真理。如果神学是一种实践态度,那么它就不是我们通常根据神学所理解的东西;它可能是宗教。

问:什么是祷告?

祷告就是"寻找,就必找到",②就是科学研究,如果你采取这种态度,你必会得到光明。它兼具主观和客观。科学家寻找,就必找到某种东西——各种结果。"恒久祷告",大概意指祷告的本质就存在于某种确定的态度之中。

(刘　平　译)

---

① 参阅《圣经·新约》的《雅各书》1:4 以及《马太福音》5:48。——译者
② 出自《圣经·新约》的《马太福音》7:7 等处。——译者

科学、民俗与民风的控制[①]*

《科学:假的弥赛亚》(Science: The False Messiah)
C·E·艾尔斯(C. E. Ayres)著
印第安纳波利斯:鲍勃斯-梅里尔出版公司,1927年

因为对于本书的评论很难不涉及它的争议性,因此我要在一开始就指出:此书极具争议性。无论对于科学中的还是对于宗教中的传统主义者来说,这种争议性会带上一些愤怒。但是我想,这些愤怒很少会被公开地表达出来——沉默是谨慎的一部分。之所以如此,原因有二:其一,自从艾尔斯先生开心地将习俗化的迷信这个矮蛋从高墙上拉下来之后,就算来了国王所有的马、所有的人也不能将矮蛋变回原样了[②];其二,这一情况的公开会引起其他人对于捣毁偶像的关注。然而,对于那些并不是毫无希望地坚持迷信的人来说,本书将会唤醒他们对于心灵的探索。很少有一本书能这样灵巧地、并以一种令人愉悦的风格扎破如此多的耀眼的泡沫。的确,有时候,形式的光芒与睿智几乎会遮蔽底下坚实的基础。

就像俗话所说的,艾尔斯精通他的业务,而他的业务则是哲学、人类学和当下的社会学理论。两个从人类学那里借用过来的概念主导了本书:文明是由民俗(folk-lore)与民风(folk-ways)组成的,过去是这样,现在亦是如此。认为我们现在已经(至少在原则上)超越了民俗并用体制与宪法代替了民风的观点,是一种幻想。变化的只是内容,信念与行为的习惯性方式仍然保留着:民众所信的和所做的,都

---

① 首次发表于《新共和》,第52期(1927年),第316—317页。
* 选自《杜威全集·晚期著作》第3卷,第234—238页。
② 出自《鹅妈妈童谣》:"矮蛋矮蛋坐墙头,坐着坐着落下来,国王人马使全力,破碎矮蛋难复原。"(Humpty Dumpty sat on a wall, Humpty Dumpty had a great fall, All the king's horse And all the king's men, Couldn't put Humpty Dumpty together again.)——译者

是他们已经习惯了的；在这一过程中，魅力与理想化的权威性凝聚在习俗之上，让它们先是得以持存，继而又被珍爱。从大的人类角度来看，现在人们对待科学的态度同早期人类将那些被启蒙后的人类视作是神话与魔法的态度并无二致：

啊，让我们永远、永远不要怀疑
那些谁也不能确证的东西。

对于科学实践者来说，这一说法并不意味着科学自身没有坚实的基础和主张。然而正如艾尔斯所指出的，科学家首先是人，然后才是科学家。当他们从实验室和观察台出来时，他们在身体和精神上都离开了他们的物理装置和机械设备。他们将科学视作启示；就像所有的启示一样，科学是拯救人类病痛的福音。因此，对于科学家和被动的民众来说，科学就变成了民俗。事实上，科学史就是发明和使用机器的历史，也是非凡而详尽的工具运用的技术史。机器是科学的现实，理论解释也许是正确的，也许是不正确的；最终的答案在于，某些机器比另外一些给其他理论提供材料的机器更为精密和精确，对它们的使用也更有技巧。科学结论的可证实性，意味着这些结论并不是孤立的；是机器让这些结论成为可能，任何用指定的方法运作机器的人都能得到相似的结果。

然而，科学始于机器也止于机器。机器技术与工业文明是科学的重要产物，这些产物决定了我们生活于其中的文明的民风。无论旧民风如何抵制发明和新方法，工具的吸引力最终是不可阻挡的。工具的一些直接用途吸引着人们去接受它们。信仰、传统和理念在其他文化中的传播，遇到了几乎无法跨越的直接障碍。技术性的材料要更容易地被接受，这在很大程度上源自这样一种错觉：它们能满足一些被直接感受到的需要，且不会触及其他事物，特别是那些为人们所珍爱的民俗与民风。未来的结果完全不能被预期；长期生活在新工业时代以及伴随着这一时代出现的政治与思想变化当中，从来没有怀疑除了纺织方法的进步之外还发生了其他事情；许多人依然认为，铁路和汽车只不过预示着更便捷、更迅速的移动力，并认为那些要求关注其他效应的人是危险的，是被某些不良的个人动机所驱动的激进分子。除了直接的用途，发明还被作为歌颂进步的赞美诗。事实上，民风的变化是如此广泛，如果人类从一开始就实现了它们，它们便会看起来很糟糕，等待它们的命运只能是诅咒与拆解。

科学一向尊重机器,认为它们是关于自然的真理的最终裁定者,众所周知的工业革命就是这种态度结出来的新果实。科学的本质是孕育新的科学,而机器的本质则是制造新的机器形式。习俗化的东西是永远稳定的,这种旧的错觉一再出现,让我们觉得当下的时代也是稳定的;我们正处在戏剧的第一幕,而不是高潮,有人也许还会怀疑工业革命是否已经开始了。不管怎样,工业革命还没有开始影响我们的体制,而我们的信念大部分还是中世纪的。由此产生的结果,便是一种混合体。我们当下的文明是以一种内在的冲突为标志的,这种冲突比过去任何的文明所经历的都要巨大。控制民俗的力量与控制民风的力量以及民风运作的条件存在着冲突,我们生活在一个消融的时代。

上面这些过于简单的总结是本书的基础。剩下的都是对科学、哲学、理性和"精神"生活的结果的诊断,并没有多少预测。"机械文明从一开始就是一个巨大的分裂;它不是文明生活之河流中的一段曲流。它是另一个分水岭。""机械以改变一天的常规开始,以改变宇宙的常规结束。"这样广泛而不可阻挡的影响是不可能被隔离的,它不可能被孤立于商业和贸易的领域而不触及生活的其他方面。艾尔斯特别地指出了它对人类信念状态的影响,特别是对于科学是真正的真理源泉这一观念的影响。因此,如果"科学"是提高和进步的功臣,那么它也要遭受谴责,因为它不仅制造了我们工业生活中恶名昭著的邪恶,更是破坏了作为我们传统宗教、道德与政治的思想框架的观念与理想。

评论的局限性不允许我对艾尔斯所诊断出来的情况进行细节性的追溯。我们只需指出,艾尔斯提到了两个阶段:在第一个阶段中,科学是"温顺而柔和的",它提出辩解,试图告诉人们它的方法与结论是安全的,因为他们至少同传统民俗的根本精神是一致的;而在第二个阶段中,科学试图进行"掌控",并通过控制自然与社会的手段,以及关于真理的知识,将自己呈现为人类的稳定而系统化进步的代理人。关于第一个阶段,我只想说,我不知道还有什么解释比艾尔斯的更为彻底而令人信服。他的解释极富独创性,但并不坦率,他试图在一些完全矛盾的方法与结论面前维持一个旧的信仰体系。艾尔斯分析了古典哲学家思想上的不真诚和拐弯抹角的兜圈子,还分析了新的科学启示所包含的所谓的精神性信息与福音。对于科学作出的带领人类穿越蛮荒之地达到福地的承诺,艾尔斯指出,"如果我们忽视科学对于机器技术的重要性",那么科学就只是展示思想奇物(curiosities)的精致工具。它的结论在精确性和范围上确实是非凡的,但对于民众来说,它们仍然只不过是奇物。这仅仅是民俗的一方面。只有那些已经熟悉情况的老手才能接近这种神秘性,只有那些处于权威之下的民众才能接受科学的这种神秘性;并且,这种神秘性源自习俗与风尚的声望,这种声望所具有的魅力同样附着于伪科学上,并赋予后者更大的影响力。同时,根本的一点在于:科学只提供手段与工具,它并不告诉人们手段该用于何种目的之上。对于目标与目的,科学保持着和善的中立。"对于我们想要获得的某些目的,科学并不会提出反对,而且也许还能为我们提供运载的工具。"但是,如果社会控制具有意义的话,它只能意味着对推动人行动的欲望与目的进行控制,在这个意义上,科学并不是掌控着缰绳的驾驶员,而只是一个偶然的乘客。

要对艾尔斯的出色讨论与深刻分析作出严格的公正评价并不容易。他的某些结论似乎是附加的,仅仅暗含在他讨论的口气当中,这在他的悲观主义笔调之下更是如此。作为一剂对于当下时代的标志——舒适的乐观主义与懒散的自满的解药(也许还是一种补偿,以及在我们现在对此还无能为力的疾病发作之前的一种防护),艾尔斯的书几乎是无与伦比的。我不认为任何有思想的人会反对他的主要命题。在他的批判中,艾尔斯说了正确而该说的话,在我看来,他对于科学本质的论断、科学与工具的关系以及科学自身作为一种工具的观点,是完全正确的。我们应该认识到,科学能够"提供产生各种效应的工具,这些效应在人类历史上从没有被梦想过。但是,科学完全不能决定最好发生什么,也不能驱使我们去引发有益的效应"。艾尔斯完全正确地认识到,未来的历史同过去的历史是相似的:"一系列长久而不间断的问题与危机让位于更多的问题与危机,而后面则跟着进一步的问题与危机。"认为"控制"可以自动地确保危机与问题不会再生,或者认为"控制"能够提供解决危机与问题的自动手段的观点,是一种最最无用的幻想。人类变化的每一个阶段,甚至是进步,都会伴随着各自的邪恶与困难,这一事实是毋庸置疑的。

不过,有一些艾尔斯稍稍带过的问题必须得到完整的思考。任何时期的文明都涉及民俗与民风的事务,这一说法足够正确,甚至是自明之理。然而从这一点出发,正如从许多自明之理出发一样,我们可以得到许多重要的结果。艾尔斯出色地展示了这些结果,从而揭示了许多当下幻觉的来源与本质。但是,将文明视为民俗或民风的一个方面,似乎暗暗地贬损了文明的成就与特征。艾尔斯可以直言不讳地否认持有任何这样的观点,但我并没有发现他清楚地认识到了下面这一事实:民俗与民风的存在同它们之间的巨大差异是一致的,并且即便这种差异对危机与问题的影响甚大,我们最好还是将它们置于同一个平面上,而不是置于不同的高度。

特别地,艾尔斯似乎忽视了这样一种可能性:该说的和该做的都说了和做了之后,我们仍然必须将可能会影响到未来民俗的质的东西称为科学方法。毫无疑问,在细节上,"科学"意味着一种高度技术性的、对民众来说极为深奥的装置,但科学中还有一些生成性的态度,比如面对事实、分析、实验和接受假设性结论的态度,这些态度与过去的民俗所支持的倾向截然对立。要将这些新的倾向并入思维与信念的习俗性习惯中,并不是一项容易的任务。艾尔斯为我们提供了丰富的证据,而许多科学家涉及道德、宗教和政治问题时往往做不到这一点。然而,任何认为这一任务是无望的想法都错误地估计了人性,从而瓦解了人的努力。人类的胸膛里永远涌动着希望与努力。科学方法所代表的智性体现在不断更新的人类欲望和能量中;并且,说到底,智性就是当下文明的问题与危机。

  毋庸置疑,科学提供的是工具,而不是规范行动、扎根于欲望深处的目的与政策。然而,科学方法的标志性态度与一般性习惯本身也许会成为不断扩大的公众之日益增强的欲望对象。在互相没有交流的分隔空间内,欲望与思维并不分开存在,因此,智性习惯的生长会辐射并影响其他欲望。当我们考虑到过去人们所具有的"唯心主义"欲望最后如何被带入混乱而错误的轨道,人类热情的努力如何被那些与目的之实际条件不相关的事物挫败,并且所有这些都是因为欲望和目的脱离了所有现实的和可能的工具时,我们就会发现,作为工具之承办者的科学与作为目的与理想之源泉的欲望不可能像艾尔斯在讨论中所暗示的那样,相互隔离,没有互动。因此,我大胆地认为,艾尔斯彻底而又说服力的批判并没有打造一条通向一座新象牙塔的道路,而只是用一种新的方式陈述了当下文明的紧迫问题。对于那些能够理解的人来说,这一方式是一种刺激性和引导性的努力,是一种对欲望和目的的澄清与净化。

(孙 宁 译)

论常识、科学和哲学四篇讲稿的摘要①*

讲稿1——常识

"常识"这个词具有两种不同的意义。有两位哲学家声称发现了常识的意义。贝克莱说,物质不存在。休谟说,自我不存在。苏格兰哲学家在对这些看法表示失望之余,重返常识,认为常识能够使我们确信物质和自我的存在。对他们来说,常识是那种表达真理并通过本能的信仰来确保这一真理的力量。要以这一进路来寻求摆脱这个问题的途径是过于简单了,这一进路也不会延续下去。自发的信仰是对实在给出的一个拙劣证据。按常识来看,太阳围绕固定不动的地球旋转。所有科学或宗教的一般概念似乎都依据常识。科学和哲学则对这个常识概念提出疑问。科学对从不转动的地球以及物种的固定不变这类依据常识的信念提出疑问,哲学对许多似是而非的常识信念提出相似的疑问。

但还存在另一种看待常识的方式,这就是把它看成由健全的实践判断、一般洞察力构成的东西。如果考虑到这种特定方式,科学和哲学与常识的关系更带有实践性而非敌对的性质。

使我对哲学产生兴趣的大多源自任何人在他的日常生活中每一刻所做的观

---

① 首次发表于《费城瓦格纳科学自由协会通讯》(*Bulletin of the Wagner Free Institute of Science of Philadelphia*),第7期(1932年5月),第12—16页。本文选自杜威1932年4月1、2、8、9日在瓦格纳科学自由协会由理查德·B·韦斯特布鲁克(Richard B. Westbrook)自由讲基金会所设讲座上作的四次演讲。

* 选自《杜威全集·晚期著作》第6卷,第362—368页。

察,而不是技术性的细节,那只是用各种技术发明装备起来的专家们才会考虑的事。人由以发现自己的那种环境迫使他作出某些判断。眼下的趋势是感觉到了哲学应以科学观察作为依据。

哲学始于何处呢？它从何处取得其论据呢？伯特兰·罗素说,数学仅为哲学的基础供应适合的材料。查尔斯·皮尔士,一位训练有素的实验工作者,他把最为确定的明显事实作为出发点,最后才去考虑数学。哲学是从近在手边的一般材料出发,还是从较抽象的思维取得的理智成果出发？我认为,哲学应从一般经验出发。但这里存在某种困难,越是一般和熟悉的东西,越难通过哲学的方式去处理。我们失去了对那些颇为熟悉的东西的意识。我们不会听到我们使用的闹钟的声响,但我们会察觉到它停摆的那一刻。

这不是泼冷水,说哲学是将事物颠倒后再去观察它们。它必须从一个不寻常的视角去看待它们。

另一个困难是,我们每个人都用已然形成的判断去看待某个对象,我们以为这类判断就是常识,而它们只是先前获得的东西或长期持有的观念。戴一副蓝色眼镜的人,不知道为什么事物确实是蓝色的。哲学的很大一个方面就在于摆脱这些预先假定的东西。画家在谈论恢复眼睛的纯真视觉。哲学家必须恢复心灵的纯真状态。什么是我们这个常识世界的某些最一般特性呢？在这个容纳着众多对象的世界中,理智的因素并不重要,这是个被利用、享受的世界。哲学家关心的是从理智方面,而不是从享受、利用的方面去看待事物。在这一点上,他与常人不同。

对科学的一般兴趣还是非常晚近的事。每一种新的科学探究自然会招致敌意和不时发生的迫害,因为哲学家的手距离常见的利用和享受的方法如此之远。

语言一开始并非依据它的有用性。它是喜悦欢欣之情的流露,有点与歌曲的性质相似。它不是发明出来用以传达思想的,这一点或许可证之于所有早期的活动。

古典哲学便以这个观点为依据。12世纪时,教会接纳了亚里士多德哲学,并仍由天主教会来广泛讲授亚里士多德哲学。它把世界视为可利用、享受的东西,把思想视为心灵的乐事。它寻求万物的目的,于是就去寻找目的因而不是生成因。它是关于性质的哲学,事物按其性质而被利用:硬和软、轻和重、湿和干、热和冷就是这样一些性质。这些性质组合成四大元素。两千年来,这种思维模式长盛不衰,形成了宗教信仰的背景。只是在最近两百年里,才出现了有关思维的真正科学的态度。

讲稿2——科学

直到17世纪,哲学和科学的区别还很少被人承认。它们两者更接近日常思维。近代科学处理尺寸和速度,它们几乎超出了常人的知觉范围。

说古希腊人不是观察者是不妥的。他们的艺术和建筑表明,这样的说法是错误的。其实,他们过分执着于观察,没有去做间接的观察或进行计算。他们只独自凭靠着一双眼睛。他们的发现在于往那种陈旧形式的材料加上一点单纯的东西。在他们看来,在一个已终结的世界中似乎不存在什么进步。这种心灵状态一直延续到近代。

罗杰·培根(Roger Bacon)对所有这类结果提出了质疑,后来的弗兰西斯·培根也是这么做的。后者用新的方法推荐了一种新的科学形式,使人类状况得以凸显出来并趋于完美。两位培根先生用先知的目光预见到了许多近代的发明。

近代科学是借助近代的发明和计算方法兴起的一种观察的产物。工艺的进步和医学上收集的大量材料对此起了很大作用。寻找长生不老的灵药以及寻求把贱金属变成贵金属的炼金术也作出了一份贡献。16和17世纪对新大陆的探险,有助于形成新的科学方法。采用他国的造纸术和活版印刷术也是如此。火药是经穆斯林而从中国人那里传入的,罗盘的传入途径也是如此。透镜和钟摆也是新的工具。天文学由于有了透镜而发生了新的转折,钟摆给人们提供了一种测定时间的精确手段。

以新的方式借用阿拉伯数字,使计算变得方便多了。代数学也是从阿拉伯人那里拿来的,它增加了计算能力。后来,解析几何和微积分的发明使更复杂的数学计算成为可能。今日科学受惠于物理、数学器械工具的程度,要远远超过人们料想的任何较高级的脑力因素。

古希腊哲学家缺少从事体力活动的那种灵巧性,因为体力活打发给奴隶去干了。如果说他们也有机械方面的发明,这似乎更带有小摆设之类的性质。

近代科学由于借用了工匠的技能,带有实验的性质。只有这样,才使知道证明的能力与做的能力联系了起来。当人们制造水流并对它加以分析,他们首先去了解水的性质。古希腊哲学家寻找的是目的、结果,以此对事物——终极因进行解释。近代科学关心的是生成原因——事物如何产生——它们如何发生。这就被引导到了控制上。当你知道事物因何发生,你就进入了发现如何使它发生的那条道上去了。

由此造成了较为出奇的后果。物理学研究的物体是什么样的？例如,颜色是存在于物体中还是眼睛中？古希腊人从不怀疑任何性质都为物体拥有。如今科学断言颜色要归于一定的光的波长。于是,滋味、温度等等也就不是物体固有的。我们果真知道事物的本性、实在性吗？

我们要对科学发问的,与其说是有关事物内在本性的知识,不如说是有关预测和控制的力量。你朝着晴雨表看了看,以便知道明天的天气,但你不会认为这种天气情况源自晴雨表。

科学世界不是我们普通人想象的世界的对立面,但它可使我们对现象加以预测和控制,由此调整我们自身。

我们无须害怕科学会把我们对世界本身产生的乐趣夺走,但它给予了我们重塑世界的智力工具。

讲稿3——哲学

哲学与信仰有关。信仰是哲学的原材料。哲学可被规定为前成熟期的科学。我们忽视了这一事实:假设是所有科学的先导。科学坚持认为,猜测要被确认。没有哪一项重大的科学工作是仅靠收集事实就做出来的。牛顿通过猜想,继之又去收集事实以证实这种猜想,进而想到了万有引力公式。达尔文理论的发现,也经过同样的路径。然而,哲学还有另一种功能。早期希腊人对这个词赋予的意义对这方面作了示意——爱智慧。智慧意味着比知识更多的东西。有些人累积知识,但缺少智慧。哲学一度在两千年前的希腊,结合着希腊人的团体修炼而对某种生活方式作了表达。哲学家在某种程度上仍存留着这种斯多葛式的老观念。

哲学是调整我们自己——通过观念作出调整——以适应我们生活于其中的世界的某种方式。任何真正的哲学都会使人得到某种理智上的平衡。在一定的意义上,哲学是使人在这个世界中感到如归其家的某种理智的窍门。更为基本的信仰问题是哲学探讨的直接对象。我们所说的信仰是什么意思？从词源学上说,"信仰"的意思就是"被爱"。信仰表示我们甘愿这样行事,它与我们的英语单词"爱"联系在一起。信仰意味着相信或信任某个东西或某个人。信仰意味着某种摆脱我们的情绪或意志以趋近那个对象的形式,由此我们本人就对它作出承诺。有一类判断是理智性的,另一类判断并不简单地与事实相关,而与价值相关。严格的科学判断在处理其对象时,并不考虑对象的价值问题。哲学的直接对象存在于对价值的基本判断之中。哲学应以科学为依凭。伯特兰·罗素主张,数学是最完美的科学形式。所以,哲学的界定应以数学为唯一的依凭。这样来看,哲学并不处理社会事务。赫伯特·斯宾塞(Herbert Spencer)说,哲学是完全统一的知识,而科学只能做到部分的统一。哲学家要接受科学家对世界本性发现的东西,以便形成有关价值的判断,从而决定我们在这个世界中意欲何为。

哲学家和科学家的劳动有着真正的分别。哲学告诉我们,这些科学事实意味着什么,我们应探索的是哪条行动路径。当哲学被认为是某种类型的科学,它会造成许多误导。首先,哲学并不具有科学含义上的那种知识形式;其次,哲学要依靠科学。对哲学所持的一种反对意见认为,哲学不像科学那样不断向前迈进,哲学家们自己便是意见纷纭。人们可以就事实达成一致意见,但他们不会就生活的价值达成一致意见。人们是从不同的角度来看待生活的。哲学试图把教育和经验的差异弄得更清楚,这样,人们就能意识到有一种他们看待生活的正确角度。对历史哲学的研究是有价值的,因为它拓宽了学生的思想和道德视野。我不认为这类研究可能会导致排除选择的因素。我们总要作出选择,并尽力而为。如果哲学不具有科学的形式,那么,它必定有赖科学来获得它的行动路线图。科学是十分现代的东西,它的外壳仍十分单薄,它与过去延续下来的传统互相叠合在一起。古老的看法仍执意要将好大一堆瓦砾残片存放在文明的阁楼里。科学本身意味着使研求、好问的心灵采纳某种态度、实验的态度。它仅仅依赖证据来接受结论。心灵的这种实验的态度在现代文化、政治观或道德概念中还不太能找到落脚的地方,四处流行的还是心灵的那种古老的、前科学的态度。

再次,存在着一种有关科学的主导概念。过去的科学教导说,静止要比变化重要;变化本身便是实在还未达到充分完满的一个证据。现代科学教导我们说,我们生活的这个世界免不了会有变化,如果现代人的心灵完全接受这个变化的观念,如果我们对自己抱有信心,我们就更有能力来对变化加以引导。

讲稿4——回归常识

你们会记得,常识具有两重意义。它或许意味着相信长期传承下来的广泛散布的观念。我们倾向于认为,人们的常识不会对这类观念产生怀疑。对此,哲学所持的态度即使谈不上是破坏性的,那也是否定的。另一种意义——对生活中那些普通事物的判断——似乎正是指粗浅而实用的知识、适当的判断、对实际价值的欣赏。针对这类价值,哲学所持的是批判、指导的态度。它不是一个独裁者,它帮助我们有区别地去作出判断。它更多赋予我们的是理智的态度。

在形成这些判断中,科学观察对哲学帮助极大。

常识关心的是事物的性质,当我们利用这些性质时,它们给我们带来了用途、欢快和目的。但对于事物的态度一般是实践上的,而不是理智上的。这是很自然的。如果我们要获得理智上的愉悦,必须使我们的身体适应周围的环境。

如果我们承认进化这回事,就知道我们的大脑和神经系统并非起源于理智的目的,而单单是起着根据我们的环境作出调适的作用。与此相对照,物理学的全部发展趋于消除这些性质,给予我们一个电子、能量的世界,而我们所称的这些性质的东西实在依赖于电子、能量运动作用于我们身体后产生的结果。如今,科学处理的质量、分量、数量等,已很少是可让世界为我们带来欢快的那类性质的东西了。

这给了我们一种有关世界的机械的观念,它似乎把我们熟知的世界给夺走了。它使世界显得冷硬,甚至充满敌意。但科学在认识事物方面惠及我们的,是便于对其进行预测和控制。科学初看上去好像消灭了价值,实际上使之更为可靠安全。在过去的看法中,自然似乎比起今日离我们更近,因为它好像是有目的的,它似乎充满着内在生机,总要想去奋力达到它的预定的目的,那就是完满。但是,这种老式的看法带有明显的局限性。人不能助推这一进程;他必须仅仅接受这些固有的结果。当科学去除了此类结果的观念,世界会变得更能为我们提供便利。有目的的活动在这个世界中被消去了,由此产生的是人的目的。人类改造动物和植物以满足其需要。各种发明也正印证了这一点,它们涉及各种金属和自然力,这些东西为了人的目的而被加以控制。这一过程在人类生存中出现了真正的科学这段短时间里,只占一小部分。沿着这条路走下去,可以相信,未来可能取得的进步将是巨大的。发现不再是随意、偶然的事情。

让我们运用这些观念来说明人的自由。过去的观念认为,人的自由取决于理智和洞察力。古希腊人以为,他们当中只有少数几个人拥有这种超乎他人的自由,其他人是贪欲和冲动的生物。柏拉图把奴隶描写成是那种无力形成目的,以便对他本人的生活进行控制的人。于是,只有思想贵族才适于进行统治。

人们的智力无疑存在着差异,但这不是古希腊人想象的那种差异。只要不是蠢人和痴愚者,每个人都具备足够的理智来造成便于进行控制的一定的条件。社会生活的情形同样如此。如果民主是可能的,这是因为,每个个体在一定程度上都拥有控制自己的力量,并从对日常生活的关切中获得自由。如果民主是不可能的,那么必定会出现无政府状态或独裁统治。

经由知识和科学的增长,我们应当能够搞出某种技术,以便有效地把人身上的这种力量发展起来。

过去的哲学把思想看作某种自在的东西,是纯粹理性的产物。我们仍然有"纯粹"科学,它与应用科学不一样,而且比后者高一等。这一看法在范围很大的学人圈子里流传甚广。但是,纯粹的科学家其实并不纯粹。他必须找到实在的事实,以便对他的纯粹概念进行确证。就这一点看,他像个画家和诗人。这类挥洒涂抹并非在经济上都有益处。哲学是一种思想方式,它必须找到具体化和应用途径。它不能在铁路和收音机的应用上和科学抢风头,但它可以更完全地应用于人的生活,特别是应用于社会生活。教育要么是从过去传下来的老一套东西,要么接受哲学的思想指导。

从前的哲学家主张,哲学的本分就是解答恶以及证明上帝化身为人的方式问题,情况并非如此。有关恶的真正问题不是对恶作一说明,而是要说明如何对恶进行控制并减少恶。

或许可以把哲学设想为一个过程、一个发明出改善人类生活的方法和前提的过程。它不会像科学那样仅止于作出分析和分类,还要发明出值得为之奋斗的目的,并找到可利用来实现这些目的的资源。

历史唯心主义试图证明,世界本就是精神性的,它符合我们的最高理想。现在,我们可以实际地来思索一下称为唯心主义者的那个人,他着手去寻找用以改善生活的方法和资源。哲学真正需要的应当是后面这种唯心主义,通过立法、教育、经济,努力探索何为美好生活的观念。我们也许可以推行这样的唯心主义。

这好像有些贬低了哲学,但我认为,哲学会发生这样的变化,正如科学中已发生了这样的变化一样。哲学通过应用得到检验,并进一步得到确认。

(马　迅译)

宗教、科学和哲学①*

《宗教和科学》(*Religion and Science*)

伯特兰·罗素(Bertrand Russell)著

纽约:亨利·霍尔特出版公司,1935年

伯特兰·罗素先生在他的重要著作的一开头就说:"科学和宗教是社会生活的两个方面。"就宗教来说,我想很少有人会怀疑这个陈述。但是,就科学来说,这个陈述常常被忽视。当前在人们的眼里,科学似乎是一种单纯的智力追求,与社会力量和制度的联系最多是偶然的和外在的。然而,罗素先生的主题是16世纪以来科学与宗教的冲突,如果不充分注意到罗素先生在篇头所说的话,就不能理解这个主题。因为两者的冲突最终是关于形成和支配信念的权威问题的两种对立观点的冲突,而相关的信念影响着人生的每一方面,从身体健康到道德态度。

对权威的需要,是人的恒久的需要。因为这就是对原则的需要,这些原则必须足够稳定而又富有弹性,用以指导变动不常的生活过程。自由主义者往往削弱原则,他们无端地假定不论什么形式、什么形态的权威都是大敌。在作这个假定的时候,他们直接攻击的对象是那些坚持外在的、教条的权威(不论是教会的权威,还是政治的权威,或是两者的混合)的必要性的人。最近几个世纪的深层问题是:科学方法(用实验寻求智慧的方法)能够提供权威,而先前人们是在僵硬的教条中寻找权威的。科学与宗教之间的冲突,是这个冲突的一个方面。

其实,人类的历史主要是人类盲目地奋力寻求生活行动的权威指导的历史。这是一次又一次人类以为他们找到了权威所在的地方的故事。之所以说是盲目

---

① 首次发表于《南方评论》(*Southern Review*),第2期(1936年夏),第53—62页。

* 选自《杜威全集·晚期著作》第11卷,第354—360页。

的,是因为人们并不知道他们要寻求的是什么,于是抓住历史的偶然事件和社会条件在暂时控制的条件下所提供的东西。因此,这个历史是反复的失望和万花筒般的变换。在科学方法兴起之前,万般变化之中一件不变的事情是权威的地位被放置在耐心的、累积性的理智求知活动之外,处于某种机构之内。人们以为,最后的原则和规则就是从那里放射出来的。在最初阶段,从事求知和实验的人并不知道他们所做的事情有多么重要的意义。他们的动力主要是急迫的好奇心和不堪忍受他们周围的无知和混乱。但是,由于他们的努力带来了权威地位的最终变化,因此,从17世纪以来每一个领域发生的斗争来看,没有任何理由对这一事实感到惊讶不解。也许值得惊奇的主要原因是:这种斗争不是更加艰巨,而是依赖科学赢得了如此多的胜利。

如果不是由于所谈的问题极具深度和广度,罗素先生对天文学、生物学、医学、心理学和道德中冲突的描写会是令人郁闷的。因为那主要是一些愚蠢的言行的记录,从当前的知识看似乎难以置信;这样的事情反复出现,斗争从一个领域转到另一个领域,人们却没有从过去的失败中吸取教训。如果把这个记录看作人类知识从动物以情绪和蛮力占主导状态开始的上升发展,那么,这个故事是令人振奋而不是沉闷的。倘若罗素先生的统一论述不是这样一个主题,那会真的令人沮丧。正如他在开头几页所说,"新宗教在俄国和德国的兴起,装备了科学提供的新传教手段,再次将此置于受怀疑的地位,就如同科学时代的初期一样"。也正如他在将要结尾处所说:"在我们的时代,思想自由所受到的威胁比1660年以来任何时候都大;但现在的威胁不是来自基督教会,而是来自政府。由于当代存在着混乱和无政府状态的危险,政府接替了从前属于教会权威的神圣地位。"而且,"新的宗教取代了基督教的地位,却重复着基督教所犯过的错误"。

这种状态是罗素先生的著作所提出来的尖锐问题。这正是我提出来要考虑的问题。罗素先生的著作的详细内容,每个人都可以阅读。他的表达的清晰和巧妙让二流作家自愧不如,但在这本书中,他在这方面又几乎超过了他自己在其他方面的著作。事实材料自由地取自安德鲁·D·怀特(Andrew D. White)的杰作《科学与基督教神学战争史》(*History of the Warfare of Science with Theology in Christendom*)和莱基(Lecky)的同样不朽的《欧洲理性主义的历史》(*History of Rationalism in Europe*)。然而,这些材料经过浓缩而且措辞凌厉。冲突的每个方面都清晰地呈现出来。这里不必复述或解释。但是按我的判断,他提出的问题是当今世界所面临的最严重的问题。一切迹象表明,在未来数年,这个问题将变得更加紧迫,涉及更多的领域。

在我看来,这个问题是双重的。在武力的支持下,对自由的实验求知方法的信仰突然衰退,教条的权威死灰复燃,这是什么原因?另一个问题是:接受科学方法,把它看作指导人类行动的信念的权威——不是名义上接受,而是在实际行动中接受——人类将从中获得什么?这两个问题指向不同的道路。但是,我不清楚我该如何说科学为我们做了什么,除非我们首先弄清楚为什么科学在不久前取得全面胜利之后就衰落了,甚至崩溃了。为什么在取得巨大的技术成功的时期之后,科学的地位变得如此低下,在世界许多地方如此不安全?我想,答案逃不出两种选择之一。或者说,求知的方法衰退到只具有相对的重要性,因为与习惯、情绪、一些人追求权力和臣服的冲动相比,它只是人性中比较弱势的部分;或者说,当前科学权威的衰落具有特殊的原因。

科学的衰落可以在前文一句话所表达的事实中找到历史原因,在那里,我提到科学在技术上的成功。罗素先生正好区分了科学的气质与科学的技术,前者是"谨慎的、尝试的、逐步的;它并不妄想它知道全部真理,甚至不妄想它的最好的知识是完全真的。它知道任何学说或早或迟都需要修改,而必要的修改要求有研究的自由和讨论的自由"。它从观察事实开始,而不是从固定的普遍真理开始,再从中演绎地推导出特殊的真理来。它通过许多个别事件的实验观察来达到一般规则,而在达到一般规则后就将它们用作工作假说,而不是用作永恒不变的真理。在时间进程中,不同的假说由于得到观察事实的充分证实而成为理论,这些理论集聚起来形成更加广泛的概括。但是,神学,从最原始的形式到最精致的体系,都是从一般原则开始的,这些原则一部分出自"纯粹理性",一部分出自终极神性权威的启示。而科学的概括则是结论,这些结论随着研究的进展是可以不断修改的。"知识已不再是宇宙的心理反映,而变成了操纵物质的实践工具。"

科学的技术不同于科学的气质,它注重的是操纵物质的方法。它是具体技术的来源,例如把电应用到日常生活。它关注的是直接的实践结果——这里,实践一词有着特定的、技术的含义——如发电站、广播、照明、电话和汽车点火装置等等。"实践专家运用科学的技术,政府和大公司则进而利用实践专家,获得了与科学家完全不同的气质——这种气质充满了无限权力意识、傲慢自大的确实性,甚至操纵人事的快乐。"

在我看来，这些事实是不可否认的。它们表明，科学的气质、理智实验的方法，即使在它取得技术胜利的时候，在它取代以前关于天空、人体、动植物的起源和生长的信念的时候，也只是取得了微小的进步。科学的功能在于修正我们关于千差万别的事物的信念，取代早期由情绪幻觉产生的信念，这些信念由于历史的偶然事件而被写成文字并进入信条的结构之中。那时候，如果个人的灵魂要生存，就必须接受那些信条。科学也通过它的技术应用导致了工业和商业的革命，在细节上影响了日常活动、休闲活动、国民经济和生活条件。但是，对科学胜利的历史考察表明，除了相对较小的职业科学家群体之外，它的胜利仅仅限于这些专门的领域。

换句话说，"科学"仍然是一群名叫科学家的人所做的事情，是他们在实验室、天文台和一些专门研究的地方所做的事情。它还远远不是心灵的气质，即人类个人和集体用心灵来对待他们遇到的问题。它离这个目标太远，连人类活动倾向的表面也没有碰到，只是在地表上划了几道印子。科学的声誉主要不是来自人们普遍采纳它的心灵的气质，而是来自它的物质主义应用。对于人类大众，科学气质的内在唯心主义淹没在物质力量的应用和享受之中，淹没在物质的舒适之中，这些都是它的技术应用的产物。

这个结果在很大程度上是可以解释的。从历史的观点看，科学是一位新出场的人物。科学还是一个婴儿，他要同地球上生养了千万年的成年人作斗争。再则，它来到人间，大部分人几乎处在饿死的边缘；它由于有着释放权力和安逸的前景而吸引了他们。

只有从这个背景所形成的视点来看，科学技术的物质方面的迅速发展才能得到理解。科学使发明成为可能，当人们开始享受发明的成果时，被阻塞的胃口、被压抑的欲望就活跃起来。发明的新力量与人们以前无力满足自身需求的状况，形成直接的对比。社会在整体上（不是这里或那里少数几个人）表现出暴发户的状态。无疑，多数个人并没有大量地分享这块希望土地上的牛奶和蜂蜜。但是，没有多少人能够抵制科学由于其技术应用而具有的诱惑力。

然而，前文所言都是事情的否定面。肯定面是新科学的技术资源本质上被俘虏的状态：首先是被金融资本控制的工业俘虏，然后被政治国家主义俘虏。罗素先生说到，新宗教威胁着科学的气质，它的自由的、暂时的、实验的方法，它用工作假设替换永恒不变的真理的倾向。这种威胁只不过是科学取得技术和物质胜利时期一直存在的那些力量的最高表现。新的思维和行动方式爆发式的绽放，总是惊世骇俗。在危急的后果强加于我们头上之前,我们总是不知道我们在做什么。但是,我们可以肯定,虽然新形式的产生有些突然,但它们一直在地下积蓄着力量。

这里不宜专门讨论国家主义和经济资本主义。但是,谈一谈已经引用的罗素先生一句话中的一个词肯定是恰当的。这个词就是"当前混乱和无政府状态的危险"。这种危险,一方面产生于我们的经济体系无控制的运行,另一方面产生于我们的政治国家主义。这是真正的危险,因为这是经济力量与政治力量联合的必然产物。无政府状态和混乱的危险不仅仅是一种威胁,而且是一个眼前的事实。这种危险是一种迫切的新需要,即权威原则的宣示。由于科学并不打算满足这种需要,所以我们求助于老式的外在教条权威。之所以说老式,是因为它的路径大多符合既有的历史先例。它的表现形式是新的而且是可怕的。因为它掌握了科学的一切技术资源。混乱的危险起因于战争,那是政治国家主义的结果;应对这种危险的办法,是动用科学资源去准备更大的战争。经济失衡和保障丧失产生了无政府状态和混乱的危险,这要由专制来应付;专制为了这个或那个阶级的利益,控制了工业生活的全过程。这两种手段都依赖于科学催生的技术的使用。它们都依赖于剥削,用科学产生的技术手段以及用情感和想象来剥削。这个结果为罗素提供了依据,他把这些运动叫作新宗教。它们具有既定的教条、僵化的格式和仪式、核心的制度权威,以及信与不信的区分,还有对不接受真理信仰的异教徒的迫害。

在我看来,这种状态使科学的社会地位和社会作用问题变得极为重要和紧迫。我们处在危险之中。人们能够想到的,我们在这个国家在这里能够想到的,唯一的出路是动员一种教条和制度来反对另一种教条和制度,于是发动一场新型的宗教战争。我的意思不是说,在这个国家,这个问题必然采取法西斯主义和共产主义专制势力之间的直接冲突的形式。但是,我们面临着无政府状态和混乱状态。如果采用耐心的实验的理智方法来应对这种局面,每一次失败都意味着一种更强烈的欲求,即用某种外在的、教条的权威在混乱中建立表面的秩序。倾向于发动战争并把战争叫作和平,这种事情自塔西陀(Tacitus)以来就时有发生。它只是采取了新的形式。在我们当中,已经有一些"知识分子"的群体在鼓吹外在极权主义学说,并乐于成为这场运动的官方哲学家。

这个问题既关系到哲学,也关系到科学。在这一点上,虽然有些犹豫,但我也被迫与罗素先生分道扬镳。罗素先生的论述中肯定具有哲学意义的那些部分,是关于灵魂和身体、宇宙目的、科学和伦理学的那些章节。我的异议并不涉及他所达到的关于传统宗教观念的结论,而是关于讨论过程中提出的一些哲学观念。本文没有给我足够的时间和篇幅让我进入知觉哲学,那是他在前两章、关于价值的那一章和最后一章谈到的。如果我认为与罗素先生深刻而恰当论述的主题没有关系,我是不会去谈的。

问题的要害从总体上说是知觉和经验的"私人性"问题,还有价值的"主观性"问题,这两个问题之间有着密切的联系。罗素先生相信"看"、知觉一般来说是私人事件,"每个人的经验是他自己私有的"。两个人不可能看到、记得或经验到完全相同的事物;由于自然科学就在于从知觉和记忆出发进行推理,因此,"细加考察就会发现,物理学的素材与心理学的素材具有同样的私人性"。他进而又说,心理学的素材可以具有物理学素材所具有的那种"准公共性"。罗素先生的理由是:当我们说我们感知一个对象时,例如太阳,对象只是一个遥远的原因,我们的知觉依赖于中间媒质,也依赖于某些身体过程,特别是大脑过程。我不明白这与知觉的"私人性"或与知觉的"内心"特性有什么关系。这个论证似乎要表明,知觉是一个发生在客观世界中的复杂的客观事件,经过多种条件的相互作用。这是一个比我们所说的太阳照耀更复杂的事件。这只是在没有质疑传统二元论心理学的前提下继续往前走,除了条件因素的复杂性之外,我看不出有什么特别的地方。而且,正是以这种复杂性为根据,我们有能力进行某种推理,推断不同的事物,"太阳"、"媒质"、"神经系统"对于知觉的产生都起了作用。至于经验之所以是私人的,是因为两个人不可能有完全相同的经验这个论证。我想,同一物理事物不可能完全重复这一点也是真的。但是,除非我们事先把事件的个别性定义为私人性(这是纯粹的语词游戏),我看不出存在的多样性如何能够证明存在的私人性。

我说过,如果与科学的社会功能问题没有直接关系,我不会作这些评论。这一方面要辩解科学在决定信念(这些信念把人聚集在一起从事联合行动)上的权威性;另一方面是科学的方法和结论具有内在的私人性,要把这两个方面统一起来是困难的,似乎在逻辑上是不可能的。如果后一学说得到实质性的支持,我们就应该接受,不管它有什么不幸的社会后果。但是,它并不有效却又被接受了,这就加强了这样一种想法:在私人观点冲突时,我们必须求助于外在的权威和力量,以取得公有秩序。在与道德相关的价值问题上,这里涉及的问题表现得更加明显。

按照罗素先生的说法,"伦理学并不包含陈述,不管是真陈述还是假陈述,而只包含一些属于一般类型的欲望"。因此,关于好与坏的分歧与趣味的差异具有同样的性质。说某个事物好或具有正面的价值,这等于说"我喜欢它",就如同在另一个场所,我说我喜欢牡蛎;说它坏,并不是在作一个客观的陈述,而是一个关于某人的个人主观态度的陈述。我并不怀疑,人们提出的一些伦理学理论事实上就是一些私人或团体好恶的精致的"理性化";我并不怀疑,一种欲望就是我们意识到某物是价值的一个条件,可能也是任何事物是价值的因果条件之一。但是,即使从这一立场出发,要达到好等于喜爱的学说也还有很长一段路。因为喜爱和欲望是自然事件。它们有条件,但它们不等于那些因果条件,肯定不等于其中一个单独的条件。罗素先生说:"通过明智、幸福、无畏来培养人们慷慨大度的欲望,人们的行动会比现在更加符合总体的人类幸福。"这样的话语中,无疑有着深刻的真理。但是,我怀疑这个陈述是否与欲望和价值完全"主观性"的学说相一致,或者是否罗素先生同少数人一样,碰巧喜欢"慷慨大度的欲望"更甚于别的欲望。因为这个论证假定了欲望具有客观的条件和客观的后果。

在同一段落中,罗素先生说,人们所需要的那种欲望并不是由伦理学理论产生的,这一点是真实的。然而,我们可以从理论上设想,应该有这样一种伦理学的理论,它以科学的和客观的方式关注这些因果条件,以及这种或那种欲望的具体后果。这样做,有着巨大的实践困难。现在还只是一个微小的开端。但是,只要我们把这件事情做下去,随着它的成熟,就会建立起一门技术来处理人性,就像我们用技术来处理物性一样。这些技术不在于从外部进行操纵,因为这些技术的实现需要有自愿的合作反应。这样一门科学和技术由于还没有产生,因而并不引人注目。我相信,循着这条思路走下去,我们将会看清科学气质相对微弱的影响,而科学技术由于提供了物质力量、舒适和安逸而有着巨大的影响力。常常有人说,自然科学远远地走在了人文科学的前面。就人类的欲望和目的来说,可与物理知识匹敌的关于手段与结果的知识是唯一的道路,从而使社会知识达到物理知识和力量已经达到的水平。

(朱志方 译)

对科学的反抗[1]*

争论目前我们普遍面对的对科学的反抗是浪费时间,因为这种反抗几乎在所有领域都显而易见。在教育领域这种反抗采取了下述形式,即以人文学科与科学对抗,同时声称,当前学校体制的弊病与失败——从数量和严重程度来看绝不仅仅是偶然——是使"人文学科"(humanities)服从科学的结果。我给人文学科一词打引号,是因为在教育领域这种攻击起因于文科的教师,继之以将人文的(humane)与语言的(linguistic)和文学的(literary)相等同。

根据伪哲学理论的这一方面,这种攻击停留在将科学称为"唯物主义的",而文科(literary subjects)则被等同于我们传统与制度中的理想的和"精神性的"东西。这一观点支撑着下述信念,即相信人与自然的分离。人不仅被当作自然的主人,而且是在最古老最可疑的意义上的主人——仅仅依靠命令来统治的专制君主。这一分离是一切分离的最基本的形式,这一分离完全忽略了人类大多数的日常利益与关注,人类大多数忙于以完全个人的方式与他们必须面对的自然环境打交道,这些环境对他们的幸福与命运具有巨大影响。人类在创造和拥有美好生活过程中展现出壮观场面,任何愿意观察这一场面的人都会意识到,将人文学科等同于语言学和文学是一种畸形的傲慢。

作出这种等同判断并对科学提出指控,这一事实无疑发人深省。它突出了反抗科学的背景,勾画出濒临危境的真正的人类价值观和目的,并指出导致真正的而

---

[1] 首次发表于《人道主义者》,第 5 期(1945 年秋),第 105—107 页。
* 选自《杜威全集·晚期著作》第 15 卷,第 146—148 页。

非虚假的人道主义进步的唯一道路。就反抗的背景和原因而言,它把矛头直接指向反对这一运动的"权威",这一运动由于导向新的、更广泛、更人文的秩序,因而威胁到他们至高无上的权力。从根本上看,这种攻击出自这样一些代表人物,他们享受建立在政治、教会和经济制度上的控制和管理他人的权力。从表面上和口头上看,这种攻击出自这样一些教师,他们发现他们在教育体制内的位置和声望受到削弱,他们愚蠢地成了盲从者。

将目前对科学的反抗和以前负有"科学与宗教的冲突"之名的运动相比较,会发现这是有意义的,也是有趣味的。在以前的交战中,对科学的攻击主要是科学达到的某些一般结论,首先是天文学中的结论,最后是生物学中的结论。这种攻击集中于新的结论对过去的信仰的毁灭性影响,过去的信仰是人类历史的早期阶段建立起来的,在数千年的历史中被赋予了所有理智的、制度的和情感的认可。

几乎不能说科学学说赢得了完全胜利。"原教旨主义"依然在罗马天主教和新教教派中盛行。但就整体而言舆论在向新观点转变。对于新观点的攻击现在是宗派的而不具有普遍的社会意义。目前对科学的反抗比以往更强烈——不管科学在此期间取得多大的胜利。在特定领域一系列新的信仰和深入人心的旧信仰之间,我们不再有斗争。对科学的攻击现在是对科学态度、立场和方法的攻击,特别是关于它们对于人类制度的影响,聚焦于这一最重要的问题:谁和什么将拥有影响和指导生活的权威。

这里我并不试图批判被用来为攻击科学提供辩护的基础哲学:无论有什么人想要将科学方法和结论用于超出技术的"质料",其程度当然要以不侵犯人类关怀的道德领域为限。我想指出一些因素,这些因素将回应下述攻击,即将科学攻击为"唯物主义的",将其唯物主义攻击为对人文价值观怀有敌意的。我们都熟悉通常对"纯粹"科学和"应用"科学的划分。我在这里不打算重复我在别处不断重复的观点,即这一明确的划分是理智的遗产:在亚里士多德的修辞学中,"理论"必须与神圣的、永恒的因而是最高等级事物有关,而"实践"只能与世俗的事物有关,在最坏的情况下与卑贱的事物有关,在最好的情况下也只与尘世的暂时的事物有关。

我想提起注意这样一个事实,即无论少数知识分子阶层寻求纯粹的和应用的科学的分离具有多么正当的理由,人民大众与"科学"的关系只在于其应用。对人民大众来说,科学是他们日常生活中所指的科学;科学的结果表现在他们在家中、在社区和在工厂的日常工作、使用和享受中,也表现在使用和享受的局限上;表现在他们的工作中,也表现在他们无法获得工作上。

"应用"科学完全不同于致力于进行区分的哲学家之所指。它完全不同于致力于将数学-物理学公式转化为机器和其他动力设备的发明家之所指。因为对哲学家来说,科学不是指抽象意义上的技术;它意味着在现存的政治-经济-文化条件下运转的技术。正是在这里而不是在科学——无论是纯粹的还是抽象的科学——中,我们发现唯物主义是人文的敌人;攻击所向,也应该是在这里而不是别处。

当那些自命为人道主义者的人、自命为人类道德和理想保护者的人开始攻击这样一些习惯和制度时——这些习惯和制度使得科学的技术运用严重影响了一大部分人,限制了他们受教育和过丰富生活的机会,将可能的安全设备转变为产生大量不安全的设备——这时我们有理由相信他们对人文价值观的关注是真诚的,而不是为了保证某种制度化的阶级利益而提出的蓄意或简单的策略。人之为人在于其行。

(余灵灵 译)

上帝与数学①*

1947年6月号的《当前宗教思想》(Current Religious Thought),发表了英国皇家学会会员(F. R. S.)埃德蒙·惠特克(Edmund Whittaker)先生在英国广播公司的讲演,讨论了"宇宙中的数学、物质和心灵",从中可以看到支持某种崇高的哲学有神论的另一种尝试。显然,"数学是完全独立于外部世界的:它完全不依赖于经验和假定。数学本身并不提供关于物质世界的知识,而是提供关于我们自己的心灵结构的知识"。埃德蒙先生于是立即得出结论说,由于宇宙的规律可以根据数学予以表达,"在物质的自然中或在物质的自然背后,有着与我们的心灵类似的心灵"。

让我们留意一下。如果"数学是完全独立于外部世界的",并且"完全不依赖于经验",那么,难以想象它究竟如何能够被应用于外部世界。相对论,包括精心设定的数学的解释结构,在爱因斯坦的心灵中不只是一种"结构"。实际的实验表明,比起牛顿的定律,相对论更接近于实在。将大胆的假设——如相对论——转变为普遍规律的东西,不仅是"我们心灵的结构",而且是参照客观实在对这一假设的证实。

对数学的解释分为两个思想流派:埃德蒙先生所表述的是与古老的观念论哲学结盟的流派,根据这种观念论哲学,思想本身是真实的,而物质仅仅是影像,上帝是超越影像世界的某种不朽的精确的(原文为 mathematical,亦即数学的——译

---

① 首次发表于《人道主义者》,第7期(1947年秋),第101页。杜威的评论见《杜威全集·晚期著作》第15卷,第376—377页。

* 选自《杜威全集·晚期著作》第15卷,第405—406页。

者)心灵。另一流派的代表人物有英国的海曼·利维(Hyman Levy)和美国的 D·J·斯特罗伊克(D. J. Struik),这一流派认为,客观世界是真实的,我们的数学心智结构只是就它们反映这一真实世界而言是有效的。这不只是一种学术论战。将数学作为"独立于外部世界"的心智结构,从这条道路出发容易通向将心智结构"独立于外部世界"的宗教,最后通向作为对不朽的精神本质进行神秘沉思的宗教,据说这一精神本质比这个悲惨的唯物主义的世界更真实。这样就铺就了通往反社会的逃避现实的道路!将这种思想"扼杀于萌芽状态"是人道主义的任务,即便它源于更高等的纯粹数学的氛围。

(余灵灵　译)

科学与上帝观念①*

《现代知识影响下的上帝观念》(The Idea of God as Affected by Modern Knowledge)
约翰·费斯克(John Fiske)著
波士顿和纽约:霍顿-米夫林出版公司,1885年

　　约翰·费斯克先生这回呈献给我们的,可算是《人的命运》这部小册子的完结篇;它着实妙趣横生,而且引人遐想。与自然及人的命运相关的进化理论被用来探讨灵魂不朽的问题,这部小册子便由此而生;而在本书中,同样的理论被用在了上帝和宇宙的关系问题上。我们通常把费斯克先生看成是赫伯特·斯宾塞(Herbert Spencer)思想的美国传播者;在当今的作者们眼里,他的表现基本符合上述观点——尽管有时会有些许分歧。然而在本书中,分歧相当明显,其显著性貌似超过了费斯克先生自己所乐意承认的。只需一个简要的概述——其中多半是费斯克先生自己那流畅、精到的表达——就足以让读者看到:在长篇累牍的、对于那位英国哲学家的回应中,这一分歧的本质究竟是什么。

　　费斯克先生认为,我们若要理解现象世界,那就必须把它看成是某种无所不在的能量的包罗万象的显现形态;从某种意义上说,此种能量高于我们有限的理解能力;它是半人性的,也是半精神性的。因此,我们得用某种"神人同形同性"的方式来设想它——当然,这是一种被纯净化了的神人同形同性论。宇宙中,存在着客观的合理性;其间的事件都有秩序地行进着,它们或许表现出某种戏剧性倾向,趋向

---

① 首次发表于《大学》,第 223 期(1886 年 1 月 2 日),第 5—6 页。
＊ 选自《杜威全集·晚期著作》第 17 卷,第 79—82 页。

某个目标；可是对于这个目标究竟为何，我们的认识或描述永远都是不完全的。在这一理论看来，现象构成的宇宙中确实存在并遍布无所不在的能量——它不是别的，而正是那活生生的上帝。此种进化论的最终结论是：我们应当把世界看成一个完整的有机统一体，一切都是同一能量的表现形式；这一能量合乎目的论，包含着意图和意义。因此，我们可以更准确地——当然，这一表示依然不够充分——称之为"灵魂"，而不是别的。总而言之，费斯克先生的主张是：当今的科学发展非但没有让这样的有神论失效，而且还增强了这一论点的力量；因为科学越来越清楚地揭示了宇宙的统一性、连贯性及合理性。而另一方面，他又主张，对于被科学揭示出来的这个上帝，我们不该在"神人同形同性"这样的自然神论框架内予以理解；在他看来，当今基督教世界的神学理论正是如此。对此，费斯克先生推荐的学说是"宇宙—神论"，即宇宙所固有的、无所不包的生命。

我们必须注意到，费斯克先生的这本书把斯宾塞的形而上学理论往前推进了一大步。在后者的哲学中，精神性——即便是半精神性——因素是毫无地位的，更不用说"戏剧性倾向"这种东西了。斯宾塞的第一原理就是"不可知"，也就是说，与理智全然无关；关于事件的本性和意图之类，我们什么都不可能知道。而费斯克先生则清楚地认识到这一点：只有把"神人同形同性"这样的因素赋予"绝对"，才能让"绝对"对于我们的理智而言具备某些意味；而且在他看来，现代科学成果足以证明，把这样的因素赋予"绝对"是有效的。

然而，费斯克先生又明确地表态说，他接受斯宾塞先生的不可知理论。在此，费斯克先生显示了他的美好想法，以及其哲学基础的匮乏。"绝对"不可知，这意味着终极原理和人的理智之间不可能有任何关系；也就是说，"绝对"之中根本没有合理性、意义和意图这类东西。当然，当斯宾塞先生建构自己的哲学的时候，他可以毫无愧色地先把这一堆性质赋予"绝对"；直到最后，再一股脑儿地将其定义为"佩利的女神"。在斯宾塞的哲学中，一部分和其余部分相互矛盾；而且，斯宾塞通过他那最终声明，把这个矛盾变得理直气壮了。他说，在他那百科全书式的、已完成的以及未完成的作品中，已经对"力"的诸种形式、样态作过全面的阐释；但是，"力"本身如同他由之开始的那个"绝对"一样，都是不可知的。然而，并不令人意外的是：把斯宾塞的这个论断一扫而过的普通读者，一般都会认为，一旦把这话当真，那么，斯宾塞的所有作品就都成了毫无意义的废话。普通人的头脑是这样思考问题的：与其认为斯宾塞的所有作品全都是关于"不可知"的无意义言辞，倒不如相信斯宾塞依然陷在形而上的混沌迷宫里,以至于他的第一原理中包含着矛盾。

费斯克先生用来向自己隐瞒上述状况的言辞是至关重要的,因为它们仍不自觉地揭示着这样一个事实:他自己所遵循的基本原理依然属于二元的自然神论。即便是当他在表述那些最有见地的论点的时候,他也从未在真正的意义上摆脱过与上述论点背道而驰的基本原理。他说,"不可知"这个术语描述了"神的一个方面";在他看来,"神本身"是"不可知"的。"作为绝对和无限者",它是"不可知的,而它所展现出来的现象秩序则是可知的"。一边是如此这般的形而上概念,另一边则是作为宇宙生命的上帝概念;科学向我们揭示了后者,从而不断地从"不可知"的空旷中为我们赢得"可知"的地盘。以上这两个概念,彼此之间截然对立。根据后面这个概念,绝对的、不可知的上帝根本不可能有任何位置。从这一视点来看,上帝并不存在如此这般的两个方面,一方面不可知,另一方面则通过其包罗万象的表现为我们所知——当然,那只不过是基于有限知觉的表现,终极的实在与其说被它揭示了,倒不如说被它掩盖了。从后面这个概念看,上帝从本质上讲就是可知的;他就是真理,或者说,是由一切可知真理构成的有机整体。或许,他的某部分暂时属于未知;但这是因为,我们的知识尚不完全。若是把"未知"和"不可知"这两个概念搞混淆了,那就等于把光明等同于黑暗。倘若说上帝有一部分属于未知,那就等于承认,上帝(在哲学的范围内)是完成了的知识或真理,而人类的心灵则必须不懈地努力以求把握更多的知识。倘若说上帝不可知,那就意味着他和理智、知识毫无任何关系——也就是说,和已知的宇宙毫无任何关系。这样一来,上帝就完全、彻底地被已知的科学世界拒之门外了,他被放逐到一个全然超越世俗的领域当中;拉丁神学理论正是这样看待上帝的,而费斯克先生自认为在努力驳斥的,也就是这样的理论。其实,以上所说的矛盾终究可以归结为这样一个根本的形而上学假设:实体、本质是和现象分离的,或者说,无限是和有限分离的。费斯克先生把这样一个假设应用于自己的论述,仿佛它是颠扑不破而又司空见惯的常识似的;而实际上,它是抽象形而上学思维方式的最后一具、也是最沉闷阴郁的骷髅头骨。关键在于,它与这本书中任何一个富于建设性的部分都相互抵触——从科学或真正知识的积极基础开始,到把上帝论述为"宇宙中无所不在的固有生命"。既然如此,那为何不以常识的名义,如同各种史上著名的哲学流派一样,把上帝如其所是地看成一切知识的源泉、过程和目标呢?为何偏要陷入那样一种过时的形而上学理论呢?那种形而上学把现实生生地一分为二,已知的那一边仅仅是现象,而另一边所谓绝对的真实,则是未知的、永远不可知的。

  从费斯克先生处理宇宙过程之最终目的的路数来看,他那形而上预设依然在机械二元论的圈子里打转转。为何非得主张事件所趋向的最终目标是未知的呢?唯一的理由就是:他认为这个目标是终结性的——换句话说,整个过程没完成之前,我们是达不到它的;也就是说,这个目标与已知过程之间不存在有机的联系。这样一种关于目的的理论,其哲学基础和18世纪的护教论是一致的;在这一理论看来,目的外在于一切手段。有这么一种形而上学的目的论,认为软木这种植物之所以被创造出来,就是为了香槟酒瓶上软木塞子的存在;而费斯克先生的目的论则认为,"从人的道路出发来谈论上帝的道路,是不可思议的",无限的人格超越了我们的思想能力。在这两者之间,真实情况其实是这样的:只要我们能够探寻出真正的"人的道路"为何,就足以了解上帝的道路;而且,所有的人格都是无限的,因为它们同时既是手段又是目的,既是过程又是结果,既是宇宙的发展演化又是宇宙的目标。只要费斯克先生能够从那种教条式的形而上理论中脱身而出,那么,他的现实感受力就足以引领他实实在在地得出上述的结论。他说,有机演化旨在生成最上等、最完美的精神生命。他说,人类是整个宇宙的皇冠和荣耀;一切事物的运作,都是为了让人类最高精神属性得到进化。既然他能领会这样的真理,那就不该让任何积重难返的形而上教条成为阻碍来阻拦他承认这一点:我们必须把宇宙设想为精神生命的外化运作;必须用人类——既然人类是宇宙的皇冠和荣耀——的术语来阐释它,将其阐释为精神通过其精神属性的自我实现。倘若"在上帝观念中完全去除神人同形同性论,也就意味着取消了这个观念本身",那么,何不反其道而行之,承认只要彻底贯彻神人同形同性论,上帝观念也就能得到完满的实现呢?罪恶原本就只存在于部分的、不完整的"人"的观念中;那种观念要么把人看成事件,要么把人看成力量,要么看成抽象的逻辑理解力;它没有把人看成活生生的精神——宇宙的完满成就。费斯克先生的积极贡献,完全在这个方向上;他没能完全彻底地摆脱那衰朽过时的形而上学理论——不列颠经院哲学的最后一份嫁妆,这实在是莫大的遗憾。

(李宏昀　译)

宗教、道德与社会

基督教与民主①*

从外部看来,宗教好像是一种膜拜,是一套教义。它看起来是一种膜拜;就是说,汇集有一些有待实施的特定活动,有一些有待在意识中珍视的特殊观念。这些活动和膜拜可能或多或少带有规范性,或多或少带有细节性,或多或少带有形式性;但是无论如何,必定具有某些特殊的活动。具有宗教意义和成为礼拜的正是这些活动,而其他活动则是界外的、世俗的,或者是亵渎性的、商业性的,抑或纯粹是道德性的——总之,它们不是与上帝的"交通"。同样,教条和教义也可能或多或少是狭隘的、僵化的,但是看起来必定树立有某种属于宗教意识的特殊观念体,而其他观念则是属于科学的,或者是属于艺术的,抑或是属于工业的。这是外表。对宗教的起源和演化的研究,摧毁了这种外表。研究表明,每个宗教都根源于某个共同体的或者某个种族的社会的和心智的生活。每个宗教都是该共同体的社会关系的一种表达;其仪式和膜拜是对这些关系的神圣性和属神性意义的一种承认。宗教是一个民族的精神态度和精神习性的一种表达,是一个民族对它发现自己身居其中的那个世界所作的感知性的和系统性的反应。它的观念、教条和秘仪,是以象征的形式对环境之诗意性、社会性和心智性价值的承认。随着时光的推移,这种社会的和心智的意义渐渐湮没;这种意义是如此彻底地浓缩于象征、仪式和教条之中,以至于它们看起来就成了该种宗教。它们本身反倒成了目的。如此这般地脱离生

---

① 本文是杜威于1892年3月27日在密歇根大学基督教学生联合会主日晨祷上的致词。首发于《密歇根大学宗教思想》(*Religious Thought at the University of Michigan*),安娜堡:注册出版公司,内陆出版社,1893年,第60—69页。未曾重刊。
* 选自《杜威全集·早期著作》第4卷,第3—9页。

命,它们便开始腐朽;看起来,宛如宗教正在散架似的。而实际上,那生命本身,那孕育出这些形式的社会和知识的互动复合体,已经且继续忙着在更加充分的关系和真理当中发现启示和表达方式。

如果说没有哪种宗教只单纯的是一种宗教的话,基督教尤其显得并不单纯的是一种宗教。耶稣并没有设立什么膜拜或者仪式;没有什么特定崇拜形式,没有什么被命名为宗教的特定活动。他显然处于另一面。他所宣告的是,设立这种特殊的活动和机制本身就是生命有欠完美的一部分。"时候将到,那时你们敬拜父,不在这山上,也不在耶路撒冷……时候将到,现在就是了,那用心灵按真理敬拜父的,才是真正敬拜的人。"①——其时的敬拜只应当是行动中的人的自由的和真实的表达。耶稣没有设定什么特殊的教训——没有哪些特殊的真理被贴上宗教性的标签。"人若立志遵着他的旨意行,就必晓得这教训。"②"你们必晓得真理,真理必叫你们得以自由。"③耶稣所知晓的唯一具有宗教性的真理就是大写的真理。没有什么特殊的宗教真理是他要来教诲的。相反,他传的教训是:就像上帝是一个一样,大写的真理无论怎么来命名,无论被人如何来划分,也是一个;把握真理并且按照真理生活就是宗教。穆尔福特(Mulford)博士在其《上帝的理想国》(*Republic of God*)一书中认为,基督教根本就不是一种宗教,自身没有什么使其与一般的行动和真理划分开来的膜拜和教条。基督教的普遍性本身就预防了它成为一种宗教。基督教,穆尔福特博士主张说,并不是一种宗教,而是一种启示。

启示之条件是它有所启示。基督教,如果说是普世的,如果说是启示,必定持续地展开,永不停止地发现生命的意义。启示是对生命进行的查实。它不可能多于此;它必定完全如此。那么,基督教就不可能随着人们在某个既定时刻可能认作基督教的任何一种特殊理论或者行动模式而废立。基督教在其现实性上并未察觉有什么这样的排他性的或者宗派性的态度。如果把基督教弄得随着任

---

① 语出《约翰福音》第4章,第21—24节,译文参考:《新译·和合圣经》,环球圣经公会有限公司,2004年8月初版。此处经文之所以选用这个版本中的新译本而非大陆通用的《简化字现代标点和合本圣经》,是因为前者把"in spirit and in truth"译作"用心灵按真理"比后者译为"用心灵和诚实"更符合杜威文中使用"truth"一词的语境和人们目前对"truth"这个词的汉译。——译者
② 语出《约翰福音》第7章,第17节,译文参考中国基督教协会译:《简化字现代标点和合本圣经》,2000年版。——译者
③ 语出《约翰福音》第8章,第32节,译文参考中国基督教协会译:《简化字现代标点和合本圣经》,2000年版。——译者

何一种特殊的理论(无论是历史的还是伦理的)而废立,如果把基督教认作某种特殊的行动(无论是教会的还是仪式性的),那么它就否弃了自身的基础和命运。基督教所宣扬的就是上帝即真理;作为真理,上帝是爱,并把他自己完全启示给人,自己无所保留;人是这样带有这般启示出来的真理的人,以至于对于(to)他的启示不及内于(in)他的那样多;人是真理的道成肉身;通过占有真理,通过认同真理,人得自由;消极性的自由是免除了罪,积极性的自由是过自己生活的自由,自由地表达自己,自由地、无障碍地使用他被给予的手段——自然需要和自然环境。作为启示,基督教必须有所启示。唯一可以用来检验的标准就是事实——它们的真理不断地得到人们的查实和占有吗?忠诚于这一真理的生命带来自由了吗?

显然,在其他一些宗教当中,倘若主张某些人是宗教的特殊代表,坚持认为有某些要予以秉持的宗教性的特定观念和某些要予以践行的宗教性的特殊行动,并无多大矛盾之处。没有什么别的宗教把其基础和动机——把握普遍真理,以及随之的自我启示力量——普及到每一个人。但是,在基督教当中,如果试图一劳永逸地确定宗教真理,把它限定在某些僵化的条条框框之内,宣称这是而且只有这才是基督教,就是自相矛盾的。只要生命有新的意义有待展开,有新的行动有待设定,那么真理的启示就必定会继续。一个组织可以大声宣告自己忠于基督教和基督;但是,如果在宣称其忠诚时,它自认为是基督教真理的守护者,自认为拥有某种规定何为这一真理的特权,自认为在宗教活动管理方面具有某种排他性;如果简言之,该组织企图在一个运动的世界中宣扬一种不变性,在一个共同的世界中主张一种垄断权——所有这一切,都是真正的基督教正在外于并越过该组织起着作用、启示,正在透过更加广泛与自由的管道进行的迹象。

被称作教会的这个历史组织刚刚得到这类教训。曾几何时,教会自认它对上帝和世界的关系以及人与自然的关系的见解具有最终性。数个世纪以来,我们所看到的教会都自认在这些问题上是真理的卫士和管家。它不仅把露出曙光和冉冉升起的科学当作无稽之谈来大加讨伐,而且宣称这种科学是不敬神的和反基督教的,直到科学几乎学会了以这个如此确定无疑和持续地安在它身上的名字来自称。然后,结果还是一如既往——真理不是存在于话语之中,而是存在于大能之中。就像在两个儿子的比喻中那样,那个吹嘘准备到葡萄园去工作的儿子却没有去,而那个说不去的小儿子却去了大自然的葡萄园①,而且通过服从该真理而启示出律法统一性的更加深层的真理,一种持续不断的活生生的大能的临在,整个世界之万物协力、生气勃勃的统一性。该启示是在我们名之为科学的东西中成就的。该启示不会因教会的背信之故而中断,它是在一个新渠道中发出的。

我再次重申,启示必定有所启示。它不只是一个有关所宣布的实在的问题,而且是一个有关向其宣布了实在的人的领悟力的问题。某种印度宗教,某种希腊宗教,或许把其宗教真理置于不被领悟的秘仪中。而一种启示宗教则必须揭示和发现,必须使其真理为个人的意识所认清。一言以蔽之,启示所从事的不仅是陈述万物的真理是如此这般,而且要赋予个人适合该真理的器官,凭借这些器官他能够把握、看清和感觉该真理。

忽视启示的这一方面,就是保留了语词,否弃了事实。近来,不仅仅是哲学家们,就连神学家们也已经把他们的枪口对准了不可知论这种认为上帝和生命的基本实在不为人所知的学说。对一个人为真的,对另一个人也必定为真;而且,如果不可知论是虚妄的,那么下面这样的教义也是虚妄的:启示是一个过程,外在的上帝借此向人宣示某些有关上帝自己和上帝的工作方法的固定陈述。上帝本质上是而且只是自我启示,而且只有当人们终于认识到他的时候启示才完满。

我的话题的第一部分到此为止。基督教是启示,而且启示意味着有效发现,意味着向人确定或确保他的生命的真理性和宇宙的实在性。

正是在这一点上,民主的重要意义显现了出来。正如基督所言,上帝的国是在我们之内或者在我们中间。启示只是在而且只能在理智之中。听到有人自称为基督徒教师,同时却谴责在与基督教的真理相关的方面运用理性和思想,未免令人奇怪。基督教作为一种启示,不仅是对于(to)而且是内于(in)人的思想和理性的。超出所有的其他占有真理的手段的,超出所有的其他理解器官的,是人自己的行动。人是通过在既定时间的自己的行动,来诠释他所生活的宇宙的。倘若耶稣就生命的所有方面作出了一种绝对的、具体的和明确的陈述的话,那个陈述本来也不会有意义——它本来也不会是启示,除非直到人们开始在他们的行动中认识到他

---

① 此处杜威对《圣经》中相关典故的具体内容的把握似乎有误,把大儿子和小儿子的言行弄颠倒了。关于杜威在此处使用的耶稣有关"两个儿子的比喻",请参阅《圣经·马太福音》,第21章,第28—32节。——译者

所宣示的真理，直到他们自己开始活出(live)它。归根结底，人自己的行动，人自己的生命运转，才是他所具有的接收和占有真理的唯一器官。人的行动出现在社会关系——他与同胞相联系的方式——之中。它是人的社会组织，是人在其中表达自己的那个状况，而这总是已经且总是必定规定了人们用以理解基督教的那种形式和基调。

耶稣本人教导说，个人在他的生命中是自由的，因为个人是宇宙的那个绝对真理的器官。我看不到有什么理由相信，耶稣所表示的意思是在任何特定的而不是在最一般的意义上的；我看不到有任何理由假定，耶稣所表示的意思是个人只不过是在某个特殊的方向和方面是自由的；我看不到有任何理由假定，他所教导的有关人对真理的可及性要以任何一种非自然的和受限制的方式来对待。然而，这些观念之传授所面向的那个世界并未发现自己是自由的，并未发现通往真理之路的是通衢大道。各种奴役充斥其间；个人发现自身受到自然和同胞的奴役。他发现的不是知识而是无知，不是光明而是黑暗。这些事实框定了那时的诠释方法。当整个现存的行动世界看起来与耶稣的那些教导相矛盾的时候，从直接的、自然的意思上来理解这些教导是不可能的；这些教导通过它们的诠释媒质——现存的行动状况——出现偏斜和歪曲则是必不可免的。

民主之为启示的重要性就在于，它能够使我们从一种自然的、日常的和实践的意义上获得真理，否则对此只有从一种有些不自然或有些感伤的意义上来把握。我以为，民主是一个属灵的事实(a spiritual fact)，而不纯粹是一部政体机器。如果宇宙中没有什么上帝、律法和真理，抑或上帝是一个缺席的上帝，实际上并不做工，那么就没有什么社会组织具有属灵的意义。如果上帝像基督所教导的那样处于生命的根源，道成肉身为人，那么民主就具有一种我们不得漠视的属灵的意义。民主即自由。如果真理处于万物的根基，那么自由就意味着给这个真理以展现自己的机会，一个从深处涌现出来的机会。民主之为自由，意味着松开绑绳、磨掉桎梏、冲破樊篱、打破壁垒和消除隔膜。通过这种对樊篱的冲决，无论真理为何物，无论人的生命中的真实为何物，都得以自由地表达出它自己。作为自由，民主是真理的自由放射。大写的真理造就自由，但是使真理自由放射——打破隔绝与禁锢真理的阶级利益——则一直是历史之作为。人在社会领域比在所谓的"物理"领域更能够践行"律法"这一想法，只是表明人们自己对待上帝道成肉身为人这个概念多么不严肃、多么少信仰。人只有通过揭示律法才能发现律法。而只有通过使生命自由，通过使表达自由,真理才能更加有意识、更加有力地显现出来,他才能够揭示真理。

人类属灵性的合一。人人皆兄弟的实现,基督所称为上帝之国的一切,只是真理的这种自由的进一步表达。当真理进入某个人的意识只是供其自我玩味的时候,真理就没有完全得自由。只有当真理在这个受到惠顾的个人身上运行,并且通过他运行到他的同胞身上的时候;只有当在一个人身上意识到的真理扩展并散布到所有的人,以便成为大同世界、理想国和公共事务的时候,真理才得自由。被作为民主的自由所打破的壁垒就是那些阻碍着真理的完满运行的壁垒。正是在如此建立起来的真理共同体之中,人人皆兄弟,亦即民主,才可以有其存在。那种对维系人们的纽带、统一社会的力量,可以不同于上帝的律法,可以不同于上帝在生活中圆满完成的一切的猜想,其实表现了我已经提过的、不相信上帝在这个世界存在的思想。因而我们在此拥有民主!就其消极的方面而言,冲破了妨害真理找到表达的那些樊篱;就其积极方面而言,确保了真理运行及其完满散布或侍奉的条件。不断壮大的民主机制与科学的兴起——包括散布真理的电报和机车这些机械——相契合绝非偶然。事实只有一个,就是通过认识到生活的真理,人与其同胞之间的统一性运行得更加完满。

如此一来,民主显现为真理之启示得以继续进行的手段。正是在民主——经由行动共同体的观念和利益的共同体——之中,上帝道成肉身为人(人,就是说,作为那个普遍真理的器官)就成为一个活生生的、当下的事,有其平常的和自然的意思。这个真理被带给生活;其隔离被清除;它成为在所有行动方面践行的一个共同真理,而不是在被称作宗教的一个孤立领域。

这个孤立的真理将会乐见它自己在这个共同的真理中得圆满吗?这个片面的启示因其片面而随时赴死以便更全面地活吗?这是我们所面对的实践问题。我们能够不仅舍弃本质上坏的东西,而且舍弃所拥有的善的东西,以便紧紧抓住更大的善吗?我们应当把如今在民主中进行的真理启示当作原先在多少受限的那些渠道中所维护的、多少带有不自然意义的那个真理的一种更广泛的实现来欢迎吗?随着民主临到意识本身,随着民主察觉到其属灵的基础和内容,我们会越来越多地遭遇到这个问题。我们来这儿读大学是要思考,也就是说,是要掌握最好的行动工具。我们的职责不是随波逐流,而是自己追问和回答这个问题,以便当他人问及这个问题的时候我们可以提供某种解答。旧有的定见是从社会组织尚不民主的时日承继而来的,其时真理刚刚在取得自由和经由自由取得统一性。旧有的定见是因为更大的启示看来来自樊篱之外而加以抗争呢,还是会把它作为自己的观念和宗旨的更全面的表达而欣欣鼓舞地加以欢迎呢?

对这个问题给出我们自己的解答,你我都责无旁贷。如果我们为我们自己回答了这个问题,我们将为比我们自己多得多的人来解答这个问题;因为正是要在我们的手中,要在我们这样的人的手中,对这个问题作个明确了断。再没有比目前更好的时间来谋求解决之道了,也再没有比密歇根大学这个以真理探索和民主精神为基础的机构更好的地点了。还有谁能奢望更好、更鼓舞人心的工作呢?当然是要熔铸社会和宗教动机为一体,打破把宗教思想、行为与人的共同生活隔绝开来的法利赛主义(Pharisaism)①和刚愎自用的樊篱,当然是要把本州打造成一个真理的大同世界——这当然是一项值得为之奋斗的事业。

切记罗得的妻子,她回头看了,而且回头看的她凝固成了一根不动的盐柱。②

(王新生 译)

---

① 法利赛人是形成于公元前2世纪中叶的与撒都该人相对立的犹太教派别,其成员主要是犹太社会知识阶层的文士和律法师。他们在宗教生活中拘泥刻板地严守律法传统,他们只重形式而无视实质的特征被后人称作法利赛主义。——译者
② 参见《圣经·创世记》,第19章,第26节,以及前后诸节。这个典故通常寓意罗得的妻子迟疑、回顾,对物质生活眷恋,导致死亡。——译者

宗教与我们的学校[①]*

I

博学和自觉的一代人已经切实地发现,宗教是人类本性的一种普遍倾向。由于其博学,他们已经传唤人类学、心理学和比较宗教学来提供这个证言。但是,因为其自觉,这一代人是心神不定的。在他们审视自身时,他们担心自己不笃信宗教,孤独地处身于这些时代。这种完全同样的博学——它已经使这一点变得非常清楚,那就是:其他时代的人已经把宗教信仰渗透进了他们的生活——是导致那些时期宗教不可能出现的那些条件的一部分。这个两难是令人吃惊和令人困惑的。让我们相信宗教是必然的那些环境条件也会使宗教不可能吗?宗教是一种普遍倾向,这个证据会使那些知道这种倾向的人成为它的普遍性的明显例外吗?关于宗教"直觉",我们已经学了这么多,我们会因此失去它们吗?

这一点看上去确实很不容易:已经积累了不光是物质财富而且是知识财富的一代,在某种程度上要拆毁它的谷仓——他们的多种哲学和教义系统——并建造更大的谷仓,那些无知和穷苦人已经当然拥有的生活的恩惠和奖惩,是这一代人所

[①] 首次发表于《希伯特杂志》,第 6 期(1908 年),第 796—809 页;重印于《人物与事件》(*Characters and Events*),纽约:亨利·霍尔特出版公司,1929 年,第 504—516 页;载《现代世界中的智力》(*Intelligence in the Morden World*),纽约:现代图书馆,1939 年,第 702—715 页,题目是"学校与宗教"(The Schools and Religions);以及《今日教育》(*Education Today*),纽约:G·P·普特南出版公司,1940 年,第 74—86 页,都是由约瑟夫·拉特纳(Joseph Ratner)编辑。

* 选自《杜威全集·中期著作》第 4 卷,第 132—141 页。

缺乏的。但我们这博学、自觉的一代人也是机械的。对于每一个事物,我们都有一个工具;并且,对于这一代人而言,几乎每一个事物也都变成了一个工具。那么,我们为什么还将更长时间地忍受宗教的不足呢?我们已经发现了我们需要的东西:让我们把这些工具运转起来,它会提供我们所需要的东西。我们已经控制了物质福利的要素;我们可以使光和热归于有序,并操纵那些传输手段。现在,让我们把一种类似的活力,善良意志以及缜密思考用来控制精神生活中的事物。为了探寻合适的体系,我们已经取得了很大进展,下一步就很容易了。教育是现代通用的传播者,并且,学校将承担起确保我们重新恢复那濒临灭绝的宗教遗产的责任。

我不能期望,尤其是现在正在自觉参与维护和扩大明确的宗教教育的那些人(暂时必须使用这个颠倒问题和答案的称呼),将会承认他们拥有的那些我刚才所说的态度和意图。而且,这也不适用于那些承诺了特殊的宗教教条——它们是特殊宗教团体的专利——的那些人。对于他们而言,为宗教中的特殊机构、特有财产和教育方法而战斗,是他们职责中的应有部分;然而,正如对于那些不相信宗教是一个专利或一种被保护行业的人而言,为了教育和宗教的利益,使这些学校摆脱那些他们认定是错误偏见的东西,则是他们的职责。那些相信人类本性没有特殊的神助就会丧失的人,那些相信他们已经拥有了这种特殊途径——通过它,所需要的帮助可以被传送给我们——的人,很自然,一定会十分努力地让这些途径向人的心灵敞开。但是,当这些在特殊的时间、特殊的地点通过特殊的手段为特殊的宗教教育进行的论证,源于哲学家——源于那些其基本前提是拒绝任何对人、世界和上帝之间关系的破坏的人——时,一种非现实的感觉就会笼罩我。这些论证必然在反讽的意义上说明它们自身。它们似乎这样说:既然宗教是生命的普遍功能,那么,我们就必须特别地对它进行保护,以免它消失;既然宗教是对经验的精神含义的自觉,那么,我们就必须找到用于发展它的机械工具。

那些从无约束的反思方面而不是从传统方面来考虑宗教和教育的人,都有必要知道由对超自然事物的系统拒斥所带来的理智态度上的巨大变化;他们知道,这些变化不仅包括教条和仪式的变化,而且包括对世界的解释和社会规划,并因此也包括道德生活计划方面的变化。这证实了当前哲学的非现实性(它本身可能是一个强迫性的唯心主义——现代思想把它当作避难所——的产物):哲学家似乎会认为,对生活进行最大限度的理智概括可能是为了对它的内容进行分类,而并不意味着生活自身的意义深远的实际改变。不存在任何其他的方式,可以很容易地说明这种态度——这种态度的持有者,确信关于世界和人的超自然解释这个最后起点,或者认为,像教会和学校这样的机构,在它们还能适合于培养符合现代民主和现代科学的各种宗教感情和思想之前,没有必要被彻底重建。

科学拥有与超自然主义一样的精神意义;民主与封建主义一样都转变为相同的宗教态度;它只是一个措词的轻微改变问题,一个从旧的符号论到新的意义差别的发展;这些信念证实了那种想象力——它是教条式信念的一贯结果——的迟钝。教会的重建是这样一个问题:就其结果而言,它确实涉及整个共同体,而发起它的责任则主要归于那些教会内部的人。但是,引导其他教育机构发展、重建的重任却主要是属于作为一个整体的共同体的。至于它的理智方面,它的哲学,则特别地属于那些对自然、人与社会的现代观念有了某种程度的认识并因此最有能力预测社会变化方向的人。正是清晰、真实和实在的意义,才要求:直到非-超自然的观点更彻底、详细地表述了其全部含义并更彻底地占据了教育机构为止,这些学校都应该袖手旁观并将尽可能少地发挥作用。这实际上是一种放任主义政策。它是如此不加掩饰和开诚布公。而且,毫无疑问,放任主义政策在自觉的和机械论的时代并不流行。在我们的时代,其中一个更大的讽刺是:因为已经发现了无意识、有机的和集体的力量在人类发展过程中所扮演的这种角色,所以,我们正怀着一种强烈的渴望、一种强烈的不安,准备自觉地培养和引导这些力量。然而,我们必须接受生活在这样一个以历史标示出来的最大理智调整为标志的时代所承担的那些责任。毫无疑问,在这种变化中会失去一些高兴、安慰、某些种类的力量和某些灵感源泉。在这里,会出现不确定性的明显增多;精力的某种停滞,以及精力在物质主义领域中的过度应用。但是,回到已经变得不可信的那些观念,回到那些已经被掏空了显而易见的意义内容的记号的特有努力,却没有给我们带来任何收获。这些措施——它们增加了混乱和模糊,它们趋向于一种情感的伪善和一种似乎意味着一个事物而实际上却暗含其反面的原则的空谈——也不可能给我们带来任何收获。我们会尽最大能力承受时代的过失和麻烦,坚持不懈地努力争取暗含于民主和科学之中那些积极生活信念的澄明和发展,并努力为改革所有实际教育手段直至它们与这些理念协调一致而奋斗,也正是这一部分人的职责。在这些比我们目前可以真正断言的更进一步的目标来到之前,我们的学校与其去做错误之事,倒不如什么也不做。对于它们而言,与它们将要凭借精神文化形成那些与符合民主和科学的思考习惯相冲突的思考习惯相比,致力于它们所面临的明显紧迫任务是更好的选择。倡导放任主义政策的,既不是懈怠懒惰,也不是玩世不恭;它是诚实、勇气、清醒和忠诚。

如果有人要问,为什么美国传统会如此强烈地反对所有国家与教会相联系,甚至为什么惧怕国家扶持学校中的宗教教学基本原理,那么,就不难找到一个直接明确的答案。主要原因并不是对宗教的冷淡,更不是对基督教的反对,尽管18世纪的自然神论起了重要的作用。原因很大程度上在于各种各样教派的多样性和生动性,其中每一个教派都十分确信:如果有一个公平的领域且没有偏爱,它就会成功;而且,每一个教派都会有这样一种担心:如果任何一种国家与教会的联系被允许了,那么,某一个竞争教派就会获得一种不公平的优势。但是,却有一种更深层次但绝不是完全无意识的力量在起作用。在世界历史上,美国很晚才成为一个国家,这足以使它得益于那种现代(尽管希腊也有)事物——国家意识的生成。这个国家是在这样的条件下诞生的,这些条件使它能够分享并能够挪用这个观念:国家的生命,社会整体的生命力,比任何一个部分或阶层的繁荣都更重要。对于教会机构而言,普通主权国家的原则是一个实在,而不是一个文字或法律的虚构。在经济方面,这个国家由于诞生得太晚,从而不能认识到与阶级观念相对的国家观念的全部力量。我们的父辈天真地梦想着开拓性条件的延续和每一个个体的自由机会,并且不采取任何预防措施来维持国家超越阶级的无上地位,而这些措施正是更新的共和国所采取的。因为缺乏远见,我们已经付出了沉重的代价,并且将会付出更沉重的代价。不过,位于新教起义和国家形成之间的这两个半世纪的教训已经被很好地总结了,那就是:维持国家完整之必需,反对任何分裂性的宗教分离。毫无疑问,我们的很多先辈都将会有些震惊地去审视他们自己关于教会从属于国家(被错误地称作教会与国家的分离)这种态度的全部逻辑;但是,这种国家观念天生拥有这种生命力和创造性力量,以至于无论有没有对其哲学的自觉理解都能带来实践性结果。并且,关于学校的宗教教育问题的讨论在美国的普遍展开只能有一种解释,那就是:由于经济上的种族隔离和未同化的外来移民,这个国家的国家意识已经随着社会派系的形成而被削弱了。于是,我的作品是立足于那个我直接了解其传统和趋势的国家的。但是,仅就环境使美国比其他同时代国家(比如法国)更迅速地穿越了某一段路途而言,以美国的条件为基础的东西,实质上,也一定适用于其他国家的教育条件。

II

正如我再一次提到的那样,某些柏拉图对话讨论了德性是否可教这个问题,并且所有这些对话都包含着这个主题的蕴涵或追忆。因为这个讨论持续了很长时间。什么是德性？这不是一个非常容易回答的问题；并且，因为要回答这个问题，我们就必须知道德性而不是仅仅拥有关于它的看法，所以最好还要发现知识是什么。而且，教授就意味着学习，并且学习就是逐渐知道，或者知识存在于学习过程之中。那么，成为知识(becoming of knowledge)与就是知识(being of knowledge)之间的关系又是什么呢？既然德性的教授并不意味着获得关于德性的知识，而是向好的品质的转化，那么，在变好与作为学习结果而变得明智之间，究竟有什么样的关系呢？

不知何故，与确信任何一个对德性是否可教这个问题的最终答案相比，我更能清楚地意识到柏拉图讨论了所有这些问题。然而，我却似乎唤起了为得到一个答案的某些建议。如果，正如我们有理由相信的那样，人的灵魂天然地类似于善——事实上，如果它确实是善的唯一组成部分，那么，就有各种各样的对象也存在于它们的善的实质表现(measure expressions)中，能够唤起它们的灵魂或原初本性。如果这些多样的唤起因素有机地构成了一个全面、连续的系统，并持续地发挥作用——如果，换句话说，能找到一种被正当组织的状态——的话，那么，这个灵魂将最终会理解其自身的存在或者善；这种逐渐认识和逐渐生成，我们或许可以称之为学习。但是，如果我没有记错的话，柏拉图总是将教授美德的努力与相伴随的对于作为混乱的和自相矛盾的思维产物的社会生活和科学——如智力派就是一个例子——彻底重组区别开来。

我们有什么理由认为宗教教化这个问题在观念上将会更简单或者在实施上将会更容易呢？事实上，当前这个问题显得更加错综复杂和困难重重。就像与柏拉图同时代的古希腊人关于什么东西应该包括在德性主题之下并被教授的观点是千差万别和相互冲突的一样，什么东西可以归于现今的宗教这个标题之下的这个问题，由于我们的社会生活在起源和构成成分上比雅典人的社会生活更异质，也更加难以决定。我们当然不能把宗教作为一种抽象的存在体来教授。我们必须把某些东西作为宗教来教授，这实际上是指某一种宗教。哪一种宗教呢？在美国，至少不可能被草率地普遍回答成是基督教。我们的犹太后裔不仅与基督徒一样拥有相同的"双手、器官、身形、感觉、情感、激情"，而且像他们一样，也纳税、选举并服务于学校。然而，即使仅仅是基督教这一个问题，我们的状况也不会好很多。哪一种基督教？起源于东方的基督教，自从它拉丁化和德国化之后，就已经是这样了；而且，甚至还有那些梦想使之人道主义化的人。

至于学习的过程诸方面,即逐渐认识到的各方面,当今的问题更为复杂。在柏拉图的时代,艺术和科学,技术性的实践和理论,都只是刚刚开始被分化。就像一个人在成为制鞋匠的过程中学会制鞋一样,一个人也可能在成为一个好的国家成员的过程中获取德性——如果这种东西能够被找到的话。当今的知识是专业化的,并且学习也不在于在智力上对一种能力的掌握,而是在于获取关于事物的多样化信息以及控制支配为事物设定象征性指称的技术方法。知识对于柏拉图而言,是一件我们的某些祖先称之为"理解宗教"的事情。它是一种亲身体验和最终实现。但是,作为教育成果的宗教知识,现在又会意味着什么呢?它会意味着从性格向灵性的转化吗?它会意味着有关宗教的信息的积累吗?或者,还存在这样一些人——他们仍然相信固存于所记忆语词、短语中的某种魔幻力量,相信正在把它们转变成个人体验的事实,相信基本情绪的发展和对体验的永久态度的形成——吗?

当我们从知识的方法方面以及从这样一种立场——什么使得某种东西真正值得被称为知识——出发去考察知识时,这个问题的难度就增加了。显然,科学的观点及其精神至今都没能给我们的教授方法带来非常充分的影响。从那些我们称之为科学的调查和检验方法的立场出发,大部分或许绝大部分称得上知识的东西,实际上都是柏拉图称为意见的那些东西。我们的科学仍然只是一件或多或少被笨拙地穿上的旧外衣,而不是一种心灵的习惯。但是,精神活动的科学规范,在日常生活中却依然表现得更加接近于生活和学校。我们每天都在更进一步地摆脱这样一些状况——在这些状况下,依旧通过教条式的、问答式的和机械记忆的方法而被教授的一门学科是收效甚微的。我们正逐渐认识到,在把那些在学校中偶然被学习和获得的东西称之为"知识"时所表现出的荒谬性,当它们借助于经常与那些对于科学而言所必需的方法相冲突的方法而被获得的时候。那些把哲学和历史的宗教观点视为人类精神在一种适宜环境中盛开的花朵和结出的果实的人,能容忍包含在"教学"这个通过外在的和形式化的方法而产生的紧密相连的重要事件中的不协调吗?而且,那些坚持认为真正的宗教是从外部被引入的某种东西的人,能容忍任何其他方法吗?在这两种相互分离的观点之间寻求一种调和,难道不是混淆吗?

通常,在我们的学校教育精神中,总是渗透着这样一种感觉——任何一门学科、任何一个主题、任何一个事实、任何一个公开明示的真理都必须服从于某一种公开和公正。所有被提供出来的学习样本,都必须进入这同一个化验室并经受同样的测试。坚持认为所有这样的"摊牌"都是渎神的和堕落的,是所有教条式宗教信仰的共同本质。从它们的观点来看,宗教的这种特征就是:它是——从理智上说——神秘的、非公众性的;被特别启示的、非普遍认知的;被权威以命令的形式宣布的,而不是通过普通方式被沟通、传达和检验的。对于在学校的其他学科中获知标准与在宗教信仰问题中获知标准之间的这个正在加剧的对立,我们将做些什么呢?我并不是在说这个对立是固有的,或者说这样的时代——这时,宗教被如此彻底地植入人们的内心和心灵之中,以至于它能够被公众性地、公开地并借助于普通的检验来考察——不会到来,即使是在有宗教信仰的人中间。但是,指出如下这一点是中肯的:只要宗教像现在被绝大多数公认的宗教家所构想出来的那样被构想,那么,谈论宗教教育就是自相矛盾的,就像在同样的意义上,在自由探究方法所适宜的那些话题方面谈论教育是自相矛盾的一样。"信教者"将是最不可能愿意以一种精神对宗教的历史或内容进行教授的人;相反,那些人——对于他们而言,科学的观点不仅是一种技术性的方法,而且还是心灵虔诚的一种具体体现——则必定反对它以其他任何一种精神被教授。

当柏拉图开启了关于德性教育的谈论时,要了解的还有另一个方面的因素——教师。柏拉图十分确信这一点:无论德性是否可以被教授,它都不可能由其公认的教师——智者——来教授。我对柏拉图表示出赞赏,并不是对我们这个时代的专业教师不欣赏。如果柏拉图重新回来参加眼下这个讨论的话,他也会像质疑他自己时代的那些教师一样,质疑那些准备教授宗教的人,当我这么说时,并不意味着,教育将会落入其手的那些人,是如此没有宗教信仰或不信仰宗教,以至于他们不适合这个工作。智者们在个人美德上无疑是优于而不是劣于他们同时代的普通人的。恰当地拥有美德甚或德性秉异是一回事;具有成功为他人植入德性的条件和资格,是另一回事。宗教方面的专家在哪里?权威的教师在哪里?这里有神学家,我们想要神学被教授吗?这里有历史学家,但是我担心,宗教的历史能够像历史一样被教授的时代还没有到来。这正好就是那些需要花大力气去澄清和批评的领域之一。在这些领域中,专业的宗教学家正是我们需要认真对付的最为严重的阻碍之一,因为一门更博大深刻的历史知识将会颠覆宗教家的传统基础。

这里有传教士和讲经师,但是,除非我们致力于某种特殊宗教或教会,它都不是构成宗教教育的那类训诫和原则。这里有心理学家,但内省是我们的目标吗?毫无疑问,这里仍然有一群可信的、或多或少做好准备的、正艰苦工作着和已艰苦工作过的教师。这把我们带向了整个问题的症结。宗教是一种如此专业化的、如此技术性的、如此"信息化的"东西，以至于像地理、历史或语法学那样，可以在特殊的课时、时间和地点由那些已经完全"理解它的"并被公认为拥有合适的特征和接受过足够的专业训练的人来教授吗？

特殊教育的模式、时间和材料这个问题，实际上接近于这样一个问题——其中，国家的趋向和传统的作用非常重要。我非常清楚地认识到，在这个学科上，一般而言，其实际理智态度完全相同的一个英国人和一个美国人几乎不可能相互理解。我认为，没有任何东西比这个事实——即使是这个自由主义阵营的最激进分子，也都几乎有着痛恨、否认任何带来这种事物状态的意向；在这个方面，除了路德教徒和罗马天主教徒之外，我们所有人都恰恰把这种状态视为正常的——给予追随关于最后这个英国教育法案的争论的美国人以更强的冲击。我没有权利假定这些反对者和否认者都对政治利益作了明智的让步。我们必须设想一种完全的态度和信念差异。因此，我现在必须说的这些话，是如此确定无疑地从这种美国观点中被构想出来，以至于它在一种不同的情形中是不可能被理解的。但是，我们并没有发现，把教授一门具有宗教性质的学科的任务赋予这些普通的教师是切实可行的或值得实施的。在来自各教会和教派的宗教教师之间分配学生的那种替代方案，恰好让我们遇到了这样一个问题——它已经做了太多事情，以至于使教会失信并使宗教的根据遭到怀疑。这或许不是宗教本身的根据，而是有组织的和制度化的宗教的根据：对抗和竞争性的宗教团体的增加，这些团体各自都有自己的启示和见解。我们的学校在把那些不同国籍、语言、传统和宗教信仰的人集合起来的过程中，在以共同的和公众的努力与成就为基础把它们融合在一起的过程中，正进行着一项意义非凡的宗教性工作。它们正在促进真正的宗教和谐最终所必须出现的社会和谐。我们会阻挠这项工作吗？我们会因为把这样一门学科——它只有通过对学生进行种族隔离并在特殊时段上反复考察他们，进而将他们划分成敌对信仰的代表才能教授——引入教育，从而冒险地取消这项工作吗？接受这样一个方案——它建立在维持宗教中的社会分离的基础上，除表现了生活的基本一致和谐外，它是空洞和无用的——将会是很慎重的一件事。最近，一个敏锐的英国评论家就已经把我们叫作一个"乡民国家"（nation of villagers）了，这在很大程度上是正确的。但是，在教育这个问题上，至少还没有让我们得来不易的国家意识溜走，以至于堕入分裂的乡村习气。事实上，我们还远没有获得一个明确清晰的关于教育中民主的宗教意义的意识，以及民主中教育的宗教意义的意识。但是，在它们还远没有达到融会贯通的理论形式之前，有些基本的信念就在无意识的习惯中变得根深蒂固，并在模糊的暗示和紧张的劳动中得到了表达。通过这种模糊、盲目但却有效的方式，美国人意识到：他们的学校在为社会统一提供依据的过程中，也为宗教的统一提供了最好的依据；并且，在特定的条件下，在没有任何传统宗教教育印记和方法的情况下，与它们在以社会和谐为代价发展这些形式的过程中相比，学校在实质和承诺上都更加富有宗教性。

我们的确会怀疑，在某种相对的意义上，这是不是一个特有的非宗教时代。绝对地说，这无疑是正确的；但是，浅薄、轻浮和生活的外在性都是这种过去时代所共同缺乏的特性吗？我们的历史想象，最多也是一点一点形成的。我们对过去进行了过分的概括和理想化。我们把琐碎事件组织起来作为符号，来标识漫长世纪和无数个体的繁杂生活。而且，我们，甚至那些名义上放弃超自然教条的人，仍然还在很大程度上处于那些已经成功地把宗教与礼拜仪式、象征和与这些宗教信条相关的情感视为一体的人的观点的控制之下。正如我们看到后者正在消失那样，我们正逐渐走向非宗教。因为我们都知道，正在放弃对这些事物的坚持的心灵的完整，与它正在取代的所有东西相比，在潜在的意义上都更富有宗教性。正是关于自然的增加了的知识，使超自然显得不可思议，或至少使之难以置信了。我们是从超自然的立足点出发来衡量这种变化，并称之为非宗教的。或许，如果我们从它正在培育的对自然的虔敬的观点出发来衡量它——在自然和人在一项共同的事业和命运中的永恒和必然的暗示的意义上——的话，它就会呈现为宗教的发展。我们注意到了常见历史类型的有组织宗教团体间的影响和聚合的衰退，而且我们也按照惯例判定宗教将会日渐式微。但是，它们的颓废，也可能就是一个更宽和更广泛的人类交往和联系原则的成果；这个成果的宗教性太强了，从而根本不能容忍这些主张垄断真理，私人地占有精神洞见和灵感。

可能就是这样的；宗教衰退的征兆，就像按照惯例被解释的那样，可能就是一种更加完善和深刻的宗教正在到来的征兆。我并没有断言我知道。但是，有一件事情我却十分确信：我们关于宗教的复兴和衰落的普通看法是高度传统的，主要是基于对一个宗教标准的接受，这个标准正是不可信的历史宗教中的那些东西产物。就教育而言，信仰作为人类经验一种自然表达的宗教的那些人，必须致力于改进蕴含在我们心中的新科学，以及我们还要进一步更新的民主中的生活理念。他们必须投入到那些机构制度的转变中去,直到他们与这些理念保持一致为止,这些机构都仍旧贴着这个教条主义和封建主义的标签(哪一个没有呢?)。在履行这种服务的过程中,尽其最大努力阻止所有的教育力量以这样的方式——这些使用方式不可避免地阻碍着对科学和民主精神引入的认同,并因此而阻碍着对那种将成为现代精神文明成果精华的宗教的认同——被使用,这是他们的职责。

(姬志闯　译)

希伯来人的道德发展*

§1. 问题和背景

有关希伯来人道德和宗教发展的问题如下：我们该如何解释这一事实，即根据他们自己早期的记载和传统，希伯来人在他们进入迦南地区的时候，和其他游牧民族和野蛮人一样，而最终却达到了如此高的道德和精神层面。正如我们在他们后来的文学和圣经《新约》中所见到的那样，他们的宗教被认为是一个因素。然而，早期的传统和文献把他们的神——耶和华表现为残酷的、爱复仇的和欺骗人的，一个作风极度强硬的部落神，对其他被视为敌人的部落毫无仁慈可言，并且在孩子身上寻找父亲的邪恶。这样一位神如何可能成为一种正直和正义的力量，成为真理、忠诚、仁慈和宽爱的象征，成为人类之父呢？如果我们暂时把宗教和道德分开，那么，他们的宗教是否提升了他们的道德，或者他们的道德是否改变了他们的宗教呢？

也有第三种可能。道德问题是由真实的人类关系和情境所设定的——它发生在家庭中；它在荒漠部落标准和城市商业标准之间的冲突中，在富人和穷人之间的冲突中；在人与人之间对于公正的管理中；在与其他种族和民族的协调中。这些利益冲突，迫使我们去反思什么是正义的和善的。在宗教的头脑中，这样的反思以如下的形式出现：上帝要求什么？他最重视什么？他对家庭之爱的反思，催生了"如父亲怜爱他的孩子们，上帝也怜爱我们这些敬畏他的人"这样的思想。压迫和受宠促使人们去设想一个公正的裁判。对于住在山上的牧羊人来说，祭祀丰饶神（the

---

* 选自《杜威全集·晚期著作》第 7 卷。首次发表于 1932 年，为《伦理学》（修订版）一书第一部分第 6 章。

god of fertility)得到的许可以及城市的奢华,似乎不如受到西奈山(Sinai)上素朴的神的眷顾。但是,每个这样转向上帝的道德良知或理想,都被抬高和强化为一种属神的品格,或是神的要求。"神圣的"这一属神的特性,在早期隶属于相对人而言的神的本质,它禁止任何来自人的接触或目光,否则将招致极大的毁灭;但它也从而与人类感受和情感产生了联系,象征着对罪恶和不公正的厌恶。上帝作为神圣者的形象,激励了年轻的以色列人成为正直和纯正的布道者。

在这一宗教的道德化和道德判断转变为神圣品质或要求的过程中,谁是主要的推动者?无疑是先知。用史密斯(Smith)教授的话来说[①],从阿摩司(Amos)到耶稣(Jesus),他们"为自己设定了任务,要用上帝来解释他们时代的历史"。律法和仪式会日趋稳定,圣人告诫人们防范酒或陌生女人的引诱,赞美诗作者会表达赞颂和崇敬的热情;而先知,则提供了能够令人成长的动力。他们很少预言"一帆风顺的事情";他们不遗余力地公开谴责罪恶,毫不惧怕国王或公众的暴怒。他们既向前看,也关注当下,并且给予他们的人民和世界以巨大的希望,正义、正当与和平终将胜出。

当希伯来人进入了迦南地区,也即现在的巴勒斯坦(Palestine),他们是游牧的氏族和部落,带着羊群和马群。他们发现,这片土地被具有更高文明的人民所占据,他们从事农业并有墙垣坚固的城池。希伯来人带来了部落的道德,[②]长期为争夺控制权而进行的斗争,增强了战争部落对其他族群的强烈敌意。杀死男人、奴役女人不仅是通常的做法,也被认为是耶和华所严格命令的。复仇是神圣的义务;耶和华通过使土地荒芜来执行它,并且只有通过对原来的侵犯者的子女和孙儿的报复,才得以平息怒火。誓言必须遵守,但如果对耶和华的誓约要求一个女儿的死亡,耶弗他并不认为这一义务可以免除。神要求第一个孩子的牺牲,这并非不同寻常,但一个更为温和的传统允许用一只公羊替代儿子。耶和华可能是一团熊熊烈火;他会把天真地企图阻止神圣约柜倒地(the fall of sacred ark)的人鞭打致死,并把毁灭性的瘟疫散播到整个民族,因为大卫王(King David)想要进行一次人口调查。雅各(Jacob)通过刻苦的练习,在与以扫和拉班的比赛中胜出。而耶和华同样运用了欺诈,尤其是对那些非以色列人的民族。一夫多妻常见。但另一方面,拥有

---

① 史密斯:《先知和他们的时代》(*The Prophets and Their Times*),第263页。
② 史密斯:《希伯来人的道德生活》(*The Moral Life of the Hebrews*),第一部分。

孩子的渴望与这种情感相称，就像雅各对约瑟（Joseph）和本雅明（Benjamin）以及他们的母亲拉结（Rachel）的感情那样。"雅各为拉结服务了七年；他因为深爱拉结，就看着七年如同几天。"先知底波拉（Deborah）深受尊敬，她赞颂忠诚部落和报复懦夫的歌唱是部落理想的最好的来源之一，也是最早对守护者耶和华的认识。在大风暴中，从以东（Edom）出发，"地见神的面儿震动，天也落雨"。

在两个甚至更多世纪与"裁判者"统治下各种命运的抗争之后，人们要求一个国王。"我们要像列国一样，有王治理我们，统领我们，为我们而战。"扫罗（Saul）、大卫和所罗门（Solomon）建立了一个王国，成功地击溃周围的民族并且开始从事商业活动。由此，在他们的继任者那里形成了不断增加的财富、城市的扩张和贫富之间的分离。这嘲弄了基于共同团结的旧的部落道德。来自沙漠的以利亚（Elijah）愤怒地质问拿走了拿伯（Naboth）的古老酒园的国王亚哈（Ahab）："你杀人了吗？抢夺财产了吗？"一个世纪之后，来自山上的阿摩司公开反对富有的城市人的奢华和压迫。对社会正义的宣扬就此开始了。

北方撒玛利亚（Samaria）在公元前721年以及南方耶路撒冷（Jerusalem）在公元前586年的没落是一场巨大的灾难，随后显赫的犹太人在巴比伦被流放或抓捕。这给道德和宗教都提出了至关重要的问题。自此，律法和预言者认为并且教导人们：对耶和华忠诚的服从将带来繁荣，失败是他不悦的标志。但如今，信徒们或四散或被捕，圣城也被损毁。耶和华的臂膀被削去以后，难道他无法再拯救人们了吗？之后，我们会关注先知和圣人在这些问题上所作的努力。流放者的回归、庙宇的重建，以及他们在玛加伯（Maccabees）的带领下，对安提克王朝（Antiochus）要废除其宗教的热血沸腾的抵抗，都表明了幸存者的虔诚。在公元70年，耶路撒冷在提图斯（Titus）和罗马人手中灭亡，庙宇被损毁，献祭没有了，作为一个国家的犹太人终结了。他们依旧珍视他们的律法和神圣的著述。他们先知的道德理想，以及一个更好的充满正义与和平的世界秩序的图景，在由拿撒勒（Nazareth）的先知所建立的世界宗教中留存下来。这一先知的到来，并非为了毁灭，而是为了实现。

§2. 宗教力量

正如已经表明的，先知们是伟大的道德化推动力。但其他的因素也促成了道德的进步：个人与耶和华的关系，既是朋友，又是立法者；崇拜仪式；正义统治的王国；圣人。

1. 正如我们的研究中已经多次被提及的,正确和正义这些道德观念的基本来源在于,男人和女人生活在社会中,在某种共同体中。宗教把上帝看作这一共同体中的一员。这意味着忠诚;意味着上帝和人们各司其职,以便共同体能够延续和繁荣。在一个国家的宗教中,这一关系较为狭窄;人们不能有其他的神,耶和华(依据早期的观点)也没有其他民族。然而,这造成了某种亲密关联,它可能是促成对于一个神圣的帮助者的依赖感的有用阶段。也可能在耶和华和以色列人之间的约定关系——它在"十诫"(Ten Words)和《申命记》中的教导中,有着重要的地位——有助于强调这一关系的自愿特点,以及庄重承诺的神圣性。另一方面,把耶和华看作他的人民的父亲或丈夫,很显然试图把神带入家庭关怀和情感的紧密联系之中。

耶和华作为个人的立法者的观念,自然来自一个统治者在共同体中的作用。这对于改变对习俗的态度有着重要的影响。耶和华的律法迫使人们服从或反抗它。风俗是禁止或命令。在这两种情况中,它们已不再是纯粹的风俗。在以色列的律法中,在个人生活、仪式和法律事务中所要遵循的规范被冠以"上帝如是说"。我们知道,其他的闪米特族人也遵循安息日,割包皮,把洁净和不洁的动物区分开,并且尊敬生与死的禁忌。究竟在以色列所有这些行为是被法令赋予新的权威的旧风俗,还是在耶和华的律法的权威下从其他民族中拿来的风俗,这一点并不重要。律法的伦理意义在于:这些多种多样要遵循的规范并不仅仅被当作风俗,而是被视为个人的神对个人的要求。

这使人们对违反这些规范的观点产生了重要的变化。当一个人违反了风俗时,他没做正确的事情。他没有达到目的。① 但如果要遵循的规范是个人的命令,对它的违反就是一种个人的反叛;它是一种背叛,是一种出于意志的行为。它所带来的恶不再只是坏运气,而是惩罚。惩罚必然或是正确的,或是错误的;或是道德的,或是不道德的。它不可能是非道德的。因此,罪恶作为个人冒犯以及疾病作为对个人惩罚的观念,促使人们作出一个道德评价。最为简单的方式在于,因为上帝说出了这些命令而把它们视为正确的,并且认为受苦的人因他们在受苦而必定是有罪的。

人们必须遵守耶和华的律法,因为这些律法是他的命令;与这一观念并驾齐驱的,还有另一个教条,它只是人们自由选择他们的统治者这一理论的延伸。这一教

---

① 希伯来和希腊有关罪恶的词,都有"未达到"(miss)的含义。

条认为,耶和华的命令并不是任意的,它们是正确的;它们置于人们面前以得到他们的认可;它们是"生命";是"整个大地上的裁决者""是对的"。这些都突出地显示出如下原则,即最初由个人所体现的道德标准渐渐地自由运作起来,并从而裁决着人们。

2. 牧师们所进行的宗教崇拜——无论它们有多么不完美——象征着特定的道德观念。对仪式的"纯洁"的热切关心,可能并不具有直接的道德价值;接触出生、死亡或某些动物而带来的玷污,可能是一种非常外在的"不洁"。然而,它们象征着律法的控制。被选出专门侍奉上帝的牧师的"神圣",凸显了其工作的严肃性;此外,它也有利于精神和物质之间的区分。虽然这一价值部分地内在于所有的仪式,但是对耶和华和其他神的崇拜之间的对比,对道德的关注,提出了挑战。陆地上的诸神,各种巴力(Baals)①,"在每一座高山上和每一棵绿树下"受到崇拜。和丰饶神一样,他们通过性别的标记而得到象征,在庆祝他们的节日里获得很大的自由。在某些圣所,男人和女人将自己献给上帝。甚至牺牲第一个孩子也并非是一件不寻常的事。来自迦南的以色列人似乎或多或少地接受了这些节日和圣所,但先知们却对耶和华崇拜有一种完全不同的观点。他们认为,西奈山上的上帝完全拒绝这些做法。在对巴力和阿施塔特女神②的崇拜中所暗示的放纵和酗酒并不是生命和神圣的恰当象征。

此外,崇拜的一部分"赎罪祭"(sin offering)直接意味着违反和对宽恕的需要。"罪恶"本身也是仪式性的而非道德的,而解除它们的方法是外在的——尤其是把罪恶放到"替罪羊"身上,它们会"带着所有的不公到一个无人存在的土地上";然而,庄重的忏悔,那作为"生命"的鲜血的祭奠,只能提醒人们想起责任并加深反省。由此所加深的赎罪与和解的需要,象征着一个道德过程,即抛弃一个低级的过去,重建和重新调整生活以符合理想典范。

3. 在一些出神的状态中,先知相信他们获得了见证和神圣的信息,这些状态给予他们超越常人的威望,但并不能阻止他们对眼前的事件和状况保持敏锐和清醒。他们造就了国王,并看守着亚述和埃及的军队。他们看到贵妇的服饰,也听到

---

① "巴力"这个封号源自迦南人的神明,是希伯来圣经中所提到的腓尼基人的首要神明,曾被用于不同的偶像。——译者
② 阿施塔特女神对腓尼基人而言,是土地丰饶和人口生育的象征。——译者

受迫害的穷人的哭喊。当他们深思威胁的侵略或丑陋的不公时,内心怒火燃烧。侵略必须出于神的计划;不公必定引来神的愤怒。从出神或见证或沉思中,他们得出了"神如是说"的结论。他们从一个活生生的权威那里获得了信息,它是与当下的境况息息相关的。他们带来了一个当下的命令,要求当下的义务。"你就是那人。"拿单(Nathan)对大卫说。"你杀人了吗?抢夺财产了吗?"以利亚(Elijah)对亚哈(Ahab)说。这些都是个人的训诫。但阿摩司、以赛亚(Isaiah)、耶利米(Jeremiah)的伟大训诫也同样针对当下。一个放纵的节日、一次亚述人的侵略、一位埃及的使者、一场蝗灾、一次迫在眉睫的被俘——这些都激发了悔悟、对毁灭的警告,以及对拯救的承诺。先知因而是"活的源泉"。由他所传达的神圣意志"依旧是流动着的,并没有被凝固成制度"。

其次,先知们把人类内在的目的和社会行为看作最重要的事情,而宗教崇拜、牺牲则是无关紧要的。"我厌恶你们的节期,也不喜悦你们的严肃会",阿摩司以耶和华之名说。"唯愿公平如大水滚滚,使公义如江河滔滔。""公绵羊的燔祭和肥畜的脂油,我已经够了,"以赛亚说,"月朔和安息日,并宣召的大会,也是我所憎恶的——作罪孽,又守严肃会,我也不能容忍。"你们所需要的并不是仪式,而是道德的纯洁。"你们要洗濯、自洁,从我眼前除掉你们的恶行。要止住作恶,学习行善。寻求公平,解救受欺压的,给孤儿申冤,为寡妇辨屈。"弥迦(Micah)所说的"我岂可为自己的罪过献我的长子吗?为心中的罪恶献我身所生的吗?",彻底体现了身体与道德之间的差别;在他对宗教义务的综述中,展现了一个完全伦理的观点:"神向你所要的是什么呢?只要你行公义、好怜悯、存谦卑的心。"圣经《新约》中类似的话语标志着对所有外在宗教显现的真正的伦理评价,甚至对于更为简单方式的预言本身。献礼、神秘事件、知识或"要焚烧的尸体"——有比这些更好的方式。因为所有这些,都是"部分的"。它们的价值只是暂时和相对的。而持久的、能经受批判的价值则在于对真理的坚持以及信念,是对于希望的渴望和追寻,是社会中仁爱、同情、正义和积极帮助的总和,也即爱。"但是,所有这些中,最伟大的是爱。"

4. 耶和华是以色列真正的王。耶路撒冷的统治者是他的代表。在所罗门治理下的王国的扩张和荣耀,显示出神圣的偏爱。分裂和灾难并不仅仅是厄运,也不是更强大的军队的胜利;它们是神的谴责。只有在正直和正义中,国家才能幸存。另一方面,对耶和华爱以色列人的信心保证了他将永远不会离弃他的子民。他将净化他们,甚至将他们从死亡中拯救出来。他将建立一个有法律与和平的王国,

"一个不会灭亡的永恒的王国"。在以色列,政治有道德的目标。

5. 圣人和先知们赋予苦难以更深的含义。在伟大的悲剧中,可以看到希腊人如何看待恶的问题。古老的诅咒追随后代,报应发生在所有不愉快的家庭中。对于受害者而言,处处是苦难。命运的不可避免使灾难升华,但同样无望。易卜生的《群鬼》(Ghosts)展现了同样的深意。对于父辈们而言,这里有一个巨大的道德教训;但对孩子们来说,只有恐惧。希腊人和斯堪的纳维亚人(Scandinavian)无疑解释了人类生活的一个阶段——它的延续和它对于宇宙自然的依赖。但是,希伯来人并不满足于此。他对于神圣掌管世界的信念,使他寻求某种道德价值、事件中的某种目的。这一追寻,一方面抵达了对价值的重新调整;另一方面,导致了对社会相互依赖的新观点。

《约伯记》为这些问题中的第一个提供了最深刻的研究。旧的观念在于,美德和幸福总是在一起的。繁荣意味着神的偏爱,因此它必定是善的。厄运意味着神的惩罚;它表明了错误行为,并且本身就是一种恶。当灾难降临到约伯头上时,他的朋友们认为,这证明了他的邪恶。他曾经也这么认为,但由于他拒绝承认自己的邪恶并且"仍然坚守他的纯正",因此摧毁了他的生活哲学和对于神的认识。这迫使他颠倒并重估一切价值。如果他能够与神面对面地谈话,搞个水落石出,他相信会有某种解决的办法。但无论遭遇什么,他不会为了幸福而出卖自己的灵魂。他的朋友催促他"悔过",以便可以与上帝重修旧好;但这对他而言,意味着把他认为是正直的东西称作为恶,而他不会这样撒谎。神无疑是更为强大的,而如果他义无反顾地一再坚持,神可能会宣判他。但即便如此,约伯不愿抛弃他关于对和错的基本信念。他的"道德自我"是一个支撑点,是生活的最高价值。

    神夺去我的理,
    全能者使我心中愁苦;
    我的嘴决不说非义之言。
    我至死必不以自己为不正,
    我持定我的义,必不放松。①

---

① 《约伯记》27:1—6。

这部书的另一个启示在于,恶是来证明人的真诚的:"约伯事奉神,岂是无故呢?"根据这个观点,答案是肯定的。"存在公正的上帝之爱。"①在这一情形下,苦难的经历产生了价值从外在向内在的转变。

对苦难问题的另一种看法可见《以赛亚书》的后半部。在那里,对这一问题的理解在于对社会相互依赖更深的认识,这一理解赋予旧有的部落团结以一种转变了的意义。个人对苦难的解释在于,它意味着个人的罪。"我们以为他受到神的责罚。"这一点失效了。受苦的仆人并不邪恶。他为了他人而受苦——在某种意义上,"他承担了我们的痛苦和哀伤"。这一关于彼此关联的认识在于,好人可能为了他人的罪恶或苦难而受苦,而背负这一痛苦则标志着更高类型的伦理关系。这一认识是以色列宗教最美好的产物之一。正像在基督教中,十字架的概念成了核心,这一观念成为现代社会意识中最伟大的要素之一。

§3. 所获得的道德观念

1. 正直和罪恶并不是截然相对的。正直的人并不必然是无罪的。然而,对罪恶的意识,如同一个黑暗的背景,使正直的概念得以凸显。这一观念有两个方面,它们来自生活的世俗和宗教层面——这两个层面对希伯来人来说,并非彼此分离。一方面,正义或正直的人尊重人类社会中的道德秩序。不正直的人是不公正、贪婪和残忍的,他并不尊重他人的权利。另一方面,正直的人和上帝处在"正确的"关系中。这一正确的关系可能受神圣的律法的考验;但由于上帝被视为一个活着的人,爱他的人民,"原谅不公、过失和罪恶",人们也可能通过与神圣意志的和谐来考量这一关系。有"法律上的正直"和"信仰上的正直",前者意味着完全的服从;后者则指,即便有了过失,也仍有赎罪②与和解的可能。前者在伦理上意味着用一个道德标准、一个"道德律"来对行为加以检验,后者则表达了如下的想法:品格是精神上的事情,是不断的重建而不是一劳永逸地服于一个严格的规定。特定的行为可能并不服从规范,但生活并不只是一系列特定的行为。通过律法来衡量行为,有利于加快一种缺乏感(a sense of shortcoming),但也可能带来自以为是或绝望。新的

---

① 杰农(Genung):《史诗的内在生命》(*The Epic of the Inner Life*)。
② 参见丁斯莫尔(Charles A. Dinsmore):《文学作品与现实生活中的赎罪》(*Atonement in Literature and life*),波士顿,1906年。

协调、更新、"新生"的可能,意味着解放和生命。它与佛教所说的"因果报应"(Karma)截然不同,因果关系只有通过消除欲望才能摆脱。

"罪"同样有不同的方面。它意指迷失,意味着违反有关洁净和不洁的规定;但它也意味着个人对神圣意志的不服从,对以色列道德秩序的违背。在后一种意义上,先知认定其为社会的不公正,这是一个重要的伦理概念。它表明,恶和错误并不仅仅是个人的事情,也不仅仅是失败;而是对一个超越了个人自我的律法的侵犯,对一个正当地要求我们遵守的道德秩序的侵犯。

2. 从群体向个人责任的转变,完全是由先知的努力带来的,即便他们无法带来完全的公众认同。在早期,整个氏族会因为其成员的挑衅而被视为有罪的。我们已经提到过亚干的例子;而在可拉(Korah)、大坍(Dathan)和亚比兰(Abiram)的例子中,"他们的妻子、儿子和小孩"都被一视同仁。① 类似地,正直的人的家庭分享神的喜爱。后来的先知们宣告了巨大的变化。"父亲吃了酸葡萄,儿子的牙酸倒了"这样的俚语不再被使用,以西结(Ezekiel)以耶和华的名义说。"唯有犯罪的,他必死亡。儿子必不担当父亲的罪孽,父亲也不担当儿子的罪孽";尤为有意思的是,上帝请求人们相信这是公正的,而人们却说:"儿子为何不担当父亲的罪孽呢?"家庭的团结拒斥先知观念的个人主义,而以西结之后五百年,旧观念的踪迹仍可见于下述问题中:"是谁犯了罪呢?是这天生瞎了眼的人,还是他父母呢?"②对于责任的另一方面,也即不同于偶然行为的意图③,我们可以在防止意外杀人的有趣的"逃城"(cities of refuge)④中发现若干转折性的步骤。只要一个人跑得足够快,在被抓住之前抵达逃城,他就能安全地免受血亲仇杀。但是,关于责任的伦理学沿此线路的充分发展却似乎以下一节所述的方式进行。

3. 心灵的真诚和纯净成为根本的品质。希伯来人有一种行为哲学,主要关乎"智慧"和"愚蠢",但最受先知和诗人喜爱、象征着核心原则的词语则是"心灵"。这个词语代表了自愿的倾向,尤其在其情绪和情操、情感和激情的内在的源泉方面。

---

① 《民数记》16;《约书亚记》7。
② 《约翰福音》9:2。
③ 《汉谟拉比法典》展现了对意图的漠视,它使手术成为一种危险的职业:"如果一个外科医生用一把铜刀对一名受了重伤的人施以手术,结果导致他的死亡,或者用铜刀切去病人(眼中)的囊肿,结果弄瞎了他的眼睛,那么,他们要砍下这个医生的手指。"早期德国和英国的法律同样如此。如果一件武器被留在铁匠那里修理而被抢走或偷去行害人之事,那么,原主人会被认为应当承担责任。
④ 《民数记》35;《申命记》19;《约书亚记》20。

希腊人倾向于对生活的这一面表示怀疑,把情绪看作灵魂的扰乱,并寻求用理性控制它们,甚至压抑或消除它们。希伯来人则在行为的情感层面中发现了更为积极的价值,并同时在一切正确的生活的根基处找到了真诚和始终如一的兴趣。宗教的影响和别处一样,是重要的力量。"人们看外表,而上帝则关注内心","我若心里注重罪孽,主必不听",这些是典型的表达。那直抵意图和情感之最深源泉的神圣图景,不能容忍虚假。它也不会对任何不完全的奉献满意:以色列人必须全身心地侍奉上帝。外在的服从是不够的:"你们要撕裂心肠,不要撕裂衣服。"正是"心灵纯净"的人,拥有至福的景象。并非外在的接触或仪式性的"不洁"——早期的习俗都坚持这些——玷污了人们,而是内心中所产生的东西会玷污人,因为心灵是邪恶的思想和行为的根源。① 反之,构成人类最深刻的自我的兴趣、情感和热情并非从无中产生;它们伴随坚定的目标和倾向,以及个人的成就。"你的财宝在哪里,你的心也在哪里。"

在充分的道德意识中,动机的纯正不仅意味着(形式上的)真诚,同时意味着对善和正直的真诚的爱。希伯来人并没有用抽象的词语来表达这一点,而是通过个人对上帝的爱的言语。在早期,对律法和先知的诉求或多或少存在着外在的动机。对惩罚的恐惧、对回报的期望、对丰收的恩典、对土地的诅咒,这些都被用来引发忠诚。但一些先知则寻求更深的见地,它们似乎触及了人类体验中的苦难。何西阿(Hosea)的妻子背弃了他,而人们对耶和华的爱难道不应当是私人的和真诚的,就如同妻子对丈夫那般?她说:"我要随从所爱的,我的饼、水、羊毛、麻、油、酒,都是他们给的。"② 出于利益而侍奉神难道不是一种卖淫行为吗?③ 民族所遭受的灾难,考验了它不受利益驱使的忠诚。它们是魔鬼的挑战,"约伯岂是无故敬畏神?"它至少证明了忠诚并不依赖于回报。在流放后,先知用自己的话语论述了美德是其自身的回报这一道德律:

> 虽然无花果树不开花,葡萄树不结果,橄榄树无收获,田地不出粮食,圈中绝了羊,棚内没有牛;然而,我要因耶和华欢欣,因救我的神喜乐。④

---

① 《马可福音》7:1—23。
② 《何西阿书》2:5。
③ H·P·史密斯:《旧约历史》(Old Testament History),第222页。
④ 《哈巴谷书》3:17—18。

4. 以色列人对个人的道德理念通过"生命"这个词语得到表达。以色列首领所能给予他的子民的所有祝福都被涵盖在如下的语句中："我为你们铺设了生命和死亡；选择生命吧！"同样的终极道德标准也出现在耶稣的发问中："人就是赚得全世界，赔上自己的生命，有什么益处呢？"当我们追问生命的含义时，必须从早期的原始来源中得出结论；它在很大程度上是通过物质的舒适和繁荣，以及因与神和统治者恰当的关系而获得的满足来衡量的。后一要素紧密地与前者相连，以至于两者实际上就是一回事。如果人们繁荣富足，他们可能会认为他们是正确的；如果他们遭难，那么，他们肯定错了。因此，善与恶这一阶段在很大程度上是由快乐和痛苦来衡量的。要追寻的目的以及铭记的理念在于长久和繁荣的生活——"他右手有长寿，左手有富贵"。对理智和美的兴趣，却并不如此加以褒扬。受重视的知识是对生命行为的智慧，它的开端和最高点是"对神的敬畏"。受到重视的艺术是圣歌或诗歌。但是，在"生命"的概念中，最为重要的理念是那些与个人关系有关的。在东方人中，极为重要的家庭维系是圣洁的。两性之间的爱被升华和理想化了。① 民族的情感获得了额外的尊严，这是由于神圣使命的意识。首先，个人与上帝的联合就像诗篇和先知所描绘的，变成了独一的欲求。神，而非神赐予的礼物，是至高的善。神是"生命之源"。神的受造之物（Likeness）会获得满足。在神的光明中，信仰者会看到光亮。

但比"生命"这个词语被赋予的任何特定内涵更为重要的，是观念本身所包含的东西。法学家试图通过法令来定义行为，但在生命的理念中有一种内在的活力，它拒斥被衡量或约束。"永恒生命的话语"开始了基督教新的道德运动，对于渔民而言，它或许并不具有确定的内容；也很难说出它们对于写就了四部福音书并常常使用这句话的作者而言，在道德上意味着什么。对保罗（Paul）而言，作为精神领域的生命通过与罪恶和色欲之"死"的对立而得到定义。但对于所有《旧约》或《新约》的作者而言，无论它有怎样的内容，生命首先意味着对某种超越的事物的指示，意味着一个尚未被了解的未来所具有的前景和动力。对于保罗，它代表着一种进步；这并非由律法或"原理"所主宰，而是由自由所主宰。这样的生命将为自己设置新的和更高的标准；人们会感到，已经获得的律法和习俗已经不再适用了。除了要注意个人的献身和社会的团结，早期基督教作为一种道德运动的重要性，在于运动的

---

① 歌中之歌。

精神,在于新形成的眼界超越旧的眼界的意义。人们相信,作为上帝之子,他的追随者们具有无限的可能性;他们并不是女奴的孩子,而是自由之子。

5. 以正义、和平和爱为核心原则的共同体这一社会理念,是希伯来—基督教宗教和道德至高的成就。我们已经看到这一理念是如何在上帝的王国中形成的。起初,它只是民族的,随后则成为普遍的;这一友爱世界远没有实现,它"不分犹太人或希腊人,为奴的或自主的"。这一理念起先是军事性的,但随着先知和诗人,它表现为和平与公正的主宰。在由狮子、熊和豹所代表的凶残力量过去之后,先知看到了一个由人的形象所代表的王国。这是一个应该永不消亡的王国,这是一个"并非此世"的王国,正如耶稣所传递的信息。这一道德王国里的成员,是精神上为了穷人者、心灵纯净者、仁慈的人、爱好和平的人和渴求公正的人。这一道德共同体中的伟大取决于侍奉,而非力量。这个国王不会离去,直到他"在世上设定正义"。他会"保护贫寒和穷困的人"。

这一理想秩序的若干特点体现在社会的和政治的结构中;而另一些则有待未来。历史上的某些阶段曾把这一理念完全转变成了另一个世界,把人类社会视为无望地被交付给恶的。这些理论发现,只有通过对社会的否弃,道德才有可能。希伯来人提出了普遍的道德秩序、由正义来主宰生命、实现善并使生命完整的理念。它并不是一个在纯粹想象的幻觉中梦想出来的理念,而是历经奋斗和困苦,在相信道德努力并非无望或注定失败的信念中提出的。理想的秩序要成真。神的王国要到来,神的意志将"在地上如同在天上"那般被实现。

(蔡文菁　译)

布朗主教：一个基础主义的现代主义教徒①*

我之前在《新共和》上曾经指出，基础主义者在选择描述至关重要的宗教议题所用的语词时，要比他们的反对者先发制人一步。很明显，现代主义教徒在这件事上多少有点错了，不仅仅因为他们接受了这样的语词，还因为伴随着他们信念的知识上的模糊性。至少对于处在争论之外的人，对于不追随其中任何一方的人来说，宗教"自由主义"就像他的追随者所表达的那样，在特征上似乎是过渡性的和起调停作用的。对于许多人来说，它在缓解压力方面的心理学价值是不容置疑的；没有人会否认那些以避免危机和破坏事件沦为剧变的方式，从一个立场摇摆至另一个立场的运动中的社会价值。但是，为了知识上的连贯和完整，应该识别出具有过渡性质的运动的方向，应该对这一情境变化的逻辑所指向的后果有清晰的理解。

威廉·蒙哥马利·布朗（William Montgomery Brown）主教毕生横跨这个进程；他刻意地这么做，而且很清楚自己从哪里出发，从哪里抽身。他从一种基础主义的信条转向另一种同样是基础主义的信条。因此，他不仅仅是一个现代主义教徒，而且放弃了与传统和教会制度的权威紧密相连的超自然主义，转向了与调查和科学制度的权威紧密相连的自然主义。但是，没有哪个有一点点同情心的读者能够反驳他的如下主张，即归根结底，他是虔诚的，对他自己的信条要比他担任圣公会正统的主教时更加虔诚；在那里，他在拯救垂死的教会以及建立新的教会方面，要比通常情况下更得心应手。他最近的著作《我的异端思想》（*My Heresy*，由纽约的约翰·

---

① 首次发表于《新共和》，第 48 期（1926 年 11 月 17 日），第 371—372 页。
* 选自《杜威全集·晚期著作》第 2 卷，第 132—134 页。

戴公司出版),暗示了他对一种自知奠基于坚不可摧的摇滚年代的信念的确信。

引发考察布朗主教精神发展的兴趣的,正是那一事实——宗教现实如此浸润着他的生活及其著作,以至于尽管他被革去主教的职务,甚至他在教会中的敌人也没有去审视他,这是难以想象的。在他的知识概念中,在他关于信仰的本质、权威的本质、信仰和渴望的对象的本质的思想中,他整个地转了一圈。但是,这一圈时时处处打上了虔诚的烙印;任何地方都没有跨越边界。正因为如此,这本书记录的运动具有一种在大部分异端那里缺少的代表性意义。声称与宗教断绝关系的热心牧师的历史,表现出在大多数现代主义教徒的活动中缺少的东西:获取一个位置和领地,这和任何妄称自己是基础主义者的神职人员的位置和领地一样重要。正是由于这个事实,他的职业生涯使得在近来的大部分争论中被模糊了的问题明朗化了:在当下这个时代,至关重要的宗教经验的基础是什么?

布朗主教在知识上的天真,他的性格中的无知和贞洁,是澄清这一状况的力量。他的著作作为一本书,太善于论证了,太过关注使一个结论在读者的头脑中变得明确和强硬了,以至于不是一本巧妙的有启发意义的"精神的传记",而是一个文学上的自我主义者,把手头的材料写成了"精神的传记"。但是,尽管不断地重申带给这本著作沉重感的那些同样引人注目的论调,下面的事实还是凸显出来了,即布朗主教接连不断地涉足"异端"(毫无疑问,不用太久,这个词就会永远被保存在引号中),表现出他的信念不断地扩展和深化。他的宗教生涯在被革除僧侣职务时终结了,这不是因为他不时地发现自己相信的更少了,而是因为他不时地发现,缺少对人和知识的信念与他先前持有的信仰纠缠在一起。其他曾经分享这些信仰的人,仍然处在疑惑之中;而他的信仰前进了。

因此,他发现自己没有欲望,没有期待,被迫而不是主动地从一个水平变换到另一个水平。每一次危机都发现他持有天真的信仰,即只要他向同胞们传达新的启示,也就是曾经强加于他的对科学和社会实在的新理解,他的同胞的信仰就会作出回应;而且即使他们没有积极地赞同和追随他,至少承认他有权利遵从他曾经看到的启示之光。每一次他遇到的拒绝,拒绝甚至在想象中进入一个新的和更大程度的真理,为了保持对他自己的信仰的真诚,就必须以这样的方式前进,这迫使他进一步思索寻找拒绝的理由。只有到最后,到他作为主教审判结束时,而且正是由于这个审判的特征,他被迫得出结论说:"我的异端"本质上在于曾经把信仰放在真理当中,曾经把现实放在所有其他的信条之上或之下。只有那时,基于他的呼吁,他才转向了澄清问题的事情,转向了基于作为教会官方态度的记录而清楚地写下来。直到那时,他只是努力地分享占据了他心灵的信仰,恰恰在那时,当他仍然是正统中的正统,是神职人员的牧师时,他曾经努力地把其他人带向这一信仰。不容置疑的历史,见证了许多从童年到老年依然是幼稚的信仰的例子。但在其中,幼稚的信仰一如既往,却从执着于字面意义和教条主义的极端到怀疑和否认人格的上帝,否认个人的不朽和耶稣在历史上的存在。这样的例子确实很少。

布朗主教为自己发现并且提供给其他人——他们虽然有宗教信仰,但同时生活在与当前的精神和社会世界的充分交流中——走出去和提升的方式,就是象征性阐释的方式:欣然全心全意地信奉不管在哪里发现的、不论什么样的真理,而且把过去时代表达信仰的方式视为人类现在感受、认识并渴望去做的事情的象征。许多从教会的立场看是异端的人,对这一方式漠不关心。他们已经没有兴趣依然把《旧约》和《新约》、《使徒》和《尼西亚信经》视为象征,正如他们没有兴趣对柏拉图或维吉尔(Virgil)作出象征的阐释。但是,甚至他们也认识到,教会是有重大历史意义的制度,大部分人的宗教生活一直和它纠缠在一起;他们认识到,对于和深层的情感经验紧密相连的传统的虔诚,是需要尊重的事情;他们知道,作为一种制度的教会,以及个人对在很大程度上滋养了人的理想生活的源泉的虔诚,正面临调适当前生活中的精神和社会现实的问题。就这些事情而言,象征的方式是一种根本的释放、解放和鼓舞。布朗主教为异端审判记录在案且写得很清楚且详细的问题,是当既成的事实的强制没有留下其他可行的道路时,基督教教会是否会继续在旧的信仰和准则的特殊条款上,一个接一个地让步于象征主义;与此同时,却在其他方面牢牢地抓住字面的解释和教条主义;或者,它是否会自愿和慷慨地让渡给所有人完全充分自由地对任何条款作象征主义解释的自由,而仅仅为生活本身的现实保留它的信仰。新教的未来,取决于对这个问题的解决。布朗主教不是知识上的巨人,他没有声称自己知识渊博。但是,他对于精神上的基本法则的诚实和真诚信仰,在使问题明朗化方面,比具有很高的知识地位和更加渊博的学识的人已经实现的成就更高。和这一成就相比,那些可能伴随给布朗主教留下深刻印象的某些象征性解释的粗俗和古怪,就不重要了。在宗教上,他是一个基础主义者,尽管他在传统的超自然主义意义上是一个异端。

(王巧贞 译)

教会领袖要求教会应对失业①*

下面的信由约翰·杜威、爱德华·L·伊斯雷尔(Edward L. Israel)和斯蒂芬·S·怀斯(Stephen S. Wise)拉比、弗朗西斯·J·麦康内尔(Francis J. McConnell)主教和约翰·A·瑞安(John A. Ryan)博士签署,并被送达全国的拉比、牧师和传教士。

我们确信,你们同意,在当前的经济情形之下,美国国内有组织的宗教团体负有重大的责任。

因此,我们请求你们强有力的合作,以确保国会颁布由科斯蒂根和拉福莱特参议员,以及马里兰州的刘易斯代表倡议的法案,即拨款3亿7500万美元救济失业者及其家庭,同时另外拨款3亿7500万美元以建造或重建高速公路。

一个月来在参议院制造业委员会以及众议院劳工委员会的听证,以及三周以来的参议院辩论,已经证明了这一法案的必要性。

尽管较大的城市,如同某些相当富裕的州那样,能够解决它们那里的失业问题,迫使财富被公平地用于救助失业者,其唯一途径是对大额收入与地产征收联邦累进税。

请你们呼吁你们城市中的传教士、牧师和拉比立刻与你们一起行动,与你们当地的劳工、民政、社会工作以及妇女组织的领袖合作组织一场公众集会,向你们的

---

① 首次发表于《人民游说团公告》,第1号(1932年3月),第2页。
* 选自《杜威全集·晚期著作》第6卷,第323—324页。

联邦参议员和国会成员发出你们城市的呼吁,要求他们积极支持这一联邦救济法案。

请你们呼吁你们的国会代表反对任何向人民大众征税(如征收营业税)的提议,并转向对巨额收益和遗产税征收附加税。

请你们集会通过决议采纳上述两项举措,并送达当地媒体、你们的联邦参议员以及众议院成员。

如果你们能够召集你们城市中所有的拉比、牧师和传教士讨论上述法案,并请求他们的听众以个人名义致信他们选举的参议员和众议员,这对于达到目的将是极有帮助的。

由于《科斯蒂根-拉福莱特法案》在参议院的第一次投票中没有通过,第二次投票很快就将举行。我们满怀希望,它将在参议院并将在众议院通过。

(薛　平　译)

理性生活,抑或人类进步的诸阶段①*

乔治·桑塔亚那(George Santayana)著

纽约:查尔斯·斯克里布纳出版公司,1905—1906 年

即使是从我自己的立场来看,对桑塔亚那教授的《理性生活》(*The life of Reason*)一书中关于生活的批判给出一个恰当解读,也颇感为难。对我而言,毕竟这是该书一个最为显著的特征。它是一种对人类经验实在性的生动、同情、微妙而直接的感觉,与对于几乎所有的哲学家就此所想、所说的东西的同样敏锐、同样微妙但相应间接和对抗(antagonistic)的感觉的一种混合。在现代哲学中,我不知道都有哪些著作更加公正、更加令人满意地正确评价了人类生活的力量,简单、坦白、自然地说,就是更少地通过人为哲学的透镜这一媒介来折射它。不过,必须加以补充的是:我也知道没有其他书籍更加间接,充斥着更多暗示(大部分尚未标识),通过对其他(但大多是不喜欢的)哲学解释的回忆而获得了更多粉饰。这个五卷本的系列(与大多数哲学的文献相比)立刻就显得极端直接和个性化,而且还显得非常学术化。"博学",充满着对往昔的回忆。

它是一种混合!我们不仅可以在同一章,而且可以在同一页,甚至在同一个句子中,看到混合在一起的那些东西。桑塔亚那先生甚至很少让自己去选择一个段落。一有所见、所感,他就宣布关于某些事物的真理,而且他让自己在同一问题存在着三个或四个其他观点的地方转向(根据读者的胃口,转向某些方面,或者读者感到困惑的地方)一些无足轻重的东西,而这些东西毫无疑问还没有出现在他面前而成为思考的对象。因此,这一著作——它就是一部著作,尽管印刷了五卷——将

---

① 首次发表于《教育评论》,第 34 卷(1907 年 9 月),第 116—129 页。

* 选自《杜威全集·中期著作》第 4 卷,第 181—191 页。

会以完全不同的方式影响不同的读者。如此众多的哲学家聚集在一起,就有如此众多的看法,不仅关乎《理性生活》一书的价值,而且关乎其目的和品质。人们(或许我应该告知读者,在这里,我是站在自己的立场上的)受到了桑塔亚那先生著作某些部分——这些部分显示了桑塔亚那先生对人类生活的事实和主题作出的评价——的激发,另一些人们则因为桑塔亚那先生对其他哲学的各种主义的处理而转变了态度——要么是转向赞同,要么就是转向反对;第三类人则感到他们自己在这快速的全景式转化场景中被撕得粉碎。在这样的场景下,他受到邀请去支持而且相当肯定地认为这本书纯粹就是"文学"(尽管是值得尊敬的文学作品),完全缺乏哲学的立场或方法。

说实话,尽管桑塔亚那先生把生活一般地看作正处于其最好状态,他却常常将哲学家、神学家以及科学家看作正处于其最糟糕的状态——就其一般而言。当一些像桑塔亚那先生的观点一样危险的观点在充满疑虑的地方展开时,它们就遭到了严厉的批判;而且,那些不愿意像桑塔亚那先生那样作出明确区分的读者,也就会指责他前后不一、缺乏连贯的立场。这种风格助长了这样的印象——在外在形式上是古典的、学术的和准数学的;在其真理的获得和产生上,几乎就像变色龙根据当下特殊的环境以难以琢磨的方式调整自身一样。其中,万物皆流,无物常在。它不断振荡摇摆,却没有引起共鸣(resonant)。我怀疑,其全部秘密就是一种简单同情——它夹杂着一种并不总是宽泛得足以成为理智的同情——的才智。有时候,桑塔亚那先生的方法让人们想起马齐尼(Mazzini)就卡莱尔(Carlyle)——他完全相信,社会改革没有造就任何有助于改革得以实行的改革家——对社会改革的态度所说的那些观点之一。桑塔亚那先生对经验中的各种因素是完全赏识的——除非某些哲学家对它们进行了明确的阐述。

不过,作为一个总体印象,这已经足够了,甚至有点太多了。素材是通过五个分卷来分配的,分别涉及常识、社会、宗教、艺术以及科学中的理性生活。在这五卷之中,第一卷和最后一卷相互之间最为密不可分,在它们对桑塔亚那自己的哲学的影响上,几乎不能被彼此分离地理解。其中的立场和方法,在宽松的意义上都是历史的。这本书的主旨并不在于对现实给出最终的哲学解释,而是为各种各样的方式提供说明;通过这些方式,人性已经表达了诸多实现自身合理化的尝试性努力,并对这些尝试各自的价值进行必要的评估;这种评估是一个更进一步的工作,那就是对已被描述的理性生活进行澄清、净化、遴选。他批判所谓的那些历史哲学事实上假定了"事件预先根据它们所激起的那些兴趣而引导了自身"——而根本不管这些兴趣纷繁复杂、彼此冲突这一事实;他批判对这样一种"历史的力量——这种力量在对各种各样的自然进程的洪流和片刻的特殊原因进行深入探究这一点上中断了"——的华而不实的诉求。不过,他却建议对这种方法进行净化。如果这个哲学家在回顾事件的时候承认,他之所以认真查看它们完全是为了从中抽象出能够说明他自己的理想的那些东西,诚如他走遍人群,是为了找到他自己的朋友,那么,这种做法就变成了完全合法的。"一种溯源性的政治学,一种对与它们体现或背离的道德理想相关的那些事件的评价,可能会紧随实证历史而出现……眼前这本著作就是在这方面的一个尝试。"然而,被启蒙的历史主义者将会认识到,他用作试金石的那个理想并不一定就是一个专断的个人教条,它本身就是他根据它们与它之间的关系而对之进行测试、详审的那些历史事件的产物。他一定非常敏感于生活在其各种表现形式中发展和保存下来的所有善的东西;他的标准将会是一种"多样化的、无所不在的幸福"。哲学史家"必须让自己成为过去所有渴望的发言人"——不包括神秘主义者、先验主义者以及一些好战的自由主义者的那些渴望,这一点可能会被附带地谈到。

诚如我所说,方法宽松地说来是历史的;在宽松的意义上,方法也是心理学的。而且,既然桑塔亚那先生很少以精确的术语谈到自己的意图,那么,我就再次引证:"这种情况经常性地出现在哲学文本中,即:被假定在人类的头脑中发生的东西为了支持某些观察或者说明某些论证而被描述和诉诸了——例如,频繁出现在英国人对人类本性的更早批判中,或者就在那些文献中。在这些情况下被提供出来的东西,仅仅是一种对根据某种特定的方式进行思考的鼓励。理解或解释某些事实的方式被提出了,以或多或少斯文的方式挑动读者去抵制他自己拥有的被如此激起和表现出来的经验的说服。在这样一种意义上,即:为了成功,它依赖于读者的生活和心灵的整体运动而无需通过视觉证实或纯粹辩证法来强求一种细节上的赞同,这种诉求的方法可以被称为心理学的。"简言之,这种诉求就是去发展人类的经验,只要这种经验在可以想见的范围内被个体根据其自身的经验再生产出来。

我不会为这些扩展了的引证而致歉,因为我认为,那些不能抓住在引证中被阐明的这本书的目的和方法的读者,也将不能理解其思想的连贯性,无论这些引证可能为他提供多少偶然的愉悦——或者愤怒。

除了在其历史发展中对人类经验作出的批判性评价——就像在对个体自身经

验的反思中被证实的那样——之外,桑塔亚那先生认为哲学或者形而上学是否可能,这一点我不敢肯定。有时候,对于桑塔亚那而言,这些批判性的评价似乎完全就是整个有用(profitable)的"形而上学"王国;而在另一些时候,他似乎又把这样一种解释视为仅仅是发生学的或者"主观的";倘若这种解释被认为是实证的形而上学,一把对人类发现方法的解释提升为对被发现了的实在的解释的尝试,那么,情况就是正在被呈现的那样。哲学决不是一种历史的现象,决不是人类为了在其立身其中的那个茫茫宇宙之中解读和批判其自身生活之旅而付出的努力的一部分,这一点对现在的作家来说,似乎就是邪恶形而上学的原初谬误;而且,他将欣然相信,桑塔亚那先生已经放弃了这样一种异端的假设,即:无论对他自己,还是对其他什么人,历史都会为一个人停留足够长的时间,以使他走出其进程并从本质上(sub specie aeternatatis)反映实在。换句话说,现在的作者倾向于认为桑塔亚那先生的《理性生活》展示了自己值得投入进去的唯一哲学类型;一种向古代那种把哲学等同于道德、等同于爱智的做法的回归。为了指导其进一步的努力,强调和捍卫它的成就,避免重复其无用和浪费的过分行为,激励它增加耐心和勇气,而借助于智力对智力过去的战斗、失败和成功进行审视,这的确是一种能够把它从它在黑暗岁月里所陷入的不敬和失望的泥沼中拯救出来的哲学观。我认为,这就是桑塔亚那作品中被认为具有永恒价值的东西,无论其打着什么样的旗号去追求"形而上学"声色场。

  那么,什么是理性?什么又是理性生活?答案在我已引证过的段落中还不甚明朗。"于是,《理性生活》将会成为感知和追逐理想——所有行为被如此控制,所有的感觉被如此解释,都是为了使自然的幸福趋于完美——的那部分经验的称谓。"一旦人们停止沉浸于感觉之流,他就会专注于将来和过去;这样,经验就被根据其价值而会聚和分级;它们就会依据其相对价值而被理解。过去是根据它激起的现在而被评判的,而现在也将根据它可能唤起的将来而被评判。现在所蕴含的对后果的预见,就是后果意识、目的意识。因此,所有的反思都是理想的,理性总是包含着出于现在、当下和纯粹存在的涌现;它就是立足于最后、将来对此的评价、观察和批评。但是,这种预见和识别却把一种新的复杂性引入了存在自身;正是其自身的这样一种改进转而改变了将来。理性必然是实践的,也是思辨的;理性就是一种意向态度,就是一种意志态度。"当生命冲动被反思和与根据过去而宣告的判断相一致的转向修正时,就可以被合适地称为理性。人的理性生活存在于反思不仅发生而且还证明其有效性的那些时刻。于是,不在场的东西在现在起作用。"根据过去的最好经验对可能的将来进行的预测,本身就是实现更好、避开最坏之物的推动力。

因此,反思就在价值、善以及多种多样和无所不在的幸福中发挥作用——那就是反思的生活。"它就是一个喜爱善的心灵赋予全部存在的那个统一整体。在人性的更高区域,与较低的区域一样,合理性依赖于对优秀东西的辨别……当明确的兴趣被认识到,并且事物的价值按照那个标准而得到评估时,那么,理性就诞生了,一个道德的世界也就出现了。"

在这里,我们了解了桑塔亚那先生的整个哲学所开始展露的那些因素。一方面,有原始的存在,它们在变迁洪流中不断地改变着、过渡着;纯粹的自然,一个缺乏精神、缺乏目的的世界,但却充满了冲动和试验。这个世界在其运动过程中产生了价值、卓越的时刻——人们愉快地在这些时刻停留下来,它们是如此令人愉悦。它们的记忆持续着,也就是说,理想持存着。依凭它们,人们对那些原始的存在进行观测、分类和组织;通过它们,人们作用于这个变迁,并把它们带入更为持久的秩序。这些价值,这些意义,当它们被反思捕捉到的时候,就都成了古人所谓的事物的形式;而且,"我们通过形式而存在,对形式之爱就是我们全部的真正的灵感"。对于桑塔亚那先生,就像对于古人——当然是希腊人——那样,"秩序就是智力所意指的东西,卓越秩序的产生就是理性之意指"。但是,这种秩序,即智力,却不是创造性的,不是原初性的,也不是绝对的。它就是神圣的人类。在任何地方,都有波动的自然过程,这个过程首先产生继而保持了那些意义。这就是那样一些人——它们在这些人心中产生,就是为了珍爱和扩展它们——的职责和对他们的奖赏。因此,相对无意义的变迁被进一步征服了,并且被更加有效、更加稳定、更加深入地给予了理性的资源和关注。

这五卷就是这一主题的各种变化形式。它们追踪着这些方向和实验——沿着这些方向,通过这些实验,给我们带来幸福的那种卓越与和谐,因为增加了对它们从中产生的那些自然基础的承认,而得到了保存和扩展。这五卷也描述了那些没有结果的侧面台阶,那些不合逻辑的背离,它们曾是被夸大其词和狂热追捧的意识的花朵。自然的确产生了这些意识,但却拒绝进一步为它们负责。这五卷也记录了对理性的那些回返、盲目屈从和放弃。桑塔亚那先生通过一种或另一种形式发现,它们是实证主义、怀疑主义、神秘主义以及类似先验主义的特征。因为作为成功,它只是以一种方式获得的,即通过在对那些偶然地产生的价值的有意识的、审慎的、持续的和人为的热爱中追随自然而获得的。所以,所有错误的——无论是实践的还是理论的——根源,都在于对自然基础或理想目标的遗忘或者否认。一方面,精神的自然根基被忽略了,即"它一定是正在进行之中的冲动的一个产物或综合。一个脱离了生命存在实际需要的理想,距离成为一种理想是如此之远,以至于它甚至都不是一种善"。认识到存之善就是存在产生的善的其他哲学,把这个道德真理变成了一种错误的物理学,并因此而坚持认为:善的、精神的、理想的东西都是物理东西的原因和产生根源。希腊人最早"用道德术语创造了一种错误的物理学,于是,神学随后得到了发展",其结果,就是这个非自然的保守传统的精神世界。"为了构建一个实体世界,由价值和定义构成的一种机制被放置在了现象背后。"那种道德和逻辑的意义——在这个意义上,价值和意义使事物成为其自身——被转化成了一种准物理的,并因此而完全神秘的、神话的因果和实体化模式。这种方式带有虚假唯心主义和精神性的错误。

  另一种类型的错误在于对原始自然境况的粗暴忠诚。这里有实证主义者、唯物主义者和那些"从外部观察生活的"极端自然主义者(over-naturalist);"自然进程使他们忘记了它的效用"。这些人——他们以其获得的启蒙而自豪,"抛弃了他们的祖先用来表达理想的方法;他们没有认识到这些符号代表了理性生活,并对本质上什么是纯粹人性给予了奇异的、令人困惑的表述;于是,他们仍然沉陷于这样一个巨大的错误之中,即:理想是某种偶然的、无意义的东西,理想在人的生活中根本就没有滋生的土壤,也不可能得到实现"。

  每一卷的论证都要回到价值是自然生成的这种观点;论证都是从这种观点出发而进行下去的。关于社会解释的一个基本观念就是:"爱有一个动物性的基础,但却有一个观念的对象。"但是,由于这些命题通常都似乎是自相矛盾的,所以,"没有哪一个作者冒险提出多于一半的真理,并且这一半真理又超出了它的真实关系"。流行的观点使得那些情感——它们是把人们联合起来的一种纽带——在起源上变得神圣,在对象上变得自然,"这正是真理的对立面"。家庭的目标,就像其他社会秩序、工业、战争以及政府的目标一样,就是"要把物质力量的矛盾转化成观念之善的光芒"。然而,相对而言,家庭的全部作用,以及奠基在家庭基础之上的国家的全部作用,都是自然的:它要去生产不同的个体,并且用道德自由的先决条件来武装他。于是,自由社会就随之产生;在这个社会中,通过参与某种理想的兴趣,物理的联合被提升为友爱和同情。但是,"理想的社会超越了偶然的整体联合;随之而出现的,就是它孕育和拥有的卓越、美好和真理的那些符号。宗教、艺术和科学都是主要的领域,在这些领域中,人们可以建立起理想的友谊"。

理性关注价值和意义,关注对自己的永恒化和扩展。宗教可以说成是对作为生活目标和标准的那个理想至上性的一种被想象地表达出来的情感。意义意识,价值意识,就像我们曾经说过的那样,通常就是理想——它就是不在场的、将来的东西。因此,很自然,宗教是从对将来之物的热爱中诞生的。"它开启的这些展望以及它提出的那些神秘之物,就是将要生活于其中的另一个世界;而且,将要生活于其中的另一个世界——无论我们是否期望完全进入其中——都是我们拥有一种宗教的所有用意。"但是,宗教,即便在目的上与理性如此接近,而在其结构和结果上却远远不及理性。相反,不是把这个理想作为伦理的灵感和支柱,而是趋向于把它物质化,倾向于把宗教变成一种解释、一个原因、一种准物理的力量和物体。它忘记了它是诗歌,忘记了自己只是谎称拥有"字面上的真理和道德的权威,其实,任何一个它都没有"。为了让这个理想在生活中生效,它必须可以被人们所想象,必须在感性层面有所体现。这些诗意的想法,因为对另一个客观世界——它以某种方式包围着这个自然的世界——的诸多报道而发生了。

宗教没有认识到它与经验相关,就像它应该的那样;并且认为,其关于一个更加美好实在的理想化符号,"就是关于别处的一个实在的信息"。因此,神话具有"揭示自然在人类生活中的作用"的真正的诗歌特征;但是对于存在于自然之外的某些东西而言,它却被认为只是在字面上正确。因此,巫术、祭祀以及其他五花八门的工具,都是为了进入与这另一种存在之间的有益联系。

在有利的条件下,宗教依然会促进理性生活。想象力至少维持着"一种理想的行动标准和一个完善的沉思对象"。在这里,其适宜的功能,就是虔诚和灵性。虔诚连接着人类存在的来源中的任何成分,也是这种存在值得拥有的那些价值的自然和历史的源泉。这是一种值得珍惜的意识,即人类的精神是源于虔诚并且是值得依赖的,在自然和过去的社会努力中有它的根基。灵性是自由的赋予者,它连接着自身作为目的的那些价值;它是预期的,就像虔诚是回顾的那样。"虔诚沉醉于力量和秩序的深远而基本的源泉:它研究自然,尊崇过去,滥用并继续着它的使命。灵性运用如此获得的这种力量,重新塑造着它所接纳的全部东西,并期望着将来和理想。真正的宗教是完全人类的和政治的……超自然的工具系统要么是自然条件和道德目的的象征,要么就是毫无价值的。"

艺术甚至是生活理性更加有力的表达——也就是说，是运行其功能和用途以及形成秩序和稳定的和谐的自然之更加有力的表达。同时，在起源上，它完全是自然的，是本能和冲动的自发流溢；在过程上，是本能逐渐觉识到其用途并把自然塑造成了这种用途的更好体现。实际上，它是理想化的、和谐的自然：实践的成就、合理的洞见与遵守原则的幸福的联合体。在艺术中，幸福的本能既永久化了自己的功能，又再生产和扩展了自身，因为艺术是一个理智的、深思熟虑的过程，是可教的。因此，艺术是双重理性的。

美，这个特殊的美学元素，因此是一个事件。在通过使自然变得更倾向于体现价值而重塑自然的过程中，自然呈现为对灵魂一种更加适意的刺激，对这种适意的直接理解就是这个对象的美。"美学的善和其他的善（效益、功利等等）一样是在同一个巢中孵化出来的，也不能在一个不一样的天空中高高飞翔。"另一方面，纯粹工业化的艺术仅仅是工具性的。让自然屈从于经济上的用途使得自由的生活得以可能，正是这种生活为工业提供了正当性证明。没有认识到这种工具性的作用，是真正的唯物主义。它忘记了这一点：已实现的目的的价值，就是对这种实现劳动的唯一确证。它的道德哲学，"因为偏好而详述了这样一种可能性，即现在的一种暴力和持续的征服可能会导致一个辉煌的未来统治"。工业化的艺术只是"给予自然那样一种形式，如果能更加彻底地仁慈，它可能从一开始就会为了我们的利益而拥有这样一种形式；自由的艺术给精神成就带来了这样一种本质：要么是自然，要么是工业已经准备并施予了福祉"。

正如前面已经说过的那样，优秀的艺术是原始的动物自发性或者自动性的一个联合，也是取得价值实现的成功的一个联合。它们的目的完全是这两个特征的叠加。与此同时，这两种因素又把它们的运行过程稍稍分开一些。很多自发性活动都是多余的和不相干的。许多成就都是劳累的、痛苦的、强制性的、不自由的，而且在某种意义上，还是不自然的。某些优秀的艺术，像舞蹈、音乐以及言语的艺术——诗歌、戏剧——强调自发性的因素。它们很少留下确定的印痕，很少留下对它们自身状况的改变。它们的愉悦就是这种自发性，不过这也是它们的缺陷。"如果纯音乐，即使带有极大的感觉吁求，也是如此容易令人乏味的话，那么，什么样的一种宇宙哈欠才必定满足那种除了自身的彩虹之外什么也没有说出来的废话。"那些造型艺术、人工建筑、雕塑、绘画都强调效用，强调成就，强调通过使它变得能够更加切合和适宜地体现那个理想的一个行动而完成了的自然转化。

最终的问题就是工业和优秀艺术的结合。"艺术,在更好的意义上,是一个实践劳作的人幸福快乐的条件;因为,没有艺术,他仍然是一个奴隶;但是,只要艺术不符合他的必要劳动而只是妨碍了它们,那么,对他来说,它就是不幸福的又一根源。于是,艺术就使他疏远了自己的世界,而不可能有效地把他带入一个更好的世界。"现在的"优秀"艺术大部分都是没有价值的,是"对理性实践的一种简单逃离"。

科学是理性生活的表达,对"现代"人而言,这一点或许太显而易见了。现代人是如此地意识到这一点,以至于他(她)很容易遗忘桑塔亚那先生如此真诚地表达出来的观点:社会、艺术以及宗教也都是理性的生活。但是,我只是不敢确定,桑塔亚那先生是如何认识艺术、科学各自与理性的关系的:这个怀疑让我无法确定,到底在什么角度下,他的整个思想方案可以得到解释。从表面上看,与科学相比,艺术似乎是生活理性一个更为具体和最终的表达。因为,就这一承认通过服务于有意识的美好和幸福的行动来发挥所用而言,除了对秩序与和谐的智慧的承认之外,艺术似乎不可能被认为是别的什么东西(要理解桑塔亚那先生的幸福概念意味着什么,就是要理解道德的终极关怀)。因此,与艺术相比,科学就是初步的、预备性的——实际上,科学本身就是艺术的一种形式,只不过是摆脱了其隐秘命运的艺术的一种形式。在桑塔亚那先生的作品中,有很多思想证实了这一观念。这种哲学,根据这个时代的哲学诨名,就会是实用主义——一种高贵而重要类型的实用主义。但是,在桑塔亚那先生思想中(并且最终的重要性正在于此),却有很多东西阻碍了这样一种解释。这本书的最后一段的标题是"对理性生活而言,它(也就是科学)已经足够了"。而且,除了这些文字之外,这本书中还有很多这样的断言:所有的科学都是道德的、人类的、实践的、终将发生的、象征的、假设性的,被至关重要的偏爱、冲动、目的决定的;它是"一种本能的产物,是黑暗之中人类勇气的一种向前迈进"——"一个我们提出的主张"[①];有很多其他的段落宣称行动是奴性的和工具性的;生活的目标就是沉思——当然是在古希腊人的意义上——而科学则被断言为实在的终极揭示者和判官。换句话说,读者——至少这个读者——面临着这样一个困惑:他想知道,最后,桑塔亚那先生认为自然基础和理想目标之间以及它们分别与实在之间的关系究竟是什么?对哲学家而言,实在就是道德生活本身,就是理

---

① 参见第5卷,第177页。"智力不是实体;它是艺术和秩序的原则;它要求一个给定的情境和一些特殊的自然兴趣发挥作用。"

性的生活吗？物理学——对自然借以维持自己的目的的那些秩序或机制的阐述——和辩证法——对被提出和维持的那些意义和目的的说明——都是这种生活所必不可少的工具吗？抑或，科学不断揭示的机制以及辩证法决定的不变真理的永恒秩序①都是实在，而人类经验的那些目的、努力以及成就仅仅就是实在因为我们偶然的快乐和混淆而碰巧用来反映自己的一面容易消散和肤浅的镜子吗？我不知道。我们的作者的那些更加明确、正式的声明都是后一种意义上的。这本书的精神和重要成就则是前一种意义上的。

桑塔亚那先生似乎——也许我歪曲了他——已经对这个明显的自相矛盾进行了化解。一个对尊贵的、艺术的以及道德的"实用主义"的说明——我更关心的是理性的生活，而不是这些话——在历史上得到了很好的坚持；一个对这样一些方法——借助于这些方法，人类逐渐发现了什么是真正的东西——的说明；而那种冷漠的科学的、物理的以及辩证法的观点则保有着这样一种实在，这种实在的历史只是一个短暂的显现。因此，把"理性生活"视为哲学家的实在，就会陷入这样一种唯心主义者的常见错误，即唯心主义者认为，那些工具、方法和即将认知的状态废除了那些已知的实在。②

但是，的确还有另外一种选择。让桑塔亚那先生把他对那些唯心主义——无论是"邪恶的心理学"的类型，还是先验的类型——的结论非常谨慎的讨厌扩展到它们有关认知过程和方法的假设，让他坚持他自己如下的假设：认知就是一种通过生命冲动而进行的实在（不是主体、自我或者意识）的运作；而且，辩证法和物理学保有着实在，不过，不是把实在与勇气、风险以及生命冲动的结果分开而保有它，而是通过——就实在体现了自身而言——一种选择了美好并尽力使之盛行的生命冲动而保有它。对我而言，桑塔亚那先生似乎就会处于这样一种不稳定的立场之上，即：立刻把一个沉重的负担抛给了"生命冲动"，然后根据它自己的将来产物在"形式"上诅咒它。

但是，即使在这个方面，桑塔亚那先生（尽管是无意识的，并且可能与他的意图相反）也仍然是一个真正的历史主义者。因为，当代的理性生活仍然在古代的"形

---

① 比较第 5 卷，第 315 页——数学"是绝对自明的、必然的，在它被发现之前就是这样。因此，数学就是一个明显的真理领域。这种真理因为其自身内部的运行而向人类的智力敞开，但是，它却是完全独立的，是永恒的和不可废止的，而那些说出它的思想则是生命短暂的"。
② 譬如，参见第 2 卷，第 200 页。

式"原则和现代的生命冲动原则之间摇摆,缺乏对理智和行动的任何可靠综合。我们感激桑塔亚那先生已经给予我们的那些东西:这是美国对道德哲学所作出的——通常除爱默生(Emerson)以外——最充分的贡献。我将会以这样一个最富有爱默生精神的引语作为结论:"最无知之处在人自身,在于他断断续续的非理性的倾向。如果一个更好的体系能够在我们的生活中流行,那么,一种更好的秩序就会在我们的思想中建立其自身。不是因为对敏锐感觉、个人天赋或者外部世界的不变秩序的渴望,人类已经无数次地回到了野蛮和迷信;而是由于它渴望良好的品格、优美的范例、善治的政府。只要他们愿意相互赐予这样的机会,人们就会拥有一种谋求高贵生活的感人的能力。"

(姬志闯　译)

解放社会科学家[①]*

I

大约去年,《评论》杂志以"人的研究"为栏目,发表了一系列有关近来社会科学的文章。虽然这些文章涉及不同话题,但我发现它们趋于得出一个共同的结论。这一结论出自以下两方面,一是他们对其所洞察的社会科学根本缺点的批评,二是他们对改进社会科学的建设性意见。共同点是对社会科学目前"参照系"的狭隘性、约束性和有限性的警觉,这一"参照系"就是目前社会科学所运用的公理、术语以及它们在其中运作的领域边界。

或许我应该说明,当我要使用"社会研究"(social inquiry)这一短语时,我更喜欢使用"人的研究"(study of man)这一短语[和/或"对人类关系的研究"(inquiry into human relationships),或对"共同生活的文化"(cultures of associated life)的研究]。这些名称更好,它们不会预先决定研究的主题;而现在所使用的"社会"一词则意味着与"个人"相对立的某种东西。

在《用操纵来执政》("Government by Manipulation",《评论》,1947年7月)一文中,内森·格莱策(Nathan Glazer)提出了下述问题:仅仅作为"解决纷争之人"去干预事件进程,以减轻集团之间的摩擦(具体指在二战期间日本人与西海岸的"白人"之间的激烈冲突),而不是去促进"长远目标的明确表达与执行",这在社会研究

[①] 首次发表于《评论》,第4期(1947年10月),第378—385页。
* 选自《杜威全集·晚期著作》第15卷,第174—184页。

中是否合适。格莱策文章的标题是"用操纵来执政",暗示着对他所列举的许多研究的立场和方法的批评。他所说的"长远目标"表明他所提出的更好和更有效的"参照系"的性质。

丹尼尔·贝尔(Daniel Bell)的文章《使人适应于机器》("Adjusting Men to Machines",《评论》,1947年1月)详细阐释了另一领域对于人类关系的研究,即在"工厂社会学"中对工业领域的研究。这篇文章的一个观点与格莱策的观点相同。"社会科学的资源日益被用于处理社会日常问题,特别是由集团之间的摩擦和冲突带来的问题"——例如,以工人为一方、以雇主和管理者为另一方的集团之间的摩擦和冲突。他对大量这类调查进行深入研究得出的最终结论是:进行这类调查的人"像技师一样操作,像例行公事一样处理问题并将问题的处理控制在雇请他们的人设立的框架中"(加黑字为作者所强调)。这里显然是在批评当前流行的程序——这些程序被限制在事先设定而不是由调查所决定的架构中。下面的论述则表明需要更广泛和自由的架构:"只有少数正在进行的研究注意到什么样的职位能够更好地激励工人们的自发性和自主性,如何能够更好地改变产业秩序以确保形成这种职位。"

格莱策的第二篇文章《社会学的职责是什么?》("What Is Sociology's Job?",《评论》,1947年2月),也是关于特殊领域的概览。它考查了去年美国社会学学会年会上宣读的论文,目的是发现社会学研究的流行趋势。其结论是:社会学研究对于作为研究"基础"的假定基本没有兴趣,"实际的"问题是研究的主要课题;"实际的"问题是指"犯罪、青少年不良行为、离婚、种族关系、旷课以及工业中的限制输出"。虽然对这些情况的研究不受集团之间利益冲突的制约,但这里仍然有着确定的结论:由于受需要考虑的外界事物的限制,研究很大程度上是在"证明"显而易见的情况。

最后,卡尔·波拉尼(Karl Polanyi)的文章在批判和构建方面都更具启发性(《评论》,1947年2月)。其主标题意味深长,是"陈腐的市场心理"(Our Obsolete Market Mentality),副标题也意味深长,是"文明必须找到新的思想模式"(Civilization Must Find a New Thought Pattern)。

所有这些文章都一致认为当前研究人类事务的"参照系"太受限制,以至于只局限在可以用来处理人类利益关系的方面。所有这些文章也表达了希望研究范围能够更广泛和更自由的客观需求和主观愿望。贝尔先生文章中下面这段话很好地代表了他们的要旨:"作为科学家,他们(即主持研究的人)关心的是'是什么'的问题,而不愿卷入对道德价值观问题或更多的社会问题的判断。"我引述这段话,是赞同它关注"是什么"的问题。因为追问和发现是什么是科学研究的最高任务。而我下面的论述将表明,上述研究的不足之处在于这种研究并非真正科学的,因为它们并没有把握是什么,即将人类关系中的事实作为研究的主题;而是从对"是什么"的预先判定出发,限制研究的继续展开。我将表明,只有取消这种不科学的限制,"更多的社会问题"(这些问题中包括道德价值观)才不可避免地成为社会研究课题的组成部分。

精明的实业家们雇用专家,研究并报告制造摩擦并降低效率和利润的环境条件,这只是表明他们在管理方面的精明。被雇用的专家们所运用的,是在科学的而不是预先限定的(特别是金钱方面限定的)研究中被证明为有效的技术,这也是很容易理解的。但若是以为在与科学无关的观点、立场和目标指导下进行的研究是科学研究,坦率地说,不过是一种幻想。在"社会"研究中,这是一种危险的幻想。

这样的研究不会把我们从先前限定的环境条件中解放出来(这种解放是真正的科学研究的成果),而是倾向于赋予现状或已经建立的秩序以科学证明,最多作些细节调整——这在经济学研究中尤其有害。因此,在格莱策和贝尔提交的关于政府和产业的研究报告中,除了他们借用的由于摆脱了预定的观点、预定的问题选择和预定的程序方法因而在研究中被证明为有效的某些技术以外,不可能证明他们的主张是"科学的"。

正如更进一步的观察所注意到的,在真正的科学研究中,参照系是在运作的(working)东西。它是先前认识的产物,也是今后研究的指导。但在被报道的"社会"研究中,情况则相反。使研究得以进行的架构被看作是固定的、先于调查并与调查无关的架构。这一事实在将形容词"现存的"(existing)置于"社会和/或经济秩序"之前的用法中得到证明,这种用法表面上没错但实际上却有害。"现存的"一词排除了对作为研究主题的这一秩序的批判审视,因为它把研究主题限制在"现存"这一狭窄的地域和短暂的时间跨度内。

现存的经济秩序这一事例很有教益。如果说研究的主题是当下的(present)工业、经济和金融秩序,即确定主题主要考虑的是金钱上的成功,那么科学的局限性至少会得到暴露。但在上述情况中使用"现存的"一词,就要以两个假设为条件和限制。首先,假设"经济学的"研究主题完全是以经济学自身为根据并说明经济学自身的,"本质上"就可以独立于所有其他社会(人类)事务而得到科学研究。其次,假设在现代工业、实业和金融业出现的某一时刻到1947年之间"一直存在的"某种事物,能够不用参照其先前模式或其带来的结果,就足以被看作科学的样板或经济秩序的典型。

上面提到的两个假设是同一事情的两个方面。只有把经济秩序看作完全孤立的,才会把武断地切取的"存在"的有限地域和时间看作完整的、固定不变的和终极的,看作科学的目的,反之亦然。①

上文所述,旨在说明许多"关于人的研究",如社会学中的研究,是在根据虚妄的假设进行。这个假设是,脱离时空范围的研究可以是科学的,这一时空范围就是更大的事件——包括先前的条件和在时空上不可避免地即将到来的结果——中特定的时空片断。倘若研究能够根据纯逻辑的"思维能力"(intellect)进行,这一假设的魔力是显然的。但即使完全排除制度规则和利益关系的影响,采用完全内在意义上的"纯粹的"思维能力,也不可能有纯粹的经济学。在科学研究的更高层面上的这种"纯粹性",构成了历史性的进步;依靠这一进步,这种研究已经足以成为以自身为根据的制度规则和利益关系,在某种程度上确立了使得研究得以进行的条件(或许即便在数学中,这条件也并非那么完满)。② 物理学研究以及在相当程度上但程度更为有限的生理学研究堪称获得了这种解放并拥有"纯粹性"的领域。在这方面,它们为不发达的"社会"科学提供了一个追求的模式,因为社会科学很大程度上依然服从于制度规则方面和其他方面的目标和条件,而这些目标和条件是外在于研究工作的。

就此而论,对研究与实践及"实际"结果之间的关系进行探讨,是有意义的;根据流行的偏见,这或许是必须的。尽管物理学研究通过技术的运用,已经使大部分人的日常实践近乎发生了革命,但在科学(在古典的近乎神圣的意义上被称为"理论")和实践之间存在某种鸿沟的看法仍然流行。然而就人的研究、"社会"研究而

---

① 后面关于特定研究的科学合理性的说法表明,这类研究只有采取了这样的方法才是正当的,即当需要时,这类研究能够恢复其研究主题所具有的全部复杂性。
② 这种奇怪的扭曲在哲学讨论中经常发生,我在以前的著述中使用"工具的"一词,经常有人提出异议或批评,似乎它意味着"认识"必须限制在某种预先确定的特殊目标上。我所反复强调的,恰好达到了相反的效果。正是特殊的认识,是我们用以摆脱惯常目标、敞开新的更自由的前景的唯一普遍方法。

言,显然研究的主题由人的实践或活动构成,而对于这些活动的研究本身也是人类的一种活动或实践,研究的结论总是以这种或那种方式干预先前的人类实践。自然科学研究本身目前获得了体制化的地位——用不带贬损含义的描述性语言说,即获得了体制化的既定兴趣;而社会学研究的现状则表明,它仍继续服从于外在的制度规则的旨趣,而不是以自身兴趣和利益为目的来指导研究。

II

关于格莱策的第一篇文章中的另一层意思。他指出,在自然科学研究的方法和结果方面的革命(开始于短短的三四个世纪以前),对人类具有重大影响;事实上,这一影响可与封建社会形态转变为资本主义社会形态相提并论。他认为,社会研究的进程会伴随着"现存的"社会形态的同样广泛的转型。对于从人类的过去以及同样不可避免的人类的将来武断地切取现代这一做法,他的批评相当中肯。

他直接瞄准将自然科学研究与人类研究分割开来的现代坚固围墙的起源,这方面他同样中肯:这座围墙也将人类研究的不同方面相互分割开来,因而将经济学、政治学和伦理学与整个文化整体分割开来,而在整个文化中这些学科的主题是不可分割地联系在一起的。对科学进行这种划分的结果是有效地阻止了方法和结果的交融,于是自然科学研究片面而有限地应用于人类,而人类研究被限制在意见、阶级斗争和教条的"权威性"的领域。

自然科学研究发展至今表现出两个突出特征。一个特征是大家所熟悉的,通过教会与科学之间的激烈斗争——这一斗争如此激烈以至于被冠以"战争"之名,自然科学达到了摆脱外在的传统和规则束缚的现代标准。另一个特征虽然对人类有很大影响,通常却被忽略了。取得的胜利也不是很清晰很完满的。它是一种妥协。在这种妥协中,整个世界——包括人,甚至始于人——被割裂为两个部分。一部分人致力于自然科学名义下的自然研究。另一部分人只是由于占据"更高的"和最终"拥有权威的"的领域和拥有对"道德"和"精神"领域的统治权,而占有世袭之地。这一妥协使两部分人自由地自行其是,防止侵犯和干扰对方的领地。

16和17世纪以来的哲学进程可以看作是在致力于应对种种反映这一割裂的"二元论"。但即便是这种哲学的努力,也不如下述事实重要,即自然科学研究赢得的"胜利"是权宜的而不是根本性的。人类获得的解放主要在于,伴随着新的科学,人类的安逸、舒适和力量有了明显的增长,而不是由于深入系统地把握了科学在道德和理智方面的重要性。近来在"精神"领域拥有统治权的官方代表一直采取攻势，这并不奇怪。现在他们把当今世界的严重问题都归咎于自然科学，声称拯救世界的唯一出路是回归过去的时代，那时"自然"知识完全服从于"精神"传统的权威（和权力）。在某种条件下，从被压制的冲突到公开的冲突这一变化是值得欢迎的。聪明的办法是理智地去引导这一冲突而不是展开激烈争论。

因为一旦冲突被恰当地置于理智的审视下，它就会表现为问题：哪里有问题，哪里就会有系统考察的可能性，而不再只是盲目力量的冲突。选择使自然研究服从于超自然的权威（更确切地说，是外在于自然的人类权威），是想使自然研究自身向下述方向发展，即令它有能力解决困扰我们的社会道德秩序问题。①

目前的问题是：不使用在自然学领域获得显著成功的方法以及特定结论，是否能够有效地开展对社会道德问题的研究。为实现新的目标，必然要利用从前程序中获得的进展，将它们富有成效地运用于新的目标。如果想要在人类活动的其他形式中获得一个完整的世界，我们就需要理智和理解力的"同一个世界"。

正是由于这种关系，使自然研究服从于外在的"权威"不幸有其重要性。它或者意味着确立特定体制以物质力量来加强其所谓的"精神"权威，或者意味着将人类今天面临的问题置于我们认知模式中最不发达、最不成熟的政治和伦理模式中。如果选择前一路径，我们就会发现，其影响在民主文化氛围的学术圈中可以忽略；然而在它对其具备强大影响的实际事务中，起作用的不是"科学"而是意识形态对有争议的实际政策的"合理化"。

根据这一论点，从研究的立场出发，较之极权主义模式中的压制讨论，民主政策至少有其优点：它能包容，并在一定范围内鼓励对于各种具体问题的自由探索。但是当进行系统的理智表述时，我们就会发现，这种半官方的学说即传统的"自由主义"，是建立在经济学"利己主义"基础上的；这种利己主义在工业革命早期阶段具有张扬人性的意义，但现在除了保护经济制度外，其张扬人性的意义已不复存在。而在极权主义方面，标准和目标是预先确定的；因此若想使这些标准和目标服从于研究，就会被社会视为不忠于国家的危险行为。

如果将道德规范当作理智规定，我们就会发现我们面对一种尴尬的情景。对

---

① 将选择视为将人类秩序还原为自然秩序，这一思想是不可取的。它只是重复了相互分离的两个"领域"的假设，正是这一假设导致了我们当今的混乱。

于判断标准或行动目的,我们根本没有一致的意见,也基本没有一致同意的方法和"工具"来确定标准和目标。的确,至少最近两百年来,关于这些问题的伦理学理论一直在退化。这种情况带来的最严重的问题之一,是道德研究主题一直被排除在经济学和政治学研究的具体问题之外。结果出现了这样一种退化的理解:在流行的观点看来,讨论"道德"问题等同于抱怨现存之物而倡导应该或"应当"怎样。事实上,当今道德研究状况就清楚地表明,对社会的研究被分成一些彼此独立、封闭、相互不交流的部分,具体表现为最终相互割裂的结果——这一结果源于将自然物与人相分离。

III

我知道除了引用有关"物质"与精神、道德之间分裂的半官方文件和公开宣言,没有更有效的方法提起对于这一分裂的起源和性质的注意。这一引文就是《社会科学百科全书》(*Encyclopaedia of the Social Science*,第5卷,第344页)中关于"经济学"一文中开头的一段话。这里写道:

"经济学涉及以供给满足个人和集团的物质需求为中心的社会现象。"即使"物质的"一词一直被强调,将它用作区别于其他社会现象——即道德的和"精神的"现象——的一种"社会现象"的标准,我仍然怀疑是否许多读者注意到了这一点。因为将人类关系区分为两种相互独立的类型,一种低下(低下是在基础和基本的意义上说的),另一种高级、权威并道德,这一区分深深植根于经过许多世纪建立起来的制度习惯和传统中,因此没有异议地直接被用作研究"社会"问题的标准的参照系。我们内心深处认为它是"自然的"。

它伴随着一系列其他为我们所熟悉的分裂:躯体和灵魂、肉体和精神、动物的欲望和作为告诫和抑制因素的道德心、感觉和理性,以及在更理智的层面上——内在和外在、主观和客观。这些分裂是在自然和超自然的区分中提取和积淀下来的,自然和超自然的区分在西方社会道德历史上长期占据中心和统治地位。① 我不相信在人类历史上还能找到比将道德与其他人类利益和态度尤其是"经济"作出区分

---

① 复苏人的原罪观念用以解释当今世界的种种困扰(这一非常奇怪的解释是许多人得到安慰的源泉),这一复苏是这些分裂深深植根于我们文化中的当代证明。见悉尼·胡克博士的论文《人类历史上的才智与罪恶》("Intelligence and Evil in Human History",《评论》,1947年3月),这篇论文对当前这一复苏进行了研究。

更重要的道德事实。

早些时候我提到过这样一个假定,即各种经济现象造成了社会分割为相互独立并自我封闭的部分,这些部分可以科学地被看作完全独立于人的活动的前因后果。考虑到工业、商业和金融因素在当今世界各个方面——科学、艺术、政治、国内和国际——的决定作用,假如我们不从传统文化的历史背景中加以理解,就不能解释人们普遍被动地接受这一立场这个事实。下述论点是无须争辩的:经济事件非但不是独立的自我封闭的领域,而且,一方面,它们是新的自然科学的产物;另一方面,它们通过其结果不断增强对人类关于整个世界的价值观的影响。面对这些事实足以使我们保持警惕。①

充分表明"经济"与"物质"的同一性出自这样一个文化背景,它将经济从更广泛的人类价值观——被称为道德的价值观——中分割出来故而损失惨重,这将需要多卷本的著作。无论如何,人类历史的两个时期是非常具有代表性的。其一是古希腊,其经济是奴隶制经济,甚至像工匠和劳动者这些并非奴隶的人都不具有共同体成员资格——在雅典不仅意味着政治上的公民资格,而且意味着参与艺术、知识和交际方面有意义的活动的资格。

这些事实被亚里士多德敏锐地注意到并作了充分阐释。在论述当时"存在的"情况的基础时,他明确区分了活动的类型,一些活动是工具的和仅仅是工具的活动,另一些活动就其内在本性或本质来说,是以自身为目的的活动。② 经济活动全部被归入前一种活动范围。这只是事情的开始。当时的科学和宇宙论,正如亚里士多德敏锐而充分地阐释的,把宇宙看作是有等级结构的,以被称为"质料"的东西所占据的地方为基础部分,以纯质料为基础(在"基础"一词的全部意义上),以完全摆脱与质料的一切联系的神为最高等级。而且,一方面,变化和不稳定性只与"质料"相联系;另一方面,不变性和永恒性只与自足的存在(being)相联系。这一观点一直统治着自然科学,直到科学革命赋予被轻视的运动以中心地位,"质料"获得了"能",失去了使它成为外在的"力"的牺牲品的完全被动性。

---

① 批评马克思"唯物主义地"解释历史的批评家们似乎没有注意到,这种"唯物主义"只是简单地接受了对经济学的传统看法,同时敏锐地观察到经济活动对于人类的影响。这些批评若想富有成效,就必须针对"经济"具有独立性的基本假设。
② 不幸的是,亚里士多德以"自然的"为理由把整个人类活动中的片断当作普遍必然的,这一例子在哲学讨论中被广泛采用,甚至被那些厌恶这一特殊实例的哲学家所采用。

因此得出结论,不论在田里还是在工厂忙于生产的阶级"天性上"——即普遍地、永恒地、必然地——就是仆人、奴隶,只具有人的动物的和肉体的部分,与所有知识无关,因为知识与物质的和易变的事物无关。由于亚里士多德生活在古代,他的形而上学宇宙论更多地诉诸少数知识精英;如果不是另一个令人难忘的历史事件,这些学说就会逐渐显得无意义了。这后一个事件将亚里士多德的学说中的实体用于占统治地位的宗教中,给变化多端但不可磨灭的世界文化印上了标记。

这个事件就是基督教信仰传遍整个欧洲。教会在中世纪的权威远远超出了今天通常所说的"宗教"领域。它在政治、经济、艺术和教育等事务中都具有至高无上的权威。它正式接受亚里士多德的宇宙论和科学,作为自己关于所有"自然的"事物和服从于人类理性的事物的知识构架。或许会是暂时性的事件因此牢牢嵌入西方世界的宗教文化中,即便人类认识的世俗化和占支配地位的日常利益关系的世俗化这样的进步,也并没有真正动摇物质与精神和观念的固有分离。经济与道德的割裂,使各自的研究成为独立的封闭领域,这应该被理解为整个事件的一部分。

Ⅳ

对于人类事务即"社会"问题的研究的落后状况,是这个报告的内容之一。社会研究仍然顽固地坚持着一度统治着物理学研究的参照系,而当整个科学发生系统性进步时这一参照系已经被放弃了。自从16世纪以来,物理学研究日益表现出对于变化的尊重,由于变化的过程,物理学研究陷于冗长。直到最近,这一方面仍为牛顿的框架所限制,根据牛顿的框架,变化发生在没有变化的时空中,因此变化与时空是相互独立的。现在物理学研究(通过在通常人类理解力看来是不幸的"相对论")从这一限制中解放了出来。

但是,物理学研究越是由于承认变化和过程而获得发展并取得成果,道德研究就越顽固地坚守不变的"第一"原则和不变的最终或最后"目标"。使物理学研究从停滞状态转为稳定进步状态的原则,被道德研究称之为标志着通往无序和混乱的道路而加以拒斥。结果是,物理学研究方法的进步和将物理学研究结论运用于人类事务方面是如此不平衡,以至于继续扩大着扰乱我们生活的分裂。这些分裂强化了对近代科学技术之前的道德观念的利用,凭借这些道德观念的精神作用,支撑起了引发我们今天道德混乱的社会环境。

这两种情况中的参照系还有另一个区别,这一区别与刚才的论述有关。与物理学的研究实践相关的"自然的"世界、宇宙,在这一研究过程中显现出其意义。需要进一步研究的并不是固定的、永远在背后并作为基础的某物,即便它被冠以诸如宇宙、实体等好听的名称;研究的过程也不为某些预先确定的不变的标准所决定,无论这一标准被赋予多么高深的形而上学的名称。研究由在以前的研究过程中发展起来的观察和试验方法得出的结论来决定。在这一过程中出现的没有回答的问题为以后的研究提供了直接的指导。结论中已经获得的要点提供了资源,可以用来攻克当前的薄弱环节、不足之处,并解决由此产生的矛盾。

结论是,研究的最发达最完善的形式与绝对概括无关。研究得出的最佳理论是通过运用于新的领域得到检验的灵活的假设。官方的道德研究对于绝对性的偏好,并不是力量的证明和力量的源泉,而是其处于相当迟钝的状态的证明和根源。它只是有助于保持这种状态。其绝对性是形式的、空洞的。每个人都忠于这种绝对性,尽管在实际情形中他们的利益和实践全然是另一番模样。这种形式上的绝对性很大程度上要为现存的经济立场和道德立场之间的尖锐对立负责。① 由于研究实际上讨厌固定不变的概括(即便这种概括被称为"律"),研究的最高形式是自由从事更高层次的阐述或更高层次的"专业化",以保证其结果巩固和扩大已知的系统,而不是给已知的整体或系统施加不适宜的影响。当详尽的专业化远远超出在"社会"研究中已发现的东西,它就避免了固定的无交流的割裂,而这种割裂正是目前社会研究的显著特征。②

作为结果我们必然面临放弃使科学研究服从于预定目的的打算。相反,我们应该果断积极地作另一个选择。如果不再坚持这种割裂的基本态度、利害关系和信念——这种割裂目前有效地阻止我们把掌握的资源进行杂交和利用——我们就能生活在一个更自由、更宽广的天地。如果放弃过去传统的心智习惯(由于物理学和生理学方面参照系和结论的拓展)自由地使用我们所掌握的资源,我们就会发现运用这些资源不会将人类研究束缚于固定的物理学的和"物质的"参照系中,而会解放我们的方法并拓展我们的结论,因此它们会解除目前压制和限制"社会"(包括

---

① 由于上面径直使用了"道德"一词,所以需要杜绝误解,确切地说,使用这一词,其最具包容性的含义是代表人类或"社会",而不是代表任何特殊领域。我斗胆补充一点,通常加于道德一词的"律"一词,提供了这一参照系明显僵化的例证。
② 这并非怀疑经济学家所进行的许多有效的和有价值的研究。批评是针对下述假设的,即只重视作为理论基础的参照系,而它现在实际上已经妨碍了人们将他们的结论广泛地用于指导人类事务。

道德)问题研究的重负。

当有用的资源被释放并拓展时,就能在理智上澄清现存的实际的和"实践的"混乱,这一作用即便不立刻显现,也肯定会显现出来。像在物理学研究中的广泛有序的转变一样,人类事务中也会发生广泛有序的转变,并且还会表现得缓和与平衡——这将不再是梦想。

但我们必须首先摆脱这些植根于传统的假设,物理学研究就最大限度地摆脱了这些假设。为了做到这一点,我们需要明确物理学所研究的是什么,即物理学做什么,怎样做。目前仍然流行的误解在引自最近的一个出版物的下述引文中得到了很好的例证。引文如下:

"所有科学都有助于这样的信念,即人是机械论世界的牺牲品,他不能主宰自己的灵魂。物理学和化学把宇宙描述为由永恒的因果律操控的机器。人只是机器上的一个齿轮。天文学揭示了由引力使之结合在一起的无限宇宙的复杂结构。在这一宏伟的系统中,人只是微不足道的一个点,等等。"如果说"科学"早已揭示了作为事实的这些内容,那就很难明白为什么会有这么大的热情伴随着这样的揭示。但事实上上述引文甚至没有达到五十年前"通俗"科学的水平。

在此被归之于物理学和天文学的普遍概括的模式很不科学,不幸的是它现在主要流行于被冠名为道德理论的领域。科学的进步并非使人被束缚于固定的完成的结构,科学进步的每一步都伴随着人的自由的扩展,使人能够利用自然界能量作为其动力之源,首先解放其目标,然后提供实现这些目标的手段。的确,这一解放仍然是片面的解放。但正是这种非常不平衡的状况,会给予我们最强的刺激,把科学的立场和程序扩展到仍然为意见、偏见和外力所控制的领域;这些东西仍然在起作用,仅仅是因为前科学的态度和兴趣以道德和宗教之名赋予了它们体制的权威。

(余灵灵　译)

艺术论

艺术与经验

经验、自然和艺术*

在希腊人看来,经验系指一堆实用的智慧,是可以用来指导生活事件的丰富的识见。感觉和知觉是促成经验的机缘,它们给经验提供相关的材料,但它们自己却并不构成经验。当加上保持作用,当许许多多被感觉和被知觉的情况中有一个共同的因素抽绎出来因而在判断和执行中可以为我们所用的时候,感觉和知觉便产生了经验。按照这样的理解,经验就在优良的木匠、领航者、医师和军事长官的鉴别力和技巧中显现出来,经验就是艺术。现代的学说十分恰当地把这个名词的应用加以扩充而包括了许多希腊人所不称为经验的事物,如单纯的疼痛和痛苦,或者眼前许多颜色的闪动。但是,我想,即使那些赞成这样广义用法的人也会承认,只有当这样的"经验"变成洞察或一种所享有的知觉时,它们才算是经验;而且他们会承认,只有如此,他们才以这种褒扬的意义来定义经验。

不过,希腊的思想家们,在把经验跟所谓理性和科学的东西加以比较时,是轻视经验的。但是,他们轻视经验的根据并不是现代哲学中平常所提出的理由,也不是因为经验是"主观的";反之,经验被认为是宇宙力量的真正表现,而不是一种为动物或人类本性所特有的属性。它被视为比较低级的自然的实现,而这些部分受机遇和变化所侵蚀,在宇宙中具有较少的真实性。因此,当我们说经验就是艺术的时候,艺术反映自然的偶然的和片面的情况,而科学——理论——则显示其必然的和普遍的情况。艺术产生于需要、匮乏、损失和不完备,而科学——理论——则表现实有的丰满和完整。因此,这种轻视经验的观点和把实践活动视为低于理论活

---

* 选自《杜威全集·晚期著作》第 1 卷,首次发表于 1929 年,为《经验与自然》一书第 9 章。

动的见解是完全一致的，它认为实践活动是有所依附的，是从外边推动的，其特征是缺乏真实性；而理论活动是独立的和自由的，因为它是完备的、自足的和完善的。

和这个前后一贯的主张相反，我们发觉，现代的思想中有一种有趣的混合物。后者感觉到，没有责任提出一个把艺术和自然连接在一起的关于自然存在的学说。反之，它时常主张科学或知识是自然唯一真实的表达方式，而在这样的情况之下，艺术就必然是附加于自然之上的一种任意的东西了。但是，现代的思想也把发扬科学和赞赏艺术（尤其是美术或有创造性的艺术）结合在一起。同时，它保留了古代重理论轻实用的实质，不过以一种不同的语言加以陈述，大致是说，知识涉及客观实在的本身，而在所谓"实用"的情况中，客观实在被欲望、情绪和努力等主观因素所改变，并在认识上被歪曲了。然而在它赞美艺术时，却没有留意到在希腊人的观察中最显著的一个事实——即美术和工业技术都是属于实用方面的事情。

这种混乱，既是人们普遍地把艺术的和美感的东西混淆的原因，也是它的结果。一方面，是对付身外的材料和能量的行动，把这些材料汇集起来，加以精炼、安排和布置，以致它们所形成的新的状态产生了一种它们原来所未曾产生的使人满意的状况——这一个公式既用来说明美术，也用来说明工艺。另一方面，则是伴随着视觉和听觉所具有的一种愉快之感，一种对对象的接受性的欣赏和同化的提升，却与对对象的生产过程的参与无关。如果我们承认这两件事情是有区别的，那么，我们是否用"美感的"和"艺术的"或别的字眼来说明这个区别，这都没有什么关系，因为这不是一个在文字上的区别，而是在对象上的区别。但是，这个区别必须在某种形式之下被认可。

希腊艺术所由产生的那个社会范围是小的，在生产和消费之间还没有很多复杂的中间媒介，生产者实际上处于一种奴隶的地位。由于生产和可以享受的结果是紧密联系着的，希腊人在他们知觉上的利用和享受中，对于匠人及其工作绝不是完全没有意识到，即使是当他个人完全沉溺于愉快的静观中时。但是，艺术家就是一个匠人（"艺术家"一词丝毫没有现代用法中所具有的那种带有颂扬性质的含义），而且既然匠人处于一个较为低下的地位，那么对任何艺术作品的享受，跟对那些不需要手艺活动就能实现的对象的享受，就不是处于同等地位的。理性思维的对象，静观领悟的对象，就是符合不受需要、劳动和物质约束的这个特点的唯一的东西。只有这种对象是自足的、自在的、自明的，所以相对于对艺术作品的享受来说，对它们的享受处于更高的层次。

这些见解是彼此一致的,而且跟当时的社会生活条件也是一致的。现在,我们却把许多彼此既不一致而又与我们现实生活的情调不相符的概念混杂地结合在一起。虽然认识的实践,已经跟工艺活动的过程打成一片了——包括处理和安排自然力量的行动在内——但大多数的思想家却仍然把知识视为对最终实在的直接掌握。同时,在说科学是掌握实在的时候,"艺术"却并未被视为低级的东西而同样地受到尊重和颂扬。而且,当人们在艺术内部把生产和欣赏区别开来的时候,通常是作品的生产受到主要的尊重,因为它是"具有创造性的";而鉴赏相对来说是为个人所有的和被动的,因为它的内容依赖于从事创造的艺术家的活动。

如果希腊哲学把知识视为静观而不是把它当作一种创作性的艺术是正确的,而且如果现代哲学也接受这个结论,那么唯一合乎逻辑的结论就是相对地轻视一切生产形式,因为它们是一些实践的方式,而按照概念上讲来,实践的方式是低于静观的。于是,艺术的东西便较次于美感的东西了,"创造"较次于"鉴赏"了,而科学工作者——正如我们意味深长地说——在等级上和在价值上比享受他的劳动成果的艺术爱好者都是较为低下的。但是,如果现代把艺术和创造放在第一位的趋势是有道理的,那么,我们就应该承认这个主张的含义而予以贯彻。于是我们就会看到,科学就是艺术,艺术就是实践,而唯一值得划分的区别不是在实践和理论之间,而是在两种实践的方式之间:一种是非理智的、非内在的和直接令人喜爱的,另一种是充满了被喜爱的意义的。当我们开始有了这样的觉察时,就将十分明白了,艺术——这种活动的方式具有能为我们直接所享有的意义——乃是自然界完善发展的最高峰;而"科学",恰当地说,乃是一个婢女,引导着自然的事情走上这个愉快的道路。因此,使当前思想界感到苦恼的这种分裂,即把一切事物划分成自然和经验,把经验划分成实践和理论、艺术和科学,把艺术划分成有用的和优美的、卑贱的和自由的等等,都会消逝。

因此,把经验看作孕育意义上的艺术,把艺术看作不断地导向所完成和所享受的意义的自然的过程和自然的材料,这个论点就把以前所考虑过的一切论点都总结在内了。思想、智慧、科学就是有意地把自然事情导向可以为我们直接所占有和享受的意义中去。这种指导——即操作性的艺术——本身就是一件自然的事情,在这件事情的过程中,原来片面而不完备的自然变得完满,有意识的经验的对象被反省而形成了自然的"终结"(目的)。形成经验的行动和遭受,成为一种动荡的、新奇的、不规则的东西跟安定的、确切的和一致的东西联合,只是在理智上或意义拥有上程度各异——这也是说明艺术的和美感的东西的一种联合。因为只要是有艺术的地方,偶然的和进行着的东西跟形式的和重复的东西便不再背道而驰,而是在和谐的状态之中混合在一起了。而且有意识的经验,即时常被简称为"意识"的突出特征,就是在其中具有工具性的东西和最后的东西,作为直接被占有、被遭受和被享受的记号和暗示的意义,都结合而成为一体了。而所有这些事情,对艺术而论,则尤为真实。

于是,艺术首先就是自然中一般的、重复的、有秩序的、业已建立的方面和它的不完备的、正在继续进行着的、因而还是不定的、偶然的、新奇的、特殊的方面所构成的一个融会的联合,或者如某些美学体系曾宣称过的(虽然他们所用的名词没有经验上的根据和意义),艺术乃是必然和自由的结合、多和一的协调、感性和理性的和解。对于任何艺术的行动和产物,以下两点必然都是对的:在艺术中,对任何部分的改变都势必不可避免地也改变了全部;同时,艺术的发生乃是自发的、意料之外的、新鲜的、不可预测的。在艺术中,无论把它当作一个动作还是一个产品,总是出现有比例、经济、秩序、对称、组合,这是一件众所周知之事,已无需加以详论。但是意料之外的结合以及过去未曾实现过的可能性的显现,同样是必要的。"在激动中的宁静"(repose in stimulation),乃是艺术的特征。秩序和比例,如果它们是唯一的东西,就会立即枯竭,经济本身也会成为一个讨厌的和具有拘束力的监工。当它使人松弛的时候,它就是艺术了。

自然界基本的一致性使艺术具有形式,这种一致性愈是广泛和重复,就愈是"伟大"。但有一个条件——而这个条件却显示出艺术的特点——即这种一致性要跟对新事物的惊奇和对非一致性的宽容紧紧地融合在一起。"创造"可以是含糊而神秘的,但它系指艺术中某些真实而不可缺少的东西而言。完全完成了的东西并不是美好的,而只是终结了、做完了,而完全"新鲜"的东西,正如这个词的俚语用法所指出的,就是鲁莽无礼①。诗的"魔力"——而有所孕育的经验是具有诗的性质的——就是旧有的意义通过新的事物表现出来后所产生的启示。它所放射出来的光芒过去在陆地上和海洋里都是从未见到过的,而今后却成为对象的永恒之光。音乐在其直接的发生状况中乃是艺术中最为变化多端而轻松微妙的,但它的条件和结构却是最为机械呆板的。这些事情都是众所周知的,但是在未曾利用这些事

---

① "fresh"普通作"新鲜"解,但按照美国俚语的用法,又作"鲁莽"、"无礼"、"骄傲"等解释。——译者

情的意义来证明关于自然之本质的学说之前,我们没有理由为这里的引述表示歉意。

界说艺术的两极的东西,一方面是机械习惯的东西,而另一方面是偶然的冲动。当生活的缺陷和烦恼如此明显地是由于人们把艺术跟盲目的机械和盲目的冲动分开的缘故时,如果我们再把科学和艺术对立起来的话,是没有什么价值的。机械常规表示自然界的一致性和重复,而动荡不定则表示其歧变和偏差。如果把这个方面孤立起来,每一单个的方面都是既不自然的,又不艺术的,因为自然就是自发性和必然性、有规则的东西和新颖的东西、已完成的东西和刚开始的东西两个方面的相互交叉。我们因为它的机械呆板而反对当前的许多实践情况,这是正确的;而同样正确的是:我们因为它们是逃避强制劳动的阵阵狂热,而反对当前的许多美感享受。但是,如果我们把对实际生活中许多性质的合理反对转变成对实践的描述和说明,这就无异于我们把对庸俗的消遣、无聊的娱乐和沉湎于酒色的合理反对转变成一种清教徒式的对快乐的厌恶。把工作、生产活动当作为了单纯外在目的而进行的活动这个观念,和把快乐当作使心灵服从肉体上的兴奋刺激这个观念,是同一个观念。第一个概念标志着把活动跟意义分隔开来,而第二个概念标志着把感受性跟意义分隔开来。如果经验已不成其为艺术,如果在自然中有规则的、重复的东西和新奇的、不定的东西不再在一种具有内在的和直接所享受的意义的生产活动中彼此互相支持和互相沟通,那么上述的分隔就都是不可避免的。

因此,我们的主题已在不知不觉中转入手段和后果、过程和产物、有工具性的东西和圆满终结的东西之间的关系问题了。如果某种活动同时是这两方面,既非在两者之中选择其一,也非以其中之一者代替另一者,那么,这种活动就是艺术。生产和消费的分隔是一件非常普通的事情。但是,如果为了提高圆满终结这一方面的地位而强调这种分隔情况,这既没有说明或解释艺术,也没有说明或解释经验。这使它们的意义晦涩不明,结果把艺术划分成工艺的和美术的。如果我们把这些形容词放在"艺术"的前面而作为字首,它们就毁灭和破坏了"艺术"的内在意义。因为仅仅有用的艺术不是艺术,而只是机械习惯罢了;同时,仅仅最终的艺术也不是艺术,而只是消极的娱乐和消遣,其不同于其他的纵情享乐之处,仅在于它还需要一定的锻炼和"修养"而已。

确有一些不具有内在的直接被享受的意义的活动,这是不可否认的。这包括我们在家庭里、在工厂里、在实验室和书房里很多的劳动。不能利用语言的夸大方法,称它们是艺术的或美感的。然而,它们却存在而且带有强制性,因而使我们不能不在某种程度上去注意它们。所以,我们乐观地称它们是"有用的"而置之不顾,满以为把它们称为有用的之后就已经似乎解释和说明了它们之所以存在的道理。如果有人问:"对什么有用?"我们就必须检验它们实际的后果,而当我们真诚和完整地面临这些后果时,我们大概就会找到理由,把这类活动称为有用的而不是有害的。

我们称它们是有用的,因为我们武断地以为,可以不去考虑它们的后果。我们只注意到它们产生某些物品的效力,而没有追问它们对于人类生活和经验的性质发生了什么影响。它们对于做鞋子、建房子、制汽车、造货币以及其他可以拿来使用的东西是有用的,探索和想象到这里便停顿了。它们通过狭窄的、痛苦的和残缺的生活,通过拥塞的、忙碌的、混乱的和奢侈的生活所造成的一些后果,却被忘却了。但是所谓有用,就是满足需要。人类所特有的需要就是去占有和欣赏事物的意义,而这种需要在传统的"有用的"概念中却被忽视而未曾予以满足。我们把效用跟某些事情、动作和它们所产生的其他事物之间的外在关系等同起来,因而把效用这个观念中最主要的东西——即在经验中的内在地位和影响——遗漏了。我们把某些艺术当作仅仅具有工具性,并对这个概念进行归类上的利用,因而处理了人类大部分的活动,这与其说是在解决问题,毋宁说是表达了一个重大的和迫切的问题。

同样的说法可以应用到单纯的美术或终极的艺术和艺术作品这个概念上。以事实而论,这个概念所指的事物可以归为三类。有所谓"自我表现"的活动和感受,对它的使用通常具有一种褒扬的味道,在这样的情况之下,一个人任意地放纵他自己,把自己内心的状态自由地流露出来而不涉及那些为理智的沟通所依赖的环境条件——这种行为有时也被称为"情绪的表现",它用来定义一切美术。我们容易处理这样的艺术,我们可以把它称为是自我中心主义在其他事情上遭遇到障碍之后所产生的一种结果。但是,这样处理的办法忽视了一个比较重要的地方。因为一切艺术都是把这个世界变成一个不同生活场所的过程,而且包括抗议和补偿行为。在这些表现中所存在的艺术,其产生的原因在此。这种抗议之所以变成主观武断的,这种补偿行为之所以变成任意偏执的,是由于在意义的沟通中受到了挫折的缘故。

除了这个类型以外——而时常是和它相混杂的——还有一种在新的方式或新

的手艺中从事实验的活动；在这种情况下，作品所具有的那种显得奇异和过分个人主义的特征，是由于对现存技术的不满而产生的，而且和一种寻求新颖的语言表达方式的企图连在一起。除了这一点以外，它或者是推崇这些表现，似乎它们在人类历史上第一次构成了艺术；或者是贬责它们，而不承认它们是艺术，因为它们粗暴地脱离了公认的法规和方法。向这个方向发展的某种运动，一向是促使一些新形式成长的条件，一向是使艺术从所谓学院艺术致命的停顿和衰退中解放出来的条件。

还有数量上庞大的所谓美术：称为建筑艺术的房屋建筑；称为绘画艺术的图画创作；称为文艺的小说、戏剧等的写作，这类产品其实大部分具有一种商业工艺的形式，生产某种货品以备那些有钱而想维持一种为社会习俗所公认的特殊地位的人们来购买。正如前两种方式特别地重视在一切艺术中所不可缺少的那种特殊性、偶然性和差异性的因素，有意地夸耀自己避免了自然界的重复和秩序；同样，这一种方式则颂扬有规律的和完成的东西。与其说它是纪念被经验的事物所具有的意义，毋宁说它是对这些意义的回忆。它的产品使得它们的所有者回想到一些在记忆中是愉快的但在直接的经历中却是痛苦的东西，而且它使其他人想到它们的所有者曾经达到的那种使他有修养和点缀他的闲暇的经济水平。

在这三类的活动和产品中，显然任何一种或者它们结合在一块儿足以显示出任何能够被明确地称为美术的东西。它们所具有的性质和缺点，是许多其他的动作和对象所共有的。但是，幸而这三者中每一类可以跟任何一类混合起来；而且尤其幸运的是，可以没有混杂地产生一种特别出色的活动和产品。当活动能够产生一个足以不断激起新的愉快心情的对象时，就会发生这种情况。这种情况要求这个对象及其后继的结果具有模糊的工具作用，以产生新的使人满意的事情。否则，这个对象很快就枯竭了，而人们会对它感到餍足了。如果任何人思考一下这个众所周知的事实，即衡量艺术作品的尺度就看它们能否吸引和抓住人们对它们的观察，从而使人们无论在什么条件下接触它们时都感到满意；质量差一些的东西则立即失去了抓住人们注意力的能力，而在以后的接触中变得漠不相干或冷淡无味。这就确切地证明了，一个真正的美感对象并不是完全圆满终结的，而是还能产生后果的。一个不具有工具作用的圆满终结的对象，不久就会变成枯燥无味的灰尘末屑。伟大艺术所具有的这种"永垂不朽"的性质，就是它所具有的这种不断刷新的工具作用，以便进一步产生圆满终结的经验。

当我们留意到这个事实时,我们也就看得出,把艺术的美的性质仅限于绘画、雕刻、诗歌和交响乐,这只是传统习俗的看法,甚或只是口头上的说法而已。任何活动,只要它能够产生对象,而且对于这些对象的知觉是一种直接的好的东西,这些对象的活动又是一个不断产生可为我们所享受的对于其他事物的知觉的源泉,那么,它就显现出了艺术的美。有各种直接使这种精神重新振作和继续扩大的动作,并且它们是生产新对象和新性向的工具,而这些新对象和新性向又回过来能够产生进一步的精炼和充实。道德家们时常把他们所认为优良的或合乎道德的行为当作完全是终极的,而把艺术和感情当作单纯是手段。美学家则背道而驰,把良好的行为当作达到一种后来外在的快乐的手段,而只有美感欣赏本身才被称为是美好的,或者说,只有那种奇怪事情本身才是一个终结(目的)。但是,这两方面都认为:这些所谓手段的东西,在它们成功地产生果实时,它们本身也是一种直接的满意状态。它们就是它们本身之所以存在的理由,这正是因为它们负有一种加速领会、扩大眼光、精炼鉴别力、创造为进一步的经验所证实和加深的欣赏标准这样一个使命。当我们坚持它们所具有的非工具性的特征时,看起来几乎好像是指一种不确定地扩张的和放射的工具效能。

这种错误的根源在于我们有一种习惯,把并不是手段的东西也称之为手段,这些东西只是另一些东西发生的外在的和偶然的先在因素。同样,除了偶然的情况以外,并非目的的东西也被称为目的,因为它们并不是通过一种手段而达到的满足状态、圆满终结的东西,而仅仅是一个过程结束的端点。因此人们时常说,工人的劳动乃是他的生计的手段,然而除了在最微细的和任意的方式以外,劳动跟他的真实生活并没有什么关系。即使工资,也不是他的劳动的目的或后果。他可以从事成百件其他工作中的任何一件工作,以获取收入——他经常就是这样做的——而且做得一样好或一样坏。当前流行的关于工具性的概念,由于人们有这种把它用于以上的这类情形的习惯而受到了严重的损害,因为在上述情况中,并不是对于手段的一种运用,而只是去从事某一件工作,作为另一件所需要的事情发生的一个必要的前提,这里有一种强制的必要性。

手段至少是原因条件,但是只有当原因再具有了一种附加的条件时,它们才是手段。这个附加的条件,就是这些原因由于我们觉知它们跟我们所选择的后果之间的联系而自由地被我们所使用。考虑、选择和完成某种事情而把它当作一个目的或后果,就势必对于作为其手段的任何事情和动作要具有同样的爱护和关怀。

同样，后果、目的至少总是原因所产生的结果，但结果并不是目的，除非思维已经知觉到和自由选择了决定它们的那些条件和过程。把手段当作卑贱的具有工具作用的东西和仆从的这个看法，不仅仅是把手段贬责为强制的和外在的必要性。它也使得一切具有目的这个名称的事物带有了特权的意味，而"效用"这个名称则变成了替生活中不好的、不合理的事物进行辩护的根据。目前的生计与其说是一个挣工资之人的劳动所产生的后果，还不如说它是形成这个经济制度的其他许多原因所产生的结果，劳动仅是这些原因中一个偶然的附属物而已。

　　油墨和操作处理的技巧乃是作为目的的一幅图画的手段，因为这幅图画就是它们的结合和组织。声调和耳朵的感受性在适当的交相作用时就是音乐的手段，因为它们构成、造成音乐，同时也就是音乐。一种德性乃是达到一种特定快乐的一个手段，因为它也是构成那种善的一个组成部分，而这种快乐又回过来是达到美德的手段，因为它也保持着善的存在。面粉、水分和酵母乃是做成面包的手段，因为它们是面包的成分，面包是生活中的一个因素，而不仅是生活的手段。一个良好的政治制度、忠诚的警察系统和有能力的司法官员，乃是达到这个社会繁荣生活的手段，因为它们是那个生活中的统一的部分。科学是艺术所具有的工具，而且也是达到艺术的工具，因为它就是艺术中的理性因素。常言道，一只手只有作为一个活着的有机体的器官（或作为均衡的活动体系中的一个起作用的协调部分），才成其为一只手。这句话特别适用于所有一切作为手段的东西。"手段-后果"的联系永远不是在时间上单纯连续的一种联系，好像是作为手段的这个因素过去了、消逝了，而这个目的才开始。一个主动的过程是在时间中开展出来的，但是在每一个阶段和每一点上总有一种积累，逐渐地累积和组合起来而变成了后果的组成部分。对于产生一个目的而言真正具有工具作用的东西，也总是这个目的所具有的器具。它使得它所体现出来的对象，继续具有效能。

　　把某些东西当作单纯的手段而把另一些东西当作单纯的目的，并在这两者之间加以分隔的传统思想，乃是劳动阶级和有闲阶级之间、不圆满的生产和不从事生产的圆满终结之间的分别存在的一种反映。这种区别不仅仅是一种社会现象。它体现着在人类的水平上所保持着的属于动物生活中所具有的一种在需要和满足之间的区别。而这样的区分，又表现了自然中在失去均衡的、紧张的情境和已经达到均衡的情境之间所存在的那种机械的外在关系。因为在自然中，在人类以外，除了事情是在"发展"或"进化"中结束的（在"发展"或"进化"中，过去历史的后果是在新的效能中继续积累地前进着的)以外,先在的事情总是发生一件具有直接的和静止的性质的事情的之外在的、过渡性的条件。以动物而论,动作对于它是没有意义的,在满足需要时所要求的环境的变化本身是没有意义的,这类变化对自我中心的满足来说是一个纯粹的偶然之事。先在事情和后果之间在物理上的外在关系被持续地保持下来,它在人类的活动中同样继续下来,在人类活动中,劳动及其材料和产物对于维持生活来说,乃是一些在外在上有强制性的必需品。因为希腊的社会生活大部分是建立在奴隶劳动上,一切产业活动都被希腊思想认为是一种单纯的手段、一种外在的必需品。由此而得到的满足便被认为是孤立地属于纯动物性质的目的或好处。对于一个真正人类的和理性的生命而言,它们便绝不是目的或好处,而只是"手段",那就是说,它们只是一些外在的条件,它们乃是自由人,尤其是那些专心致力于追求自由之顶峰、纯思维的人们所享受着的生活所必需的有强制性的先决前提。亚里士多德曾经从这个假定的前提得到了一个公正的结论,他说,人们是有阶级的,而这些阶级的人们乃是这个社会的必需材料,但却不是构成它的主要部分。针对这两者之间的关系,他说:"当有一个东西是手段而另一个东西是目的的时候,在它们之间是没有什么共同之点的,而所有的只是:一个是手段,在生产;而另一个是目的,在接受产品。"他的这句话就概括地说明了手段和目的之间这种外在的和强迫的关系的全部原理。

因此,下面这一点看来几乎是自明之理了:哲学传统中在具有工具作用的东西和最后的东西之间的区分,引起了一个根深蒂固而且牵涉很广泛的问题,甚至我们可以把它称为关于经验的最基本的问题了。因为人们的一切理智的活动,无论科学中的、美术中的或社会关系中的,为了完成任务,都要把因果结合、连续关系转变成一种"手段-后果"的联系,转变成意义。当这个任务完成的时候,其结果就是艺术;而在艺术中,手段和终结(目的)是一致的。只要所谓手段仍是外在的处于仆从的地位,而所谓终结(目的)乃是所享有的对象,而这些对象对其他事物的作用又尚未为人所知觉到、被人们忽视或否认的话,这就清楚地表明了艺术具有局限性。在这种情况下,下面的问题还未曾得到解决,即把物理的和原始的关系转化为标志着自然的可能性的各意义之间的联系。

毫无疑问,人类是作为物理的和动物的自然界中的一部分而开始的。当他在一个严格的物理水平上对物理的事物作出反应时,他和任何其他的东西一样,只是被拖拉和推撞、被压裂、被粉碎,被高举在事物之流的高峰处。他的接触、他的遭受和行动都只是一些直接交相作用。他处于一种"自然状态"之中。作为动物,他处于一种原始的层次,他设法使某些物理的事物服从于他的需要,把它们变成维持生命和促进成长的原料。但即使在这时候,作为满足需要之原料的事物以及获取和利用它们的这些动作,还不是对象或具有意义的事物。这样的欲望是盲目的,这一点是明显的,它可以推动我们到达一种安适的状态而不是进入到灾难中,但我们同样是在被推动着。当人类知觉到欲望的意义,知觉到它所导致的后果,而这些后果又在反省的想象中加以试验,其中有些看来彼此一致,所以可以同时共存和排列成一系列的成就,而另一些则看来是各不相容的,既不容许在同一时间结合起来,而在一个系列中又是互相阻碍的——当我们达到了这样一种境界时,便生活在人类的水平上了,通过事物的意义对事物作出反应。因果之间的关系便被转变成为手段和后果之间的关系了。于是后果便内在地属于可以产生它们的条件,而条件是具有特征和区别的。原因性的条件的意义也进入了后果之中,因而后果就不再是一个单纯的终结、一个最后的和结束的地方。它在知觉之中凸显出来,它显得具有了它所包含的条件所具有的效力。这种后果所具有的满足和圆满终结的价值,是可以用以后满足需要和使需要受到挫折的情况来衡量的。

  因此,意识到意义或具有观念就标志着一个结果,而这个结果是对流变的事情某一点的享受或忍受。但是有各种各样知觉意义的方式,有各种各样的观念。意义也许是由被我们匆匆地获得的而跟它们的各种联系脱节了的一些后果来决定的,于是便阻碍了一些比较广泛而持久的观念的形成。或者,我们也会觉察到一些意义,获得一些观念,它们既有广泛而持久的范围而又有丰富细致的区别。后一类的意识就不仅是一个转瞬即逝的和肤浅的圆满结果或终结:它吸收了许多的意义在内,而这些意义包含着各方面的存在物,是融会贯通的。它是长期持续努力的结果,是通过坚持不倦的寻索和检验而得到的结论。简言之,观念就是艺术和艺术作品。作为一种艺术作品,它直接解放了后面的行动,而使它在创造更多的意义和更多的知觉中获得更为丰富的果实。

  这样的一些成就,跟物理的和动物的自然界大部分所表现出来的经验比较起来,是多么稀少而不稳定。认识到这一点,乃是我们智慧的一部分。我们所有的自由而丰富的观念,我们由于创造性的艺术而获得的享受,乃是被一个不可克服的汪洋大海所包围着,在这个汪洋大海中,我们到处都遇到许多未知的力量所产生的偶然事件而命定地被卷入许多预见不到的后果中去。在这里,我们的确过着一种奴仆的、卑贱的、机械的生活,而且在我们这样的生活中,有时有些力量盲目地引导我们达到了我们所喜欢的目的,而有时我们又被带入一些我们所盲目反抗的条件和结果之中去。结果,我们如古典思想一样,把这种方式之下所遇到的满足状态称之为"终结(目的)"而让这个字眼具有一种推崇的意义,我们其实就是宣布我们从属于偶然事件了。我们的确可以享受命运之神所赐予我们的好处,但是我们却应该认识到它们是怎么一回事,而不应该全盘地肯定它们是好的和正当的。因为既然它们并不是通过任何艺术而达到的,因而其中就不包含审慎地选择和安排力量的过程,我们就不知道它们具有什么意义。有一个古老的故事说得很对:命运之神是反复无常的,而且在他使他所爱的人们沉醉于富贵繁华中以后,又喜欢把他们毁灭掉。艺术的好处与自然的好相比也不差,而且它们还带有一种目光灼灼的自信心。它们是有意识地运用手段而得到的果实,它们是一种满足状态,而这种满足状态又由于我们有意识地控制业已参与其中的原因条件而产生进一步的后果。艺术是应对运气的唯一选择,意义和工具的价值跟结果分开乃是运气的本质。文化中秘传的特征和宗教中超自然的特性都是这种分隔状况的表现而已。

现代思想曾经在形式上拒绝相信自然目的论,因为它发觉,希腊和中古的目的论是幼稚而迷信的。然而,事实总有办法迫使人们承认它。几乎所有科学著作都在这一点或那一点上加上关于倾向的观念。这种关于倾向的观念在它本身中,一方面排斥了预先的设计,而同时又包括倾向于一个特殊方向的运动在内,这个方向或者被推进或者遭受到抵抗和挫折,但它却是内在的。方向包含一个限制的地方,有一个终极的顶点或目标和一个出发点。肯定一个倾向和预先意识到一个可能的运动终点,这是同一事实的两种说法。这样的意识也许具有宿命论的色彩,它是对一种不可避免地要走向尽头的劫数的感知。但它也可以是包含一种对意义的知觉,因而可以灵活地指导一个前进的运动。于是,这个目的便是一个在预见中的终结(目的),而且在每一个前进的阶段上都要经常累加地重新加以改进。它不再是一个处于走向这个终点的条件以外的终止点,它是现有倾向所具有的持续发展着的意义——这种在我们指导下的事情,就是我们所谓的"手段"。这个过程便是艺术,而它的产物,无论在哪一个阶段上,便是一种艺术作品。

在一个建筑房屋的人看来,在预见中的目的并不只是经过足够的和适当的强制运动之后而达到的一个遥远的和最后的目标。这个预见中的目的乃是一个计划,它是在选择和安排材料时同时发生作用的。这些材料如砖瓦、石头、木料和灰泥等，只有当这个预见中的目的实际体现在它们之中，实际构成它们时，才成为手段。其实，这些材料就是这个目的在现阶段的实现。这个预见的目的在这个过程的每一个阶段上都表现出来，它是作为这些所运用的材料和所进行的动作的意义而出现的。如果这些材料和行动没有表现出这种意义的话，它就不能算是"手段"，而只是一些在原因上的外在条件而已。这句话是从事情的发生上来讲的，它也可以同样用来说明每一个阶段上的情况。当建筑工程完成的时候，这所房屋并不是"唯一的目的"。它标志着把一定的材料和事情组织成有效手段的结果，但这些材料和事情仍然在跟其他事物发生着因果上的关系。这时候预先看见的新的后果，抱着新的目的、预见中的目的，而这些预见的后果、目的体现在业已造成的这个东西所具有的协调配合之中，不过这时候，这个业已造成的东西变成了材料、有意义的材料，跟其他的材料在一块儿，因而也就变成了手段。建筑房屋的过程服从于许多严格的外在条件，如果我们不考虑这个过程，而考虑一个具有自由伸缩性的活动过程，如画一幅图画或思考一个科学问题的过程等来说明我们的问题；如果我们是艺术性地从事这些活动，上述的那种情况就会更为清楚些。自由艺术的每一个过程都证明了手段和终结之间的差别，乃是在分析上的、形式上的，而不是在材料上和年代上的。

  以上所述使我们能够重新说明作为客观上的生产性的艺术和美感的东西之间的区别。双方面都包含一种对于意义的知觉，而在这种知觉中，工具性的东西和圆满终结的东西乃是特定地互相交杂着的。在美感的知觉中，一个为意义所渗透的对象是直接给予的，它也许被视为理所当然的，它邀请和等待着人们直接地享受。在美感对象中感知到有一种产生结果的倾向，在这种对象中体现出一种"手段-后果"的关系，好像他用过去双手创造出来的东西经过了上帝的鉴定而宣称是好的东西一样。这种好不同于色情上的满足：后者是属于所谓肉欲方面的而不是美感的，前者则是一些愉快的结局，而在这些结局发生时，我们并没有预先知道业已成为这些结局之一部分的这种关于材料和动作的意义。在沉溺于欣赏之中的状态下，知觉便走向了以松弛和激动为方式而引向愉快结局的倾向上去了。

  在另一方面，艺术的感知就是把倾向作为可能性来加以掌握。这些可能性较之业已为我们所获得的材料，尤为迫切和带强迫性地激起我们的知觉。虽然在欣赏和艺术创作这两方面都直接感知、感受到这种手段和后果间的关系，但在欣赏中，这个过程已经向着业已完成的方面下降；在艺术的创作中，一个现存的圆满终结状况引起进一步知觉的这种情况占有主导的地位。因此,在存在中的艺术,即这个主动的生产过程,可以界说为一种美感的知觉再加上我们对于美感对象所具有的效能的这种知觉,而这种知觉是起着操作作用的。在许多人看来,关于大多数能带来享受的知觉方面,这种对于可能性的感知,这种伴随着对于诗歌、音乐、绘画、建筑或自然风景的欣赏而来的激动或兴奋状态,是散漫的和混乱的,它只有在直接而不明确的方式中发挥作用。对于一个视觉景象的美感知觉,在任何情况中总是那个景象在其整个联系中的一个作用的结果,不过它联系得并不充分。在某些得天独厚的人中,这种效果跟其他的禀赋和习惯适当地配合起来,它变成了技能的一个完整的部分,在创造一个新的欣赏对象的过程中发生着作用。不过,这样的结合统一是逐步前进的和带有试验性的,而不是在每一时刻上业已完成的。因此,任何有创造性的努力都是有时间性的,会遭遇到困难和波折的。从这个意义上来讲,一个平常人由于一个美感对象所激发出来的能量而在他的行动上产生的模糊而延迟的变化,跟一个有特殊天赋的人对于未来的动作所给予的那种特别而具有一定方向的指导活动之间的差别,归根到底,只是程度上的不同而已。

如果一个人感知不到这种跟某一种后果的状态结合在一起而发生作用的运动倾向,那么,他就只有情欲上的满足而丝毫没有所谓欣赏。对运动倾向的感知,使我们紧张、刺激、兴奋;对完成、圆满终结的感知,则给予我们以平静、形式、尺度和组织。如果强调后者,则欣赏是属于古典类型的。这个类型适合这样的条件,即如希腊人一样,创作在专门的匠人中已经职业化了,它适应于对古代或远方的成就所作的一种静观的享受;在这种情况之中,条件不允许我们去从事仿效和类似的实际创造活动。任何艺术作品,当它持久地保持它所具有的这种能够激起为我们所享有的知觉或欣赏的力量时,它就变成古典的了。

在所谓浪漫主义的艺术中,这种超越于圆满终结限度以外而发生作用的倾向感太过分了,对没有实现的可能性的一种生动的感知附着在一个对象上面。但是,它是用来提高直接的欣赏,而不是用来提高进一步的创作成就的。任何特别具有浪漫主义色彩的东西会激起一种感觉,觉得所提示的可能性不仅仅超过了实际的现实,而且超过了任何经验中能有效达到的范围。就这一点来讲,有意带有浪漫主义色彩的艺术乃是任意做作的,因而也就不成为艺术。知觉上的兴奋和激动的享受变成了最后的东西,而艺术作品是用来生产这些感觉的。对未曾达成的可能性的感知被当作在成就中所要付出的努力的一种补偿性的代替物。因此,当这种浪漫主义精神侵入到哲学领域时,在想象的情感中所呈现出来的这些可能性,便被宣称是实有本身真实而"超验"(transcendental)的实质。在完整的艺术中,欣赏追随在这个对象之后,而且跟着它一同移动,直至它完成。浪漫主义却把这个过程颠倒过来,而把这个对象贬低为一个激起一种预定的欣赏的契机而已。在古典主义中,客观的成就是基本的,欣赏不仅符合这个对象,而且这个对象也被用来构成情感并给予特性。作为一个主义来讲,它的毛病就是它使心灵转向所与,而把这样的所与当作似乎是永恒的而且完全跟发生和运动分开的。摆脱了任何主义的桎梏的艺术,既具有运动过程和创造,也有秩序和最后的结果。

所以,要在工艺和美术之间规定种类的差别,这是矛盾可笑的,因为在艺术中就包含在手段和终结(目的)之间的一种特殊的相互渗透的状况。许多东西由于社会地位而被称为是有用的,有着贬低和轻视的意义。有时把事物说成属于低下的艺术,这仅仅是因为它们便宜而为普通人民所习用。这些通常的日用品也许在后来的时代中还遗留着,或者被传到另一个文化中去,如从日本和中国传到美国来,变为稀有之物而为一些鉴赏家所寻求,因而也就成为美术作品了。另一些东西可以被称为是美的,因为它们的使用方式是装饰性的,或者是在社交上表示夸耀的。这是试图作一种程度上的区别,我们说:当对一事物意义的知觉对另一事物来说起偶然的作用时,这一事物便在日用范围内;而当一事物的其他用处服从它在知觉中的用处时,这一事物便属于美术的范围。这种区别有一种粗略的实用价值,但不能做得太过分。因为在创作一幅画或一首诗时,和在制作一个花瓶或建造一座庙宇时一样,知觉也用来作为达成某一些超越它本身以外的其他事物的手段。再者,虽然我们对于壶、罐、碗、碟等日用品基本上是从它们的某些用处去知觉的,但是对它的知觉本身也可以被我们欣赏。唯一的基本区别乃是在坏艺术和好艺术之间的区别,而这个区别,即在符合于艺术要求的事物和不符合于艺术要求的事物之间的区别,这同样可以用来说明有用的和美的东西。在意义中对结果的享受和产生结果的效力是互相渗透着的,不同的产品都具有为知觉赋予这种意义的能力,只不过意义的完备程度各有不同。罐子和诗词也可以同样完全不具有这种能力。一种机械地设计和制造出来的用具的丑陋和一幅粗俗不堪伪制赝品的图画的丑陋,只是在内容或材料上不同;在形式上,它们都是作品,而且是坏作品。

思维尤其是一种艺术,而作为思维产物的知识和命题,也跟雕像和交响乐一样,乃是艺术作品。思维的每一后继的阶段都是一个结论,而在这个结论中,产生这个结论的事物的意义就被凝聚起来。一旦它被陈述出来,立即就成为一道照耀其他事物的光芒——或成为遮蔽它们的迷雾。一个结论的先在条件,和一所房屋的那些先在条件一样,起着原因的作用,是实际存在的。它们并不是逻辑的或思辨的,也不是一件观念上的事情。当一个结论跟随着一些先在条件时,从严格的、形式上的意义来讲,它又不是跟随着"前提"之后的。前提乃是把一个结论分析成它在逻辑上的根据,在有结论之前是没有所谓前提的。结论和前提是经过一个程序才达到的,这可以与制造一个木箱时使用木板和铁钉比较,或者可以与在画一幅画时使用油墨和画布比较。如果所使用的材料是有缺陷的,或者其组装是粗枝大叶和粗劣的,则结果也是有缺陷的。在某些情况中,它被称为无价值的,或者被称为丑陋的;在另一些情况中,被称为愚钝的,或者被称为浪费的、无用的,又或是不真实的、虚伪的。但在每一种情况中,这个带谴责的形容词总是按照产生这个作品的方法去判断这个作品的。科学的方法或者说构成真实知觉的艺术,在经验的进程中被肯定在着手其他艺术的时候去占有一个特殊的地位。但是,这个独特的地位只会使它更为可靠地成为一种艺术,而并没有把它的产物,即知识,跟其他的艺术作品对立起来。

有效的具有认识作用的知觉是有其存在上的根源的,这一点有时在形式上被承认而在实质上却被否认。产生有效信念的事情被称为是"心理的",于是在心理学上所讲的发生根源和在逻辑上所讲的有效性之间,便产生了一个严格的区别。当然,在编纂字典时所用的名称没有什么特别重要性的,如果有人愿意把知识和真理的有效原因(efficient cause)称为是心理的,他完全有权利这样做——但他要承认这些作为原因的事情所具有的现实特性。然而,这样的承认将注意到,所谓心理的不是说属于心灵方面,或是属于完全限于头脑以内或"皮肤以下"所进行着的事情。从认识上觉察到一个对象,不同于在美感上觉察到一个对象,在这里包括外在的物理运动和进行物理操纵的物理用具。在这些主动的变化中,有些产生了不健全的和有毛病的知觉,有些却被肯定时常产生有效的知觉。这个差别,显然与建筑或雕刻艺术被巧妙地执行着,或者被粗枝大叶地用不适当的用具去进行时所产生的差别完全一样。所以产生证实的信念的活动,有时被称为是"归纳的",在这样的称呼之中就含有一种不信任它们的意义;而比较起来,演绎则被认为具有一个比较优越的特殊地位。在这样界说之下的演绎,我们可以提出以下几点意见:第一,它跟与任何存在物有关的真伪问题是丝毫没有关系的。第二,它甚至也不涉及一致性或正确性的问题,除非在一种形式的意义之下,而按照这种形式上的意义来讲(如以上所指出过的),所谓一致性的反面并不是不一致性而只是无意义。第三,出现在演绎中的这些意义,乃是过去的所谓"归纳"的研究所获得的结论。那就是说,乃是通过适当的外在运动和用具去改变外在事物的一种试验艺术所产生的结果。

在科学中实际发生的演绎法,与普通定义所界说的那种演绎法是不同的。演绎直接处理意义彼此之间的关系,而不是处理直接涉及存在的意义。但是,这些意义作为意义本身,借助于操纵的动作——一种语言的艺术——而彼此关联起来。它们具有理智上的重要性。它们之所以进入科学方法之内而能产生丰富的结果,这仅仅因为它们是被它们以外的动作所选择、运用、分隔和联合起来的,而这些动作跟在实验中使用仪器和其他物理的事物时有关的那些动作一样,也是具有存在性的,具有原因作用的。认知的动作,无论是关于推论或是证明的,总是具有归纳的作用。当思维系指任何实际发生的事物而言时,就只有一种思维方式,即归纳的思维。如果有人认为另外还有一种所谓演绎的思维,这种想法是哲学中所谓普遍流行的那种把功能当作先在活动而把存在所具有的根本意义当作似乎是一种"实有"的倾向的另一证据。作为一种具体的活动而言,演绎是丰产的而不是不结果实的;但是作为一种具体的活动,它还包括一种外在的采取和使用的动作,而这种动作是有选择性的,是实验性的,而且经常为后果所核对。

知识或科学,作为一种艺术,像任何其他艺术一样,赋予事物以它们前所未有的特性和潜能。所谓的实在论之所以对这个说法提出反对,乃是由于它把不同的时态混淆起来了。知识并不是一种歪曲或曲解,把现在不属于它的题材所有的特性强加在这种题材之上;知识是一种动作,赋予非认识的材料一些为它过去所未曾有过的特性。它标志着一种变动,通过这样一种变动,原来表现出机械能量特性的一些物理的事情,由推和拉、撞、弹、分裂和结合等关系而联系起来的,现在具有了前所未有过的特征、意义以及意义之间的关系。建筑术并不是在木石之上加上一些不属于它们的什么东西,但确实又在它们上面附加了一些它们在早期状态中所没有的特性和效能。建筑术使木石在新的方式下交相作用,具有新的一系列后果,因而使它们具有了新的特性和效能。工程和美术都未曾把它们本身限制于模仿的再造或对于现在条件的描摹。不过,它们的产品较之自然存在的原先的状态更加自然有效,更加"富有生命"。在认识的艺术及其作品方面,也是如此。

科学在今天好像一个魔障似的压在一个信念和愿望的汪洋大海之上。这个原来似乎无法解释的事实也从人们不承认知识为艺术产品这一点上得到了解释。不过,要解除这个困难,在承认科学为一种艺术时,就必须不仅仅在理论上承认科学是为了人类而造成的,虽然承认这一点大概是一个初步的开端。但是这个困难的真正根源,在于这种认知的艺术现在仅仅限于一个狭小的范围之内。像任何贵重和稀罕之物一样,它曾被人为地加以保护;而且经过这样一种保护,它已被非人化成为一个阶级所专占。好像贵重的翡翠珠宝的首饰仅属于少数人所有的一样,科学宝饰也是如此。有些哲学理论曾把科学置于庙宇神坛之上,使之成为远离生命的艺术而仅能通过一些特殊的礼节仪式才能接近。这些理论也是专门技术的某一部分,而这个技术是为了保持与世隔绝的信念上的垄断,保持理智的权威。在我们对于事物之意义获得正确的和自由的知觉这种艺术体现在教育、道德和工业中以前,科学将始终是少数人所有的一种特别的奢侈品;在广大的群众看来,它将是包括遥远的、玄妙的一堆古怪的命题,它们跟生活丝毫没有关系;它只是在自发性上强加上规律和请出必然性和机械性来作证,以反对我们丰富而自由的愿望罢了。

每一种错误都附带有一种相反的和补偿性的错误,否则,它立即就会自己显露出来。原因在形而上学上是优于结果的这种见解,为在美感上和道德上目的优于手段的这种见解所补偿。我们只有把"目的"移植于原因和效能的领域之外,才能同时维持这两种信仰。这一点今天已经做到了,首先是由于把目的变成内在的价值,而再在价值和存在之间划上一道鸿沟。结果,由于科学必须处理存在物,它就变成粗野和机械的了,而关于价值的批评,无论在道德方面或是美感方面,就变成是书呆子气的或女人气的,不是表达一些个人的好恶,就是树立一系列沉重的规章条例。通过可以提高艺术的方法来产生判断,这种我们所需要做的事情很容易通过这些粗大的网眼而走漏出来,而大部分的生活就在一种未曾为深入的探究所照耀的黑暗中度过去了。只要这样的状况继续存在着,本章把科学当作艺术的论点——好像许多其他的命题一样——大部分只是带有预见性的,或者多少是带有思辨性的。当思维的艺术适用于人类和社会的事情,而跟那种用来对待远处星辰的思维艺术一样成长起来时,我们就没有必要来辩论说科学是这些艺术和这些艺术作品中的一种了。我们仅就可以观察到的情境加以指点就够了。把科学跟艺术分隔开来,而又把艺术区别为与单纯的手段有关的艺术和与目的本身有关的艺术,这乃是掩盖我们在力量和生活之善之间缺乏结合的一个假面具。我们对生活之善的预见愈能使人认识生活的力量,这个假面具就愈失去其可行性。

有效的东西和艺术中最后的东西乃是互相渗透的,这一点已在艺术逐渐从魔术式的仪式和崇拜中解放出来和科学逐渐从迷信中突创出来的情况中找到了证据。因为如果手段和终结(目的)在经验上是截然划分的话,魔术和迷信不可能支配人类的文化,而诗歌也不可能在过去被视为对自然原因的洞察。它们在同一个对象中结合得越紧密,就越易于使人们把任何圆满终结的东西所没有的一种效能认为是它所具有的。凡是最后的东西都是重要的,这样说,只是表述一件谁都知道的事实。由于在分析和钻研为我们所直接享受的对象所具有的特殊效能时缺乏可运用的工具和技巧,我们便按照这个对象重要的程度而把过多的效能附加在这个对象的身上。对于契合于自然人喜欢走捷径的实用主义来说,重要性是衡量"真实性"的尺度,而真实性又反过来说明有效能的力量。一位热情的公民看见国旗时或一位虔诚的基督徒看见十字架时所激起的忠诚,被直接归属于这些对象的内在本质。它们是参与在一个圆满终结的情境之内的,但却转变成一个神秘的内在力量、一种永恒不朽的效能。因此,一个为我们所喜爱的人的纪念物,引起我们内心一种感情,正同这个事物所属的那个可爱的人亲自所唤起的情意是一样的,因而这种纪念物便具有引起愉快、兴奋和安慰的效能。无论在一个圆满终结的情境中直接涉及的是什么东西,它们获得一种予人以祸福的力量,正同直接标志这个情境的善或恶一样。显然,这里的错误在于粗枝大叶而不加区别地赋予对象以力量的方式,揭示形成这种顺序条理的特定因素的探究至今仍付阙如。

　　穿衣服与其说是起源于利用或保护,毋宁说是在一些非常畏惧或表现特权的情境中发生的,这在人种学家们看来是一件极普通的事情。它是一个圆满终结的对象的一部分,而不是达到某些特定后果的手段。好像僧侣的道袍一样,衣服就是礼服,而披上礼服就相信直接授予了这个穿礼服的人一种惊人的力量或迷人的魔力。穿上衣服也就是拥有了一种权威,不是说把另外的意义添加在它们上面。同样,一个胜利的猎人或战士惹人注目地在他身上挂满了为他的勇敢所征服的野兽或敌人的爪牙来庆祝他的凯旋归营。这些证明权力的信号,乃是为人们所钦佩、效忠和尊敬的对象的一些不可分割的部分。因此,战利品变成了一种象征,而这种象征又拥有了神秘的力量。它从一种光荣的记号变成了一种为人们所景仰的对象,而且即使当它戴在别人身上时也会引起对一位英雄人物的欢呼。到后来,这些战利品就变成了特殊权威的符玺。它们具有了一种内在的推动力量。在法律史中,有许多类似的事例。例如起初跟交换财产联系着的动作,即在取得土地所有权的那些戏剧式的仪式中所践行的动作,不仅被视为所有权的证据,而且被视为具有一种授予人们以所有权的神秘力量。

后来,当这些东西失去了它们原来的权力而变为"单纯形式上的事情"时,它们可以仍然是使一件交易具有法律力量的主要因素,例如必须在契约上盖章才能使它生效,虽然盖章的意义或理由已经不再存在了。我们仅仅因为某些事物曾经共同参与在某种显著的具有圆满终结的情境之中而赋予它们一种效能,在这种情况之下,这些事物就是符号。然而,它们被称为符号,仅是后来的或是从外面来的。在政治上和宗教上虔诚的人看来,它们不仅仅是符号,而且是一些具有神秘力量的物品。在某一个人看来,两条交叉的线乃是一个指示,指明所要从事的一种算术上的运算;在另一个人看来,它们证明了基督教的存在是一个历史事实的证据,正如一个新月使人想到了伊斯兰教的存在一样。但是在另一个人看来,一个十字架不仅是使他沉痛地想到耶稣被害的这个具有重大意味的悲剧,它还具有我们所要捍卫和祝福的一种内在的神圣力量。既然一面国旗激起的爱国热情能达到沸腾的程度,这面国旗就必然具有为其他不同形状的布块所没有的特性和力量,我们触摸到它时必然要肃然起敬,它乃是在仪式中为我们崇拜的自然对象。

当类似的现象出现在原始文化中时,它们被解释成好像是原始人试图对自然活动进行的因果性解释,据说魔术乃是走偏了的科学。其实,这类的现象乃是人们直接在情绪和实践上作出反应的事实。只有到后来,当人们的反应并不是直接的和必然适当的因而需要有所说明的时候,才有了信仰、观点、解释。作为直接的反应,它们是说明这样一个事实,即任何包括在一个圆满终结情境中的东西,无论它是多么偶然的,总有这种为整个情境所具有的引起敬畏、兴奋、慰藉、景仰的力量。当组织整个圆满终结情境的因素被区别出来,而每一个因素在顺序系列中都有它自己的特殊地位时,工业便代替了魔术,而科学便减少了神话。因此,为各种不同类型的艺术所特有的材料和效能便被区别出来了。但是,因为仪礼的、文学的和诗歌的艺术跟工业的和科学的艺术有着十分不同的工作方式和不同的后果,所以就远不像当代一些学说所假定的那样,说它们丝毫也没有成为工具的力量,或者说,在对它们的欣赏性知觉中并不包含它们具有工具性的这一种感知。人类文化中对符号的普遍运用完全证明了:在所享有和所遭受到的这样一段漫长的历史的组成部分中,而且特别是在最后的或终极的组成部分中,就包含有对于这段历史中的位置和联系的一种亲切而直接的感知。

还可以在古典哲学本身中找到进一步证实这个命题的情况,古典哲学认为,基本的形式"使得"事物成为现在这个样子,即使它不是产生事物的原因。在希腊理论中所出现的所谓"本质"(essence),就是代表早期符号所具有的这种神秘的力量;不过,它们已从原来迷信的环境中解放了出来,而出现在思辨的和反省的环境之中。简言之,在希腊和中古的科学中,本质就是诗的对象,却被当作了是论证的科学的对象,用来说明和理解事物之内部的和最后的组成部分。虽然希腊思想从魔术中获得了充分的解放,而不把形式的和最后的本质当作"动因",但是后者却被理解成使得特殊事物成为它们现在这个样子,成为自然的组成部分。再者,它把因果的地位颠倒过来,于是认为变动中的事情内在地具有追求这种形式的倾向。因此,便为后来教父思想和经院思想坦率地回复到一种公开的泛灵论的超自然主义打下了基础。哲学理论,正如魔术和神话一样,关于终结(目的)中的效能的本质发生了错误,而这种错误乃是由于同一个理由,即没有对组成的因素进行分析。如果没有如当代思想所假定的在手段和目的之间、享受结果和具有工具作用之间截然划分的区别,那种错误就可能不会发生。

简言之,人类经验的历史就是一部艺术发展史。科学从宗教的、仪式的和诗歌的艺术中明确地突然显现出来的历史,乃是一种艺术分化的记录,而不是与艺术相脱离的记录。适才所作说明的主要意义,从我们当前的目的来说,在于它对有关经验和自然的理论所产生的影响。然而,它对于一个批评论并不是没有意义的。在美术和美学批评中,当前被一些人看作混乱的模糊状况似乎就是在具有工具性的东西和圆满终结的东西之间划分鸿沟这个无意的暗流所不可避免的后果。人们愈进入具体的情境中,就愈不能不承认他们具有控制作用的假定所产生的逻辑后果。在艺术和自然的传统理论中,有一些长久晦暗不明的含义已经解释得很明白了,对于这一点,我们要归功于今日流行的一派批评家们所主张的艺术理论。我们对于这种功绩所表示的谢意,不应该因为传统理论的拥护者们把这些新的观点视为反复无常的邪说、疯狂的叛逆而加以减弱。在这些批评家们看来,当有人宣称在艺术作品中的美感性质是独特的;当有人肯定它们不仅和任何自然界中存在的东西是分隔的,而且和一切其他的良好性质的形式是分隔的;当有人主张说,如音乐、诗歌、绘画等艺术具有为任何自然事物所没有的特性的时候——这些批评家们认为,肯定这些事情就会把美术跟有用的东西隔绝开来,把最后的东西跟有效能的东西隔绝开来。因此,他们证明了,把圆满终结的情境跟具有工具性的东西截然分开,势必使艺术变成完全秘密的了。

在这里，实质上只有两条道路可以选择。或者说，艺术乃是自然事情的自然倾向借助于理智的选择和安排而具有的一种连续状态；或者说，艺术乃是从某种完全处于人类胸襟以内的东西中迸发出来的一个附加在自然之上的奇怪东西，不管这种完全处于人类内心的东西叫作什么名称。在前一种情况之下，愉快的扩大的知觉或美感欣赏跟我们对于任何圆满终结的对象的享受，乃是属于同一性质的。它是我们为了把自然事物自发地供给我们的满足状态予以强化、精炼、持久和加深而对待自然事物的一种技巧的和理智的艺术的结果。在这个过程中发展了新的意义，而这些新的意义又提供了独特的新的令人愉快的特点和方式，而这跟突创成长的地方所发生的情况是完全一样的。

但是，如果美术和其他的活动和产品没有任何关系，那么当然，它和在其他情境中所经验到的、物理的和社会的对象也没有任何内在的关系了。它有一种神秘的来源和一种秘密的特点，至于这个来源和特点叫作什么名称，这并没有多大的差别。按照严格的逻辑讲来，其实这并没有丝毫差别。因为如果美感经验的性质从概念上来讲，就是独特的，那么用来描述它的这些字眼就没有从其他经验的性质中产生的意义或可以和它们相比拟的意义，它们的意义是隐蔽的，而且是相当特殊的。在这些把艺术和美感的东西这种孤立状况推至极端的批评家们中有一些或多或少流行使用的名词，我们不妨拿出几个名词来考虑一下。有时有人说，艺术乃是情绪的表达，附带着还有这样一个含义，即根据这个事实，题材除了它是情绪所由表达的材料以外，便是无足轻重的了。所以，艺术就变成独特的东西。因为在科学工作、实用和道德中，形成这种题材的对象所具有的特征乃是最重要的了。但是按照这个定义讲来，如果艺术愈是真正的艺术，那么，这种艺术中的题材就愈是摆脱了它自己所具有的内在特征，因而一个真正的艺术作品就表现在它把自己的题材缩减到成为一种单纯表达情绪的媒介。

在这样的一种说法中，情绪或者是毫无意义的，而组成这个字的字母这样特殊的配合乃是纯粹偶然之事，否则，如果所谓的情绪和日常生活中所谓的情绪就是一回事，那么完全可以证明这种说法是假的。因为情绪，按照其通常的意义讲来，乃是被对象——物理的和个人的对象——所唤起的东西，它是对一种客观情境所作的反应。它不是某种在某个地方独立存在，然后再使用材料并通过材料来表现自己的某样东西。情绪是指一种在多少有些刺激的方式之下密切参与某种自然情景或生活情景中的情况。如果我们可以这样说的话,尽可以说它是一种以客观事物为转移的态度或性向。艺术应该这样来选择和搜集客观事物以求能激起一种高尚的、敏感的和持久的情绪反应,这是可以理解的。艺术家本人也应该是这样一个人,他能保持这种情绪,而在这些情绪的情调和精神之下把客观的材料组合起来,这也是可以理解的。这个工作程序的确可以达到这样一个地步,即把客观材料的使用精简到最小的程度,而把情绪反应的激动达到其相对的最高程度。但是,艺术过程的起源乃是在于由一个情境自然而然唤起的情绪反应,而这个情境的发生和艺术丝毫没有关系,而且它也不具有"美感的"性质,除非把一切直接的享受和遭受都当作是美感的。客观题材的节约使用,在有经验的和有训练的人们的心目中,可以达到这样的地步,以致可以把通常所谓"表象"(representation)的东西大加缩减。但实际所发生的却是日常情绪经验在形式上的一种丰富而概括的表象。

有人曾以"有意义的形式"来界说一个美感对象,关于这一点,我们也可以作同样的说明。除非这个词的意义是如此地孤立,以致成为完全神秘的东西,否则它就是指我们为了强调、纯洁、精致,对那些使日常经验题材具有圆满意义的形式所作的一种选择。"形式"并不是美感的和艺术的东西所具有的一种特别的性质,或者它所创造出来的一种特别的东西,它们是任何事物适合于一个可以享有的知觉的条件时所凭借的特征。"艺术"并不创造这些形式,它是在选择和组织这些形式,以便增加、保持和精炼这种知觉经验。有些对象和情境产生了明显的知觉上的满足,它们之所以这样,乃是因为它们具有结构上的特点和关系,而不是出于偶然。一个艺术家对于这些结构或"形式"也许只有极少的分析认识,但仍然可以从事他的工作,他可以主要通过一种移情式的交感来选择这些形式。但是,这些形式也可以通过鉴别来予以确定,而且一个艺术家可以利用他对于它们的审慎周详的觉察来创造艺术作品,而这些艺术作品较之大众所习惯的那些艺术品,更加严谨些和抽象些。按照形式上的特点来从事创作的趋势,在很多当代的艺术中,在诗歌、绘画、音乐乃至雕刻和建筑中,都是很显著的。从它们最坏的方面来讲,这些产品便是"科学的"而不成其为艺术的,只是一些专门的训练,枯燥无味,属于一种新型的学究式的工作。从它们最好的方面来讲,它们有助于产生一些新式的艺术,而且通过对于知觉器官的训练,有助于产生新式的圆满终结的对象。它们扩大和丰富了人类的视野。

因此,把这个论点再略微向前推动一下,我们就得到了关于有工具性的艺术和美术之间的关系的一个结论,而这个结论和隐士式的美学家们所希望的结论显然是相反的。那就是说,这样有意识地进行的美术具有特殊的工具作用的性质。它是为了便于进行教育而实施的一种实验设计。它是为了一种特殊的专门用处而存在的,这个用处就是对知觉方式进行一种新的训练。如果这种艺术作品的创造者们成功了的话,他们就应该受到我们所给予显微镜和扩音器的发明者的那种敬意。他们开辟了可为我们所观察和享受的对象的新园地。这是一个真正的贡献,只有在一个混乱和自负兼而有之的时代里才会把具有这种特别用处的工作排斥于美术之外。

我们可以作出结论说,以艺术这个形式表现出来的经验,当我们对它予以反省思考时,解决了较多的一些曾经使哲学家们感到苦恼的问题,而且摧毁了较之其他思想主题尤为顽强的二元论。如以上的讨论所曾经指出的,它证明了在自然中个体和一般互相交织的情况;机遇和规律的相互关系,把一个转变成机会而另一个转变成自由;具有工具性的和最后的东西之间的相互关系。它更加明显地证明了把外在的和实践的活动跟思想和感情加以区别,因而也把心灵跟物质截然分开的见解是毫无根据的一种错误。在创作中,外在的和物理的世界不仅仅是知觉、观念和情绪的一个单纯的媒介或单纯的外在的条件,它是意识活动的题材和支持者;而且揭示出这个事实,即意识并不是实有的一个独立的境界,而是自然界达到了最自由和最主动的境界时存在所具有的明显的性质。

(傅统先 译 马 荣 校)

艺术与生活

活的生灵[*]

在事情的发展过程中常常会出现一些反讽的倒错,其中之一是:一方面,审美理论的构成依赖于艺术作品的存在;而另一方面,艺术作品的存在又变成了关于它们的理论的障碍。之所以如此的一个原因便是,这些作品乃是一些产品,它们的存在是外在的和物质的。在通常的观念中,艺术作品往往被等同于建筑、书籍、绘画或者雕像,这些东西是远离于人类的经验而存在的。由于实际的艺术作品乃是产品借着经验并且在经验之中所达至的东西,所以结果并不好理解。另外,这些产品中有一些的确是完善的,而且拥有由长久不容置疑的赞美而带来的威望,这些完善和威望造成了妨碍新的洞察的惯例。一件艺术产品一旦达到经典的地位,不知何故,便同它的产生所依赖的人的条件分离开来,同它在实际生活经验中所造成的人的后果分离开来。

当艺术的对象同缘起的条件以及经验中的运作分开来时,一堵墙便在这些对象周围竖了起来;这堵墙使它们的一般意义变得几近晦涩,而这个一般意义正是审美理论要处理的。艺术被赦免到一个孤立的王国之中,在那里,它被切断了与其他所有形式之人类努力、经历和成就所拥有的材料及目的的联系。因而,从事艺术哲学写作的人就被强加了一个首要的任务。这个任务就是修复以下两个方面之间的连续性:一个方面是精炼的和强化的经验形式,它们便是艺术作品;另一个方面是日常的事件、活动和苦难,它们普遍地被认为是经验的构成。山峰不是无所支撑地漂浮着的,它们甚至也不是仅仅被搁置在大地之上。就它们乃是大地的诸明显运

---

[*] 选自《杜威全集·晚期著作》第10卷,首次发表于1934年,为《作为经验的艺术》第1章。

作中的一种而言,它们就是大地。那些与地球理论有关的人们,如地理学家和地质学家,便有职责使这一事实在其各种含意上都变得清楚明白。以哲学的方式研究艺术的理论家们,也有一个类似的任务要去完成。

如果有人愿意同意这个主张,即便只是为着暂时的实验,他也会看到循着这个主张而来的是乍看上去令人吃惊的结论。为了理解艺术作品的意义,我们不得不暂时忘掉它们,避开它们,而去求助经验的一般力量与条件;通常情况下,我们并不把这样的力量与条件当作审美的。我们必须通过一种迂回,以达到艺术的理论。之所以如此,乃是因为理论固然牵涉理解与洞察,但也并非无涉于赞美的惊叹,以及常被称为欣赏的情感爆发的兴奋。完全有这样的可能,我们喜爱花儿多彩的形式与柔和的芬芳,但对植物在理论上却一无所知。不过,如果有人打算去理解植物的开花,那么,他必须努力查明同土壤、空气、水和阳光之间相互作用有关的某些东西,这些相互作用乃是植物生长的条件。

人们通常都会同意,帕台农神庙是一件伟大的艺术作品。但是,只有当这件作品对一个人来说成为一则经验时,它方才具有审美的地位。而且,如果有人要超出个人的喜好,并进而形成一种理论,这种理论关涉庞大的艺术共和国,而建筑只是其中的一员,那么,他便不得不在其思考的某一点上作出一种转向,即从建筑转向熙熙攘攘的、争争吵吵的、极其敏感的雅典公民,其市民感觉与一种市民宗教融为一体。他们对这座神庙的经验乃是一种表现,同时,他们并不是把它建造成一件艺术作品,而是建造成一种城市的纪念物。对其而言,人需要建筑物,因而他们建造以实现这种需要。因此,转向他们并非是如寻找与其目的有关的材料的社会学家可能做的一种考察。倘若有人打算对体现于帕台农神庙中的审美经验进行理论化,那么,他必须在思想上认识到,帕台农神庙成为其生活之一部分的人们,他们作为这座神庙的创造者和满意者,同我们的家人和街坊共有着什么东西。

为了在其最终的和公认的形式中理解审美的东西,人们必须从它的天然状态开始;从这样一些事件和场景开始,它们吸引一个人专注的眼睛和耳朵,并在他看与听时引起其兴趣,给予其享受:吸引人群的景象——消防车疾驰而过;机器在地上挖掘出巨大的洞;特技表演者在尖塔的一侧攀爬;站在高空梁架上的人,将炽热的火球抛出又抓住。倘若一个人看到玩球者那种紧张的优雅如何感染观众;注意到家庭主妇在照管室内植物时的乐趣,以及她的丈夫在修整房前那块草坪时的专心致志;注意到炉旁的人在拨弄炉膛中燃烧着的木柴,并注视飞起的火焰和塌陷的煤块时的兴致，那么，他就会知道，艺术的源头在人类的经验之中。这些人如果被问及他们行为的理由，那么他们无疑会回以理性的答复。拨弄燃烧着的木柴棍儿的人会说，他这么做乃是为了使火烧得更好；但是他依然会被多彩变化的戏剧性场面所迷住，这个戏剧性场面就在他眼前上演，而且他也从想象上参与了进去。他并非是冷眼旁观无动于衷。柯勒律治所说的关于诗歌的读者的话，就所有愉悦地全神贯注于其心灵和身体之行动的人们而言，是正确的。他说："读者应当被带向前进，即并非仅仅或者主要出于好奇心的机械冲动，也不是出于一种对达到最终解决的不息欲求，而是出于过程本身令人愉悦的活动。"

有才智的技术工人在从事他的工作时，对做好工作充满兴趣并对自己的手艺感到满意，他怀着真诚的爱照料着他的材料和工具，这样的技术工人是在以艺术的方式从事工作。这样的技术工人与无能而粗心的笨拙者是有区别的，他们之间的区别无论在车间里还是在画室里都同样巨大。产品也许并不时常引起那些使用产品的人的审美感觉。然而，错误与其说在于工人，不如说在于工人的产品得以设计的市场条件。倘若条件和机会不同，那么东西对于眼睛来说就会变得意味深长，如同早期手艺人所制造的东西那样。

那些将艺术（Art）高高供奉起来的想法如此广泛而微妙地扩散着，以至于如果有人说他之所以喜爱轻松的娱乐，至少部分是因为它们的审美性质，那么，许多人会感到厌恶而不是高兴。今天对于一般人来说，最具活力的艺术是那些他并不认作是艺术的东西，比如电影、爵士乐、连环漫画，以及更为经常的报纸对情人幽会、谋杀和匪徒的斑斑劣迹的报道。这是因为，当他认作是艺术的东西被驱逐到博物馆和美术馆时，对于快乐经验本身不可克服的冲动便找到了这样一些由日常环境所提供的出路。许多人反对博物馆艺术概念，但他们仍然有着这个概念所源出的谬误。这是因为，流行的观念来自一种分裂，即艺术从平常经验的对象和场景中分裂出来，而众多理论家和批评家得意于支持甚至是详细阐述这种分裂。当所精选而独特的对象密切关联寻常行业的产品之时，也正是对前者的欣赏最为普遍和最为热切之时。有些对象由于它们的高高在上而被有教养的人认为是优美艺术的作品，但它们对于民众来说却似乎是贫乏的；此时，审美的饥饿便很可能去寻求廉价的和粗俗的东西。

那些通过将优美艺术置于高高的基座上来对其加以颂扬的因素，并非发生在艺术王国之内，而且其影响也并不限于艺术。对于许多人来说，一种混合着敬畏与非现实性的光环包含"精神的"东西与"理想的"东西,与此相反,"物质"则变成了一个贬抑的术语,成为某种需要搪塞或者悔过的东西。在这里,起作用的乃是这样一些力量,它们将宗教以及优美艺术从共同生活或者团体生活中移除出去。这些力量在历史上给现代生活和思想造成了如此多的错位和分裂,以至于艺术不可能逃脱它们的影响。我们不必走到天涯海角,也无须回到几千年前,去发现这样一些人们,对于他们来说,所有加强直接生活感觉的东西都是热烈赞美的对象。身体的刺刻、飘动的羽毛、华丽的长袍、闪闪发光的金银和玉石装饰形成了审美艺术的内容,而且大概也没有那种类似今天暴露狂的粗俗。家用器具、帐篷和房屋内的陈设,以及毯子、席子、罐子、壶、弓、矛,这些东西都是伴随着欣喜的爱护被制成的;我们今天将它们搜寻出来,将它们放在艺术博物馆中,给予其荣耀的地位。然而,在它们自己的时代和地位中,这些东西乃是日常生活过程的改善。它们不是被孤零零地抬高到神龛之中,而是属于威力的展示、群体和部族身份的显示、对神的崇拜、宴乐和禁食、交战、狩猎,以及所有那些不时打断生活之流的有节奏的危机。

舞蹈和哑剧是戏剧艺术的源头,它们作为宗教仪式和宗教庆典的一部分得以兴盛。而在上紧的弦的拨弄中、绷紧的皮的敲击中、一片片簧片的吹奏中,则充溢着音乐艺术。甚至在洞穴之中,人类的居所也被彩色的绘画所装饰;这些绘画使得对于动物的感觉经验保持鲜活,而那些动物正是极为紧密地与人类生活相联系的。供他们神祇居住的建筑,以及便于同更高力量交流的设施,都是特别精心地制成的。但是,这样举例说明的戏剧、音乐、绘画和建筑艺术,却同剧院、美术馆、博物馆没有什么特别的关系。它们乃是一个有组织共同体的有意义生活的一部分。

显现于战争、崇拜、集会广场之中的集体生活,并不知道以下两个方面的区分,一个方面是作为这些场所和运作之特性的东西,另一个方面是给予其色彩、雅致、尊严的艺术。绘画和雕刻有机地同建筑成为一体,正如它们同建筑物所服务的社会目的成为一体。音乐和歌唱乃是仪式和典礼的密切组成部分,在它们之中,群体生活的意义得以圆满体现。戏剧便是群体生活之传说与历史的一种充满活力的重演。甚至在雅典,这样的艺术也没有疏离直接经验中的这个构架,仍然保持着它们意味深长的特性。不仅是戏剧,体育运动也赞颂并强化着种族和群体的诸种传统;它们教化民众,纪念荣耀,增强他们的公民自豪感。

在这样的情形下,并不令人惊讶的是:当雅典的希腊人反思艺术时,他们便形成了这样一种观念,即艺术是一种再现或者模仿的行为。有许多人反对这种想法。

但是，该理论的流行却证明了，优美艺术乃是与日常生活密切关联的；如果艺术远离生活旨趣的话，这种观念就不会出现在人们的头脑中了。因为该学说并不意味着艺术就是对象的照实复制，而是说艺术反映了某些情感和观念，这些情感和观念是同社会生活的主要风俗联系在一起的。柏拉图如此强烈地感受到了这种联系，以至于使他产生这样一个想法，即有必要对诗人、戏剧家、音乐家进行审查。当他说音乐从多利斯式变为吕底亚式必然是城邦衰落的先兆时，也许有些夸大其词了。但是，当时人们并不会怀疑，音乐乃是共同体之气质与风俗一个不可或缺的组成部分。"为艺术而艺术"的观念甚至是无法被理解的。

那么，必然存在某些历史原因，致使有所区划的优美艺术的概念得以兴起。我们现在将优美艺术的作品移入并贮藏于博物馆和美术馆，这些博物馆和美术馆说明了为何将艺术隔离开来，而不是将其视为寺庙、集会广场以及其他共同生活形式的伴随物的某些原因。一段有教益的现代艺术史，可以根据博物馆和展览画廊这些独特的现代机构的形成来写作。我也许可以指出一些显著的事实来。大多数欧洲的博物馆，同其他事物一起，乃是国家主义和帝国主义兴起的纪念馆。每一个首都必须有自己的绘画、雕刻等物品的博物馆，它们一部分用于展示该国艺术性往昔的伟大，另一部分则展示该国君主在征服其他民族时掠夺来的物品，比如拿破仑的战利品就存放在卢浮宫。它们证明了现代的艺术隔离同国家主义以及军国主义之间的联系。毫无疑问，这种联系有时服务于有用的目标，正如日本那样，这个国家在西方化的过程中，通过将那些存有大量该国艺术珍宝的寺庙国家化，保全了大量的艺术珍宝。

资本主义的成长有力地影响了以下两个方面：一个是对作为艺术作品的正当家园的博物馆的发展，另一个是对艺术作品与普通生活相分离的观念的促进。暴发户（*nouveaux riches*）是资本主义体系的重要副产品，他们感到格外有必要用优美艺术的作品把自己包围起来，这些作品由于稀少而昂贵。一般而言，典型的收藏家就是典型的资本家。为了证明自己在高等文化领域中的优良地位，他们积攒绘画、雕像以及艺术性的小玩意儿，就好像他们的股票和债券证明他们在经济界中的地位那样。

不仅个人，而且团体和国家，也通过建造歌剧院、美术馆和博物馆来证明它们在文化上的高尚趣味。这些东西表明，一个团体并非全然热衷于物质财富，因为它愿意花费它的收入来赞助艺术。它建立这些建筑物并为它们收集藏品，就像它当时修建大教堂那样。这些事物反映并建立起高级的文化地位,但它们与普通生活的隔离却反映出一个事实,即它们不是本土和自发文化的一部分。它们是自命清高(holier-than-thou)的姿态的一种对应物,这种姿态并非针对个人,而是针对吸引一个团体绝大部分时间与精力的兴趣与职业。

现代的工业和商业有着国际化的视野。美术馆和博物馆的藏品见证了经济世界主义的成长。由于经济体系的原因,贸易和人口的流动性削弱或者破坏了一种联系,即艺术作品同它们曾经是其自然表现的地方精神(genius loci)之间的联系。由于艺术作品失去了它们的本土身份,所以就获得了一种新的身份——成为优美艺术的样本,此外无他。而且,艺术作品现在乃是为在市场上销售而被生产出来的,就像其他商品一样。有钱有势的个人的经济赞助,曾经多次在鼓励艺术生产方面发挥作用。也许很多野蛮的部落都有自己的艺术赞助者。但是现在,在世界市场的无人情味之中,甚至许多亲密的社会联系也失落了。过去有些对象由于其在团体生活中的地位而有效和重要,但现在它们所起的作用却是从其起源的条件中孤立出去。由于这个事实,它们也从普通的经验中分离出去,充当趣味的徽章和特殊文化的证书。

由于工业化条件下所发生的种种变化,艺术家被挤出了积极兴趣的主流。工业已经机械化了,但艺术家却不能为着批量生产而机械地工作。他不像以前那样被整合到平常的社会服务流之中,结果导致了一种奇特的审美"个人主义"。艺术家们发现,他们有义务投身于他们的工作,一种作为"自我表现"的独立手段的工作。为了不迎合经济力量的潮流,他们经常感到不得不将他们的分离性夸张到古怪的程度。结果,艺术的产品便在更大的程度上具有了某种独立与深奥的气息。

所有这些力量的作用集合在一起,再加上造成现代社会中普遍存在于生产者和消费者之间鸿沟的种种状况,便导致也在普通经验和审美经验之间造成了隔阂。最后我们,作为对这一隔阂的记录,似乎正常地接受了一些艺术哲学,它们坐落在一个没有其他生灵居住的区域,它们毫无理由地仅仅强调审美的静观特性。价值的混乱强化了这种分离。一些附加的东西,比如收集、展示、占有和陈列的愉悦,冒充审美价值。批评也受到了影响。许多喝彩献给了欣赏的奇迹以及超越的艺术美的荣耀,人们沉湎于其中却没怎么关注具体的审美知觉的能力。

不过,我的目标并非是要从事一种对艺术史的经济学解释,更不是要论证经济的条件始终或直接关乎于知觉和欣赏,甚或关乎于对个别艺术作品的解释。我的目标乃是要指出,有些理论将艺术及其欣赏置于它们自己的王国之中,从而使艺术与其欣赏孤立起来,并同其他的经验模式隔断开来,这样的理论并非是素材中内在固有的,而是因为一些可说明的外部条件而产生的。当这些条件嵌入风俗和生活习惯之中,它们就有效地运作,因为它们是不知不觉地起作用的。于是,理论家们假定这些条件乃是嵌入事物的本性之中的。不过,这些条件的影响并不限于理论。正如我已经指出的,它深深地侵袭了生活实践,并赶走了幸福之必要成分的审美知觉,或者说,把审美知觉降低到了补偿短暂愉悦刺激的水平。

甚至对于那些反对前面所言的读者来说,这里所作的陈述的含意对于界定问题的性质来说恐怕也是有用的:恢复审美经验与平常生活进程之间的连续性。对艺术以及它在文明中的角色的理解若要得以深入,便不能凭对它歌功颂德,也不能凭一开始就专门关注那些被认作是伟大的艺术作品。理论文章通过一种迂回而达至理解;通过回到对普通的或一般的事物的经验,以发现这些经验所具有的审美性质。理论之可能会始发于公认的艺术作品,仅仅是在以下这些时候,即审美已经被分门别类,或者艺术作品被孤零零地置于神龛之中,而不是被视为普通经验之物的庆典。即使是一则粗糙的经验,倘若它果真是一则经验的话,那么,它较之已脱离其他经验模式的对象来说,更适合于给出审美经验之内在本性的线索。循此线索,我们可以发现,艺术作品是如何发展并强调日常喜爱之事物中特别有价值的东西的。因而,艺术产品看起来乃是源出于后者,彼时普通经验之全部意义得以表现,正如煤焦油产品在接受特殊处理时会由之产生出颜料一般。

现在已经有了许多有关艺术的理论。假如还存在提出另一种审美哲学的理由,那么,这个理由必然是在一种新型的进路中被找到的。现有理论中的组合与排列,可以很容易地被那些有如此倾向的人所做出。不过在我看来,现存理论的麻烦在于,它们从一种现成的门类出发,或者从一种使艺术脱离具体经验对象而"精神化"的艺术概念出发。但是,对于这样的精神化而言,可供选择的替代方案并非优美艺术作品的退化和庸俗的物质化,而是一种揭示以下途径的概念,在这条途径中,这些作品实现了普通经验里所发现的性质。如果艺术作品被置于受到普遍尊重的直接的人类语境中,它们就会具有更为广泛的吸引力,超过鸽笼式分类格架艺术理论而获得普遍接受时所具有的吸引力。

有一种优美艺术的概念,它是从它与普通经验中所发现性质的联系出发的。这种概念将能够指出促成普通的人类活动正常地发展为具有艺术价值的事物的因素和力量。它也将能够指出那些抑制其正常成长的条件。美学理论的著述者们常常提出这样一个问题，即审美哲学是否有助于审美欣赏的培养。该问题是一般批评理论的一个分支。在我看来，如果它没有指出在具体审美对象中所寻找并找到的东西的话，就没有完成其全部的职责。但是，无论如何，总可以稳妥地说，除非一种艺术哲学能够使我们意识到关涉其他经验模式的艺术功能，除非它指出这种功能为何如此地没有得到充分实现，除非它提出可以成功履行职责的条件，否则，这种艺术哲学就是没有结果的。

如果不是真的打算将艺术作品降到由商业目的而制造的物品的状况，那么，比较艺术作品从普通经验中浮现出来与把原料精制成有价值的产品，看起来也许就没什么价值了。然而，关键在于，无论对已完成的作品有怎样多的狂喜颂扬，也不能自行地辅助这些作品的理解或产生。花儿是土壤、空气、湿度和种子相互作用的结果，不过，我们即使不知道这些作用，也能够欣赏花儿。但是，倘若不考虑这些相互作用的话，花儿就无法被理解——而理论正是一桩理解的事情。理论旨在发现艺术作品的生产的本性，以及艺术作品在知觉中被欣赏的本性。事物的日常要素是如何成长为真正艺术形式的要素的？我们对景色和情境的日常喜爱如何发展为针对明显审美的经验的特殊满足？这些都是理论必须回答的问题。除非我们愿意找到同我们现在不视作审美的经验有关的萌芽和根源，否则就不能找到答案。倘若发现了这些活跃的种子，我们也许就可以追踪它们成长为完美精致艺术的最高形式的路线了。

除开偶然之外，寻常的情况是：无论植物的成长与开花有多么可爱，我们有多么喜爱它们，倘若不理解它们的因果条件，便不能够统管它们的成长与开花。同样也应该寻常的情况是，审美的理解——不同于纯粹的个人喜好——必然始于那些在审美上令人赞赏的事物得以出现的土壤、空气和光线；而这些条件也正是使一则普通经验得以完成的条件和因素。我们越认识到这一事实，便越会发现我们所面临的乃是问题而不是最终的解答。如果艺术性质和审美性质隐含于每一则平常的经验之中，那么，我们该怎样解释它如何以及为何在一般情况下并不成为显见的呢？为何对于大多数人而言，艺术似乎是从异国他乡输入经验之中的，而审美似乎是某种人为之物的同义词？

除非我们在说"平常经验"时所意谓的东西有一个清晰且连贯的观念，否则就不能回答上面的这些问题，也不能追踪来自日常经验的艺术的发展。幸运的是，抵达这样一种观念的道路已经被打通并标识好了。经验的本性由生活的本质条件所决定。尽管人不同于鸟兽，但是人与鸟兽分享着基本的生命功能；并且，假如要将生活进程继续下去的话，必须作出同样基本的调整。由于具有着同样的生命需要，人类从他们的动物先祖那里获得了以之进行其呼吸、运动、看和听的手段，以及由之协调其感觉和运动的大脑。他们维持其自身存在的诸器官并非其所独有，而是承蒙他们的远古动物先祖的长期奋斗和功绩所赐。

所幸的是，一种关于经验中审美地位的理论，当它在其基本形式中是从经验开始时，便无须在微小的细节中失去自身。概括的纲要就足够了。最需要着重考虑的是：生命乃是在环境中存续的；不仅是在环境之中，而且是由于环境，通过与环境相互作用。没有什么生灵仅仅活在它的皮肤之下；它的皮下器官是联系其身躯之外的东西的手段；而且，为了活着，它必须通过适应和防卫以及征服来使自身适应那些身外的东西。每时每刻，活的生灵都暴露于来自其环境的危险；并且，每时每刻，它都必须利用其环境中的某些东西来满足其需要。一个活的存在物的生涯和命运密切地系于它同其环境的相互交换，这种系于不是外在的而是以最为内在的方式。

一条狗蹲伏在其食物边低嗥，在失败和孤独时狂吠，在它的人类朋友回来时摆尾，这些都是包括人连同他驯养的动物在内的自然媒介中的生活含义的表现。每一种需要，比如对新鲜的空气或食物的渴望，都是一种缺乏，它至少表明与环境之间暂时缺乏足够的调整。但它也是一种要求，即进入环境之中，以便通过至少建立一种暂时的平衡来补偿缺乏并修复调整。生命本身由各个阶段组成，在这些阶段中，有机体与周围事物的同步先是错乱，随后再恢复与它的一致——或者通过努力，或者靠某些好机会。而且，在一个成长的生命中，这种恢复从来不是仅仅回到先前的状态，因为凭借成功地经过不一致状态和抵抗状态，生命得到了丰富。如果有机体与环境之间的缺口过大，这个生灵就会死亡。如果它的活动没有通过暂时的异化而有所提高，它就仅仅在维持生命。当暂时的纷争转化为一种更为广泛的平衡，即有机体的能量与其生活条件的能量之间的平衡，生命便得以成长。

这些生物学寻常事件所具有的意义不止在生物学上，它们延伸到经验中审美性的根基。世界上充满着漠视生命甚至敌对生命的事物，而生命所赖以维系的过程恰恰就倾向于使它同其环境断开失调。不过，如果生命要继续并且在继续中扩展，就要克服对立和冲突的因素，就要将它们转化为能力更高和意义更深的生命的不同方面。通过扩展（而不是通过收缩和被动地适应），有机调适的奇迹、生命调适的奇迹才会实际地发生。这便是尚处于萌芽中的由节奏而获得的平衡与和谐。平衡不是机械地和惰性地发生的，而是出于并由于张力才发生的。

在自然之中，甚至在生命水平之下，有些东西也并不仅仅就是流动和变化。无论何时，只要一个稳定的哪怕是运动的平衡达到了，那么，形式也就出现了。诸变化彼此锁定并相互支撑。无论何处，只要有这种连贯性，就有持续性。秩序并不是从外部强加的，而是由彼此转移的各种能量之间的和谐互动关系所造成的。因为秩序是活动的（不是因与所进行的东西无关而保持静态的事物），所以秩序本身就是发展的。它逐渐将更为多样的变化包含到其平衡的运动之中。

在一个不断遭受无秩序威胁的世界里——在这样一个世界里，活的生灵若要继续活下去，便只有靠利用存在于它们周围的无论什么秩序，并将其合并到它们自身之中——秩序才必然是值得赞美的。在一个像我们的世界里，每一个获得感觉能力的活的生灵都欢迎秩序；无论何时，只要发现它周围有相称的秩序，它就带着一种和谐的感觉反应去欢迎。

这是因为，只有当有机体在与它的环境分享有秩序的关系时，它才得以维护对于活着来说必不可缺的稳定性。而当分享跟随在断裂和冲突的阶段之后时，它便在自身中承载了类似审美的圆满完成的萌芽。

与环境丧失整合和恢复统一的节奏，不仅持续存在人的身上，而且为人所意识；它的条件便是人用以形成目标的材料。情感是实际发生的或即将发生的断裂的意识符号。分歧是引起反思的诱因。修复统一的渴望使纯粹的情感转变为对作为实现和谐之条件的物体的兴趣。随着这一实现，反思的材料作为物体的意义被合并到物体之中。由于艺术家以一种特殊的方式操心于统一得以成就的经验阶段，他并不回避抵抗和紧张的契机。他毋宁说是培养它们，这个培养不是为着它们自身，而是因为它们的潜力可以带给生动的意识以一种统一而完整的经验。与那些目标为审美的人相反，科学探究者感兴趣的是问题、情境，在那里，观察质料和思想质料之间的紧张是被标识出来的。当然，他也操心于它们的解答。可是，他并不停留于其中；他转而前往另一个问题，并将所获得的解答仅仅用作借以迈向进一步探究的一块垫脚石。

因而，审美之物和理智之物之间的不同乃是某种恒常节奏中重音所落位置的不同，这种节奏所标识的正是活的生灵与其环境之间的相互作用。经验中两个重音的最终质料是同样的,正如它们的一般形式也是同样的。那种认为艺术家不思考而科学探究者别的什么也不做的古怪想法,乃是将拍子和重音的不同转换为性质不同的结果。当思想者的观念不再仅仅是观念而变成对象的具体意义时,他便有着审美的契机了。而艺术家也有他关注的问题,他边工作边思考。但是,他的思考更为直接地体现在对象之中。科学探究者因为距离其目的比较遥远,所以他借以操作的是符号、词汇以及数学记号。而艺术家就用他所工作的定性媒介本身来进行思考,那些手段离他所生产的对象如此之近,以至于它们直接融入对象之中了。

　　活的动物不必将情感投射到经验的对象之中。远在自然被加以数学描述之前,或者,甚至在它被描述为一堆诸如颜色及其形状的"第二"性质之前,自然就已经是善良的与可恨的、温和的与乖僻的、惹人生气的与给人安慰的。甚至像长和短、实和虚这样的词,对于除理智上被特化之外的人来说,已然承载了一种道德的和情感的含义。辞典会告诉查阅者,如甜和苦这些词早期的用法并非是表示感觉的性质,而是区分赞许的和敌对的事物。它怎么可能不是这样呢?直接的经验来自彼此相互作用的自然和人。在这种相互作用中,人的能量聚集、释放、控制、受挫和获胜。在短缺与满足、做的冲动与做的抑制之间,存在着节奏性的拍子。

　　所有在变化的涡流中产生稳定和秩序的相互作用都是节奏性的。潮水有退也有涨,心脏有收缩也有舒张,这些都是有秩序的变化。变化在限度内运作。越出那设定的界限便是毁灭和死亡,但是新的节奏也由之而建立起来。对变化的成比例的拦截确立起一种秩序,这种秩序在空间上成形,而不是仅仅在时间上成形。比如大海的波浪,波浪来回在沙滩上留下一道道波纹,以及羊毛状而黑底里的云彩。缺乏与满足之间的对立、斗争与成就之间的对立、完全无规则与随后之调整之间的对立,形成了行动、感觉和意义于其中合而为一的戏剧性场景,结果是平衡和反平衡。它们既不是静态的,也不是机械的。它们表现了因通过克服抵抗得以度量的强烈的力量。周围的对象既有利又不利。

　　在两种可能的世界里,审美经验将不会发生。在一个纯然流动的世界里,变化不会得以累积;它不会向着结束而运动。稳定和休息也不会存在。不过,同样真实的是,一个完成了的、终结了的世界,将不会有中止和危机的特征,也不会提供解决的机会。在一切都已完整(complete)的地方,是没有完满(fulfillment)的。我们怀着愉悦去设想涅槃以及始终如一的上天福佑,这仅仅是因为它们被投射到我们当下这个重压和冲突的世界的背景之上。因为我们生活于其中的现实世界是运动和高潮的结合,是断裂和再统一的结合,所以一个活的生灵的经验能够具有审美性质。活的存在物反复地失去和重建其与环境之间的平衡。从纷扰通往和谐的契机是最具有生命力的。在一个完成了的世界里,沉睡和清醒无法被区别开来。在一个完全烦乱的世界里,甚至无法同各种条件进行斗争。在一个依照我们的范型而建立的世界里,完满的契机借助节奏性的愉快间歇来加强经验。

只有当借助某种手段与环境进行协商时,内在的和谐才得以实现。当内在的和谐不在"客观的"基础上出现时,它就是虚幻的——在极端的情形中达到疯狂的程度。幸运的是,对于各种各样的经验而言,可以通过许多种方式来进行协商——这些方式最终是由选择的兴趣所决定的。愉悦也许会通过偶然的接触和刺激而发生;这样的愉悦在一个充满痛苦的世界里并不会遭到鄙视。但是,幸福和喜悦却是一件不同的事情。它们通过一种达到我们存在之深处的完满而形成——这种完满是对我们的整体存在与生存条件的调整。在生活的过程中,达到一个平衡阶段的同时就是开启一种与环境的新关系,这种关系带有一种通过斗争来进行新的调整的潜在力量。圆满完成的时刻,也正是重新开始的时刻。任何使完满与和谐之时出现的乐趣超出其期限之外永久存在的企图,都构成了从世界的隐退。因此,它标志着生命力的降低和丧失。但是,通过动荡和冲突的阶段,对一种根本和谐的深层记忆坚持了下来;这种感觉萦绕着生命,就仿佛建立在岩石上一样。

大多数终有一死的凡人都意识到,在他们现在的生活和过去及未来之间常常出现一道裂缝。于是,过去就像一个负担那样牵制着他们;过去侵占着现在,带着一种悔恨的感觉、一种错失良机的感觉、一种希望落空的感觉。过去作为一种压迫搁在现在之上,而不是成为一座借之有信心前行的资源库。但是,活的生灵利用它的过去;它甚至可以与自己过去的愚蠢言行成为朋友,以此作为现在的谨慎的警示。它不是设法靠过去已成就的东西过活,而是将过去的成功用于晓示现在。一切活的经验都把它的丰富归于桑塔亚那恰当地称为"沉静之反响"(hushed reverberations)①

---

① "这些熟悉的花朵,记忆犹新的鸟鸣,还有这阵阵泛亮的天空,犁沟道道而草儿茂盛的田野,它们每一个都有着一种个性,这个性由多变的树篱所赋予。如此的这些事物便是我们想象力的母语,这语言满载着我们飞逝的童年时光所留下的所有微妙而难解的联想。我们今天在阳光和深草间的喜悦很可能只是疲倦灵魂的虚弱知觉,倘若不是因为遥远年代的阳光和草地的话,那遥远年代的阳光和草地依然活在我们中间,并将我们的知觉变成爱。"——乔治·艾略特(George Eliot)《弗罗斯河上的磨坊》(The Mill on the Floss)

的东西。

对于充分活跃的存在物来说,未来并非是不祥的,而是一个允诺;它如晕圈般地围绕着现在。它由可能性所组成,这些可能性被感知为此时此地所拥有的东西。在真正的生命中,一切都是重叠和融合的。但是,我们时常存在于对未来可能带来的东西的忧虑之中,并在我们之中产生分歧。甚至在没那么过分担忧的时候,我们也不喜爱现在,因为我们使它隶属于不存在的东西。由于这样频繁地将现在放弃给过去和未来,所以因将过去的记忆和未来的期待吸收进自身之内而在现在完成的一则经验的幸福阶段,就逐渐构成了一种审美的理想。只有当过去不再打扰现在、对未来的期待不令人烦乱的时候,存在物才能与他的环境完全结合并因而充分活跃。艺术以特有的激情来庆祝某些契机,在这些契机中,过去加强着现在,而未来则是现在所是的复生。

因此,为了把握审美经验的源头,就有必要求助于人类等级之下的动物生命。当工作即是劳动,思想使我们从世界退出的时候,狐狸、狗和画眉鸟的活动也许至少还提醒和象征着我们如此细分的经验整体。活的动物的充分在场和机警,就在它全部的活动之中:在它戒备的目光中,在它敏锐的闻嗅中,在它耳朵的突然竖起中。所有的感觉都同样处于警戒之中。如果你去观察,就会看到行动融于感觉之中,而感觉也融于行动之中——这些构成了动物的优雅,人类难以与之匹敌的优雅。活的生灵从过去保留下来的东西,以及它对未来所期望的东西,都作为现在的指导而起作用。狗从来不是迂腐的,也不是学究的;这些东西之所以会出现,仅仅是由于过去在意识中与现在切断,并被树立为可供复制的模型,或者可供利用的仓库。被吸收进现在中的过去继续进行下去;它奋力向前。

野蛮人的生活中,有许多东西是麻木的。但是,当野蛮人在非常活跃的时候,他便极敏锐地观察他周围的世界,并且极迅速地积聚能量。当他观察到在他周围有什么东西搅动时,他也被搅动起来。他的观察既是在准备的行动,又是对未来的预见。当他在看和听的时候,他由于其全部的存在而活跃,就如当他在暗中跟踪他的猎物或者偷偷撤离一个敌人时那样。他的感觉是即时思考的哨兵,是行动的前哨,而不像我们的感觉那样往往只是通道,材料可以沿着这些通道被聚集在一起,以便为着以后的和遥远的可能性而贮藏起来。

因而,只有无知才会导致这样一个假定,即艺术和审美知觉与经验联结意味着降低它们的重要意义和尊严高贵。经验,在它是经验的程度上而言,乃是提高了的生命力。经验并非意味着封闭于某人自身的私人感情和感觉之内,而是意味着与世界的活跃和机警的交往;在其顶点,经验意味着自我与充满物体和事件的世界完全相互贯通。经验并非意味着屈从于无常和无序,它为我们提供了唯一的稳定性,这种稳定性不是停滞而是节奏性的和发展着的。因为经验是有机体在一个物的世界中以其奋斗和成就所体现出的完满,所以乃是萌芽中的艺术。甚至在它的雏形中,经验也包含着对喜悦的知觉的允诺,而喜悦的知觉正是审美的经验。

(孙　斌　译)

活的生灵和"以太物"①*

为什么将更高的和理想的经验物同基本的生命根源连接起来的企图,常常被认作背叛了这些经验物的本性,并且否定了它们的价值?为什么当优美艺术的高成就被连接到普通生活,连接到我们同所有活的生灵所分享的生活时,会存在排斥?为什么生活被看作一桩低品位的事情,或者至多是一种粗俗感觉的事物,并且随时准备从它的最佳状态下降到贪求肉欲和苛刻残酷的水平?对问题的完整回答要牵涉一部道德史的写作,它将阐明造成鄙视身体、害怕感觉、灵肉对立的条件。

这部历史的一个方面同我们的问题如此相关,以至于必须至少受到一定时的注意。人类的制度性的生活乃是被去组织化(disorganization)所标识出来的。这种无秩序常常被它采取静态等级划分形式的事实所掩盖,而这一静态的分割只要是固定的,并且被认为不会产生公开的冲突,那么就被承认为是秩序的本质。生命被分门别类了,而制度化的区划则被分成高等的和低等的;它们的价值被分成世俗的和精神的、物质的和观念的。通过一种制衡的体系,兴趣外在机械地彼此关联。既然宗教、道德、政治、商业各有其自身的区划,并且各自适合的区划将得以保持,那么,艺术也必须有它独特而私有的领域。职业和兴趣的分门别类,导致一般称作"实践"的行动模式与洞察力分离开来,想象力与实施的行为分离开来,意义重大的目标与工作分离开来,情感与思想和行为分离开来。这中间的每一个都有其必须

---

① 太阳、月亮、星星、地球及地球所包含的东西看作材料,这些材料可以构成更伟大的事物,这就是以太物——比造物主自己的制造更伟大的事物。——约翰·济慈
* 选自《杜威全集·晚期著作》第10卷,首次发表于1934年,为《作为经验的艺术》第2章。

居留的位置。那些撰写经验解剖学的人因而假定,这些划分乃是人类本性的构造中所固有的部分。

我们有许多经验实际上是在当前经济和法律制度的条件下存活的,因而所持的这些划分太正确了。在许多人的生活中,感觉只是偶尔才充满感情,这感情来自对内在意义的深刻了解。我们经受各种感受,并把它们当作机械的刺激或者受激的兴奋,却没有领会到在各种感受之中或背后的现实:在许多经验中,我们的不同感觉并没有联合起来以讲述一个共同而扩充的故事。我们看,但没有感触;我们听,但只是听二手的报道,之所以说它是二手的,因为它没有被视觉所加强。我们触摸,但这个接触依然肤浅,因为它没有融合进入表面之下的诸感觉的性质。我们用感觉来唤醒激情,但没有满足洞察力的兴趣,这不是因为兴趣没有潜在地到场于感觉的运用中,而是由于我们屈服于那强迫感觉停留在一种表面刺激的生活条件。那些运用他们的心灵而没有身体参与的人取得了威望,那些通过控制他人的身体和劳动以替代自己行动的人取得了威望。

在这样的条件下,感觉和肉体就得到了一个坏名声。不过,较之专业的心理学家和哲学家来说,道德学家倒是更为真实地领会到了感觉与我们的存在的其他方面之间的密切联系,尽管他对这些联系的领会所采取的方向是,颠倒我们的生活与环境相关的潜在事实。近年来,心理学家和哲学家为知识的问题所困扰,甚至于把"感受"看作仅仅是知识的元素。道德学家知道,感觉是与情感、冲动和品位结盟的。因此,他把眼睛的欲望当作是精神对肉体的投降来加以谴责。他认为,感官的就是肉欲的,而肉欲的就是淫荡的。他的道德理论是偏斜的,但是至少他意识到,眼睛不是一架不够完美的望远镜,被设计用作理智地接受材料以便形成对远方物体的知识。

"感觉"覆盖着广阔的内容范围:感觉的(sensory)、感动的(sensational)、敏感的(sensitive)、可感的(sensible)、感伤的(sentimental),以及感官的(sensuous)。它几乎包括从仅仅身体的和情感的冲击到感觉本身在内的一切——亦即呈现在直接经验中的事物的意义。当生命通过感觉器官出现的时候,每一个术语都指称一个有机生灵的生命的某个真实的阶段和方面。但是,感觉作为一种意义如此直接地体现在经验之中,以至于就是经验自身阐明的意义,这是在感觉器官的功能完全实现时表现它们的唯一含义。感官乃是活的生灵由以直接参与到其周围世界的发展中去的器官。在这种参与中,这个世界各式各样的奇迹和辉煌在他所经验的各种性质中为着他而变成现实。这种材料并不能与行动对立,因为动力装置和"意志"本身乃是手段,借此,这种参与得以进行和指导。它也不能与"理智"对立,因为心灵也是手段,借此,这种参与得以通过感觉而有所收获;借此,意义和价值得以提取、保留,并进一步服务于活的生灵与其环境之间的交往。

经验是有机体和环境之间相互作用的结果、符号和回报,当这种相互作用完全实现时,它就转化为参与和交流。由于感觉器官连同它们所关联的动力装置乃是这种参与的手段,所以对其的全部贬低,不管是理论的,还是实践的,都既是狭窄迟钝的生命经验的结果,也是其原因。心灵和身体的对立、灵魂和物质的对立、精神和肉体的对立都有它们的起源,这个起源从根本上来说,在于对生命所可能导致的东西的恐惧。它们乃是收缩与撤退的标志。因此,完全承认人类这种生灵的器官、需要和基本冲动与他的动物先祖之间的连续性,并不意味着必须把人降到畜生的水平。相反地,它使得有可能勾勒出人类经验的平面图,并在上面竖立起人类绝妙而独特经验的上部结构。人类中特有的东西使得他有可能降到畜生的水平之下。这种特有的东西也使他有可能将动物生命中已有例证的感觉和冲动的结合、脑和眼以及耳的结合推进到新的、空前的高度,并使其充满来自交流和慎重表现的有意识的意义。

人善于进行复杂而细微的区分。对于人的存在成分中许多更为全面而精确的关系而言,这一事实的确是必要的。这样,区别和关系得以成为可能也就是重要的了,不过故事并没有到此结束。存在着更多抵抗与紧张的机会,以及更多对实验与发明的要求,因而也就存在更多的行动的新颖性、更广泛而深入的洞察,以及感受强度的增大。当一个有机体在复杂性上增加时,关联于其环境的奋斗和完成的节奏就变得多样化并得到延长;而且,它们逐渐将无穷多样的亚节奏包含在自身之内。生命的设计就扩大和丰富了。它的实现也规模更大且更为巧妙。

这样,空间就不仅是一个于其中可以进行漫游,并到处缀满危险物和欲求满足物的虚空。它成为一个包容而封闭的场景,在其中,人类所从事的活动和经受的多样性井然有序。时间也不再是无尽而始终如一地流动,不再是某些哲学家所声称的诸瞬间的前后连续。时间也是有所组织并起着组织作用的媒介,这个媒介涉及伴随着实现和圆满的预期冲动的节奏性涨落、向前和回退的运动、抵抗和中止。这是成长与成熟的要求——正如詹姆斯所说,在冬天开始学习滑冰之后,我们在夏天继续学习滑冰。时间作为变化中的组织乃是成长,而成长意味着各式系列的变化获得暂停和休息的间歇;获得完成的间歇,但这些完成又变成新的发展过程的起始点。就像土壤一样,心灵在它休耕的时候肥沃起来,直到确保花朵新的一次绽放。

当一道闪电照亮黑暗的大地时,物体在瞬间被认出来。但是,这种认出本身并不是时间中的一个点。它是长久而缓慢的成熟过程的聚焦顶点。它是有序时间经验的连续性在一个突然突出的高潮时刻的显现。它在孤立中是毫无意义的,就像戏剧《哈姆雷特》倘若限制在单独的一行或一词而没有语境的话,那么便是毫无意义的。但是,"此外仅余沉默而已"这一短语作为通过时间中的发展而得出的戏剧结尾,有着无限丰富的意义;对自然景象的瞬间知觉,可能也是如此。形式,当它在优美艺术中呈现的时候,便是弄清楚那卷入时空组织中的东西的艺术,而这个时空组织在发展着的生命经验的每个过程中都有所预示。

时机与地点尽管有物理的限制和狭窄的局域,但却承担着长期收集的能量的积聚。如果回到多年前离开的一处童年故地,那么被关闭的记忆和希望的释放就充溢了这个地方。在陌生的国度遇到一个在国内偶尔结识的人,可能也会唤起一种强烈到震颤的满足。单纯的认出只是在我们专注于所认知的对象或人以外的其他东西时才会出现。它所标识的或者是一种中断或者是一种意图,这个意图就是将被认出的东西当作其他事物的手段加以使用。看见和知觉不只是认出。它并不是根据与现在分离的过去来识别现在的某物。过去被带入现在,以扩大和加深现在的内容。这样,有一种转换就得到了说明,即从赤裸裸的外部时间的连续转换为经验的有生命的秩序和组织。辨认时点个头就继续前进了。或者,它把一个短暂的瞬间孤立起来,标识成一个仅仅被填入经验中的死区(dead spot)。倘若每日每时的生活进程被化约为仅仅给诸般情境、事件和物体相继贴上"如此这般"的标签,那么,这种化约的程度便标识着作为有意识经验的生命的中止。在单个的、分立的形式中实现的连续性便是后者的本质。

因而,艺术正是在生活进程中得以预现的。有机体的内部压力与外部的材料合作,以至于压力得以实现而材料变为令人满意的高潮,这时候,鸟儿便筑巢,河狸便筑坝。我们也许会犹豫是否用"艺术"这个词,因为我们怀疑导向性意图的在场。但是,一切的深思熟虑,一切有意识的意图,都来自那些从前通过自然能量的相互作用而有机地完成的事物。假如不是这样,艺术便会筑于颤动的沙子之上,不,筑于无定的空气之中。人的特殊贡献便是对自然中所发现的诸关系的意识。通过意识,他将自然中所发现的因果关系转变为手段和后果的关系。或者毋宁说,意识本身就是这样一种转化的开端。仅仅是震惊的东西变成邀请;抵抗变成用以改变既存质料安排的东西；平稳的资质变成执行观念的力量。在这些运作中,有机体的刺激成为意义的载体,而运动反应则变成表现和沟通的工具；它们不再仅仅是移动和直接反应的手段。同时,有机体的基底仍保持为活泼而深厚的基础。离开自然中的因果关系,构思和发明就不可能存在。离开动物生命中各个有节奏的冲突和完满进程之间的关系,经验就不可能有设计和范型。离开从动物祖先继承而来的器官,观念和目的就不可能有实现的机制。自然和动物生命的原始艺术便是如此物质性的。同时一般看来,又是人的有意图的成就的模型,以至于有神学思想的人将有意识的意图归因于自然的结构——正如人,同猿有很多行为是共通的,习惯于把后者看作是对自己动作的模仿。

艺术的存在乃是前面所作抽象陈述的具体证据。它证明,人怀着扩张自身生命的意图去使用自然的材料和能量,以及他这么做乃是与其有机体的构造——脑、感觉器官、肌肉系统——相一致的。艺术是活的和具体的证据,它证明人能够有意识地,因而在意义的层面上修复活的生灵的感觉、需要、冲动和行为特征之间的一致。意识的介入增加了规则、选择的力量以及再次的部署。这样,它就以无穷的方式改变着艺术。但是,它的介入最终导致了作为一种有意识的观念的艺术观念——人类历史上最伟大的理智成就。

希腊艺术的繁多和完美致使思想家们拟造出一个普遍化的艺术概念,并且同样如此地规划一种人类行为组织的艺术的理想——正如苏格拉底和柏拉图所构想的政治和道德的艺术。有关设计、计划、秩序、范型、目的的观念出现了,这些观念出现在与实现它们所用材料的区别与关联之中。作为运用艺术的存在者的人的概念,立即就变成了人与自然其余部分相区别的基础,同时也构成了将人置于自然的结合基础。当作为人类显著特征的艺术概念被弄清楚时,便可确信,只要人性没有完全堕落到野蛮之下,发明新的艺术的可能性就会连同旧的艺术的使用一起,继续成为人类的指导性理想。但是,对该事实的承认却还踌躇不前,其缘由便是那些在艺术的力量被充分承认之前所确立的传统。尽管如此,科学本身却是一门核心的艺术,它辅助其他艺术的产生和应用。①

---

① 我在《经验与自然》的第9章"经验、自然和艺术"中曾经展开过这一点。就现在的这一点而言,结论包含在这样一段陈述之中："艺术——这种活动的方式具有能为我们直接所享有的意义——乃是自然界完善发展的最高峰；而'科学',恰当地说,乃是一个婢女,引导着自然的事情走上这个愉快的道路。"(《杜威全集·晚期著作》第1卷,第269页)

普韦布洛印第安人陶器,新墨西哥
巴恩斯基金会(Barnes Foundation)

人们习惯于，而且从某些观点来看，也有必要区分优美艺术和有用的或技术的艺术。但是，认为有必要作此区分的观点乃是艺术作品本身之外的观点。习惯的区分简单地建基于对某些既存社会条件的接受之上。我料想，黑人雕刻家的偶像被他的部落团体当作是最高等级上有用的东西，甚至超过了长矛和衣服。但现在，它们是优美艺术，在20世纪为革新陈旧艺术而服务。不过，它们之所以是优美艺术，仅仅是因为那些匿名的艺术家在生产的进程中如此完满地生活并经验过了。钓鱼者也许会吃掉他的捕获物，但并没有因此而失去他在抛钩与垂钓中所经验到的审美满足。正是制造和知觉的经验中的生活的这种完整程度，使得艺术中那美的或审美的东西与并非美的或并非审美的东西之间产生了不同。被制造出来的物品，如碗、地毯、外衣、武器，是否投入使用，从内在的角度说，乃是一桩无关紧要的事情。不幸的是，现在许多，也许是绝大部分为使用而制造出来的物品和器具恰巧确实并非真正审美的。但是，其所以如此的原因，却同"美的"和"有用的"之间的关系本身无关。无论在哪里，只要条件不允许生产的行动成为一则经验，在此经验中，整个的生灵是活跃的，并通过欣赏而拥有他的生活，那么，产品就会缺乏具有审美意味的东西。不管它对于特殊和有限的目的来说是多么有用，它在最终程度上——直接而自由地对拓展和丰富生活作出贡献的程度——是无用的。有用和优美相断绝并最终尖锐对立的故事，乃是那工业发展的历史；通过工业发展，如此多的生产已经变成一种被推迟的生活的形式，如此多的消费已经变成被他人的劳动成果所附加的享受。

　　通常有一种对于这种艺术概念的敌意反应，该艺术概念将艺术与活的生灵在其环境中的行动联系起来。对优美艺术同普通生活进程之间联合的敌意，是对平常过活的生命的一个可怜的，甚至是悲剧性的评论。只是因为生活常常如此受阻、遭挫、松弛或负重，人们才怀有这样的想法，即在普通生活进程同审美艺术作品的创造和欣赏之间存在着某种内在的对抗。毕竟，即使"精神的"和"物质的"相分离并且被置于彼此对立之中，也必定存在某些条件，通过这些条件，理想能够得以体现和实现——从根本上来说，这就是"质料"所意味的一切。因此，这种对立得以流行恰恰证实了一种广泛的力量运作，这种力量运作使可能是执行自由观念的手段转变为压迫性的负担，并且使理想在不确定和无根基的氛围中变成松散的渴望。

　　不仅艺术本身最好地证明了物质和观念结合的存在，这种结合已经实现因而是可以实现的;而且,我手头还有支持该论点的一般性论据。无论在什么地方,只要连续性是可能的,证明的担子就搁在了那些主张对立和二元论的人身上。自然是人类的母亲和居所,尽管有时候是一个后妈,是一个不友好的家。文明持续和文化连续——并且有时是向前推进——的事实便是证据,证明人类的希望和目标在自然中找到了基础和支持。正如个体从胚胎到成熟的发展性成长乃是有机体与环境相互作用的结果,文化也并非是人类在虚空中或仅凭自身所付出努力的产物,而是与环境长时间的和累积的相互作用的产物。由艺术作品所激起的回应的深度,展现了它们同这种持续经验的运作的连续性。作品以及它们所唤起的回应正是与生活进程相连的,因为这些生活进程通向意料不到的幸福完满。

  至于审美的东西在自然中的获得,我援引一个某种程度上在成千上万人中所重复的情形,但这个情形由于被一位第一流的艺术家所表达而变得值得注意了,这位第一流的艺术家就是 W·H·哈得逊。"当我无从看见充满生机、蓬勃生长的草儿时,当我无从听到鸟儿的啼叫和一切乡村的声音时,我便感到我并非是适宜地活着。"他继续说道,"……当我听到人们说他们还未曾发现世界和生活是如此惬意而有趣以致令人爱恋时,或者,当我听到人们说他们安之若素地指望世界和生活的终了时,我便常常想,他们从未适宜地活着,也从未以清晰的目光来看待他们如此藐视的世界或者这世界中的任何东西——甚至看不到一片草叶。"哈得逊从他少年时代的生活唤起了那强烈的审美沉迷的神秘方面,这神秘使得它类似于狂热的宗教信徒所称为的神交的东西的经验。他这样谈他看见金合欢树时的感受:"疏松的如羽毛般的叶子在月夜里有着一种奇特的灰白样子,这样子使得这树看起来比别的树更热情地活着,更意识到我以及我的在场。……这类似于一种感觉,假如一个人被超自然的存在者所拜访,假如他完全确信它就在他的面前,尽管它不可闻亦不可见,但却密切地注视着他并且看穿他心中的每一个念头,那么,他就有了这种感觉。"爱默生常常被看作是一位严肃的思想者。但是,正是爱默生在他成熟的时候说了这样一番话,这番话与引自哈得逊的那段话在精神上相当:"横越一片空旷的公地,在雪坑中,在熹微的日光里,在阴云密布的天空下,我并不想会有任何特别的好运出现,我享受着一种完美的兴奋。我高兴得近乎害怕。"

  我看没有什么方法可以说明这一种类的经验(该经验与在每个自发而非强制的审美回应所发现的性质相同)的多样性,除非在这样一种基础之上,即存在着被激发而成的诸倾向的行动共鸣;这些倾向是在活的存在者与其环境的原始关系中获得的,并且是无法在直接或理智的意识中得以恢复的。我们所提及的这种经验,把我们带向一种证明自然连续性的更远考虑。并没有什么东西限制直接的感性经验将自身融入意义和价值中的能力,这些意义和价值独自地——抽象地——被标明为"观念的"和"精神的"。体现在哈得逊童年记忆中的宗教经验的万物有灵论的笔调,是一个层面上的经验的例子。而诗意的东西,不管在什么媒介中,都总是万物有神论的近亲。倘若我们转向一种在许多方面都属于另一极的艺术,如建筑,那么我们就会知道,那些或许首先是在诸如数学这样高度技术性的思想中所产生的观念,如何能够直接合并为感性的形式。事物的可感觉到的表面,从不仅仅是一个表面。人们单单根据表面便可将石头与薄薄的纸巾区别开来,因为由整个肌肉系统的压力而来的触觉上的抵抗及坚固已经完全包含在视觉中了。这个进程并不止步于给予表面以意义深度的其他感觉性质的体现。一个人通过玄思妙想而达到的东西,或者通过探析洞察而看透的东西,都不是内在固有的,因而不可能成为感觉的实质和核心。

同一个词"符号"(symbol)既被用来指抽象思想的表达,就像在数学中那样;同时又被用来指像旗帜、十字架这样的东西,体现了深刻的社会价值以及历史信仰和神学信条的意义。熏香、彩画玻璃、看不见的钟的和谐声鸣、刺绣的长袍,陪伴着人们接近那被认作是神圣的东西。许多艺术的起源与诸般原始的仪式之间存在着联系,这种联系随着人类学家对过去的一次次溯游而变得越发明显。只有那些从早期经验中远远撤离以致错失他们感觉的人才会得出结论说,仪式和典礼仅仅是为求取雨露、子嗣、庄稼收成和战争胜利的技术策略。当然,它们有这种巫术的意图,但是我们也许可以确信,尽管有种种实践上的失败,它们还是永久地上演着,因为它们乃是生活经验的直接增强。神话并非是原始人在科学中的唯理智主义论文。在陌生事实前的不安无疑扮演着它的角色。但是,在故事里面,在一则有益的奇闻轶事的发展与演绎里面,快乐扮演着它的主导角色,正如今天它在通俗神话的发展中所做的那样。不仅直接的感觉元素——情感是感觉的一种模式——倾向于吸收所有的观念质料,而且,除由身体器官所加强的特殊训练之外,它征服并消化了所有那些仅仅是理智的东西。

超自然的东西被引入信仰,而一切太人性的东西又易于返回到超自然的东西,这种引入和返回更多地涉及心理学,它产生了艺术的作品,而不是努力进行科学和哲学解释的作品。它加强了情感的震颤,并且强调了打破常规的兴趣。倘若超自然的东西对人类思维的把握专门地——甚或主要地——是一件理智的事情,那么相比较而言,它就是无关紧要的了。神学和宇宙演化论紧紧地抓住了想象力,因为它伴随着庄严的队伍、熏香、刺绣的长袍、音乐、彩灯的光辉,以及激起惊奇和引起催眠般赞美的故事。也就是说,它们通过对感觉和感性想象的直接诉诸而走向人类。大多数宗教将它们的圣事等同于艺术的最高限度,而最有权威的信仰则被穿上壮观华丽的外衣,这便将直接的快乐给予了眼睛和耳朵,并唤起大量悬念、惊奇和敬畏的情感。今天,物理学家和天文学家的奔放才智所回答的,是满足想象的审美需要,而不是任何对理性解释的无情感证据的严格要求。

亨利·亚当斯清楚地说,中世纪的神学是一种意图的构造,而这个意图同建造大教堂的意图是一样的。一般而言,这个普遍被认为表现了西方世界中基督教信仰极致的中世纪,展示了吸收最高精神化观念的感性力量。音乐、绘画、雕刻、建筑、戏剧和传奇文学是宗教的侍女,科学和学识同样如此。艺术在教堂外难以存在,而教堂的仪式和典礼就是艺术;这些艺术得以上演的条件是,给予仪式和典礼以最大可能的情感和想象的感染力。我不知道有什么东西可以使观者与听者在艺术展示前更深地交出自己,除非使他们深信,他们乃是以必要的手段来承蒙永恒的荣耀和福佑。

在这种联系上,佩特(Pater)下面的这段话是值得援引的。"中世纪的基督教部分地凭借它的感性美来开辟自己的道路,这桩事情被那些拉丁文的赞美诗作者极其深刻地感受到了,他们对于一种道德情操或精神情操有着一百种的感性意象。一种其出口被封的激情引起神经的紧张,在这种紧张中,可感的世界与一种强化了的光辉和解脱逐渐融为一体——所有的红都变成血液,所有的水都变成眼泪。由此,在所有中世纪的诗歌中,都有一种狂热震撼的感知,在其中,自然中的事物开始扮演一个奇特的谵妄角色。对于自然中的事物,中世纪的心灵有一种深深的感觉;但是,它对于它们的感觉不是客观的,不是真正地逃往那没有我们的世界。"

在他的自传文章《房子里的孩童》中,他概括了这段话中所暗含的东西。他说:"在后来的年月里,他偶然遇到了哲学,这些哲学多在评估感性元素和观念元素在人类知识中的比例,以及它们在其中所负担的相关部分;并且,在他的理智图式中,几乎没有把什么东西分配给抽象的思维,而是把大量的东西分配给了它的可感的载体或场合。"后者"在他的思维的房子里,变成对事物任何知觉的必要伴随物,并且足够真实以至于有重量或者可计算。……他越来越不能够操心或思考灵魂,除非灵魂在一个实际的身体之中,或者说,他越来越不能够操心或思考世界,除非在这个世界中有水有树,男人和女人这样或那样注视着,手握着手"。观念的东西被提升到直接的感觉之上和之外,这种提升的运作不仅使感觉变得苍白和毫无生气;而且,它还像一个有着肉欲之心的阴谋家,使所有直接经验的事物变得贫乏和堕落。

在这一章的标题中,我冒昧地借用了济慈的一个词"以太物",以此指明许多哲学家和一些批评家认为感觉无法企及的意义和价值,因为它们有着精神的、永恒的和普遍的特性——因而例证了自然和精神的普通二元论。让我再次援引他的话:艺术家也许将"太阳、月亮、星星、地球及地球所包含的东西看作材料,这些材料可以构成更伟大的事物,这就是以太物——比造物主自己的制造更伟大的事物"。在使用济慈的用法时,我也思忖到了一个事实,即他将艺术家的态度等同于活的生灵的态度;而且,他这么做,不仅在他诗歌含蓄的要旨中,而且在以语词明确表达观念的反思中。正如他在给他兄弟的一封信中写道:"更为大部分的人在开辟他们的道路时,所凭借的乃是像鹰一样的本能,像鹰一样锁定其目标的毫不游离的目光。鹰要伴侣,人也如此——看看他们两者,他们以同样的方式开始行动并有所斩获。他们都需要巢穴,并且都以同样的方式着手安置巢穴——他们以同样的方式获取他们的食物。人这种高贵的动物为着娱乐而抽起他的烟斗——鹰则在云层里展翅盘旋——这是他们的休闲的唯一差别。这就是使得生活的娱乐呈现于思辨的心灵的东西。我出去走到旷野中,瞥见一只白鼬或一只田鼠在匆忙地向前——为着什么?这些生灵有着自己的目标,它们的眼睛随着目标而发亮。我走在城市的大楼中间,看到人们在匆忙地向前——为着什么?这些生灵也有着自己的目标,他们的眼睛也随着目标而发亮……"

"在这里,尽管我在追寻同我所能想到的人类动物(human animal)一样的本能行为,但是,无论多年轻,我都是在巨大的黑暗中辛苦地借着微光而胡乱写作,而不知道任何断言和任何观念的意义。可是,我不可以在这里面免除原罪吗?不可能有高级的存在者吗?这高级的存在者所喜的虽本能而优雅的态度,当我为白鼬的警惕或鹿儿的狡计所愉悦时,我的心或许便落于这态度之中。尽管大街上的争吵是可厌的,但其中所展示出来的能量却是美好的;最普通的人在争吵时也有一种优雅。倘若被超自然的存在者看见,我们的推理也许会采取同样的语调——尽管是错误的,但它们也许是美好的。这正是诗所在的事物。"也许存在着推理,但是当它们采取一种本能的形式,就像动物的形式和运动时,它们就是诗,它们就是美好的,它们就有优雅。

在另一封信里,他把莎士比亚说成是一个有着巨大"否定性能力"的人;一个"能够安身于不确定、神秘、怀疑之中,而并不急躁地攫取事实和理由"的人。在这个方面,他将莎士比亚与他自己的同时代人柯勒律治进行对照。当一个诗意的洞见为含混所包围时,柯勒律治便会把它放开,因为他不能理智地证明它是正当的;柯勒律治不能够(用济慈的话来说)满足于"一知半解"($half$-knowledge)。我认为,同样的观念也包含在他给贝利(Bailey)的一封信中。在这封信中,他说,他"从来都不能够理解,何以靠连续的推理便能知道事物的真相。……事情会是这样吗?甚至是最伟大的哲学家不撇开众多的反对,也能达到他的目标吗?",事实上,这并非是要考问,推理者也必须信赖他的"直觉",信赖在他的直接感性和情感经验中偶然来临的东西,哪怕这些东西甚至违背反思提供给他的反对。因为他接着说道,"简单的善于想象的心灵也许在它自己反复的沉默劳作中有其回报,这沉默劳作以一种美妙的出其不意而连续不断地跟上精神"——这一评论,较之许多论文来说,包含着更多具有建设性思想的心理学。

尽管济慈的陈述有着含蓄的特性,但是有两点东西还是显现出来了。第一点是他确信,"推理"有起源,就像野生动物逼近其目标的运动有起源一样;而且,它们可能变为自发的、"本能的",而当它们变成本能的时,它们就是感性的、直接的、诗意的。这种确信的另一个方面是,他相信作为推理的"推理",也就是说排斥想象和感觉的"推理",不能够达到真理。甚至"最伟大的哲学家"也用一种动物般的偏好来把他的思考引向其结论。他在想象的情感运动时进行挑选和储备。"理性"就其最高程度而言,也不能达到完全的掌控和自洽的把握。它必须求助于想象力——求助于理念在充满感情的感觉中的体现。

对于济慈在他下面著名诗行中所意味的东西,存在着许多争论:

美即是真,真即是美——这便是
你在世上所知晓的一切,也是你需要知晓的一切

而且,争论还涉及他在同类的散文陈述中所意味的东西——"那些被想象力当作美而加以捕捉到的东西,必定便是真"。这些争论中,有许多忽视了济慈于其中

而进行写作的特定传统,这个传统给予术语"真"以意义。在这个传统中,"真"从来都不是意指关于事物的理智陈述的正确性,或者其意义现在被科学所影响的真。它指的是人类由以生活的智慧,尤其是"善和恶的学识"。在济慈的心中,它格外地关联于证明善以及信赖善的问题,而不管大量存在着的邪恶和毁灭。"哲学"乃是试图理性地回答这个问题。济慈相信,甚至是哲学家也不能不依赖富于想象力的直觉来处理问题。他的这种信念得到了一种独立而积极的陈述,这表现在:他正是在生命努力维护其至高地位的领域中,将"美"等同于"真"——某种为人解决了令人沮丧的毁灭和死亡问题的独特的真——这种真极为经常地重压在济慈的心头。人生活在一个猜度的、神秘的、不确定的世界里。"推理"必然令人失望——这当然是那些坚持神圣启示的必要性的人长期教导的学说。济慈并没有接受这种对理性的补充和替换。想象力的洞见必定就足够了。"这便是你在世上所知晓的一切,也是你需要知晓的一切。"要紧的词是"在世上"——这是在一个场景中,在这里面,"急躁地攫取事实和理由"起着混淆和歪曲的作用,而不是将我们带向光明。正是在非常强烈的审美知觉的契机中,济慈找到了他最大的安慰和最深刻的信念。这是记载于他颂歌的结束处的事实。最终只存在两种哲学。其中的一种是:在其所有的不确定、神秘、怀疑以及一知半解中接受生命和经验,并且把这个经验转而加诸自身以便深化和强化它自己的性质——转向想象以及艺术。这便是莎士比亚和济慈的哲学。

(孙　斌译)

具有一则经验*

经验连续不断地发生着,这是因为活的生灵与周围环境之间的相互作用被包含在这个生命的进程里。在抵抗和冲突的条件下,这种相互作用所牵涉的自我和世界的各个方面和各个元素,使经验获得了情感和观念的性质,以至于有意识的意图得以显现。然而,所获得的经验时常是尚未完成的。事物被经验到,但却不是以这样一种方式被经验到的,即它们构成了一则经验。存在着分心和散漫;我们的所观与所思,我们的所求与所得,彼此争执着。我们将手放上犁又将手收回来;我们开始,然后就停止,这不是因为经验已经达到了它由以发动的终点,而是因为有着外来的干扰或内在的懒散。

与这样的经验形成对照的是:当被经验的材料经过其历程而达到完满时,我们便具有了一则经验。只有然后再然后,这一则经验才在一般的经验之流中得以整合,并与其他的经验相区分。一件作品以令人满意的方式完成了;一个问题获得了它的解答;一场游戏从头玩到了结束;一个情境,无论是吃饭、下棋、谈话、写书,或者参与政治运动,都会丰满起来,它的终结便是一种完满完成而非戛然而止。这样一种经验是一个整体,并且随身携带着它自己个性化的性质和自我满足。它就是一则经验。

哲学家们,甚至经验主义的哲学家们,一般来说都是笼统地谈论经验。然而,习惯说法所指的经验是:它们各自都是单一的,有其自身的起点与终点。这是因为,生命并非是始终如一不受干扰地行进或者流动。它是一件历史的事情,每段历

---

* 选自《杜威全集·晚期著作》第 10 卷,首次发表于 1934 年,为《作为经验的艺术》第 3 章。

史都有其自身的情节、开端以及向着其终结的运动;每段历史都有其自身独特的节奏性运动;每段历史都有其自身遍及始终的不可重复的性质。一段楼梯,如其所是为机械的,借着个性化的梯级来依次行进,而不是借着浑然不分的接续;而且,一个斜面至少借着突然的中断而与其他事物区分开来。

在这至关重要的意义上,经验被那些我们自然而然地称作"真正经验"的情境和情节所界定;我们在回忆那些事物时,将它们说成"那曾是一则经验"。它也许是某件极为重要的事情——与一个曾经极为亲近的人争吵,最终在千钧一发之际逃过一次劫难。或者,它也许是某件较为细小的事情——而且,可能正是由于它的细小,反而更好地说明了它怎么是一则经验。有人将巴黎餐馆中的一顿饭说成"那曾是一则经验"。它作为对食物可能所是的东西的持久纪念而凸显。也有人在横渡大西洋时遭遇到了暴风雨——暴风雨很猛烈,就像它被经验到的那个样子,它在自身中概括了一切暴风雨可能有的情形而完成了自身,于是它便凸显出来,因为它与之前和之后的暴风雨区分了出来。

在这样的经验中,每个接续的部分都自由地流动到那后续的东西,没有缝隙,也没有未填的空白。与此同时,各部分的自我确认也没有被牺牲掉。一条河流动着,不同于一个池塘。它的流动将一种明确性和旨趣给予它后继的部分,这些后继的部分远非存在于池塘的同质部分中。在一则经验中,流动乃是从某件事情到某件事情。一个部分引起另一个部分,一个部分继续着前面已逝的东西,这样,每个部分都在自身中获得了独特性。持续的整体由于各个接续的阶段而呈现出多样化,这些阶段乃是对它各种颜色的强调。

由于连续融合的缘故,当我们具有一则经验时,就没有任何空洞、机械的连接以及死点(dead centres)。有暂停和休息的地方,但它们乃是要强调和界定运动的性质。它们对已经经受的东西进行总结,防止它消散和白白蒸发。连续的加速令人难以喘息,也妨碍其中的部分获得独特性。在一件艺术作品中,不同的行为、情节和事件融化并合成为一体;但是,在这么做时,它们并没有消失,也没有失去自己的特性——就像在一次亲切的交谈中,存在着连续的交换和融合;但是,每个谈话者不仅保持着他自己的特性,而且较之惯常来说,更为清楚地表明了这种特性。

一则经验具有一种统一,这种统一给予其名称,那顿饭,那场暴风雨,那次友谊的破裂。这种统一的存在乃是由一种单一性质所组成的,该单一性质遍及整个经验,尽管其组成部分是变化的。这种统一既不是情感的、实践的,也不是理智的,因为这些术语所命名的区别乃是反思可以在其中所作出的。在关于一则经验的论述中,我们必须使用这些解释性的形容词。当我们在一则经验发生之后再于心中重温它时,我们也许会发现,某一种属性而非另一种乃是充分占优势的,以至于它将经验刻画为一个整体。存在着一些吸引人的探究和思辨,科学家和哲学家不容置疑地强调它们是"经验"。在最终的意义上,它们是理智的。但是,在实际发生时,它们又是情感的,是有目的的和有意志的。然而,经验并非是这些不同特征的总和;它们作为种种独特的特征而失落在经验之中。任何思考者都不会辛勤地忙于他自己的工作,除非他被总体的经验所吸引或奖赏,这样的经验具有内在的价值。倘若没有它们,他便不会知道那真正要思考的东西,并且完全不知如何将真正的思想与虚假的东西区分开来。思想在观念的行列中行进,但是观念之所以形成行列,只是因为它们远不止是分析心理学称之为观念的东西。它们是发展着的基本性质的诸阶段,这些阶段在情感和实践上有所区分;它们是其运动的变化,并非像洛克和休谟所谓的观念和印象那样是分离和独立的,而是一种弥漫和发展的色调的微妙差别。

我们来谈论达致或得出结论的思想经验。该过程的理论公式常常由这样一些术语组成,以便有效地掩盖"结论"与每个发展着的整体经验的圆满阶段之间的相似性。显而易见,这些公式所采用的提示来自那些孤立的前提命题以及当它们出现在打印纸上时的结论命题。印象来自首先存在着两种独立而现成的实存物,然后被巧妙地处理以便引起第三种实存物。事实上,在思想经验中,只有当结论变得明显时,前提才浮现出来。经验,如观察暴风雨达到其高潮后渐渐平息的经验,乃是诸素材的一个连续运动。就像暴风雨中的大海,那里有一连串的波浪;建议跃出并在冲突中被破坏,或者被合作的浪头推动向前。如果达致一个结论,它也仅是一种预期和累积运动的结论、最终达到完满的结论。"结论"不是分离和独立的事物,它是一个运动的圆满完成。

因此,一则思想经验具有它自己的审美性质。它只是就其材料而言,不同于那些被公认为是审美的经验。优美艺术的材料由各种性质所组成;具有理智结论的经验的材料乃是一些记号或符号,这些记号或符号没有它们自己的内在性质,但却代表别的经验中可能在性质上被经验到的事物。这个差别是巨大的。这是严格的理智的艺术为何永远不会像音乐那样流行的一个原因。不过,经验本身具有一种令人满意的情感性质,因为它拥有通过有秩序的、有组织的运动而达致的内在的整合和满足。这种艺术的结构也许会被直接感受到。在这个程度上,它是审美的。更为重要的是,不仅这种性质是从事理智探究和保持其诚实的重要前提,而且任何理智的活动都不是一个完整的事件(一则经验),除非它靠这种性质来得到丰满。没有它,思想就是没有结论的。简而言之,审美无法断然地与理智经验划分开来,因为后者必定标有一种要达到自身完满的审美印记。

同样的陈述也适用于一种主要是实践的行动过程,也就是说,一种由明显的活动所组成的行动过程。它可能在行动中是有效的,但仍不具有有意识的经验。活动过于自动了,以至于不能容许一种它将为何以及它将何去的感觉。它虽然抵达了终点,但却没有在意识中抵达终结或者圆满完成。一个个障碍被机敏的技巧所克服,但是它们并没有滋养经验。也存在着一些在行动中摇摇摆摆、不确定、无结果的人,就像古典文学中的鬼魂那样。在毫无目的与机械效率这两个极点之间,存在着一些行动的路线,在其中,有一种感觉通过连续的动作而得以进行;这种感觉就是,成长着的意义被保存并且累积起来,以便抵达一个被感受为一个过程的完成的终点。成功的政客和将军们,倘若能像凯撒和拿破仑那样变成政治家,在他们身上都具有几分表演者的本事。这本身不是艺术,但是,我认为,它是一个记号,标志着兴趣并非专门由、也许并不主要由它本身所造成的结果(像它在单纯效率的情形中那样),而是由作为一个过程的成果所把握。存在着完成一则经验的兴趣。有的经验可能对世界有害,它的圆满完成也不合人意。但是,它具有审美的性质。

希腊人将好的行为等同于相称、优雅、和谐的行为,等同于美-善(*kalon-agathon*)的行为,这种等同是道德行动中独特审美性质的一个更为明显的例子。作为道德而通行的东西的一个巨大缺点,在于它的反审美性质。它没有成为一心一意的行动的范例,而是表现为对责任要求勉强逐步退让的形式。但是,种种例证也许仅仅在模糊这样一个事实,即任何实践活动都具有审美的性质,假如它出于自身对完成的渴求而得以整合且运动的话。

倘若我们想象一块正从山上滚下的石头具有一则经验,那么,也许会得到一个一般化的例证。这样的活动当然足够是"实践的"了。石头从某个地方开始运动,只要条件允许,它会一直运动到一个它静止的地方或者状态——到一个终点。让我们凭借想象力为这些外在事实增添一些念头,即这块石头怀着渴望期盼着最终的结果;它对途中所遇到的事物感兴趣,对推动或妨碍其运动并影响结果的条件感兴趣;它根据自己归于这些条件的阻碍或助益功能来对它们作出行动和感受;以及最后的终止与之前所有作为连续运动的积累而进行的东西相关。于是，这块石头就有了一则经验，并且是具有审美性质的经验。

如果我们从这种想象的情形转到我们自己的经验，那么就会发现，它更接近于在这块石头上所发生的事情，而不是接近于实现幻想所设置的条件。因为在我们的许多经验中，我们并不关心一个事件同前逝和后来东西之间的连接。我们没有兴趣控制对那些应当被组织到正在发展的经验里去的东西而留心拒绝或选择。事情发生了，但它们既没有被明确地包括进来，也没有被决断地排斥出去；我们随波逐流；我们屈服于外部的压力，或者逃避，或者妥协。有开端和停止（beginnings and cessations），但没有真正的开始和结束（initiations and concludings）。一件事情取代另一件事情，然而没有吸收它并将它继续下去。存在着经验，但却如此迟缓和散漫，以至于它不成为一则经验。不用说，这样的经验是反审美的。

这样，非审美的东西就存在于两极界限之内。其一极是松散的连续，这种连续既不从任何特定的地方开始，也不在任何特定的地方——在中止的意义上——结束。其另一极是抑制和压缩，这种抑制和压缩来自彼此之间只有机械连接的部分。这两种经验存在着多种多样的情况，以至于它们逐渐被无意识地当作所有经验的规范。于是，当审美的东西出现时，它就与那已经形成的经验画面产生了强烈的对比，以至于不可能将其特殊的性质与该画面的特征结合起来，审美的东西被赋予了一种外部的处境和地位。主要从理智和实践上所给出的对于经验的说明意在表明，拥有一则经验并不牵涉这样的对比；正好相反，不管什么种类的经验都不是一个统一体，除非它具有审美的性质。

审美的敌人们既不是实践，也不是理智。它们是单调；目的松散而迟缓；屈从于实践和理智的程序中的惯例。一方面是严格的禁欲、强制服从、严封紧闭，另一方面是放荡不羁、缺乏连贯、毫无目的的放纵，这两个方面在相反的方向上背离了一则经验的统一性。也许，正是这样的一些考虑，促使亚里士多德求助于"比例中项"，以作为那兼具德性与审美特征的东西的适当称呼。在形式上，他是正确的。但是，"中项"和"比例"并非自明而无需解释，也非在先天数学意义上被采用，而是一些属于一则经验的属性，这一则经验具有朝向其自身圆满完成的发展运动。

我已经强调这样一个事实，即每则完整的经验都朝向一个终结、一个终止而运动，因为经验只有在活跃于其中的各种活动能量已经做了它们的适当工作时才中止。能量线路的这种闭合性是抑制的对立面，是停滞的对立面。成熟和固着是完全相反的对立面。当斗争和冲突作为发展一则经验的手段被经验到时,它们本身是可以被喜爱的,尽管也是令人不快的;它们成为将经验带向前进的成分,而不仅仅作为事件存在着。正如后面将会看到的,在每则经验中,都存在着一种所经受的、在广泛意义上感到痛苦的元素。否则,就不会将之前的经验吸收进来。因为在任何生命经验中,"吸收"都不只是将某物放在对早先所知物的意识之上。它包括可能令人不快的重构。必要的经受阶段本身令人愉悦还是令人痛苦,这是由具体的条件所决定的。它对于总体的审美性质是无关紧要的,只有极少强烈的审美经验完全地令人愉快。它们当然无法被描绘成娱乐的,而且当它们重重地落在我们身上之时,它们包括了一种痛苦,这种痛苦与那被喜爱的完整知觉相一致,确切来说是它的一部分。

我已经谈及了审美性质,这种审美性质作为情感性的东西,使一则经验丰满起来并变得完整和统一。这种论述也许会造成困难。我喜欢将情感设想成简单而紧凑的东西,就像我们用以命名它们的词那样。欢乐、悲哀、希望、恐惧、愤怒、好奇,被当作仿佛每一个本身就是一种实存物,这样的实存物作为完全制造好的东西而入场;它可能会持续或长或短的一段时间,但是它的延续或它的成长和经历与它的本性无关。事实上,当情感意味深长的时候,它们就是一则运动和变化着的复杂经验的性质。我说,当它们意味深长的时候,因为否则的话,它们就只不过是一个被打扰的婴儿的爆发和喷发。所有的情感都具有戏剧的性质,它们随着戏剧的发展而变化。据说有时人们会一见钟情,但他们所钟爱的并非是那一片刻的事物。倘若爱被压缩在一个没有珍视和关切余地的瞬间之中,那么,爱将会是什么呢?情感的私密本性在人观看一幕舞台剧的经验中显现出来,或者,在人阅读一部小说的经验中显现出来。它注意情节的发展;而情节需要在其中得以发展的舞台和空间,并需要在其中得以展开的时间。经验是情感的,但是在经验中,并不存在什么被称为情感的孤立之物。

出于同样的原因,在事件和对象的运动中,情感是附属于事件和对象的。除病理学案例之外,它们都不是私人的。甚至"无对象的"情感也要求某种超越自身并且可附属于其上的东西,这样,它旋即就产生出一种缺乏真实之物的错觉。情感毫无疑问是属于自身的。但是,它所属于的这个自身乃是在诸事件的运动中被关注到的,这种诸事件的运动朝向一个被渴望的或不被喜欢的结果。当我们受惊时,会一下子跳起来,就像我们惭愧时会脸红一样。但是,在这样的情形中,惊骇和羞愧并非是情感性的状态。它们本身仅仅是自动的反射。要变成情感性的,它们就必须变为一个包容的、持久的情境的部分,这个情境包括对对象及其结果的关注。当发现或考虑到存在一种必须直面或逃脱的威胁性对象时,惊骇的一跳才会变成情感性的恐惧。当一个人在思想中将他已实施的行动与他人对其的不利反应联系起来时,脸红才会变成羞愧的情感。

从遥远的大地尽头而来的物质被物质性地运输,并且在新对象的构建中物质性地引起彼此作用和反作用。心灵的奇迹在于,某些相似的东西在经验中发生,却无须物质性的运输和装配。情感就是那运动和黏合的力量。它选择相称的东西,并用它的色彩给被选出的东西着色,从而将性质上的统一赋予外部迥异而不同的材料。这样,它就在一则经验各个不同的部分之中,并且通过它们来提供统一性。当这种统一性已然被描绘时,经验就具有了审美的特性,即便它主要不是一则审美经验。

两个人会面,一个是求职者,另一个是处置职位的人。这次面试也许是机械的,由一套问题以及例行公事式的回答所组成。这里不存在两个人会面的经验,而无非是通过、接受或者拒绝,重复已发生过几十遍的事情。这样的情境被处理得好像是一次记账练习。但是,也许会发生一则新经验在其中得以发展的相互作用。我们应当到哪里去寻找对这样的一则经验的说明?不是在账簿条目中,也不是在经济学、社会学或人事心理学的论文中,而是在戏剧或小说中。它的本性和意义只能为艺术所表现,因为存在着只能够被表现为一则经验的经验统一体。该经验具有充满悬念的材料,并且通过一连串各种各样的事件而走向其自身的圆满完成。申请者这一方的主要情感可能一开始是希望或失望,以及在结束时变成兴高采烈或绝望沮丧。这些情感使经验有资格成为一个统一体。但是,随着面试的进行,次要的情感被发展出来,成为主要的基本情感的变体。甚至每一个态度和手势、每一个句子、几乎每一个词,都有可能产生出比基本情感强度上的一次波动更多的东西;也就是说,产生出其性质中明暗与色彩的变化。雇主依他自己的情感反应来了解申请者的品质。他通过想象将申请者投射到要做的工作之中,并判断他是否胜任,判断的途径则是现场所收集的元素以及它们之间的冲突或适合。申请者的仪容和举止与他自身的态度和愿望,或者是和谐的,或者是冲突的。这样的一些因素在性质上天然是审美的,它们成为将面试的各个元素引向决定性结果的力量。它们进入每一个具有不确定性与悬念的情境的安排之中,无论其主要本性是什么。

因此，在各种各样的经验中有着共同的范型，而无论它们彼此之间在其素材的细节上有多么不同。存在着要被满足的条件，没有这些条件，一则经验就不可能形成。共同范型的纲要乃是由以下事实制定的，即每则经验都是活的生灵与他所生活于其中的世界的某个方面相互作用的结果。一个人做了某件事情，比如，他举起了一块石头。结果，他经受和遭受了某些东西：重量、张力、被举起之物的表面质地。这样被经受的属性就决定了进一步要做的事情。石头太重或棱角太多，不够结实；或者，那些被经受的属性表明，这块石头适合于打算的用途。这个过程会一直持续，直到自我和对象出现一种相互适应，并且这个特定的经验走向终结。在形式上，这个简单例子里为真的东西在一切经验中都为真。行动着的生灵可能是一位沉浸于其研究中的思想者，而他与之相互作用的环境可能由一些观念组成，而不是由一块石头组成。但是，这两者的相互作用构成了他所具有的总体经验，而使它得以完成的终结则是一种感受到的和谐的建立。

一则经验具有范型和结构，因为它并不仅仅是交替地做和经受，而是由它们以关系所组成的。某人把一只手放在火中烧，并不必然会拥有一则经验。行动和它的结果必须在知觉中被连接。这种关系是给出意义的东西；掌握它是所有智力活动的目标。该关系的范围和内容度量着一则经验的有意义的内容。一个孩子的经验可能是强烈的，但是，因为缺少来自过去经验的背景，经受和做之间的关系就把握得不多，而且该经验不具有很大的深度或广度。没人曾经达到这样的成熟状态，即他知觉到所有涉及的连接。（辛顿先生）曾经写过一部叫《忘其所学者》(*The Unleaner*)的浪漫小说。这篇小说描写了一个人在死后无尽绵延的生活，这种绵延的生活是对短暂人世中所发生事件的重温，以及对这些事件中所涉及关系的不断发现。

经验受限于所有那些对知觉经受和做之间关系进行干涉的原因。可能存在着干涉，因为或者做的一方过度了，或者接受的一方、经受的一方过度了。任一方的不平衡都会模糊对关系的知觉，而且会使经验流于偏颇和歪曲，从而使意义变得贫乏和错误。做的狂热、行的渴求，导致很多人的经验几乎令人难以置信地贫乏、浮于表面，尤其是在我们生活于其中的这个匆忙而又急躁的人文环境里。没有一个经验有机会完成自身，因为其他的东西来得如此之快。那些被称为经验的东西变得如此散漫和混杂，以至于简直不值得用这个名称。抵抗被当作一种需要加以克服的障碍,而不是被当作一种对反思的邀约。一个人更多是无意识而不是借助深思熟虑的选择,去寻找他能够在其中以最短时间做最多事情的情境。

经验也会由于过度地接受而无缘成熟。这时,受到珍视的就是这样或那样纯然的经受,而不考虑对任何意义的知觉。许许多多的印象被尽可能挤在一起,这被认为就是"生活",尽管它们中间的任何一个都不过是匆匆掠过和浅尝辄止。较之那些被行动的渴求所驱使的人而言,感伤主义者和白日梦者也许有更多的幻想和印象穿行于他们的意识之中。但是,他们的经验同样是扭曲的,这是因为,当做和接受之间不存在平衡时,就没有什么东西在心灵中生根。为了建立与世界现实的接触,为了印象可以如此地关联于事实,从而使它们的价值得到检验和组织,某种决定性的行动是必须的。

因为对所做的与所经受的之间关系的知觉构成了智力的工作,并且因为艺术家在他的工作进程中被他对已做与将做之间联系的掌握所控制,所以那样一种想法就是荒谬的,即艺术家没有像科学探究者那样进行专注而透彻的思考。画家必须有意识地经受他每一笔触的效果,否则就无法意识到他正在做什么,以及他的作品会向何处发展。此外,他必须审视做和经受的每一个独特连接,并且做此审视时联系他所渴望创作的整体。理解这样的联系便是进行思考,而且是最为严格的思考方式之一。不同画家的画作之间的差别,完全可以被归因于连续进行这种思考的能力差别,正如它可以被归因于色彩敏感性的差别,以及手法灵巧性的差别。至于绘画的基本性质,确实来说,差别更多地依赖于涉及对关系的知觉的智力性质,而不是别的什么东西——尽管智力当然不能与直接的敏感性脱离开来,而且,它与技巧联系在一起,虽然是以一种更为外在的方式联系在一起。

任何忽视智力在艺术作品生产中的必要作用的想法,都是建基于将思想与某特殊种类的材料使用相等同之上的,比如文字记号与词语相等同。根据性质的关系进行有效的思考是对思想的一种严格要求,它与根据文字和数学的符号来进行思考同样严格。实际上,既然词语容易以机械的方式操作,那么,一件真正的艺术作品的生产所要求的智力,可能会超过大多数所谓的思想所要求的智力,这些思想发生在那些自认为"知识分子"而自鸣得意的人中间。

我在这几章中试图说明,审美不是从外部闯入经验的侵袭者,不管是以怠惰奢侈的方式闯入还是以超验理想的方式闯入,而是各种特性得到澄清和加强的发展,这些特性属于每一正常完整的经验。我把这个事实当作唯一安全可靠的基础,在这个基础上,审美理论得以建立起来。该基本事实的一些含义还要继续加以说明。

在英语中,我们没有哪个词明确地包括"艺术的"和"审美的"这两个词所意味的东西。既然"艺术的"主要是指生产活动,而"审美的"主要是指知觉活动和享受活动,那么不幸的是,缺乏一个术语来表示这两个进程的聚合。有时候,结果会把这两者彼此分开,并把艺术当作某种叠加在审美材料上的东西;或者从另一方面来说,会作这样的假设,即既然艺术是一个创造的进程,那么对它的知觉和享受就与创造性活动毫无共同之处。无论如何,存在着某种文字上的笨拙,我们有时候被迫用"审美的"这个术语来涵盖全部的领域,而有时候又被迫将它限制在整个活动的接受知觉的方面。我将这些明显的事实当作预备的步骤来试图说明:有意识的经验的概念,作为一种被知觉到的做和经受之间的关系,如何使我们能够理解这样一种关联,即作为生产的艺术与作为享受的知觉和欣赏是彼此支持的。

艺术表明了一种做或制的进程。无论对于优美艺术还是技术性的艺术而言,情形都是如此。艺术包括陶土的塑形、大理石的凿刻、青铜的浇铸、颜料的覆盖、房屋的建造、歌曲的演唱、乐器的演奏、在舞台上扮演角色、在舞蹈中完成有节奏的运动。每一种艺术在实施时都要借助某种物理的材料、身体或身体之外的某物、使用或不使用介入性的工具,并且着眼于可见、可闻或可触的东西的生产。艺术的活动状态或者说"做"的状态是如此显著,以至于各种词典通常根据有技巧的行动、制作的能力来界定艺术。《牛津词典》援引了约翰·斯图尔特·密尔(John Stuart Mill)的一句话来进行说明:"艺术乃是在制作中追求完美的一种努力",而马修·阿诺德(Matthew Arnold)则将艺术称为"纯粹而无瑕疵的手艺"。

正如我们已经注意到的,"审美的"一词指作为欣赏的、知觉的和享受的经验。它所表明的是消费者的立场,而不是生产者的立场。它是爱好、趣味;而且,正如烹饪,明显有技巧的行动在准备烹饪的厨师一方,而趣味则在消费者一方。同样,在园艺中存在着园丁和房主之间的区别,园丁栽培和耕种,而房主则享受那完成了的产品。

然而,正是这些阐述以及具有一则经验中所存在的做和经受之间的关系,表明审美的和艺术的之间的区别不能被推得太远,以至于变成一种分离。制作中的完美不能够根据制作来进行度量或界定;它包含了对被制作的产品进行知觉和享受的那些人。厨师为消费者准备食物,而这些准备好的东西的价值尺度则体现于消费之中。在制作中孤立地根据自身来判断的纯然完美,大概是由机器而不是人的艺术才能更好地达成的。单就其本身而言,它至多是技术。有些伟大的艺术家并非是作为技术家而跻身顶尖行列的(塞尚便是一个证明),正如有些伟大的钢琴演奏家并非在审美意义上伟大,就像萨金特(Sargent)不是一位伟大的画家那样。

从最终的意义上来说,能够成为艺术的手艺必定是"爱";它必定深深地喜爱那技巧所运用于其上的素材。一位雕刻家心心念念的是他的半身雕像得以奇迹般地精确。面对这些半身雕像中某张照片和作为原物的那个人本身的照片,人们也许难以作出分辨。就艺术上的技巧而言,这些半身雕像是非常出色的。但是,人们怀疑,是否半身雕像的制作者自己和那些观看他的作品的人分享着同样的经验。要想成为真正的艺术,一件作品必须同时也是审美的——也就是说,适合于享受的接受性知觉。当然,对于从事生产的制作者来说,持续的观察是十分必要的。但是,如果他的知觉在性质上并不同时也是审美的,那么,它仅是一种对所做的东西毫无色彩且冷淡漠然的识别;它被用作为一个刺激,刺激在本质上是机械的过程中走出下一步。

简而言之,艺术以其形式将做和经受、支出能量和收入能量这些相同的关系结合在一起,从而使一则经验成为一则经验。由于排除了所有那些对行动和接受因素相互组织没有贡献的东西,并且,由于仅仅选择了那些对它们彼此渗透有贡献的方面和特性,所以产品就成为审美艺术的作品。人们切削、雕刻、歌唱、舞蹈、做手势、浇铸、白描、绘画。当被知觉的结果具有了这样一种本性,即它的性质作为被知觉已经控制了生产的问题时,做或制作就是艺术的。有一种意图想要生产在直接的知觉经验中被享受到的东西,由这种意图所指导的生产活动具有自发的或无控的活动所不具有的性质。当艺术家工作时,他在其自身中体现了接受者的态度。

举例说,我们假定一个精致的物件、一个质地和比例在知觉上令人愉悦的精致物件,曾经被人们认为是某原始民族的一件作品。后来发现的证据却证明,它是一件偶然的自然物品。作为一个外在的事物,它就是它以前所是的东西。然而,它现在却已不再是一件艺术作品,而变成了一件自然的"奇物"。它现在应归入自然历史博物馆,而不是艺术博物馆。这件不寻常的事情是,由此造成的差别并非仅仅是理智的分类。差别在欣赏性的知觉中造成,并且是以一种直接的方式。审美的经验——在其有限的意义上——因而被视作与制作的经验内在地相关联。

眼睛和耳朵在感觉上的满足,当其成为审美的时候,就是如此;这是因为,它并非自身独立，而是与作为结果的活动相关联。味觉的愉悦对于一位美食家来说，与一个仅仅在吃时"喜爱"食物的人，会有质上的差别，而不仅仅是强度上的。美食家所意识到的东西远远超出了食物的味道。毋宁说，有某些被直接经验到的性质进入了味道之中，这些性质依赖于溯及其来源和其与优秀标准有关的生产方式。由于生产必须将作为被其知觉和受其调整的产品性质吸收到自身之中，所以从另一方面来说，当看、听、尝与一种独特活动方式的关联使被知觉的东西适应时，它们就成为审美的了。

在所有的审美知觉中，存在着一种激情的元素。然而，当我们被激情淹没时，就像在极端的愤怒、恐惧、嫉妒中那样，经验定然就是非审美的。对于产生激情的行动的性质而言，并没有什么关系被感觉到。结果，经验的材料就缺乏平衡和比例的元素。因为这些元素能够得以呈现的条件仅仅在于，就像在具有优雅或尊严的行为中那样，活动被对于关系的一种灵敏感觉所控制，而这些关系是行动所维持的——它适应于场合和情境。

进行生产的艺术进程有机地关联于进行知觉的审美——就如同进行创造的上帝俯瞰他的作品，并发现它是好的。艺术家连续不断地塑造以及重塑，直到他在知觉上满意于他所做的东西。制造直到其结果被经验为好的时候方才结束——并且，该经验的产生不是靠纯然理智的和外在的判断，而是以直接的知觉。一个艺术家，与他的伙伴比较起来，乃是这样一个人，即他不仅特别具有制作的能力，而且具有对事物性质不同寻常的敏感性，这种敏感性也指导着他的做与制。

当我们操作时，我们触摸并且感觉；当我们看时，我们看到；当我们听时，我们听到。手随着蚀刻针或画笔而移动，眼睛注意并报告着所做事情的结果。由于这种密切的联系，继起的行为就是累积的，而不是任性而为，更不是例行公事。在一则显著的艺术-审美的经验中，关系是如此之紧密，以至于它同时控制了做和知觉。倘若只是手和眼在忙活的话，这种至关重要的联系上的密切性就不可能形成。当它们两者都不充当整体存在者的器官时，就只会有一种感觉和运动之间的机械次序，就像在自动行走的情形中那样。当经验是审美的时候，手和眼就只是工具；通过它们，始终被触动和活跃着的整个活的生灵就运作起来。因此，表现就是有情的，并且由目的所引领。

由于所做与所经受之间的关系，在知觉中就存在着对事物的一种直接领会，它或者是共同归属，或者是冲突不和；或者是巩固加强，或者是妨碍干涉。制造活动的结果在领会中得以反映,它展示出所做的东西究竟推进了付诸实行的观念,还是标志着一种背离和断裂。通过涉及对秩序和完成的关系的这些直接感受,一则经验的发展得到了控制,就此而言,该经验在本性上主要是审美的。对行动的迫切要求变成对那一种类行动的迫切要求,即导致一个在直接知觉中令人满意的对象的行动。陶器制作者给他的陶土塑形,以便制造一个可用于盛放谷物的碗;但是,在某种程度上,他制造这个碗深受对连续的制造行为进行总结的一系列知觉的调整,以至于这个碗打上了永久优雅与魅力的标志。这种普遍情境同样存在于绘制一幅画或浇铸一件半身雕像之中。此外,在每一步,都有对将要发生的东西的预期。这种预期是下一步所做及其感觉结果之间的联系纽带。因此,所做与所经受互惠地、累积地和连续地互为手段。

  做可能是精力充沛的,而经受可能是敏锐和强烈的。但是,除非它们彼此相关以至于在知觉中形成一个整体,否则,所做的事就不是全然审美的。例如,制造可能是技术精湛的一种展示,而经受则可能是一种伤感的宣泄或空想。如果艺术家在工作过程中无法使一种新的景象得以完美体现,那么,他就是在机械地行动,重复某种如同蓝图那样固定在他心中的陈旧模式。难以置信的大量观察以及在对定性关系的知觉中所运用的那种智力,刻画了艺术中的创造性作品的特征。关系必须被注意到,这种注意不仅是指彼此相关、两两相对,而且是指关联于建构之下的整体;它们既被运用于观察之中,也被运用于想象之中。枝节旁生起于诱人的分心;离题万里饰以丰富的外观。存在着这样的时刻,即当对主导观念的把握变得软弱无力时,艺术家无意识地被迫注入某些东西直到他的思想再次变得强大。一位艺术家真正的工作便是累积一则经验,这则经验在知觉中是连贯的,同时在其发展中随着连续不断的变化而运动。

  当一个作家将已有清晰构思和连贯安排的想法付诸纸上的时候,那真正的作品在此之前就已经完成了。或者,他也许要依靠由活动所引起的更大的可知觉性,以及活动的感性反馈来指导他完成该作品。纯粹的抄写活动在审美上是不相干的,除非它完整地进入一则正在走向圆满的经验的形成之中。甚至在头脑中所构思的因而就身体而言是私人的作品,从其有意义的内容来看也已经是公共的了,因为它是由于涉及一件产品的制作而被构思的,而这件产品是可知觉的,因而属于共同的世界。否则,它就会变成一种失常或一个转瞬即逝的梦。通过绘画来表现所知觉到的一处风景的特质的迫切要求,是与对铅笔或画笔的要求相连的。倘若没有外部的体现，一则经验就会是不完整的。从生理和功能上来说，感觉器官是发动器官，并且是与其他发动器官相联系的；这种联系所借助的手段是能量在人的身体中的分配，而不仅仅是解剖学意义上的。"建造"（building）、"建构"（construction）、"工作"（work）既指一个过程，也指这个过程所完成的产品，这并不是语言上的偶然事件。倘若没有动词的意义，那么，名词的意义就停留在空白之中了。

作家、作曲家、雕塑家或画家在创作的过程中，能够回顾他们先前做的东西。当其在经验的经受或知觉阶段中不令人满意时，他们能够在某种程度上重新开始。这种回顾在建筑的情形中是不容易实现的——这也许就是为什么存在那么多丑陋大厦的一个原因。建筑师不得不在他们的观念向完整知觉对象的转化发生之前就完成这些观念。他们无法在形成观念的同时达成其客观体现，这就强加了一个障碍。然而，他们也不得不根据体现的中介和最终知觉的对象来思考他们的观念，除非他们机械刻板、生搬硬套地工作。或许中世纪大教堂的审美性质在某种程度上要归功于这样一个事实，即它们的建造并不像现在的情形那样，被计划和预先定好的工程设计所控制。计划随着建造的发展而发展。但是，即使是一件密涅瓦式的产品，如果它是艺术的，便应该有一段预先的酝酿时期，在这段时期，想象中所设计的做和知觉彼此作用并且相互修正。每一件艺术作品都跟随着一则完整经验的计划和范型，并且使这则经验更加强烈和集中地被感受到。

对知觉者和欣赏者而言，理解做与经受之间的紧密结合不像对制造者那样容易。我们喜欢假定前者仅仅是接受具有完整形式的东西，而不是认识到这种接受包含堪比创造者活动的某些活动。但是，接受并非是被动的。它也是由一系列回应性的行动所组成的一个进程，这些行动累积起来通向客观的实现。否则，就不存在知觉，而只存在识别。这两者之间的差别是极其巨大的。识别是在有机会自由发展前被抑制的知觉。在识别中，存在着知觉行动的开端，但这个开端并不允许服务于发展对所识别的事物的完全知觉。它在这一点上受到抑制，即它将服务于某个其他的目的，正如我们在街上识别出一个人是为了问候他或者躲避他，而不是为了看那儿有什么而看他。

在识别中，我们依赖于某种以前形成的图式，就像依赖于一种原型那样。某个细节或细节的安排充当了最低限度的辨识的提示。在识别中，将这种最低限度的概要当作一种模板应用于在场的对象就够了。有时候，在与一个人的接触中，我们会对一些显著的特点产生深刻的印象，这些特点也许是一些我们以前不知道的身体上的特征。我们认识到以前并不知道这个人;在任何重要的意义上,我们都没有见过他。现在我们开始研究并开始"接受"。知觉取代了最低限度的识别。有了一种重构的行动,而且意识变得新鲜而有活力。这个看的行动包含发动元素的合作,即使它们仍然含蓄而并未变得明显;也包含所有被积累的观念的合作,这些观念可能会服务于完成这幅正在形成中的新画像。识别太容易了,以至于不能唤起生动的意识。在新和旧之间,没有足够的抵抗来保护对所具有的经验的意识。甚至一条看到主人回来便快活叫着并摇着尾巴的狗,就它对它的朋友的反应来说,也比一个仅仅满足于识别的人更富有生气。

当一个适当的标记或标签得到粘附时,最低限度的识别就满足了,"适当的"表示某个东西服务于识别行动之外的目的——如售货员根据一件样品来辨识货物。这里不包括有机体的搅动,也不包括内在的骚动。但是,一个知觉行动却是通过连续延伸并贯穿整个有机体的波动来进行的。因此,在知觉中,不存在诸如看或听加情感的情形。被知觉到的对象或场景始终弥漫着情感。当一种被唤起的情感不渗透于被知觉或被考虑的材料时,它就是预备的或是病态的。

经验的审美阶段或经受阶段乃是接受性的。它包括放弃。但是,只有通过一种可能会变得强烈的受控活动,充分的自我屈服才是可能的。在我们与周围环境的交往中,我们多是退缩的;有时候是由于害怕过度消耗我们储备的能量,有时候是由于专注于其他的质料,正如在识别的情形中那样。知觉是一种为了接受而付出能量的行动,而不是一种能量的保留。要使我们沉浸在一个素材里,必须首先投入其中。当我们仅仅被动地面对一个场景时,它就会淹没我们;而且,由于缺乏应答的活动,我们知觉不到那压倒我们的东西。我们必须召集起能量并在回应键上定好调子,以便去接受它。

每个人都知道,需要经过学徒期才能够使用显微镜或望远镜来进行观察,并且像地质学家观看地貌那样来观察。那种认为审美知觉是偶尔为之的想法,是艺术在我们中间向后倒退的一个原因。眼睛和视觉器官可能完整无损;对象可能在物质的意义上存在,如巴黎圣母院或伦勃朗的《亨德利奇·斯托弗尔的肖像》。从某种坦率的意义上说,后者可能被"看见"。它们可能被看,可能被识别,并且被贴上正确的名称。但是,由于缺乏整个有机体与各对象之间连续的相互作用,它们并没有被知觉,当然没有被审美地知觉。一群参观者由导游带领穿过一家美术馆,注意力被引向这里或那里,这并不是知觉;为了素材的缘故而观看一幅画的兴趣只会偶尔得以生动地实现。

因为要知觉的话，一个观看者必须创造他自己的经验。而他的创造必须包括这样一些关系，这些关系可以比得上原初生产者所经受的关系。它们并非在字面意义上相同。但是，就知觉者而言，正像对于艺术家一样，必须有一种对整体诸元素的安排，这种安排在形式上，尽管不是在细节上，与有意识经验到的作品的创造者的组织过程相同。倘若没有一种再创造的活动，对象就不会被知觉为一件艺术作品。艺术家根据他的兴趣来进行选择、简化、澄清、删节以及浓缩，而观看者则必须根据他的观点和兴趣来经历这些运作。在这两者之中，发生着一种提取的活动，这种提取活动是对那有意义的东西的萃取。在这两者中，都存在着在其字面含义上的理解——即把那些物质上分散的细节和特点集合为一个经验的整体。有的工作是有知觉能力的人要做的，正如有的工作是艺术家要做的。太懒或得过且过或拘于俗套地履行此项工作的人，不会看到或听到。他的"欣赏"就成为一种混合物，即一片片学识的碎屑与对俗套赞美标准的遵从相混合，并且与一种即使真实但却混乱的情感激动相混合。

上述这些考虑，由于特别强调的缘故，既意味着一则经验在其丰富意义上与审美经验的一致，也意味着它们的不同。前者具有审美性质，否则，它的材料就不会丰满起来并融入一则单一而连贯的经验。在一则充满生命力的经验中，是不可能将实践、情感和理智作彼此的区分的，也不可能使其中一者的属性与其他两者的特性相对立。情感的方面将各部分结合成一个单一的整体；"理智"只不过命名了一个事实，即经验乃是具有意义的；"实践"则指出，有机体乃是与其周遭的事件及对象相互作用的。最为精致的哲学或科学探究，最有雄心的工业或政治事业，当其不同的组成部分构成一则完整的经验时，便具有了审美性质。因为那个时候，它各式各样的部分彼此连接起来了，而不仅仅是彼此相继。而且，这些部分通过它们被经验到的连接而走向了圆满完成和终结，而不仅仅是走向时间上的停止。此外，这个圆满完成并非只在意识中等待整个活动结束。它是始终被期待着的，并一再地赋予经验以特别强烈的滋味。

不过，这里所讨论的经验主要是理智的或实践的，而非特别是审美的，因为兴趣和目的发动并控制着它们。在一则理智的经验中，结论有其自身的价值。它可以被提取为一则公式或"真理"，并且以其独立的完整性用作其他探究中的因素和向导。在一件艺术作品中,不存在这样单一而自足的沉淀物。结尾与终点的意义不在于它本身,而在于它是各部分的整合。它并没有其他的存在。一出戏或一部小说也并不就是那最后的一句话,即使剧中的人物被安排成从此以后一直过着幸福的生活。在一则与众不同的审美经验中,那些在其他经验中被抑制的特征居于支配地位;那些附属的东西变成主控的了——也就是说,借助这些特征,经验本身成了一则得到整合的完满经验。

在每则完整的经验中,由于存在着动态的组织,所以存在着形式。我之所以将组织称作是动态的,乃是因为要花时间去完善它,因为它是一种成长,有开端、发展和完成。先前经验的结果构成了工作者的心灵,而通过与这些结果生机勃勃的组织相互作用,材料就得以摄取和消化。酝酿的过程将一直继续,直到那被构想的东西得以提出,并且变得可知觉,就像共同世界的一部分那样。先前长期持续的过程的高潮会发展成一个突出的运动,该运动将横扫其他的一切,以至于使人忘记其他的一切;只有在此意义上,一则审美经验才能被挤到一个瞬间之中。那将经验辨别为审美之物的东西乃是一种转化,即抵抗和紧张,以及本身是消遣诱惑的刺激,转变为一种运动,这种运动朝向一个包容的和完成的终结。

经验就像呼吸,它是吸入与呼出的一种节奏。它们的前后相继由于间隔和周期的存在而被不时打断并被做成一种节奏,在这些间隔和周期中,一个阶段正在停止的时候,另一个阶段便正在起步与准备。威廉·詹姆斯恰当地将一个有意识经验的过程比喻为一只鸟儿交替地飞翔与栖息。飞翔和栖息是密切相联的;它们不是许多不相关的停落之后的同样不相关的跳跃。经验中的每个休憩之处都是一种经受,在其中,先前的做的结果得以吸收和领会,并且,除非这种做是那种全然无常或者彻底照例的做,否则,每次活动本身就会带有已经被提取和保存的意义。正像随着一支军队前进,所有从已经实现的东西中得到的收获都将被周期性地巩固,并且总是着眼于那下一步要做的东西。如果我们前进得太快,就会远离供给基地——意义增长的基地——而经验则变得无措、单薄和混乱。如果我们在提取净值之后过久地闲荡,那么,经验就会枯萎空洞。

因而,整体的形式呈现于每个成员之中。实现和圆满完成乃是连续的作用,而不仅仅只是驻于某处的终点。一位雕刻家、画家或作家每一步都处在完善其作品的过程中。他必须在每一点上保留和总结那作为一个整体而业已走在前面的东西,并且顾及那个将要到来的整体。否则,在他前后相继的活动中,就不会有连贯性和安全性。经验节奏中的一系列的做给出了变化和运动;它们将作品从单调和无用的重复中挽救出来。经受是节奏中的对应元素,它们提供和谐一致;它们将作品从纯粹一连串刺激的无目的性中挽救出来。对于任何可被称作一则经验的东西而言,只要决定它的诸因素被提升到知觉的阈限之上,并且这些因素是为它们自身的缘故而显现,一个对象就特别并主要的是审美的,它产生出审美知觉所特有的快乐。

(孙　斌译)

表现与形式

表现的行为[*]

每则经验，无论其意义是小还是大，都是随着一个冲动(impulsion)而开始的，更确切地说，是作为一个冲动而开始的。我说的是"冲动"，而不是"悸动"(impulse)。一种悸动是特化[①]的和特定的；即便当其是本能的，也只是某个机制的一部分，这个机制包含在更为完整的对环境的适应之中。"冲动"表示整个有机体一种向外和向前的运动，而特殊的悸动对此乃是辅助性的。这是活的生灵对食物的渴望，而不同于专司吞咽的舌头和嘴唇的反应；作为整体的身体对光的趋向，就像植物的向日性那样，不同于眼睛对一束特定光线的追随。

因为冲动乃是有机体整体上的运动，所以是任何完整经验的最初步骤。对儿童的观察，揭示了许多特化的反应。但是，这些反应因此并不是完整经验的起始。它们进入完整的经验，仅仅像是作为缕缕丝线被编织进一个活动之中，而这个活动使得整个的自我运作起来。倘若忽略这些一般化的活动而仅仅注意到区别，那么，那些使区别更为有效的劳动分工就几乎成了某种源头和起因，即经验解释中所有更深错误的源头和起因。

冲动之所以是完整经验的开始，是因为它们出于需要；出于一种饥渴和要求，这种饥渴和要求一方面属于作为整体的有机体，另一方面只能靠与环境建立一定的关系（积极的关系、相互作用）来获得供给。表皮仅仅以最浅薄的方式而成为一种指示，即有机体在此终止，而其环境则在此开始。有些东西在身体里面但却与身

---

[*] 选自《杜威全集·晚期著作》第10卷，首次发表于1934年，为《作为经验的艺术》第4章。
[①] 特化(specialize)，在这里指相对于整体状况而言的专门化、特殊化。——译者

体无关,也有些东西在身体外面但就法权而言却属于身体,如果不是事实上属于身体的话;也就是说,倘若生命要继续下去,就必须拥有这些东西。在较低的层次上,空气和食料就是这样的东西;而在较高的层次上,则是工具,无论是作家的笔,还是铁匠的砧、用具和家具,以及财产、朋友和习俗——所有那些如果离开它们文明生活就不可能存在的支持物和维系物。在通过环境——并且只是环境——所能供给的东西而要求实现的急迫冲动中,有一种显而易见的需要,这种需要是一种动态的承认,即承认自我就整体来说对其环境的依赖。

然而,活的生灵的命运正是在于,倘若它不在世界上冒险便不能保全那属于它的东西;而且,它既不在总体上拥有这个世界,也不具有对这个世界的所有权。无论何时,只要有机体的悸动超出了身体的界限,那么,它就会发现自己处于一个陌生的世界,而且在某种程度上,把自己的运气托付给了外部环境。它不能只选出它想要的东西,而将那些平庸和不利的东西自动地置之度外。如果并且只要有机体在继续发展,它就一直是受到帮助的,就像跑步者受到顺风帮助那样。但是,冲动在其向外开拓的过程中,也会碰到许多使之偏斜以及与之对立的事物。在将这些障碍物和中立条件转变成有利作用的过程中,活的生灵逐渐认识了隐含在其冲动中的意图。自我,无论成功还是失败,都不仅仅是将自身回复到从前的状态。盲目的奔涌逐渐变成一个目的;本能的倾向转而成为有所筹划的事业。自我的态度被赋予意义。

如果环境总是且处处与我们的冲动的直接实施相适宜,那么这样的环境就会对成长造成限制,如同那总是敌对的环境会造成刺激和破坏一样。冲动永远向其前面的道路推进,它没头没脑地奔波于它的过程,并且对情感麻木不仁。因为它不必根据所遇到的事物来说明自己,而这些事物也就因而不会成为有意义的对象。它能够意识到其本性和目的的唯一办法是,借助被克服的障碍和被使用的手段;在一条磨光上油的前进道路上,那些从一开始就只是手段的手段与冲动太一致了,以至于不允许人们对它们有所意识。如果没有来自周围事物的抵抗,自我也不会意识到自身;它会既没有感觉也没有兴趣,既没有恐惧也没有希望,既没有失望扫兴也没有兴高采烈。完全是阻碍的纯粹对立,会造成愤怒和狂暴。但是,那唤起思想的抵抗,却会产生好奇和热切的关注,并且当它被克服时,最终导致兴高采烈。

有的东西只会阻碍孩子以及缺乏有关经验的成熟背景的人,这种东西就那些先前对足够类似的情境有所经验的人而言,乃是一种刺激物;这种刺激物刺激理智去制订计划,并且将情感转变为兴趣。出自需要的冲动,使一种不知其将何往的经验得以开始;抵抗和阻止则导致一种转变,即直接向前的行动转变为重又弯曲的;而那遭折返的东西是以下两方面之间的关系:一方面是阻碍性的条件,另一方面是自我依靠先前的经验而作为工作资本所拥有的东西。由于所牵涉的能量加强了原初的冲动,就要更为慎重地以对目的和方法的洞见来运作。这便是每个裹以意义的经验的概要。

紧张会唤起我们的能量,总体上缺乏对立无益于正常的发展,这是人们所熟识的事实。一般而言,我们都承认,促进条件和阻碍条件之间的平衡才是事情的可取状态——假如不利的条件与它们所阻扰的东西之间有着内在的关系,而不是任意的和外在的关系。然而,那被唤起的东西并不仅仅是量的,也不仅仅是更多的能量;而是质的,是能量向有思想的行动的一种转化,这种转化通过同化来自过去经验的背景的意义而达成。新和旧的连接不是一种单纯的力量合成,而是一种再创造,在其中,当下的冲动获得形式和可靠性;而旧的、"储存的"材料则真切地复活,并由于不得不遭遇新的情境而被赋予新的生命和灵魂。

正是这种双重的变化,使一个活动转变成表现的行为。而环境中那些否则只是通畅渠道或盲目阻塞的事物,则变成手段,变成媒介。与此同时,从过去经验保留下来的那些事物可能会由于例行公事而变得陈腐,也可能由于缺乏使用而变得惰息;但是,它们在新的冒险中则变成一些系数,并穿上一件新鲜意义的衣服。这是定义表现所需要的所有元素。如果所提及的特征由于与可供选择的情境形成对比而变得显而易见,那么,定义就将获得力量。并非所有向外的活动都具有表现的本性。在一个极端上,存在着激情的风暴,它突破重重障碍,并扫除人与所要消灭的东西之间的任何干涉。存在着活动,但从行为者的立场来看,并不存在表现。一个旁观者也许会说:"多么动人的一次愤怒表现啊!"但是,被触怒的存在者只是在愤怒,这是一件与表现愤怒完全不同的事情。或者,某位旁观者也许会说:"那个人在其所做所言中是多么好地表现了他的主要特性。"但是,这里所讨论的这个人最没有考虑到的事情正是表现他的特性;他只是让步于激情的突然发作。再则,一个婴儿的哭或笑对母亲或保姆来说,也许是表现性的;然而,这并不是婴儿的一次表现的行为。它之所以对于旁观者来说是一次表现,乃是因为它就这个孩子的状况说出了某些东西。但是,孩子只是直接做某事,从他的立场来看,这并不比呼吸或打喷嚏更具表现性——而呼吸或打喷嚏之类的活动,对于这个婴儿状况的观察者来说,却也是表现性的。

将这些例子一般化,可以让我们避免犯一种已经不幸侵入美学理论的错误,这种错误假定仅仅让步于天生的或习惯的冲动就会构成表现。如果说这样的一种行为是表现性的,那么并不是在于其自身,而只是在于就某些观察者而言的反思性解释——正如保姆可能会把一个喷嚏解释为即将发生的感冒的征兆。就行为本身而言,如果它纯粹是冲动性的,就只是一次爆发而已。一方面,如果没有从里向外的驱策,就没有表现;但是另一方面,这个喷涌而出在它成为一个表现的行为之前,必须借着将先前经验的价值纳入自身之中而得到澄清和安排。而这些价值除开借助环境中的某些对象就不能发挥作用,这些对象就是对情感和悸动的直接释放加以抵抗的对象。情感的释放是表现的一个必要条件,但不是充分条件。

没有兴奋,没有骚动,就没有表现。然而,笑或哭中即刻释放的一次内心激动也就随着它的表达而消逝了。释放是解脱,是消除;而表现则是驻留,是在发展中推进,是达到完满。一股泪水也许会带来轻松,一阵破坏也许会给内心的愤怒以发泄的机会。但是,只要没有对客观条件进行管理,没有为了体现兴奋而对材料进行塑形,就不会有表现。那些有时被称作自我表现的行为,恐怕还是称作自我暴露的行为来得更妥当;它将特性——或者缺乏特性——显露给他人。而就它本身来说,只是一种向外的喷涌。

从一个就外部观察者立场而言具有表现性的行为转变到内在的表现性行为,很容易通过一个简单的例子来加以说明。起先,婴儿的哭如同他转过头去跟随光线那般;这里有一种内在的驱策,但没有表现什么东西。而当这个婴儿长大些后,就知道一些特定的行为会产生不同的后果,比如,如果他哭就会被引起注意,而笑则会引起周围人的另一种明确反应。因此,他开始意识到他所作所为的意义。当他把握住起初全然是出于内部压力而做的行为的意义时,他就有能力从事真正的表现的行为了。咿咿呀呀等的声音转变成语言,这既完美地说明了表现的行为得以产生的途径,也说明了它们与单纯释放的行为之间的差别。

在这些情形中,表现与艺术之间的联系得到了暗示,如果不是确切例证的话。已经知道他曾经的自发行为能对周围人产生效果的孩子,就会"有目的"地去做一个以前是盲目的行为。他开始根据其后果来处理和安排自己的活动。因为做和经受之间的关系被知觉到了,所以由于做而经受到的后果就具体表现为后来的做的意义。孩子现在也许会为着一个目的而哭了，因为他想要得到注意或缓解。他可能会开始将他的微笑用作劝诱或者表示喜爱。此刻就有了萌芽中的艺术。一个过去是"自然的"活动——自发的和无意的——现在发生了转变，因为它被用作达到一个有意考虑的后果的手段。这样的转变是每个艺术事实的标志。转变的结果可能是巧妙的(artful)，而非审美的。奉承时的微笑和问候时的例行假笑只是技巧而已。但是，欢迎时真诚亲切的行为包含了一种态度的变化，即曾经是冲动的盲目和"自然的"显示变成了一个艺术的行为，所做的事情考虑到了它在密切的人际交往过程中的地位或关系。

  人为的(artificial)、巧妙的(artful)和艺术的(artistic)之间的区别存在于表面。在前者中，公开所做之事与意欲图谋之事间有着分裂。外表是诚恳的；意图却在博得好感。无论什么地方，只要在所作所为和它的目的之间存在着这种分裂，就会有不真诚，就会有诡计，就会有对本质上另有效果的行为的效仿。当自然的东西和培养而成的东西混为一体时，社会交往的行为就是艺术作品。充满生气的亲切友谊的冲动与所做出的行为完全一致，没有隐秘目的的侵扰。笨拙也许会妨碍表现的充分性。但是，制作精巧的赝品，无论怎样有技巧，都是通过表现的形式来完成的；它并不具有友谊的形式也不寓于其中。友谊的实质并未被触及。

  释放的行为或单纯展示的行为缺乏一种媒介。本能的哭和笑并不比打喷嚏和眨眼睛更需要媒介。它们通过某种渠道而发生，但这个排遣的手段并没有被用作某个目的的内在手段。表现欢迎的行为把微笑、伸手、脸上发光用作媒介，这不是有意识的，而是因为它们已经成为在遇到尊贵朋友时表示欢乐的有机手段。最初自发的行为转变为手段，使人际交往更为丰富和亲切——仿佛一位画家把颜料变成表现一则富有想象力的经验的手段。舞蹈和体育运动是这样的活动，在其中，那些曾经是分开来自发做的行为聚集起来，并且从原生的、粗陋的材料转变成富有表现力的艺术的作品。只有在材料被用作媒介的地方，才有表现和艺术。原始禁忌在局外人看来仿佛纯粹是从外部强加的禁律和约束，但它们对于那些经验着它们的人来说，也许是表现社会地位、尊严以及荣誉的媒介。当其作为媒介而运作的时候，任何事物都依赖于使用材料的方式。

  媒介和表现的行为之间的联系乃是内在固有的。一个表现的行为总是使用自然的材料，尽管这个自然也许是在习惯的意义上，以及原始的或天生的意义上而言的。它之所以变成媒介，乃是因为对它的使用考虑到了它的地位和角色，考虑到了它的重重关系、一个包罗广泛的情境——就像音调之所以变成音乐,乃是因为它们被安排在旋律之中。相同的音调可以结合欢快、惊讶或哀伤的态度来发出,从而成为特定情感的自然宣泄。当其他的音调成为这些情感中某一种得以发生的媒介时,它们就表现了这种情感。

从词源上来说,表现的行为乃是挤出或压出。当葡萄在酒榨机中被压碎时,汁液就被榨出/表现(expressed)了;用一个更为无趣的比方来说,某些肥肉在受到高温和压榨时,释放出了猪油和油脂。倘若将原生的或自然的材料排除在外,就没有什么东西会被压榨出来。但是,同样真实的是,原生材料的单单流出或释放并非是榨出/表现(expression)。通过与它外部的某样东西相互作用,如酒榨机或踩踏的人脚,汁液才会作为结果而产生。表皮和种子被分离并保留下来;只有当器械发生故障时,它们才被释放出来。甚至在最为机械的榨出/表现模式中,也存在着相互作用以及随之而来的原始材料的转化;这种原始材料对于艺术产品来说作为原生材料而存在,而这种转化则关系到事实上被压出的东西。既要有酒榨机,又要有葡萄,才能榨-出(ex-press)汁液。同样,既要有包围和抵抗的对象,又要有内在的情感和冲动,才能构成情感的榨出/表现。

塞缪尔·亚历山大(Samuel Alexander)在谈及诗的生产时,这样评论道:"艺术家的作品并非来自艺术作品所对应的一则已经完成了的富有想象力的经验,而是来自对于素材的满腔兴奋……诗人的诗靠着那使他兴奋的主题,从他心中挤压而出。"这段话是一个文本,我们可以对它作出四点评论。这其中的第一点可以暂且看作是对前面几章所述要点的强调。真正的艺术作品乃是由完整的经验逐步建立起来的,这完整的经验来自有机体与周围环境和能量的相互作用。第二点则与我们目前的这个话题更为接近:被表现的事物乃是靠着压力从生产者那里挤压而出的,这个压力由客观事物施加到自然的悸动和倾向之上——就此而言,表现源自后者直接而完美的流出。接下来是第三点。构成艺术作品的表现行为乃是时间中的构造,而不是瞬间的喷射。而且,这个陈述所意味的东西,大大超出了画家花时间把他充满想象的构思转移到画布之上,以及雕刻家花时间完成他对大理石的凿刻。它意味着,在媒介之中并且通过媒介而构成艺术作品的自我表现,本身就是从自我流出的某些东西与客观条件之间一种延长的相互作用,就是它们两者取得它们起先所没有的形式和秩序的一个过程。甚至万能的上帝也花了七天的时间来创造天地,而且,如果记录完整的话,那么,我们应该知道,只是在那个阶段的终点,他才意识到他着手做的东西,这些东西是他利用他所面对的混沌的原生材料做出来的。只有一种主观的形而上学才会把《创世记》中的动人神话改变成这样一个想法,即造物主进行创造,却无需任何致力于其上的未成形的质料。

最后一点的评论是,当对素材的兴奋越来越深时,它就激发了所贮藏的那些来自先前经验的态度和意义。当它们被唤醒而产生活动时,就变成了有意识的思想和情感,变成了情感化的意象。被思想或场景所灼烧,就是被灵感所激发。那被点燃的东西必定或者将自己烧完,变成灰烬;或者在材料中将自己压出,并使材料从粗制的金属变成精炼的产品。许多人不快乐,内心受折磨,乃是因为他还没有掌握表现行动的艺术。在比较幸运的条件下,那可能是用于将客观的材料转变成强烈而清晰的经验的材料的东西,在难以控制的骚动中沸腾不已,而这种骚动最终会在痛苦的内部分裂之后逐渐平息。

那些由于亲密接触和彼此抵抗而经受燃烧的材料构成了灵感。从自我的一方面来看,由先前经验所产生的元素,在新的欲求、冲动和意象中被激发为行动。这些东西出自下意识,既不是冷冰冰的,也不具有与过去诸细节相同一的形状;同时又不是厚厚的团块,而是熔在内心动荡的火焰之中。它们看起来并非来自自我,因为它们是从一个未被有意识知晓的自我那里流出来的。因而,借用一个恰当的神话来说,灵感被归功于神或缪斯。然而,灵感还只是开头。就其本身而言,它一开始是不完全的。被燃着的内部材料必须得到客观燃料的补给。通过燃料和已经烧着的材料之间的相互作用,精炼而成形的产品就逐渐生成了。表现的行为并不是附着于已经完成的灵感之上的某样东西。它凭借知觉和意象的客观材料,将一个灵感推进到完成。①

如果不是被抛进混乱和骚动之中,冲动就不能导致表现。除非是压在一起(com-pression),否则就不会有什么东西被榨-出。骚动标志着某种场所,在这种场所,内心的悸动以及与环境的接触,在事实上或观念中,遭遇并创造了一场发酵。

---

① 拉塞尔斯·艾伯克朗比先生(Lascelles Abercrombie)在他有趣的《诗论》(*The Theory of Poetry*)中,在两种灵感观点之间摇摆。其中的一种采取了在我看来是正确解释的东西。在诗中,一个灵感"完整并精妙地界定了它自身"。而在另外的场合,他又说灵感就是诗;"某样自给自足的东西,一个完整而全面的整体。"他说:"每个灵感都是某样最初不曾也不能作为语词而存在的东西。"情形无疑如此;甚至一个三角函数也不是仅仅作为语词而存在的。但是,如果它已经是自给自足的了,那么,为什么它还要寻求并找到语词来作为表现的媒介呢?

如果没有逼近的敌人袭击或者将要收割的庄稼，原始人的战争舞蹈和收获舞蹈就不会是从内心流出来的。要产生不可或缺的兴奋，就必须有处于危险之中的东西，有事关重大却又并不确定的东西——就像一次战役的结果，或者一次收获的期待。一个确实无疑的东西是不会在情感上把我们唤起的。因此，它并不单单是被表现的兴奋，而是关于某样东西的兴奋；同样因此，甚至单单的兴奋，只要不是完全的惊慌，也会利用那些曾被先前处理对象的活动用旧了的行动渠道。这样，就像一个自动完成其角色表演的演员的动作那样，它模拟表现。甚至一个不明确的不安也在歌曲或哑剧中寻求排遣，努力变成清楚的表达。

关于表现行为的本性的种种错误观点，几乎都来源于这样一种想法，即情感本身是内在完整的，只有在发出时，才会对外部材料产生影响。但是，事实上，情感总是或趋于或出于或关于某种客观的东西的，无论在事实上，还是在观念中。情感隐含在情境之中，而情境的结果是悬而未决的；同时，情境中那被情感所打动的自我是极其要紧的。情境是压抑的、威胁的、难耐的、胜利的。除非是作为自我和客观条件之间的一种相互贯通，否则，那由个人所认同的群体所赢得的胜利中的喜悦就不是内在完整的东西，那对朋友之死的悲痛也就不是能被理解的东西。

联系艺术作品的个性化来看，这后面的事实尤其重要。有一种想法在逻辑上要求个性化成为表面的和外在的，这种想法就是，表现乃是本身完整的情感的直接喷射。因为，根据这个想法，恐惧就是恐惧，欣喜就是欣喜，爱就是爱，每者皆成类，只是由于强度的不同而在内部有所差别。如果这个观念是正确的，那么，艺术作品就必然落到某些类型之中。这个观点已经影响了批评，但是并不有助于对具体艺术作品的理解。除非从名义上来说，否则就不存在诸如某个恐惧、仇恨、爱的情感这样的东西。所经验的事件和情境的唯一且无法复制的特性，印刻在那被唤起的情感之上。倘若言语的功能是再造它所指涉的东西，那么，我们就永远不能谈及恐惧，而只能谈及对这辆特定的迎面而来的汽车的恐惧，以及它在时间和空间上的所有详情，或者在得出错误结论的具体环境中的恐惧，而这个错误结论又是由如此这般的材料而得出的。人一生的时间过于短暂，以至于无法用语词来再造出一个单一的情感。不过，事实上，诗人和小说家在处理情感方面，甚至比专门的心理学家有巨大的优势。因为前者逐步建立起一个具体的情境，并且允许它去唤起情感上的反应。艺术家不是用理智和符号的术语来描述情感，而是"采取行动，而这行动生出"情感。

艺术是选择性的,这成为一个普遍承认的事实。艺术之所以如此,乃是缘于表现的行为中的情感角色。任何占主导地位的情绪都会自动地排斥一切与它不相投合的情绪。情感比任何谨慎盘问的哨兵都更为有效。它伸出触角,寻求那投合的东西,寻求那滋养它并将它带至完善的东西。只有当情感烟消云散或支离破碎时,与之相异的材料才能进入意识之中。借助一系列连续行为中发展着的情感,材料的选择性运作得以强有力地实行,这种选择性运作将质料从众多数量和空间上分离的对象中提取出来,并且将那抽取出来的东西压缩进一个对象之中,这个对象成为所有属于它们的价值的一个集中体现。这种功能创造了艺术作品的"普遍性"。

如果有人考察某些艺术作品冒犯我们的原因,那么,他很可能发现,这个原因在于没有个人感受的情感对所呈现材料的选择和集合进行指导。我们会得到这样的印象,即艺术家,比方说一部小说的作者,设法借助有意识的意图来调整那被唤醒的情感的本性。我们会被这样一种感觉激怒,即作者操纵材料以保证一种事先决定的效果。作品的诸方面,对作品来说不可或缺的多样性,是由某种外部的力量而集合在一起的。各部分的运动和结论揭示不出逻辑上的必然。作者而非素材,成了仲裁者。

在阅读一部小说,甚至是一部由行家里手写的小说时,人们也许早早在故事里获得这样一种感觉,即男女主人公的命运乃是被决定了的,决定他们命运的不是内在于情境和人物中的东西,而是作者的意图,作者使人物成为阐明他自己所珍爱的观念的傀儡。所导致的痛苦感觉是为人所愤恨的东西,这并非因为它是痛苦的,而是因为它借助我们感到是外在于素材变化的东西而硬塞给我们。一件作品可以更具悲剧性,但留给我们一种满足的情感,而不是愤怒。我们之所以接受这个结局,乃是因为我们感到它是内在于所描绘的素材的变化之中的。事件是悲剧性的,但是这些命定的事件发生在其中的那个世界,却并不是一个任意而强加的世界。作者的情感和我们心中被唤醒的情感乃是靠这个世界中的场景而引起的,并且与素材混合在一起。正是出于相似的理由,文学作品中一个道德设计的侵扰会使我们感到厌烦,然而,我们也会审美地接受任何数量的道德内容,如果它与一种控制着材料的真情实感所结合的话。怜悯或愤慨的炽热火焰会找到滋养它的材料,并且,它会将聚集起来的一切熔为一个充满活力的整体。

正是因为情感对生产艺术作品的表现行为来说是本质性的,所以错误的分析就容易误解它的运作模式,并且得出结论说,艺术作品以情感作为其重要内容。一个人在看到他分别已久的朋友时,会高兴地叫喊甚至落泪。这个结果并不是一个表现的对象——除非对旁观者是如此。但是,如果情感引导一个人把与所唤醒的情绪相关的材料收集起来,那么,结果也许就是一首诗。在直接的爆发中,客观情境是情感的刺激或原因。而在诗中,客观材料就变成了情感的内容和质料,而不仅仅是唤起它的机缘。

在表现的行为的发展中,情感的运作就仿佛一块磁铁,将适当的材料吸到它自己身上;之所以适当,乃是因为它与已经运动起来的心灵状态有一种经验到的情感上的亲和力。材料的选择和组织是所经验到的情感的性质的一种功能,同时是一种检验。在观看戏剧、注视图画或阅读小说的时候,我们也许会感到其中的各个部分并没有结合在一起。这或者是由于作者不具有在情感上得到调和的经验,或者在开始时有一种被感受到的情感,但没有维持下去,而一连串不相干的情感强加到作品上。在后一种情形中,注意力摇摆不定并且移来移去,随之发生的便是那些并不调和的各个部分的装配。敏感的观者或读者意识到了连接的接缝,以及任意填塞的漏洞。是的,情感必须起作用。但是,它的工作是要达至运动的连续性,以及多样性中效果的单一性。它对于材料来说是选择性的,而对于其秩序和安排来说是指导性的。但是,它并不就是那被表现的东西。倘若没有情感,也许会有技艺,但不会有艺术;情感可以是当下的和强烈的,但如果它是直接显现的,那么结果,其也不是艺术。

存在一些其他超负荷承载情感的作品。而根据情感的显现即其表现的理论,是不可能超负荷的;情感越强烈,"表现"就越有效。事实上,一个被情感压倒的人,会因此而失去表现它的能力。至少在华兹华斯的"情感于宁静中忆起"这个原则里,存在着真理的成分。当一个人被情感所控制时,就会有太多的经受(用描述具有一则经验所使用的语言来说)和太少的能动反应,以至于不允许达到一种平衡的关系。存在太多的"本性",以至于不容许艺术的发展。例如,凡·高的许多画,就具有一种拨动心弦的强度;但是,伴随着这种强度,存在一种由于缺乏控制而产生的爆发性。在一些极端的情感状态中,它所起的作用是扰乱而不是理清材料。不充分的情感在一种冷冰冰的"正确"产品中展示自身。过多的情感阻碍了对各部分必要的详细描述和精确定义。

贴切的字眼,正确地点发生的适宜事件,比例的精致,在定义部分时有助于统一整体的准确的音调、色调以及明暗,这些东西的决断都是靠情感来完成的。然而,并非每种情感都能如此,而只有那种灌注着所掌握和聚集的材料的情感才能做到。当情感被间接地花在搜寻材料并赋予其秩序而非被直接消耗时,才会得到灌注并向前推进。

艺术作品常常向我们呈现出一种自发的气氛、一种抒情的性质,它们好像是鸟儿未经事先考虑唱出的歌。但是,人,不管幸运还是不幸,并不是鸟儿。他最自发的情感爆发,倘若是表现性的,就不是瞬间内在压力的泛滥。艺术中自发的东西乃是对新鲜素材的全神贯注,而且正是素材的这种新鲜性把握并支持着情感。质料的陈腐和计算的强加,乃是表现的自发性的两个敌人。反思,甚至是长久而艰苦的反思,也可能是与材料的产生有关系的。不过,如果质料被生动地吸收进当下的经验之中,那么,表现就将显现出自发性。假如先前劳动的结果在与新鲜情感的完全融合中浮现而出,那么,一首诗或一出戏不可避免的自我运动就会与任何数量的这样的劳动相协调。济慈充满诗意地谈到了达到艺术表现的途径,他这样说道:"在它达到战栗的、微妙的以及蜗牛触角般的美的知觉之前,无数的合成和分解在理智以及理智的大量材料之间发生。"

我们每个人都会将过去经验中所包含的价值和意义吸收进他自身之中。但我们是在不同的程度上,并且在自我的不同层次上,这么做的。某些东西深深地沉淀,而另外一些东西则停留在表面并容易被取代。旧诗人以传统的方式把司记忆的缪斯当作某个完全外在于他们的东西——外在于他们当下有意识的自我——来加以祈求。这种祈求是一种赞词,它献给那位于最深的地方因而离意识最远的东西的力量,这力量决定了当下的自我,以及这个自我不得不说的东西。下面这种说法是不正确的,即我们只是把那异己和讨厌的东西"忘却"或者扔进无意识中。更为正确的说法是:那些我们最为完全地使之成为我们的一部分的东西,那些我们加以同化以便构成我们的个性而不仅仅作为事件而保留的东西,不再具有一种分离的有意识的存在。某个场合,不管它可能是什么场合,会激起那业已因此而形成的个性。接着,就出现了表现的需要。被表现的东西既不是过去那些已经起到塑形效果的事件,也不是那平铺直叙的现存的场合。就其自发性的程度而言,它是一种密切的结合,即当下存在的特征与过去经验已经在人格中加以吸收的价值之间的结合。直接性和个性乃是标志具体存在的显著特点,它们来自当下的场合;而意义、主旨、内容则来自从过去嵌入自我之中的东西。

布须曼人岩画,非洲

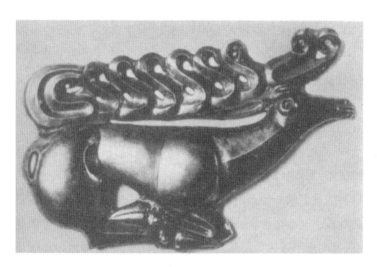

锡西厄人金饰
艾尔米塔什博物馆(The Hermitage),圣彼得堡

我认为,甚至对幼儿的舞蹈和歌唱的解释也不能完全建立在对当时所存在的客观场合不熟练和未成形的反应之上。显然,必须有某样东西存在于当下并且能唤起快乐。但是,只有当从过去经验中贮藏起来并因而一般化的东西,与当下的条件相结合时,行为才是表现性的。在快乐儿童的表现的情形中,过去价值和当下事件的结合是很容易发生的;几乎没有什么需要克服的障碍、需要治疗的创伤,以及需要解决的冲突。而对于成年人来说,情形则正好相反。成年人很少能达到这种完全和谐一致;但是,如果出现这种情况,它就是在更深的层次上,并且具有更丰富的意义内容。然后,尽管在漫长的酝酿之后,在先前劳动的痛苦之后,那最终的表现也许就随着快乐童年的有韵律言语或有节奏运动的自发性而流淌出来了。

凡·高在给他弟弟的一封信中写道:"情感有时是如此之强烈,以至于一个人在工作时对他所做的工作并无知晓,而且,作画时的每一笔都是伴随着次序性和连贯性而发生的,就像讲话或写信中使用词语那样。"然而,这样一种情感上的丰富性以及表达上的自发性的出现,仅仅是对那些已经将自己沉浸在客观情境的经验中的人而言的;是对那些久已专注于对相关材料的观察的人而言的,这些人的想象力忙于重构他们所见所闻的东西已经很久了。否则的话,这种状态就更像一种狂乱的状态,在其中,有秩序的生产的感觉成为主观性和幻觉性的。甚至火山的爆发也是以先前长期的压抑阶段为前提的,并且,如果这个爆发喷射出的是熔岩而不仅仅是零零碎碎的岩石和灰烬,那么,它就包含了那最初原料的变形。"自发性"乃是长期活动的结果,否则,它就空空洞洞,无法成为一个表现的行为。

威廉·詹姆斯所撰写的关于宗教经验的一些东西,也许很好地描写了表现的行为的前提。"一个人有意识的才智和意欲瞄准某些还只是朦胧和不准确想象到的东西。然而,他身上那些纯粹是有机体成熟的力量却始终向着它们自身预想的结果前行,而且,他的有意识的应变放任了场景背后的下意识相关物。它们以它们的方式工作以便达到某种重整,这种所有深层的力量都趋向重新安排无疑是相当明确的,并且绝对不同于他有意识地构想和决定的东西。它也许会因此在事实上被他向真实方向倾斜的自愿努力所干扰(就如同被堵塞)。"所以,正如他所补充的,"当新的能量中心已经下意识地酝酿了如此之久,以至于准备好要开出花朵时,'请勿动手'恐怕是唯一要对我们说的话了;它必定无须帮忙,以自己的力量绽放出来"。

要找到或给出对自发表现的本性的较好描述是困难的。压力在先,然后汁液从酒榨机中喷涌而出。只有预先做好工作,形成一扇扇新的观念得以进入的正确之门,这些观念才会从容不迫而又敏捷迅速地来到意识之中。在人类奋斗的每条路线上,都是下意识的成熟先于创造性的生产。"才智和意欲"的直接成果从不自然而然地生产出任何非机械的东西;它们的功能是必要的,但这个功能却放弃了存在于它们领域之外的相关物。在不同的时期,我们计较不同的东西;我们所怀有的目的就意识而言乃是独立的,它们各自适合于其自己的场合;我们做出不同的行为,每个行为都有其自己特定的结果。然而,当它们都从一个活的生灵出发时,就在意图的层面下以某种方式结合在一起了。它们在一起工作,并且最终产生某种东西,而几乎不顾及有意识的个性,更与深思熟虑的意欲无关。当耐性完美地起作用时,人就被合适的缪斯掌握了,仿佛是按照某个神的指示去说话和歌唱。

那些按照惯例来说与艺术家隔开的人,比如"思想家"和科学家,并不像在普遍假设的程度上那样依靠有意识的理智和意欲来达到某些东西。他们也是向着某个朦胧而不精确地预想到的目的而奋力推进,他们被引诱着摸索自己的道路;而引诱他们的,乃是他们的观察和反思能畅游于其中氛围的同一性。只有将事实上在一起的事物分离开来的心理学才坚持认为,科学家和哲学家从事思考,而诗人和画家则跟随他们的感觉。在这两者中,并且在同样的范围内,就他们所具有的可比等级的程度而言,存在着情感化的思考,也存在着其主旨是由被欣赏到的意义或观念所组成的感情。正如我已经说过的,唯一意义重大的区别涉及情感化的想象所依附的材料种类。那些被称作艺术家的人,对他们的素材拥有直接经验到的事物的性质;"理智的"探究者在处理这些性质时已经隔了一层,因为他们要借助符号媒介,而符号媒介是代表性质,而不是在其直接的在场中具有意义。就思想和情感的技巧而言,根本的差别是巨大的。但是,就对于情感化的观念和下意识的成熟的依赖而言,却没有任何差别。直接根据色彩、音调、意象来思想,这是一种在技巧上不同于以语词来进行思想的运作。但是,只有迷信才坚持认为,因为绘画和交响乐的意义不能被转化为语词,或者说,诗的意义也不能被转化为散文,所以思想就被后者所独占。如果所有的意义都能被语词所充分表达,那么,绘画艺术和音乐艺术就无需存在了。有些价值和意义只能被直接的视和听的性质所表达,而且,如果要询问它们在可被译成语词的东西的意义上意味着什么,那么就否认了它们的独立存在。

不同的人对进入他们表现行为的有意识的理智和意欲的相对参与程度是不同的。埃德加·爱伦·坡(Edgar Allan Poe)留下了对那些更具深思熟虑头脑的人所从事的表现过程的一个说明。他谈到在他写作《乌鸦》(The Raven)时发生的事情,他说:公众很少被允许"窥视舞台幕后摇摇晃晃的粗陋之物,其真正的目的要到最后一刻才会被把握住。窥视换布景用的轮子和齿轮等设施、梯子和活门、红油漆和黑布块,这些东西百分之九十九构成了文学演员(histrio)的属性"。

我们并不是要太认真地接受坡所陈述的数字比例。但是,他所说的这些东西的主旨却是对朴素事实的生动形象的表达。经验初始和原生的材料需要重新加工,以便使艺术的表现安全可靠;这个需要在"灵感"的情形中,往往更甚于在其他情形中。在此过程中,被原初材料所唤起的情感在逐渐依附到新材料时,得到了修正。这个事实给了我们一条通向审美情感的本性的线索。

至于那进入艺术作品形成中的物质材料,每个人都知道,它们必须经历改变。大理石必须被凿刻;颜料必须被涂抹在画布上;语词必须被连在一起。并没有被广泛承认的是,一种类似的变形也发生在"内在的"材料、意象、观察、记忆和情感的方面。它们也被逐渐地重组;它们也必须被加以管理。这种修正是一种真正的表现行为的逐步建立。像一种要求表达的骚动那样沸腾的冲动,必须像大理石或颜料那样,像色彩和声音那样,经历同样多、同样仔细的处理,以便得到动人的显现。事实上,并不存在这样两种运作,一种运行于外在的材料之上,另一种运行于内在的和精神的原料之上。

作品之所以为艺术的,乃是就这样的程度而言的,即这两种变化的功能靠一种单一的运作而实现。当画家将颜料安排在画布上时,或者当他想象颜料被安排在那里时,他的观念和情感也得到了整理。当作家以其语词的媒介来写作他想要说的东西时,他的观念对于他自己来说,呈现出了可知觉的形式。

雕刻家不仅仅根据精神,而且根据陶土、大理石或青铜,构思他的雕像。一位音乐家、画家或建筑师在工作时,究竟根据听觉或视觉的意象,还是根据实际的媒介来表达他的原创的情感观念,这相对来说不很重要。这是因为,意象所具有的乃是经历发展的客观媒介。物质的媒介可能会在想象中,或者在具体的材料中得到安排。无论如何,物质的进程发展了想象,而想象则根据具体的材料来构思。唯有将"内在的"和"外在的"材料在彼此的有机联系中逐渐组织起来,才会产生并非是学术文献或对常见事物说明的东西。

出现的突然性属于材料高出于意识阈限之上的显露,而不是属于其产生的过程。如果我们能对任何这样的显现追踪到其根源,并且通过其历史来跟随它,那么,我们会发现一开始比较粗糙和不确定的情感。只有当它本身在想象的材料中通过一系列变化而运转时,我们才会发现它设定了明确的形状。我们大多数人所缺乏的由以成为艺术家的东西,既不是起初的情感,也不仅仅是专门的实施技能。它是作用于模糊的观念和情感并使之符合某种确定媒介的条件的能力。如果表现只是一种移画印花法(decalcomania),或者只是一种将兔子从其躲藏之处唤出的咒术,那么,艺术的表现就成为一件相当简单的事情了。但是,在怀孕和出生之间存在着一个长长的妊娠阶段。在这个阶段,内在的情感材料和观念材料通过作用于客观材料以及被客观材料所作用,发生了转变;这种转变在程度上,等同于后者在变为表现的媒介时所经历的修正。

恰恰正是这种转变,改变了初始情感的特性,改变了它的性质,从而使它在本性上变成独具审美的。就正式的定义而言,情感之所以是审美的,乃是因为在表现的行为得以定义的意义上,情感依附于由表现性的行为而形成的对象之上。

在开始的时候,情感直接投注于它的对象。爱倾向于珍惜那被爱的对象,正如恨倾向于破坏那被恨的事物。这其中的任一情感都可能撇开其直接的目的。爱的情感也许会寻找并找到这样的材料,即尽管不同于那直接所爱的东西,但却通过使事物亲和的情感而成为共种同源的了。这种其他的材料可能是任何东西,只要它滋养了情感。倘若我们考虑一下诗人的情形,就会发现,爱表现在奔涌的激流中,在寂静的池塘中,在等候暴风雨时的焦虑中,在鸟儿飞翔的盘旋中,在遥远的星辰或多变的月亮中。这种材料在性质上不是隐喻性的,倘若"隐喻"被理解成任何有意识比较行为的结果的话。诗里面深思熟虑的隐喻,乃是情感没有浸透材料时的心灵依靠。言辞的表现可以采取隐喻的形式,但是,词的后面所存在着的是情感的识别行为,而不是理智的比较行为。

在所有这样的例子中,直接的情感对象被某个在情感上类似它的对象代替了。它代替了直接的爱抚、跨踏的接近,以及力图承载的风暴。休姆(Hulme)的陈述颇有几分道理,他说:"美是一个受抑制而不能抵其自然终点的悸动的原地踏步、不变的振动,以及故作的狂喜。"[①]如果说这番陈述有什么问题的话,那么,就是隐秘地暗示,冲动本来是应当能抵及"其自然终点"的。如果展示两性之间爱的情感的手段,不是转而成为与它的直接对象和直接目的在情感上同类但实际上不相关的材

---

① 《沉思》(*Speculations*),第266页。

料,那么就完全有理由认定,它仍然停留在动物的水平上。某个悸动就它向着其生理上正常目的的直接运动而言,遭到了抑制;但是,在诗的情形中,这个悸动并没有在一种绝对的意义上遭到抑制。它变成了一种非直接的渠道,在这个渠道中,它找到了其他的材料,而不是"自然地"合乎它的材料;而且,当它与这种材料相融合时,它呈现出新的色彩并具有了新的结果。这就是任何自然的悸动在被理想化或精神化时所发生的事情。那将情人的拥抱提升至超越动物层次的东西正是这样一个事实,即当它发生时,它把这些成为行动中的想象力的迂回偏移的结果,当作它自己的意义而吸收到其自身之中。

表现是混浊情感的澄清;当我们的品位被映照在艺术的镜子里的时候,它们就知道了自己,而在它们知道自己的时候,它们就转变了形象。于是,那独具审美意味的情感就发生了。它不是从一开始就独立存在的感性形式。它是由表现性的材料所引发的情感,而且,因为它被这个材料所唤起并附属于这个材料,所以它由已经变化的自然情感所组成。自然的对象,比如风景,引发了它。但是,它们之所以能够做到这一点,仅仅是因为当它们成为一则经验的事件时,已经经历了一种类似画家或诗人所达成的变化,即把直接的场景转换为表现所见之物价值的行为的事件。

一个怒气冲冲的人要做某事,他无法靠任何直接的意志行为来平息自己的愤怒,至多只能努力地把愤怒压抑下去而表面上不流露出来;而其实,愤怒将更为隐伏地起破坏性作用。他必须采取行动以便摆脱它。但是,在显示其状态时,他可以用不同的方式来行动,一种是直接的,另一种是间接的。他不能够平息它,就像他不能够靠意志的命令来破坏电流的运动。但是,他能够驾驭一种或另一种而实现新的目的,从而取消自然作用的破坏性力量。易怒的人并不一定要通过向邻居或家人出气来得到缓解。他也许会记得,一定量的有条理的体育活动即是良药。他认真地收拾他的屋子,摆正歪斜的画,把纸片归类,彻底清理抽屉,使各样东西整齐有序。他利用他的情感,把它转至由先前的职业和兴趣所准备的间接渠道。但是,既然在这些渠道的使用中,有某些东西在情感上类似他的愤怒由以找到直接宣泄的手段,那么,在他整理东西的时候,他的情感也变得有条理了。

这种转变具有下面这种变化的本质,这种变化当全部自然的或原初的情感冲动走间接的表现之途而非直接的宣泄之途时,便会发生于其中。愤怒的释放也许像一支对准靶子的箭,会在外部世界产生某种改变。但是,具有外部效果根本不同于有规则地使用客观条件以便给予情感以客观的实现。唯独后者才是表现,并且,那依附于最终对象或被最终对象所贯穿的情感是审美的。如果我们所说的这个人像例行公事那样整理他的房间,那么,他就是非审美的。可是,如果他起初不耐烦的愤怒情感由于所做的事情而得到平抑,那么,整齐的房间反过来映出在他身上所发生的变化。他并没有感到他已经完成了一件必须做的家务,但他已经在情感上完满地做了某事。他因此而得以"客观化的"情感便是审美的了。

审美的情感因而是某种独特的东西,但是没有一道鸿沟把它与其他的以及自然的情感经验隔绝开来,就像某些理论家在争取它的存在时所使之成为的那样。熟悉最近美学文献资料的人,会意识到一种走一个极端或另一个极端的倾向。一方面,有人假定,至少在一些有天才的人中间,存在着一种最初就具有审美意味的情感;并假定,艺术的生产和欣赏便是这种情感的显现。这样一种设想是所有下面这些态度不可避免的逻辑对应物,这些态度使艺术成为某种秘传的东西,并且把优美艺术归入与日常生活经验隔着鸿沟的领域之中。另一方面,一种意图有益的反作用则反对这个观点并走向了极端,它坚持认为,不存在诸如独特的审美情感这样的事物。爱慕的情感不是通过公开的爱抚行为来运作的,而是通过搜寻一只翱翔的鸟儿的观察资料和影像来运作的。激怒性能量的情感不是破坏或伤害,而是把对象置于令人满意的秩序之中,这些情感在数量上与其原初的和自然的状态并不完全相同。然而,有一种基因上的连续性位于其中。丁尼生(Tennyson)在《悼念集》(In Memoriam)这则作品中最终提炼的情感,并不完全等同于在哭泣或悲诉中显现自身的悲痛情感:前者是一种表现的行为,而后者是一种宣泄的行为。不过,显而易见的是两种情感之间的连续性,即这样一个事实,审美情感是通过客观材料来转型的原生情感;而原生情感,正是将它的发展和圆满完成托付给了这个客观材料。

塞缪尔·约翰逊(Samuel Johnson)对熟悉的东西的再生产有着俗气的偏好,他以下面的这种方式批评了弥尔顿(Milton)的《利西达斯》(Lycidas):"它并不被认为是真正的情感的迸发,因为情感没有追逐疏远的暗示和含糊的意见。情感不是从香桃木和常春藤上采集浆果,也不是拜访阿瑞托莎(Arethuse)和闵休斯(Mincius),或讲述生着偶蹄的、粗野的萨梯儿(satyr)和法翁(faun)。哪里有闲暇去虚构,哪里就没有悲痛。"当然,约翰逊批评的基本原则会阻止任何艺术作品的出现。它会以严格的逻辑把悲痛的"表现"限制为哭泣和撕扯头发。这样,虽然弥尔顿诗里的独特素材不会被用在今天的哀歌之中,但是它以及任何其他的艺术作品,都注定要处理其某个方面的远离的东西——即远离情感的直接迸发,远离用旧了的材料。悲痛已经成熟并且超越了通过哭泣和哀号来缓解的需要,它将诉诸某种约翰逊称为虚构的东西——亦即富于想象的材料,尽管它可能是与文学作品、古典名著以及古代神话有所差别的质料。在所有的原始民族中,哀号很快就呈现出一种仪式的形式,这种形式"远离"了它的天然的显现。

换句话说,艺术不是自然,但却是变形了的自然;这个变形的手段就是,自然进入到它唤起新的情感反应的新的关系里面。许多演员停留在他们所饰演的特定情感之外。这个事实就是人们所知道的狄德罗的悖论,因为是他首先阐发了这个论题。事实上,唯有从前引的塞缪尔·约翰逊那段话所暗含的立场出发,它才是悖论。更近的探究实际上已经表明,存在着两种类型的演员。有一些演员在情感上"失去"自身而进入其角色时,他们说他们达到了最佳的状态。然而,根据我们陈述过的原则,这个事实并不是表现,因为它只是演员使自己等同一个角色、一个"部分"。作为一个部分,它被构思为一个整体的部分;如果表演中存在着艺术,那么,角色就将居于次要地位,以便占据整体中一个部分的位置。它因此而获得了审美形式的资格。甚至那些极其深切地感受到所扮演的剧中人物的情感的演员,也不应失去这样的意识,即他们身处一个有其他演员共同参演的舞台之上;他们在观众的面前,因而必须与其他表演者合作,以创造某种效果。这些事实要求并意味着原始情感的一种明确的变化。醉酒的表演是喜剧舞台上常见的一种手法。但是,一个实际上醉了的人却不得不设法掩盖自己的状况,如果他不想让他的观众讨厌的话,或者至少不想引起那根本不同于由表演的醉酒所引起的笑声的话。这种两种类型的演员之间的差别,不是以下两者之间的差别,即一者是得到控制的情感的表现,这个控制来自情感进入其中的情境的关系;而另一者是原生情感的显现。它是达成所渴望的效果的方法的差别,无疑关联个人气质的差别。

最后,我们前面所说的东西为一个恼人的问题起到了定位作用,如果不是解决了的话,这个问题就是审美的或美的艺术与其他也被称作艺术的生产方式之间的关系。正如我们已经看到的,所存在的差别事实上并不能借由技巧和技艺的定义来拉平。然而,它们两者都不能借助某种手段而上升为一种不可逾越的障碍,这个手段就是把优美艺术的创造归于一种独特的悸动,这种悸动与那些在通常不被置于优美艺术的标题下的表现模式中起作用的冲动区分开来。行为可以是崇高的，手法可以是优雅的。冲动朝向材料的组织，以便以一种在经验中直接实现的形式来呈现后者，如果这样的冲动不在绘画、诗歌、音乐以及雕刻艺术之外，那么，它就不在任何地方存在；优美艺术也就不存在。

把审美性质赋予所有生产方式的问题，是一个严肃的问题。然而，它是一个适于人来解决的人的问题，而不是一个由人的本性或物的本性中某种不可跨越的鸿沟所决定的无法解决的问题。在一个不完美的社会——没有什么社会是完美的——中，优美艺术在某种程度上会成为对生活主要活动的一种逃避，或者成为对它们的一种外在装饰。不过，在一个比我们生活的社会更有秩序的社会中，比现在的状况无限大的幸福将出现在所有的生产方式里。我们生活在一个有着许多组织的世界之中，但它是一种外在的组织，而不是一种成长经验的有序的组织，不是一种此外还牵涉活的生灵的整体、通向完满结局的组织。艺术作品并不远离普通生活，它们在公众中得到广泛喜爱，它们乃是一种统一的集体生活的记号；在这样一种生活的创造中，它们又起着奇迹般的辅助作用。表现行为中的经验材料的重制，不是仅限于艺术家，以及仅限于这儿或那儿某个碰巧欣赏作品的人的孤立事件。就艺术行使其职责的程度而言，它也是公众经验在更为有序和更加团结的方向上的重制。

（孙　斌译）

表现性的对象 *

表现,就像建构一样,既意味着行动,也意味着行动的结果。在上一章,我们把它作为行为进行了考察。现在我们所关注的是对我们说出了某些东西的产品,即表现性的对象。如果这两种意义被分隔开来,那么,对对象的察看,就会从生产它的运作中孤立出来,并且因此而远离视觉的个体性,因为行为来自个体的活的生灵。那些抓住了"表现",仿佛表现仅仅是表示对象的理论,总是坚执于这样一个极端,即艺术的对象纯粹是再现其他已经存在着的对象。该理论忽视了使对象变成某种新东西的个体贡献。它们仔细研究它的"普遍"特性,以及它的意义——这是一个模棱两可的术语,正如我们将看到的那样。另一方面,表现的行为从对象所拥有的表现性那里孤立出来,又导致这样一种看法,即表现仅仅是一个释放个人情感的过程——这是上一章所批评的想法。

酒榨机所榨出/表现(express)的汁液,正是由于前面的行为方才成其为汁液;而且,它成为某种新的和独特的东西。汁液不仅仅是再现其他的事物。不过,它与其他的对象有某些共同之处;而且,它被制造出来,乃是要引起其他人而非生产它的人的兴趣。一首诗和一幅画呈现出经过个人经验提炼的材料,它们并没有已经存在或普遍存在的先例。虽然如此,它们的材料来自公共的世界,并且因此与其他经验的材料有着共同的性质,尽管其产品在其他人中唤醒了对这个共同世界的意义的新知觉。哲学家们曾经为之狂欢的个别和普遍、主观和客观、自由和秩序的对立,在艺术作品中是没有位置的。作为个人行为的表现与作为客观结果的表现,彼

---

* 选自《杜威全集·晚期著作》第 10 卷,首次发表于 1934 年,为《作为经验的艺术》第 5 章。

此是有机地联系在一起的。

因此,并没有必要进到这些形而上学的问题里。我们可以直接地接近事情。既然一件艺术作品是表现性的,就必定在某种意义上是再现性的。那么,说它是再现性的,到底意味着什么呢?一般而言,说一件艺术作品是或不是再现性的,是没有意义的。因为"再现"这个词具有许多意思:一种对再现的性质的主张,可能在某种意义上是错误的,然而在另一种意义上是正确的。如果"再现的"意味着照实的复制,那么,艺术作品不具有这样的本性,因为这种观点忽视了作品的某种唯一性,这种唯一性应归于场景和事件通过于其间的个人媒介。马蒂斯说,照相机对于画家来说,乃是一个巨大的恩赐,因为它使他们减轻了任何表面上复制对象的必要性。但是,再现可能也意味着,艺术作品把某些东西告诉给那些喜爱它的人,这些东西有关他们自己对世界的经验的本性:它将这个世界呈现在他们所经历到的新的经验之中。

一种类似的模棱两可也出现在艺术作品的意义的问题之中。词乃是再现对象和行动的符号,就其代表它们而言;在这个层面上,词具有意义。倘若一个标识牌标明离某某地方有多少多少英里,并且以一个箭头指明方向,那么,它就具有了意义。但是,这两个例子中的意义都具有一种纯粹外在的指涉;它通过指向某样东西来代表它。意义并不由其自身内在的原因而属于词和标识牌。它们所具有的意义,是在代数公式或密码所具有意义的层面上而言的。可是,也存在着其他的意义,这种意义作为对所经验的对象的拥有而直接呈现自身。这里不需要代码或解释的规则;意义是直接内在于经验之中的,就像花儿在花园中那样。因而,对一件艺术作品的意义的否认,具有两种极其不同的含义。它可能意味着,艺术作品不具有那种属于数学记号和符号的意义——这是一个正确的观点。或者,它也可能意味着,艺术作品乃是没有意义的,就像胡说八道是没有意义的那样。艺术作品当然不具有旗帜用于向其他船只发信号时所具有的意义。不过,当旗帜为一场舞会而用于装饰船只甲板时,艺术作品确实具有此时旗帜所具有的意义。

大概没有人想说,艺术作品没有意义是在毫无意义的层面上而言的,既然如此,那么,看起来他们好像只是想排除外在的意义,即居于艺术作品本身之外的意义。然而,不幸的是,事情并不这么简单。对艺术的意义的否认,通常依赖这样一个假设,即艺术作品所拥有的那种价值(以及意义)如此独一无二,以至于它与审美之外的其他经验模式的内容没有共性或联系。简而言之,它作为另一种方式,支持了我称为秘传的优美艺术观念的东西。前面几章所阐明的对审美经验的处理，确实暗含了这样一个想法，即艺术作品具有一种*唯一的性质*，但是，它澄清并集中了在其他经验材料中以分散和削弱的方式所包含的内容。

也许可以通过区分表现和陈述来处理手头的这个问题。科学陈述意义，而艺术则表现它们。完全有可能的是，这个论述本身对我所思忖的差别的说明，要优于任何解释性的评论。然而，我要冒险地做某种程度的扩充。标识牌的例子也许是有帮助的。它给人们指出了通往某个地方，比如说一座城市的路线。它没有以任何方式，甚至没有以替代性的方式提供关于那个城市的经验。事实上，它所做的是陈列出倘要获得那经验便必须完成的某些条件。这个例子中所包含的东西，也许是可以一般化的。陈述陈列出某些条件，在这些条件下，有可能得到关于对象或情境的一则经验。倘若这些条件以这样一种方式得到陈述，即它们可以被用作一个人可能由以获得经验的指导，那么在这个程度上，一个陈述就是好的，也就是说，是有效的。而如果一个陈述陈列这些条件的方式是，当它们被用作指导时，它们会产生误导或使人大费周折地接近对象，那么它就是一个坏的陈述。

"科学"意味着那种作为指导是最有帮助的陈述模式。就拿古老的标准例子——今天的科学似乎决计要修正这个例子——来说，"水是H_2O"主要是一个关于水的形成条件的陈述。但它也是对于某些人来说的一个陈述，那些人把它理解为一种指导，指导生产纯水以及检验任何可能被认为是水的东西。它之所以较之那些通俗的和前科学的陈述来说是一个"更好的"陈述，乃是因为在全面而精确地陈述水的存在条件时，它陈列它们的方式是给出关于水的生成的指导。然而，这便是科学陈述的新颖之处以及它目前的声望（最终归结于它的直接效验），这种声望即科学陈述通常被认为比标识牌拥有更多的功能，并且被认为揭露或"表现"了事物的内在本性。如果它果真做到这一点，那么就进入与艺术的竞争之中，而我们就必须表明究竟拥护哪一边，决定这两者中究竟哪一个公布了更为真实的启示。

与散文性截然不同的诗性，与科学性截然不同的审美艺术，与陈述截然不同的表现，其所做的事情与通向一则经验是有差别的。它乃是构成一则经验。一个旅行者循着标识牌的陈述或者说指导，找到了那被指向的城市。然而，他也许会在他自己的经验中具有这座城市所拥有的某些意义。我们所具有的意义可能达到这样的程度，仿佛这座城市向他表现了自身——就像丁登寺（Tintern Abbey）在华兹华斯的诗中，并且通过他的诗向他表现自身那样。事实上，城市也许会设法在一场庆典中表现自身，出席这场庆典的有华丽的展览以及所有其他的资源，它们呈递了这座城市可以知觉的历史和精神。然后，如果游客自身具有允许其参与的经验，那么就有了一个表现性对象；它不同于地名辞典中的陈述，即使这些陈述可能是多么完整和正确，这就像华兹华斯的诗不同于一位古文物研究者所给出的关于丁登寺的说明。诗，或者画，并不是在正确的描述性陈述的维度上运作的，而是在经验本身的维度上运作的。诗和散文，照实的摄影和绘画，它们在不同的媒介中运作以达到截然不同的目的。散文以命题来阐发；而诗的逻辑，即使在它使用从语法上来说属于命题的东西时，也是超命题的（super-propositional）。命题是有意图的；而艺术是意图的直接实现。

凡·高给他弟弟的信中，充满着对他所观察的事物的说明，以及对许多他所画的东西的说明。我在众多的例子中援引一例。"我有一幅罗纳河桥——川归泰利（Trinquetaille）的铁桥——的景象，在这景象里，天空与河流是苦艾色的，码头现出丁香色的暗影，隐隐约约的人影倚着栏杆，略带着些黑色，铁桥则是浓烈的蓝色，背景里有一种鲜艳的橙黄的调子，以及浓烈的孔雀石绿的调子。"这是一种把他的弟弟引领至一幅相似"景象"的陈述。但是，谁能单单从这些词——"我努力想要得到某种彻底令人心碎的东西"——推断出文森特本人所作出的对某种他渴望在其画中实现的独特表现性的转变呢？这些词就其本身来说，并不是表现；它们只是暗示表现。表现性，审美的意义，在于这幅画自身。但是，场景的描绘和他努力追求的东西之间的差别，也许可以使我们记起陈述和表现之间的差别。

也许这物质性的场景自身有着某种偶然的东西，它留给凡·高某种满目凄凉的印象。然而，意义就在那里；它在那里，仿佛是某种超越了画家私人经验的场面的东西、某种他认为是潜在地为他人而存在于那里的东西。它的结合便是这幅画。词不能够复制对象的表现性。然而，词能够指出，这幅画不是恰恰对罗纳河上那一座特定的桥的"再现"，但也不是对一颗破碎的心，甚至不是对凡·高自己凄凉的情感的"再现"，这凄凉的情感首先碰巧以某种方式被激发起来，然后被场景吸收（并进入）于其中。他的目的在于，通过对任何在场的人都可能"观察到"的材料，成千上万人已经观察到的材料进行绘画的呈现，从而把一种被经验为具有其自身独特意义的新对象呈现出来。情感的骚动和外部的插曲融合在一个对象之中，这对象没有把这两者分开来加以"表现"，但也没有"表现"这两者的机械连接，它所"表现"的恰恰就是"彻底令人心碎"的意义。他没有倾泻这凄凉的情感；那是不可能的。

他用一幅景象来选择和组织外部的素材,以达到某种非常不同的东西——这就是表现。而且,从他取得成功的程度来说,这幅画必然是表现性的。

罗杰·弗莱(Roger Fry)在有关现代绘画的典型特征的评论中,曾经作过如下的概括:"自然万花筒的差不多任何一次转动,都可能在艺术家那里建立一种超然和审美的视觉;而且,在他凝望某特定的视野时,形式和色彩的(在审美上)混沌而偶然的关联开始凝结为一种和谐;然后,在这种和谐对艺术家变得清晰时,他实际的视觉由于强调那建立在他心中的节奏而被扭曲了。线条的某些关系对他来说,变得充满意义了;他不再是好奇地,而是热情地去理解它们。同时,这些线条开始受到如此的重视,并且如此清晰地突出于其余的东西,以至于他比他起先看它们时看得更加清楚了。同样,本性上几乎总具有某种含糊和逃避意味的色彩,由于它们现在与其他色彩的必然关系,对他来说变得如此明确和清晰,以至于如果他选择画出他的视觉,就可以肯定而明确地陈述它。在这样一种创造性的视觉中,照实的对象趋向于消失,倾向于失去它们各自分离的统一性,倾向于作为整体的马赛克式视觉中的许多小块来取代它们的位置。"

在我看来,这段话是对发生在艺术知觉和艺术建构中那种事情的极好说明。它澄清了两件事情:如果视觉是艺术的或构造的(创造的),那么再现就不是属于"照实的对象",即自然场景中那些当其照直发生或被记起时的项目。它不是那样一种再现,即,比方说,如果一位侦探为他自己的目的而保存现场,那么照相机就可以进行记录。此外,也可以清楚地陈列这个事实的理由。线条和色彩的某些关系变得重要起来并且"充满意义",而其他每样东西则服从于这些关系中所暗含的东西的召唤,并通过省略、变形、添加和转换来传达这些关系。在前面所说的东西上也许还可以再添加一点。画家不是以空空如也的心灵,而是以从前积累在能力与爱好中的经验的背景,或者以由更新近的经验所引起的骚动来接近场景。他来了,并且怀揣着一颗等待的、忍耐的、意欲接受印象的心,但又不乏视觉上的偏见与倾向。因此,线条和色彩凝结在这种而不是那种和谐之中。这种特殊的和谐模式,并不是线条和色彩的专有结果,而是某种东西的函数,这种东西存在于实际场景与观者随身所带东西的相互作用之中。某种与他自身作为活的生灵的经验流之间的微妙亲和力,促使线条和色彩将自身安排在某一种范型和节奏之中,而不是在另一种之中。标志着观察的激情伴随着新的形式的发展——它是前面谈及的清楚明白的审美情感。但是,它并不独立于某种先前在艺术家经验中搅动的情感;后者通过与属于某种视觉的情感相融而得到更新和再造,这种视觉就是对具有审美性质的材料的视觉。

如果记住了这些考察,那么某种附于这段引文之上的模棱两可就会得到清除。他谈及线条以及它们充满意义的关系。然而,对于任何得到明确陈述的东西来说,他所指涉的意义可能是专门关于其彼此关系中的线条的。于是,线条和色彩的意义就将完全取代所有依附于这个和任何其他自然场景的经验的意义。在这样的情形中,审美对象的意义,就其与所有其他经验到的东西的意义相分离而言,乃是独一无二的。因而,只有在艺术作品表现某样专属艺术的东西的意义上,它才是表现性的。这样一种打算的东西,也许可以从弗莱先生另一段常被援引的陈述推论出来,这段陈述的大意是:艺术作品中的"素材"总是风马牛不相及的,如果不是实际上有害的话。

因而,这段引文把艺术中"再现"的本性问题置于焦点之中。第一段话对新线条和新色彩在新关系中出现的强调是必要的。它解救了这样一些人,他们对它的注意出于某种假设,即假设再现或者意味着模仿,或者意味着符合性的回忆,这种假设通常在实践上格外地关联于绘画,如果不是在理论上关联的话。但是,关于素材是风马牛不相及的陈述却使那些接受它的人受制于一种完全是秘传的艺术理论。弗莱先生继续说道:"艺术家只是把对象看作一个整体视野中的一些部分,而这个整体视野是他自己的潜在理论,就此而言,他不能够说明它们的审美价值。"而且,他又补充道,"……在所有的人中,艺术家最为坚持不懈地敏锐观察其周围环境,并且最少受到它们内在审美价值的影响。"否则的话,如何解释画家倾向于避开那些具有明显审美价值的场景和对象,而转向由于某种怪异和某种形式而搅扰他的事物呢?为什么他更可能去画索霍区,而不是圣保罗教堂呢?

弗莱先生所指涉的倾向是一个实际的倾向,正像批评家倾向于以素材"肮脏"或古怪为理由来谴责一幅画作。然而,同样正确的是,任何真正的艺术家都将避免先前已经在审美上被充分开发了的材料,并且去搜寻在其中他个人的视觉和表达的能力可以自由施展的材料。他把前者留给那些较次的人,他们以细微的变化来诉说那已经被说过的东西。在我们确定这样的一些考察并没有解释弗莱所指涉的倾向之前,在我们得出他所得出的详细推论之前,我们必须回到一种已经被注意到的考察的力量上来。

弗莱先生热切地希望,在平常经验的事物所固有的审美价值与艺术家所关心的审美价值之间，建立起一个根本的区分。他含蓄地表示，前者直接地关联于素材，而后者则关联于离开任何素材的形式，除非那是审美上的偶然事件。对于一位艺术家来说，如果有可能接近场景而不带有来自他先前经验的兴趣态度以及价值背景，那么，他就有可能，在理论上，专门根据它们作为线条和色彩的关系来看待线条和色彩。然而，这是一个不可能实现的条件。此外，在这样的情形中，也不会有任何东西是他所充满热情的。在一位艺术家根据其画作中色彩和线条的特有关系来重构他面前的场景之前，他先要根据由以前经验带给其知觉的意义和价值来观察场景；而当他的新的审美视觉成形时，这些东西就实实在在地得到了重制和变形。但是，它们不会消失，而艺术家则继续察看对象。不管艺术家如何热烈地渴望它，他都不能在他的新知觉中抛弃那些从他过去与其周围环境的交流中所积累的意义，他也不能使自己免除它们施加在他当前之察看的主旨和方法上的影响。倘若他能够并且做到了，那么，在他察看对象的方式中就不会留下任何东西。

他先前对于各式各样素材的经验的诸方面和状态，都已经被锻造在他的存在中了；它们是他用以知觉的器官。创造性的视觉修正了这些材料。它们在前所未有的新经验的对象中占一席之地。滋养着当下观察的记忆，并不必然是有意识的但却是一些保留，这些保留已经被有机地结合在自我的结构本身之中。它们是实现那所见的东西的营养品。当它们被重新锻造进新经验的质料中时，将表现性赋予新创造的对象。

假定艺术家希望靠他的媒介来描绘某个人的情感状态或持久的特性。如果他是一位艺术家——就是说，如果他是一位对于其媒介有着受过训练的尊重的画家——的话，通过其媒介的强制性力量，他将修正那呈现给他的对象。他将重新察看对象，而这种重新察看的根据就是线条、色彩、光线、空间——形成一个图画整体的种种关系，也就是说，创造在知觉中直接被欣赏的对象的种种关系。弗莱先生在下面一点上是令人钦佩地正确的，即否认艺术家试图在照直复制颜色和线条等东西的意义上来进行再现，仿佛那些东西已经存在于客体之中。然而，接下来并不能推论出，不存在对无论任何素材的任何意义的再现，不存在对一个具有其自身意义的素材的呈现，而这个自身意义乃是对其他经验中分散的、迟钝的意义的澄清和集中。倘若将弗莱先生关于绘画的论点加以推广，扩展到戏剧或诗上，后者就不再存在了。

两种再现之间的差别，也许可以参照素描的情形来加以简要说明。一个掌握了诀窍的人,草草几笔便能轻易地勾出暗示恐惧、愤怒、快乐等的线条。他用某个方向的曲线来表示高兴,用相反方向上的曲线来表示悲痛。然而,结果并不是一个知觉的对象。那被见到的东西立刻就消逝在所暗示的东西之中。素描在种类上,尽管不是在其组成分上,类似于标识牌。对象乃是指出而不是包含意义。它的价值如同标识牌为驾车者给出再往前活动的方向那样。线条和空间的安排之所以在知觉中得到欣赏,不是由于它自身被经验到的性质,而是由于它使我们所记起的东西。

在表现和陈述之间还存在另一个巨大的差别。后者是被普遍化的。说一个理智的陈述是有价值的,这是在它把心灵引向许多相同种类的事物的程度而言的。说它是有效的,则是在它像平坦的人行道那样,把我们顺利地送到许多地方的程度上而言的。相反,表现性的对象的意义,则是被个别化的。那表示悲痛的草图并没有传达某一个人的悲痛;它所展示的,乃是人们在遭受悲痛时普遍显出的那种面部"表现"。而对悲痛的审美描绘,则显示关联于特定事件的一个特定的个人的悲痛。它是被描述的那个悲哀的状态,而不是无所依附的沮丧。它具有一个本地的住所。

至福的状态是宗教画中的共同主题。圣徒被呈现为享受着极乐的状态。然而,在大多数早期的宗教画中,这种状态乃是被指出的,而不是表现的。为了辨识而布置的线条,就好像命题的记号。它们有一套固定而普遍的本性,几乎就好像围绕在圣徒头上的光环。具有启示性质的信息通过符号来传达,就像人们借以区别不同的圣凯瑟琳或者标出十字架脚下的不同的马利亚所用的惯例一样。在普遍的极乐状态与当下所及的特定形象之间并不存在必然的联系,而只存在一种在教会圈子里培养出来的联想。它也许会在那些仍然珍爱相同联想的人中间唤醒一种相似的情感。但是,它不是审美的,而是威廉·詹姆斯所描绘的那种情形:"我记得看到过这样一对英国夫妇,他们在威尼斯学院里那幅著名的提香(Titian)的《圣母升天》画前坐了一个多小时。那时正值严寒刺骨的二月;而我,在被寒冷追赶着走过一个又一个房间之后,终于决定不管那些画而尽快地到阳光下面去。不过,在我离开之前,我满怀尊敬地走近他们,试图知道他们被赋予了怎样高级的感受形式,而我在旁听到的所有东西便是那位女士的喃喃低语:'她脸上露出的是怎样一副请求宽恕的表情啊!这是怎样的自我牺牲啊!她感到多么地不配她所得到的荣誉。'"

牟利罗(Murillo)画作中的感情的虔诚提供了一个很好的例子,这个例子说明,当一位无疑具有天才的画家将他的艺术感觉附属于艺术上不相干的联想"意义"时会发生什么。在他的画作前面,那类在提香的情形中完全不合适的评论就是中肯的了。但是,它将随之而带着一种审美实现的缺乏。

乔托(Giotto)也画圣徒。然而,他们的脸却比较少地受惯例的约束;他们有着更多的个性,并因而得到更具自然主义的描绘。同时,他们得到了更多的审美呈现。那时,艺术家用光线、空间、色彩和线条这些媒介来呈现对象,这个对象本身归于一种被欣赏的知觉经验之中。独特的人类宗教意义和独特的审美价值彼此渗透并融合;对象成为真正的表现性的。画作中的这个部分明确无误地就是乔托,就像马萨乔(Masaccio)的诸幅圣徒像就是诸个马萨乔那样。极乐并不是从一位画家的作品传递到另一位画家的作品的模板,而是承载着它的个体创造者的标记,因为它既表现了一般而言假设属于圣徒的经验,又表现了他的经验。在个性化的形式里,而不是在图形再现或照直复制里,意义得到了更为充分的表现,甚至是在它本质的天性之中。照直的复制包含着太多不相干的东西;而图形再现又太不确定。一幅肖像里面的色彩、光线和空间之间的艺术关系,不仅比一个大纲式的模板更令人愉快,而且说出了更多的东西。在一幅提香、丁托列托、伦勃朗或戈雅所作的肖像中,我们似乎处在本质特性的面前。但是,这个结果乃是靠严格的造型手段来达成的,而正是处理背景的方法给了我们某种超出个性的东西。线条的扭曲以及对实际色彩的背离,也许不仅增加了审美效果,而且导致了表现性的增加。因为这样一来,材料就不再从属于某种对画中人物所抱有的特定而先行的意义(以及一种只能在特定时刻给出所展示典型的照直复制),而是得到重构和重组以表现艺术家对这个人物整体存在的想象性视觉。

对于绘画来说,更为常见的误解莫过于对素描的本性的误解。一位学会识别但还没有学会审美地知觉的观察者,会在一幅波提切利(Botticelli)、埃尔·格列柯(El Greco)或塞尚(Cézanne)的作品前说:"多么可惜啊,这位画家从未学过素描。"然而,素描也许正是这些艺术家所擅长的东西。巴恩斯博士指出了素描在绘画中的真正功能。它不是一种获得一般的表现性的手段,而是一种非常特殊的表现价值。它不是一种靠精确的轮廓和明确的浓淡来辅助识别的手段。素描乃是勾出(drawing *out*);是提取出素材必须对处于其整合经验中的画家详细诉说的东西。再者,由于绘画是彼此相关的各个部分之间的统一,所以对特定形象的每一笔绘制都必须被勾入(be drawn *into*)与所有其他造型手段彼此加强的关系之中——其他造型手段包括色彩、光线、空间平面和其他部分的安排。这种整合也许,而且事实上,的确包括了一种从真实事物形状的立场来看乃是物理变形的东西。①

用以精确地重现一种特定形状的线条轮廓,在表现性上必然是有限的。它们或者像人们有时候说的那样,"现实主义地"表现某个事物;或者,它们表现一个普遍化的种类的事物,借此可以识别物种——人、树、圣徒,或无论什么东西。审美地"勾画"的线条,随着表现性的相应增加而实现了许多功能。它们体现了体积、空间和位置,以及固定与运动的意义;它们进入画作的所有其他部分的力量之中,而且致力于把所有的部分联系在一起,这样,整体的价值就得到了充满活力的表现。仅凭制图术中的技巧是不能够制出那些实现所有这些功能的线条的。相反,在这方面,孤立的技巧在实践上倒是肯定会以一种结构而告终,在这种结构中,线性的轮廓突现出来,从而损坏了作为整体的作品表现性。在绘画的历史发展中,用素描来确定形状乃是稳步前进的,从为一个特定的对象给出令人愉快的标记成为一种诸平面间的关系和诸色彩间的和谐融合。

对于我们已经就表现性和意义所说的东西而言,"抽象的"艺术看起来也许是一个例外。有些人断言,抽象艺术作品根本就不是艺术作品;而另外一些人则声称,它们恰是艺术的极致。后者评价它们的依据是,它们远离其照直意义上的再现;而前者则否认它们具有任何表现性。我想,这个问题的解答在巴恩斯博士下面的一段陈述中找到了。"当形式不再是那些实际存在的事物的形式时,对真实世界的指涉并没有从艺术中消失,就像当科学不再根据土、火、气和水来进行讨论,而以不怎么容易识别的'氢'、'氧'、'氮'和'碳'来代替这些东西时,客观性并没有从科学中消失。……当我们不能在画中找到任何特定对象的再现时,它所再现的东西也许就是所有特定对象都共有的性质,比如色彩、广延、硬度、运动、节奏,等等。所有特定的事物都具有这些性质;因而可以说,用作所有事物可见本质的范式的东西,也许在不断变化中控制着个别化事物以一种更为专门的方法所激起的情感。"②

简而言之,艺术并没有因为如下这个理由而不再是表现性的了,这个理由就是:艺术以可见的形式给出事物的关系,但却没有对有这些关系的细节进行指明,

---

① 巴恩斯:《绘画中的艺术》(*The Art in Painting*),第 86 页和第 126 页,以及《马蒂斯的艺术》(*The Art of Matisse*),论素描章,尤其是第 81—82 页。
② 《绘画中的艺术》,第 53 页和第 52 页。该想法的起源归于布尔迈耶(Buermeyer)博士。

而只对组成整体的必要性进行了指明。每件艺术作品在某种程度上都是从被表现对象的特定性质中"抽象"出来的。否则的话,它就只能依靠精确地模仿来创造事物本身的在场幻象。静物画的基本素材乃是高度"现实主义的"——桌布、盘子、苹果、碗。然而,夏尔丹(Chardin)或者塞尚的一幅静物画却根据知觉中天生喜爱的线条、平面和色彩的关系,呈现出了这些材料。倘若没有对物理存在的某种尺度上的"抽象",那么,这种重新安排就不可能发生。事实上,正是在二维平面上呈现三维对象的企图,要求对它们存在于其中的通常条件加以抽象。没有什么先天的规则来决定抽象可能被带到多远。"布丁好坏一吃便知",这句谚语也存在于艺术作品之中。在塞尚的一些静物画中,诸多对象里面的某一个实际上是漂浮着的。然而,对于一位有着审美视觉的观察者来说,整体的表现性乃是得到了提高,而不是降低。它进一步延伸了每个人在观看一幅绘画时都认为理所当然的特性;亦即,在绘画中,没有哪一个对象是被另一个对象物理性地支撑着的。它们彼此之间所给出的支撑,存在于它们各自对知觉经验所作的贡献之中。对于即将运动的对象的那种准备就绪的表现,尽管暂时维持在平衡之中,但却由于从物理的和外部的可能条件中抽象出来而得到了加强。"抽象"通常关联于独特的理智的工作。实际上,它在每一件艺术作品之中。科学和艺术的差别在于兴趣,抽象正是在兴趣之中并且为着兴趣的目的而在科学和艺术中各自发生。在科学中,它的发生乃是为着有效的陈述,就像前面有所界定的那样;在艺术中,则是为着对象的表现性,而艺术家自身的存在和经验则决定了那应当被表现的东西,并因此而决定了所发生的抽象的本性和程度。

普遍接受的一个观点是,艺术涉及选择。选择的缺乏或者不受指导的关注,导致未加组织的混杂物。选择的指导来源是兴趣;兴趣是对我们生活于其中的这个复杂而多样的宇宙的某些方面和某些价值一种无意识但却有组织的偏爱。艺术作品绝不能与自然的无限具体性相匹敌。一位艺术家在他进行选择时乃是无情地遵循他的兴趣的逻辑,尽管他在其被吸引的意义或方向上给自己的选择性倾向添加了一些花絮或"丰富性"。而一个必定不能跨越的界限是,要保持对外界事物的性质和结构的某种指涉。否则的话,艺术家就是在纯粹私人的指涉框架中工作,其结果是没有意义的,即使鲜艳的色彩或响亮的声音是在场的。科学形式和具体对象之间的距离显示了艺术所能达到的某种程度,即不同的艺术可以既带有它们选择性的转化,同时又不失去对客观参照框架的指涉。

雷诺阿(Renoir)的裸体画给出了喜悦，而没有色情的暗示。肉体的丰满性感的性质得到了保留，甚至是加强。但是，裸体的物质性存在的条件被抽象掉了。通过抽象并且依靠色彩的媒介，那种与赤露身体的平常联想被转化到一个新的领域之中，因为这些联想乃是消失在艺术作品中的实际刺激。审美的东西驱逐物质的东西，同时，对肉体和花朵的共同性质的强调撵走了性欲的东西。关于对象具有固定不变价值的观念是一种偏见，而艺术要把我们从这种偏见中解放出来。正是由于惯常联想的移除，事物的内在性质才以令人吃惊的活力和新鲜而显露出来。

关于艺术作品中丑的地位是一个悬而未决的问题，不过，在我看来，当这个问题的一些术语在这个语境中来加以了解时，它可能会得到解决。"丑"这个词所适用的是处于其习惯联想中的对象，这些联想已经渐渐显得像是某个对象的固有部分。它并不适用于在图画或戏剧中所呈现的东西之上。由于浮现在一个具有其自身表现性的对象之中，所以就存在着一种转变：正像在雷诺阿的裸体画的例子中那样。某种在其他的条件即通常的条件下是丑的东西，当它变成一个表现性整体的一部分时，就从使它令人厌恶的状况中被提取出来，并且在性质上得到了改变。在它的新的框架中，与以前的丑的鲜明对照，增加了痛快和生趣；而且，这种对照以严肃的质料通过一种几乎难以置信的方式增加了意义的深度。

悲剧在结尾的时候留给我们一幕和解的场景，而不是一幕恐怖的场景，这是悲剧所独具的力量，这种力量形成了有关文学艺术最古老讨论之一的议题。① 我引用一个与当前的讨论有关的理论。塞缪尔·约翰逊说："悲剧的快乐来自我们的虚构意识；如果我们认为谋杀和叛逆是真实的，那么，它们就不再让我们高兴了。"这个解释看起来似乎是在这样一种模型上构造起来的，即一个男孩说别针救了许多人的性命，"因为他们没有吞下它们"。事实上，戏剧性事件中真实性的缺席，乃是悲剧效果的否定性的条件。但是，虚构的杀害并没有因此而成为令人愉快的。肯定性的事实是，现存的一个特定素材从它的实际语境中移出来，并作为某个新整体

---

① 我不得不认为，那些为着寻找亚里士多德净化(catharsis)说的巧妙解释而贡献的大量思想，毋宁应归于这个话题的魅力，而不是归于由亚里士多德所阐发出的精妙。人们已经给了它六十种或更多的意义，不过，这些意义看起来似乎都是不必要的，如果我们考虑到他自己字面上的陈述的话。他的陈述是：人们沉溺于过多的情感，而既然宗教音乐可以治疗处于宗教狂热中的人们，"就像人们得到药物的治疗那样"，那么同样地，过多的胆怯和怜悯，以及所有来自过分强烈的情感的痛苦，也都可以由优美的旋律来加以荡涤，而痛苦的缓解则使人感到惬意。

一个不可或缺的部分进入这个整体之中。在它的新关系中,它获得了一种新的表现。它变成一个新的定性设计的定性部分。科尔文(Colvin)先生在引用刚才所援引的约翰逊的这段话之后,补充说道:"同样地,我们在观看《皆大欢喜》(*As You Like It*)中击剑赛时所独具的愉悦意识,也依赖于我们的虚构意识。"在这里,否定性的条件也是被当作肯定性的力量来看待的。"虚构意识"是表现某种本身为强烈肯定的东西的一种间接方式:这是对一个整合总体的意识,在其中,一个事件获得新的定性的价值。

在讨论表现的行为时,我们看到,直接宣泄的行为向表现的行为转变依赖于某些条件的存在,这些条件阻止直接的显示,并且把它转换到一种它得以与其他冲动相协调的渠道之中。对原生情感的抑制,并不是对它的一种镇压;在艺术中,克制并不与强制完全相同。冲动被一些并行的趋向所修正;这种修正给予它附加的意义——这是整体的意义,而它从此以后就成了这个整体的一个组成部分。在审美的知觉中,存在着两种并行与合作的反应的模式,它们包含在从直接的宣泄到表现的行为的变化之中。这两种从属和加强的方式解释了被知觉对象的表现性。借助这些手段,一个特定的事件不再是对直接行动的刺激,而是变成被知觉对象的价值。

这些并行因素中的第一个,乃是先前形成的运动倾向的存在。外科医生、高尔夫球手、球类运动员,以及舞蹈家、画家、小提琴手,都拥有某些身体运动系统,并且由它们所指挥。倘若没有它们,那些复杂的技巧动作就无法得以展示。一个不老练的猎人在突然遇到他所追踪的猎物时,会有一种新手所特有的紧张兴奋。他不具有准备就绪并等待调遣的运动反应的有效路线。因此,他的行动倾向会发生冲突并彼此妨碍,结果便是混乱,晕头转向而糊里糊涂。狩猎老手在遇到猎物时也会产生情感上的激动,但他沿着预先准备就绪的渠道来指导自己的反应,从而渐渐控制自己的情感:他稳住手、眼以及枪的准星,等等。如果我们代之以画家或诗人,他在绿色的、日光斑驳的森林中突然遇到一只优雅的鹿,在这样的情形下,也会存在从直接反应到并行渠道的转换。他并没有准备好去射击,但他也不允许自己的反应胡乱地扩散到全身中。那些由于先前的经验而准备就绪的运动协调,立刻使他对情境的知觉变得更加敏锐和强烈,并把赋予其深度的意义合并其中,同时它们使得那所见的东西落于适宜的节奏之中。

我已经从行为者的立场进行了讨论。但是，类似的考察也完全可以从知觉者的方面来加以把握。在一个真正看画或听音乐的人的情形中，必定存在着预先准备好的间接和并行的反应渠道。这种运动准备是任何特定兴趣范围里审美教育的一个主要部分。知道看什么以及如何看它，这从运动装备的方面来说是一件有所准备的事情。一位有技巧的外科医生，是一个能够欣赏其他外科医生手术的艺术性的人；他感同身受地跟随着它，尽管没有显露出来的。倘若一个人知道一点钢琴演奏者的动作与音乐从钢琴中的产生之间的关系，那么，他就会听到纯粹的外行所知觉不到的某种东西——就好像老练的表演者在读乐谱的同时"用手指弹奏"音乐那样。一个人不必太多地了解调色板上混合的颜料，以及将颜料转移到画布上去的笔触，也可以观看绘画创作。但是，必然存在准备就绪的运动反应的确定渠道，这部分归于与生俱来的构造，部分归于通过经验而来的教育。情感的激起也许与知觉的行为不相干，就像它与陷于新手所特有的紧张兴奋之中的猎人的行为不相干一样。下面的说法是一点也不为过的，即在运作上缺乏合适运动路线的情感是如此地没有指导，以至于迷惑和扭曲知觉。

然而，必须有某种东西与确定的反应运动路线相协调。一个没有准备的人在剧院里，可能十分乐意在那进行着的剧情中扮演一个积极的角色——帮助男主人公，挫败反面角色，就像他在现实生活中所愿意做的那样——以至于他看不成戏。但是，一位厌烦享乐的批评家可能会允许他受过训练的技术反应模式——最终总是运动——来控制自己，以达到这样一种程度，即尽管他在技巧上熟知事情是如何做的，但是并不关心什么得到了表现。要使一件作品对于有知觉能力的人来说可能成为表现性的，还需要其他的因素，这个因素就是意义和价值；它们从先前的经验中提取出来，并且通过与艺术作品中直接呈现的性质相融合的方式而得到积累。技巧上的反应，如果没有与这些次要的补充材料保持平衡的话，它们就纯粹是技巧上的，以至于对象的表现性极其有限。然而，如果以前经验的相关材料没有直接地与诗或画的性质相混合的话，它们就仍然是外在的暗示，而没有成为对象本身的表现性的一部分。

我曾经避免使用"联想"这个词，因为传统的心理学假定，被联想到的材料和唤起它的直接的色彩或声音之间保持着彼此分离的状态。它不允许有这样的可能性，即有一种融合是如此地完全，以至于把这两个部分合并到一个单一的整体之中。这种心理学认为，直接的感官性质是一种东西，而它所唤起或暗示的观念或意象则是另一种独特的精神存在。建基于这种心理学之上的美学理论不能承认,暗示和被暗示的东西也许可以相互渗透并形成一种统一,在其中,当下的感觉性质带来实现的生动性,而被唤起的材料则补充内容和深度。

这里所涉及的问题对于审美哲学来说,有着比其乍看起来大得多的重要性。存在于直接感性材料和由于先前经验而与它合并的材料之间的关系的问题,触及了一个对象的表现性的核心。倘若没有看到所发生的东西不是外在的"联想",而是内在的或固有的整合,那么就会导致两种对立而却同样错误的关于表现的本性的想法。根据一种理论,审美的表现性属于直接的感官性质,暗示所添加的东西只是使得对象更加有趣,而并没有变成它的审美的存在的一部分。另一种理论则采取了相反的策略,把表现性完全归因于所联想到的材料。

线条仅仅作为线条的表现性提供了这样一种证明,即审美的价值本身自发地属于感觉性质;它们的地位也许可以用来对理论进行检验。不同种类的线条,直线和曲线,以及直线中的水平线和垂直线,曲线中的封闭线和下垂线及上升线,具有不同的直接的审美性质。关于这个事实不存在什么疑问。但是,这里所考察的理论却认为,对它们所独具的表现性的解释,可以不需要任何超出直接牵涉到的直接感觉器官之外的指涉。它认为,一条直线的枯干僵硬应归于这样一个事实,即观看的眼睛倾向于变化方向,倾向于沿切线运动,所以当它不得不沿直线运动时就是在强迫之下行动,因此被经验到的结果使人不愉快。另一方面,曲线则是使人愉快的,因为它们符合眼睛自身运动的自然倾向。

可以承认,这个因素大概的确与经验的单纯愉快或不愉快有点儿关系。但是,表现性的问题并没有被触及。尽管视觉器官也许在解剖学的分类上是单独的,但它从不是单独地发挥作用的。它连同手一起运作以伸手拿东西,以及探索它们的表面,指导对事物的操作,引导移动。这个事实的结果是另一个事实,即依靠视觉器官而给予我们的感觉性质,乃是同时与那些由对象通过并行活动而给予我们的感觉性质密切联系的。被看到的圆是球的圆;被知觉到的角,不仅是眼睛运动的变化的结果,而且是被触摸到的书本和盒子的属性;曲线是天穹,是房屋的拱顶;水平线被看作地面的伸展,是我们周围事物的边缘。这个因素是如此连续和如此无尽地包含在眼睛的每一次使用之中,以至于视觉上所经验到的线条的性质或许不可能被认为仅仅与眼睛有关。

换句话说,自然并不单独地向我们呈现线条。当它们被经验的时候,乃是对象的线条、事物的边界。它们限定了我们平常用以识别周围对象的形状。因此,甚至当我们试图忽视别的一切而单独地凝视线条时,它们也承载着那些曾经是其组成部分的对象的意义。它们表现它们已经为我们界定的自然场景。尽管线条划定和界定了对象,但是也集合和连接了对象。倘若某人撞上了尖锐而突出的墙角,他就会意识到"锐"角这个术语的贴切性。有着宽广延展线条的对象常常具有那种敞开的性质,它是如此乏味以至于被我们称之为"钝"。也就是说,线条表现了事物彼此作用,以及作用于我们的方式;以这些方式,当对象共同行动时,它们就增强和干扰。出于这个理由,线条是摇摆的、笔直的、倾斜的、弯曲的、宏伟的;出于这个理由,它们看起来似乎在直接知觉中就具有甚至是道德上的表现性。它们既是讲实际的,又是有抱负的;既是亲密的,又是冷淡的;既是迷人的,又是讨厌的。它们随身携带着对象的属性。

线条的习惯属性无法被摆脱,甚至在努力将对线条的经验与其他一切隔离开来的实验中,也是如此。线条所界定的对象的属性,以及它们相关运动的属性,乃是深深地嵌在一起的。这些属性是众多经验的共鸣,在其中,当我们关注对象时甚至意识不到线条。不同的线条和不同的线条关系已经下意识地承担了所有的价值,这些价值由它们在我们的经验之中、在我们与周围世界每一次接触中所做的一切而产生。绘画中的线条和空间关系的表现性,不能在除此之外任何别的基础上得到理解。

另一种理论否认直接的感觉性质具有任何表现性;它认为,感觉仅仅适合作一种外在运载工具,借此,其他的意义被传递给我们。弗农·李(Vernon Lee),一位确实具有敏感性的艺术家,始终如一地阐发了这种理论,而她所借助的方法尽管与德国的移情理论有某些共同之处,却避免了这样一种观念,即我们的审美知觉乃是一种投射,把对于对象属性的内部摹拟投射到对象之中;而当我们注视对象时,就戏剧性地演出了这种投射——这一理论,反过来说,无非是古典的再现理论的一种万物有灵论版本。

根据弗农·李以及美学领域中其他理论家的想法,"艺术"意味着一组活动,这些活动分别是记录的、构造的、逻辑的和交流的。就艺术本身而言,并不存在什么审美的东西。"适应于一个具有其自身理由、标准和命令的完全不同的欲求",这些艺术的产品就成为审美的。这个"完全不同的"欲求是对形状的欲求,而这个欲求之所以产生,乃是由于我们运动意象模式中的一致关系需要得到满足。因此,像色彩和音调那样的直接感官性质,是无关紧要的。当我们的运动意象重新扮演体现在对象中的关系时,对形状的要求就得到了满足——比如,"急剧收敛的线条以及空中细细描出的山的轮廓线排列得像扇子似的,每隔一段距离就加快到达锐利的顶部,然后在长而陡的凹曲线中落下,而这落下是为了再次向上猛冲"。

感觉性质之所以被说成是非审美的,乃是因为与我们积极扮演的关系不同,它们是被强加到我们之上的,而且倾向于压倒我们。可以算数的是我们所做的东西,而不是我们所接受的东西。审美中的本质之物乃是我们自己的精神活动,这些活动包括启程、游历、回到起点、把握过去、携之前行;注意力的运动既向后又向前,因为这些行为是靠运动意象的机制来实施的。作为结果的关系界定了形状,形状完全是关系而已。它们"把否则就会成为感觉的无意义并置或者排序的东西变成一些有重要意义的实存物,这些实存物能够被记起和识别,甚至在其组成部分的感觉完全改变,即变成形状的时候"。结果便是在其真正意义上的移情。它所处理的并非"直接地就是情绪和情感,而是进入情绪和情感之中并且由它们而得名的动态条件。……由线条、曲线和角所构成的各种各样、各式组合的戏剧性事件,并不发生在体现预期形状的大理石或颜料之中,而唯独发生在我们自身之中。……既然我们是它们唯一真实的演员,那么,这些线条的移情戏剧性事件就必定会感染我们,无论作为对我们生命需要和习惯的确证,还是对它们的阻扰"(原文无着重号)。

该理论有着重大的意义,这个重大意义是就它彻底分离感觉和关系、质料和形式、主动和受动、经验的阶段而言的,也是就它在它们分离之时对所发生事情作逻辑性陈述而言的。由我们所作出的对关系角色和行动角色的识别(后者很可能由我们的运动机制从生理上来加以中介)是受欢迎的,这与那些仅仅把感觉性质识别为被动接受和被动经受的理论形成了对照。有一种理论把画中的色彩看作审美上无关紧要的,并且认为,音乐中的音调只是审美关系叠加于其上的东西。不过,这种理论看起来几乎不需要驳斥了。

这两种曾经被批评的理论乃是彼此补充的。但是,审美理论的真理无法靠把一种理论机械地加到另一种之上而达到。艺术对象的表现性应归于这样一个事实,即它呈现了经受材料和行动材料彻底而完整的相互渗透,而行动材料包括对来自我们过去经验的质料的一种重新组织。因为,在相互渗透中,行动材料不是经由外部联想而增添的材料,也不是经由感觉性质之上的叠加而增添的材料。对象的表现性乃是对某种完全融合的报道和庆祝,这种完全融合的一个方面是我们所经受的事物,另一个方面是我们专注的知觉活动带入我们由感觉所接受的东西里的事物。

对我们生命需要和习惯的确证的指涉,是应当受到注意的。这些生命需要和习惯纯粹是形式的吗?它们能够仅仅通过关系来获得满足吗,或者,它们要求靠色彩和声音的质料来得到滋养吗?后者似乎被暗中承认了,当弗农·李继续说,"艺术非但不是使我们从真实生活的感觉中解放出来,反而是加强和扩大了那些在我们普通的实际生活过程中只被给予太少、太小和太混的例子的宁静状态"时,的确如此。但是,艺术加强和扩大的经验并不只存在于我们自身之中,也不是由远离质料的关系所组成的。生灵既最为活跃又最为镇静和专心的时刻,便是与环境最充分交往的时刻,在其中,感官的材料和关系得到了最为完整的融合。如果艺术退缩到自身,那么,它就不会扩大经验,而由这样的退却所产生的经验也不会是表现性的。

所考察的这两种理论都把活的生灵与它生活于其中的世界分离开来了;通过一系列有关的做和经受来相互作用的生命,在它们被心理学所图式化的时候,成了运动和感觉。第一种理论,在脱离世界事件与场景的有机体活动中,找到了某些感觉的表现性本性的一种充分原因。另一种理论通过运动关系在"形状"中的上演,将审美元素定位于"只是在我们自身之中"。然而,生活的过程却是连续的;它之所以具有连续性,因为它是一个永远更新的过程,这个过程既作用于环境又受作用于环境,连同所做的东西与所经受的东西之间的关系情境。因此,经验必然是累积的,而它的素材则由于累积的连续性而获得表现性。我们已经经验的世界变成了自我所不可或缺的一部分,它作用于同时又受作用于进一步的经验。就其物质性的发生而言,被经验到的事物和事件经过并离去了。但是,它们的某些意义和价值却作为自我所不可或缺的一部分而保留了下来。通过与世界交往中所形成的习惯(habit),我们也就居住于(in-habit)世界之中了。它变成了一个家,而家乃是我们每一则经验的一部分。

那么,经验的对象如何避免变成表现性的呢?然而,冷漠和迟钝借着在对象周围建造外壳而把这种表现性隐藏起来。熟悉招致冷淡,偏见使我们盲目;自负倒拿着望远镜来看,把对象所拥有的重要意义看小,而将自我的所谓重要性看大。艺术去掉掩藏所经验事物的表现性的盖子,使我们从常规的迟缓中苏醒过来,并且使我们忘记自身,因为我们发现自己处于经验周围世界中多样性质和形式的快乐之中。它截取在对象中所发现的每一种表现性形式,并且在一种新的生活经验中安排它们。

因为艺术的对象是表现性的,所以它们起着交流作用。我并不是说,与他人进行交流是艺术家的意图。然而,这是他的作品的结果——当作品在他人的经验中起作用时,它确实就只是活在交流之中。如果艺术家意欲交流一则专门的信息,那么他往往就会因此而限制其作品对他人的表现性——不管他想要交流一条道德的训诫,还是交流他自己的一种机灵感。冷淡地对待直接观众的反应,是所有要说出点新东西的艺术家的一个必要的特征。但是,他们被一个深深的信念所鼓舞,这个信念就是:既然他们只能说他们必须说的东西,那么问题就不是在于他们的作品,而是由于那些视而不见、听而不闻的接受者。可交流性与流行性无关。

我只能认为,托尔斯泰关于直接感染是艺术性质的检验的说法在很大程度上是错误的,而他关于那种可被单独交流的材料的说法也是狭隘的。但是,如果时间跨度被延长的话,那么下面这句话就是正确的了,即没有谁是雄辩的,除非当某人在聆听时被打动了。那些被打动的人感到,正像托尔斯泰所说的,作品所表现的东西仿佛是某人自己曾经渴望表现的东西。其间,艺术家的工作在于创造他确确实实与之进行交流的观众。最后,艺术作品是人与人之间在充满隔阂与壁垒的世界中得以交流的唯一媒介,这些隔阂与壁垒限制着经验的共同体,而这样的交流却是完整、全面而不受妨碍的。

(孙 斌 译)

主旨和形式*

因为艺术的对象是表现性的,所以它们是一种语言。更确切地说,它们乃是多种语言。因为每一门艺术都具有自己的媒介,而这种媒介尤其适合某一种交流。每一种媒介都说出了任何其他说话方式所不能同样说好或说全的东西。日常生活的需要赋予某种交流的模式、言语的模式以高级的实践重要性。不幸的是,这个事实导致这样一种流行的印象,即建筑、雕刻、绘画以及音乐所表现的意义可以被翻译为语言;而且,这个翻译如果说有损失的话,也只有极其少的损失。事实上,每一门艺术都说一种习语,这种习语传达着另一种语言所不能照原样说出的东西。

语言仅仅存在于它被听和说的时候,听者是必不可少的伙伴。只有当艺术作品在他人的经验而不是在创造它的人的经验中起作用时,它才是完整的。因而,语言牵涉到一种逻辑学家称之为三元关系的东西,包括说话者、所说的事物,以及听话者。外在的对象,如艺术产品,是艺术家和观众之间的连接环节。甚至在艺术家孤独地工作的时候,所有这三项也都是在场的。作品就在那里,并且在进展之中,艺术家不得不以不同的方式来变成接受的观众。他之所以能够说话,仅仅是因为他的作品通过他所知觉的东西引起了他的兴趣,就像引起听话者的兴趣那样。他像一个第三者可能注意和解释的那样,去观察和理解。据说马蒂斯曾经说:"当一幅绘画被完成时,它就像一个新生的孩子。艺术家本人必须花时间来理解它。"我们必须同它一起生活,就仿佛我们同一个孩子一起生活,倘若我们想要把握他的存在的意义的话。

---

* 选自《杜威全集·晚期著作》第 10 卷,首次发表于 1934 年,为《作为经验的艺术》第 6 章。

所有的语言,无论它的媒介是什么,都牵涉到它说什么以及它如何说,或者说主旨和形式。有关主旨和形式的一个大问题:是质料作为现成的东西首先到来,接着再寻求发现一种随后到来对它加以体现的形式吗?或者,艺术家全部的创造性努力是尽力赋予材料以形式,以使它在实际上成为一件艺术作品的真正主旨吗?这个问题是深远的。而对它的回答决定了审美批评中许多其他争论点的结果。是否有一种审美价值属于感觉材料,而另一种审美价值属于使它们获得表现性的形式?是否所有的主题都适合审美的对待,或只有少许主题由于它们固有的高级特性而被挑选出来得到这种对待?"美"是从外部像一种超验本质那样降临到材料之上的形式的另一个名称吗?或者,它是当材料被赋予形式时就以一种使其获得充分表现性的方式而显现的审美性质的一个名称吗?形式,在其审美的意义上,是某种从一开始就把某个对象领域独独划为审美的东西吗?或者,它是每当一则经验达到其完全发展时所浮现出的东西的抽象名称吗?

所有这些问题都已经暗含在前面三章的讨论中了,并且已经通过暗示而得到了回答。如果一件艺术产品被当作自我表现的产品,并且自我被视为某种单独完整而自足的东西,那么,主旨和形式当然就是分离的。根据基本的假设,把自我暴露笼罩于其中的东西乃是外在于被表现的事物的。无论两者中的哪一者被视为形式,哪一者被视为主旨,这种外在性是持久存在着的。同样清楚的是:如果没有自我表现,没有个性的自我表演,产品就必然只是某个种类中的一个实例;它会缺乏只见于那些依靠它们自己而具有个性的事物中的新鲜性和原创性。这是一个可以处理形式和主旨的关系的要点。

一件艺术作品所由以组成的材料属于共同的世界而非个人,可是在艺术中存在着自我表现,因为自我以一种独特的方式同化了此材料,从而使它以一种构成新对象的形式重新流到公共的世界之中。作为其结果,这个新的对象就那些知觉它的人来说,也许具有对古老而共同的材料的相似重构和再创造,并且因此而迟早被确立为公认世界的一部分——确立为"普遍的"。被表现的材料不可能是私人的;否则,就是疯人院的情形了。然而,对它进行言说的方式是个别的,而且产品如果要成为艺术作品的话,它就是不可复制的。生产方式的同一性规定了机器的作品,而它的审美对应物则是学院式的东西。一件艺术作品的性质乃是独具一格的,因为一般的材料得以呈现的方式把它转变成了一种新鲜而活泼的主旨。

对于生产者来说是正确的东西,对于知觉者来说也是正确的。他也许会学院式地知觉,寻找他已经熟悉的同一性;或者,他也许会学术式地、学究式地寻找适合他要写的一段历史或一篇文章的材料,或多愁善感地寻找某个情感上所心爱的主题的例证。但是,如果他审美地知觉的话,就会创造一则其内在主题和主旨为全新的经验。英国批评家布拉德利(A. C. Bradley)先生曾经说:"诗意(poetry)成为诗(poem),我们会照一首诗实际存在的那样来考虑它;而一首实际的诗是我们阅读一首诗时所历经的一连串经验——声音、意象、思想……一首诗在无数的程度上存在着。"同样正确的是,它也在无数的性质或者种类上存在着,根据"形式"或者对它的反应方式而言,没有两个读者会具有恰好同样的经验。每一个诗意地阅读的人都创造了一首新的诗——不是说它的原生材料是独创的,因为我们毕竟生活在同样的旧世界之中;而是说每一个人在践行他的个别性时,都随身带着一种查看和感知的方式,这种方式在其同旧材料的相互作用中创造了某样新东西、某样先前并不存在经验中的东西。

　　一件艺术作品无论多么古老和经典,只有当它活在某种个别化的经验中时,它才实际地而非潜在地是一件艺术作品。作为一张羊皮纸、一块大理石、一块帆布,它始终保持着(常遭受时间的破坏)自我同一。然而,作为一件艺术作品,每当它被加以审美地经验时,都得到了再创造。没有人会在乐谱的演奏中怀疑这个事实;人们会认定纸上的线和点只是唤起艺术作品的记录手段。不过,对它来说正确的东西,对于作为一座建筑的帕台农神庙来说同样是正确的。去问一位艺术家什么东西是他的产品所"真正地"意味着的,这是荒谬的;他本人也许会在不同的时日和他自己发展的不同阶段发现其不同的意义。如果他是能说会道的,他就会说,"我的意思就是那个,而那个意味着你或者任何人能够真诚地,也就是说,借助你自己的鲜活经验,从它之中获得的任何东西"。任何其他的观念,都使那被自夸的艺术作品的"普遍性"成为单调同一性的同义词。帕台农神庙,或者无论什么东西,之所以是普遍的,乃是因为它能够连续地激发经验中新的个人实现。

　　今天的确不可能还会有人像当时虔诚的雅典公民经验帕台农神庙那样来经验它,同样地,即使对于今天一位虔诚的天主教徒来说,12世纪的宗教雕像也不可能在审美上意味它恰在古老岁月中对崇拜者所意味的东西。没有变新的"作品"不是那些普遍的作品,而是那些"过时的"作品。持久的艺术产品也许曾经而且可能是被某样偶然的东西所唤起的,是被某样有它自己的时间和地点的东西所唤起的。然而,所唤起的东西乃是一个主旨,它必须被赋予形式以便能够进入他人的经验之中,并且使他们具有更为强烈和圆满的自身经验。

这就是具有形式的意思。它标识出一条设想、感觉以及呈现所经验质料的道路,这样,对那些比原创造者缺少才华的人来说,它非常容易和有效地变成构建充足经验的材料。因此,除在反思中之外,形式和主旨之间是不可能划出区分的。作品本身就是那赋有形式从而成为审美主旨的质料。然而,批评家和理论家作为艺术产品的反思的研究者,不仅可能而且必须在它们之间划出区分。我想,拳击手或高尔夫球手的任何熟练的观察者,都会在做什么和如何做之间设立区分——区分击倒和出击的方式;区分球被击出多少多少码到如此如此一条线和完成这一击的方式。艺术家作为忙于做的人,在他对改正一个习惯的错误感兴趣时,或者对学习如何更好地取得一个既定效果感兴趣时,他就实现了一种类似的区分。然而,行为本身恰恰由于它如何做而成了它是什么。在行为中不存在什么区分,而只存在手段和内容、形式和主旨的完美整合。

刚才所引的那位作者,即布拉德利先生,在一篇《为了诗而诗》(Poetry for Poetry's Sake)的文章中,划出了主题和主旨之间的区分,这也许形成了我们对这个问题作进一步讨论的良好起点。我认为,这个区分也许可以解释为艺术生产所享(for)的质料和艺术生产之中(in)的质料之间的区分。主题或者"所享的质料"能够在其他的样式而不仅是艺术产品本身的样式中得到指出和描述。而"之中的质料"即实际上的主旨,就是艺术对象本身并因此而不能以任何其他的方式来表现。正如布拉德利所说,弥尔顿《失乐园》的主题是与天使的叛乱有关的人的堕落——这个题目早已流行在基督教圈子中了,而且易于被任何熟悉基督教传统的人所认同。而这部诗的主旨,审美的质料,则是诗本身;是主题经过弥尔顿的想象性处理所变成的东西。同样地,一个人可以用语词把《古舟子咏》(Ancient Mariner)的主题告诉别人。但是,要把它的主旨传给他,就必须使他接触这部诗,让诗本身吸引他。

布拉德利对诗的划分,同样适用于每一门艺术,甚至是建筑。帕台农神庙的"主题"是帕拉斯·雅典娜(Pallas Athene),是处女神,是雅典城的守护神。倘若有人感受了各种各样为数众多的艺术产品,并且把它们牢记足够长的时间以便给每个都分配一个主题,那么他就会看到,艺术作品的主旨对相同"主题"的处理是无限多样的。在所有各种语言中,有多少诗是以花,乃至就是玫瑰花,为它们的"主题"的?因此,艺术产品中的变化并不是任意的,并不是出自未加训练的人要生产新奇而震惊东西的不受管制的愿望,甚至在极具革命性的时候(如某派批评家总是假设的那样)也如此。它们不可避免地作为世界中的公有物而在不同的文化和个性中被经验到。对公元前4世纪的雅典公民有如此意谓的主题,在今天差不多只是一个历史事件了。一位17世纪的英国新教徒能充分地玩味弥尔顿史诗的话题,但他也许对但丁《神曲》的话题和背景没有同感,以至于不能够欣赏后者的艺术性质。而今天"不信教的人"也许是一个对这些诗在审美上极其敏感的人,这恰恰就是由于不关心它们先前素材的缘故。另一方面,许多绘画的观察者现在并不能就其内在的造型性质来完全公正地对待普桑(Poussin)的画作,因为它的古典题目是如此地格格不入。

正如布拉德利所说,主题乃是外在于诗的;而主旨则是内在于它的,可以说,它就是诗。然而,"主题"本身是在一个广阔的范围内变化着的。它可能差不多只是一个标签;可能是唤起作品的机缘;或者,可能是作为原材料进入艺术家新经验中并得到变形的素材。济慈和雪莱咏云雀和夜莺的诗或许根本不是单单以这些鸟儿的歌声为诱发刺激的。因而,为着清晰的缘故,不仅要把主旨同题目或者话题区别开来,而且要把这两者同先前的素材区别开来。《古舟子咏》的"主题"是一只信天翁被一名水手杀死,以及由之而来所发生的事情。它的质料就是诗本身。它的素材是一位读者随身所带的与一个活的生灵有关的凄惨和怜悯的经验。艺术家本人几乎不可能单单从一个主题开始。如果他这么做,那么,他的作品肯定会遭受矫揉造作之苦。首先来到的是素材,接着是作品的主旨或者说质料,最后是话题或者题目的确定。

先前的素材并不是瞬间就在艺术家心中变成一件艺术作品的质料。它是一个发展的进程。正如我们已经看到的,艺术家乃是由于他以前所做的东西而发现他要去何方;也就是说,同世界的某种接触所产生的原初刺激和搅扰经历了连续的转变,而他已经达到的那种质料状态又升起了实现的要求,并且制定了限制进一步运作的框架。随着把素材转变为艺术作品的主旨的经验的进行,一开始所描绘的那些事件和场景可能会退出并被另一些取代,它们由于那唤醒原初兴奋的定性材料的吸引而被收回。

另一方面,除为实际辨识的目的以外,题目或者主题也许根本不会具有意义。我曾经看到一位讲绘画的演讲者展示了一幅立体主义的画作,请观众猜它是关于什么的,借此从观众那里获取廉价的笑声。接着,他说出了它的标题——好像那就是它的素材或者它的主旨。艺术家借一位历史名人的名字给他的画作贴上标签，这乃是出于他自己最为知晓的某种理由，不管是为了使资产阶级震惊（*pour épater les bourgeois*）还是因为它的机缘，或者是因为某种微妙的性质上的亲和力。演讲者和观众的笑暗示着，标题和所见到的画作之间的明显不一致莫名其妙地成了后者的审美性质的反映。没有人愿意让他对帕台农神庙的知觉受到这样一个事实的影响，即他恰巧不知道用以称呼这座建筑的这个词的意义。然而谬误，尤其是与绘画有关的谬误，以许多更加狡猾的方式存在着，而不止是这次演讲事件所例证的样子。

可以说，标题是社会性的事情。它们把对象辨识出来以便容易指涉，这样，当贝多芬的一首交响乐被称为"第五"或者提香的"下葬"（Entombment）被提及时，人们会知道它意味着什么。华兹华斯的一首诗也许会被定以名称，但它既可能以称作《露西·格雷》（Lucy Gray）得到辨识，也可能作为某版本中某页上所发现的诗来得到辨识。伦勃朗的画作可以被叫作《犹太婚礼》（Jewish Wedding），或者，也可以被叫作是挂在阿姆斯特丹美术馆某特定展室某堵墙上的那幅画。音乐家通常以数字来称他们的作品，也许同时再指出调子。画家则更喜欢模糊的标题。因此，艺术家也许会无意识地努力逃避某种普遍的倾向，这就是把一个艺术的对象连接听者或观者据他们以前经验来加以识别的某个场景或事件过程。一幅画也许在目录上仅仅登作《暮色下的河》。即便如此，许多人也会认定，他们必须把所记得的某条曾经在那特定时分见过的河带入他们对它的经验之中。然而，通过这样的处理，图画在此范围内就不再是一幅图画，而变成了一个详细目录或者文件，仿佛它是为历史或地理的目的而拍摄的，或者为服务于一个侦探的事务而拍摄的彩色照片。

所做的这些区分是初步的；但是，它们在审美理论中是基本的。当主题和主旨的混淆结束时，已经讨论的例如关于再现的模棱两可也就结束了。布拉德利先生要我们注意一种共同的倾向，即把一件艺术作品仅仅当作某样东西的提示物。对此，他作了如下的举例说明：美术馆里的某位观光者边往前走边评论说，"这幅画多像我的堂兄弟"，或者，那幅画"画的是我的出生地"，以及这位观光者"满意于知道某幅画是关于以利亚（Elijah）之后，便继续欣喜于发现主题并且只是下一幅画的主题"。除非主题和主旨之间的根本差异得到察觉，否则，不仅偶然的参观者会误入歧途，而且批评家和理论家也会根据他们关于艺术素材应该是什么的成见来判断艺术对象。就在并不久远的过去，把易卜生的戏剧说成"肮脏"还是一桩正当的事情;而那些以包括扭曲物理形状的方式来根据审美形式的要求对素材进行修正的绘画,则被谴责为是任意的和无常的。画家对这种误解的公正反驳,可见诸马蒂斯的一则评论。当有人向马蒂斯抱怨她从未看到过一个像他作品中那样的女人时,他回答说:"女士,那不是一个女人,那是一幅图画。"那些把外部的素材——历史的、道德的、感伤的,或者假借规定适当题目的既成准则的——硬拉进来的批评家,也许在学识上极大地高于美术馆里的引导者,后者所说的东西并不涉及作为画作的画,而是涉及大量它们由以生产的机缘,以及它们所引发的感伤的联想,勃朗峰的雄伟或者安妮·博林(Anne Boleyn)的悲剧;然而从审美上来说,它们乃是站在相同水平上的。

童年生活在乡村的城里人喜欢购买这样的画,画上画着绿色的牧场,还有吃草的牛和涓涓的小溪——尤其是溪流中还有可以游泳的水潭。他从这样的画中获得了童年某些价值的复苏,同时减去了那伴随而来的极为艰苦的经验,事实上,加上了一种由于同当下富裕状态的对照而产生的附加的情感价值。在所有这样的情形中,画并没有被看到。画被用作一种为着达到感伤的跳板,这些感伤由于外部的素材而使人愉快。童年和青年经验的素材,不过是许多伟大艺术一种下意识的背景。然而,要成为艺术的主旨,必须依靠所使用的媒介而被做成一种新的对象,而不仅仅以一种回忆往事的方式来得到暗示。

艺术作品中形式和质料联系在一起的事实,并不意味着它们是同一的。它所意味的是:在艺术作品中,它们并不使自己作为两种截然不同的东西出现;作品乃是赋有形式的质料。不过,当反思嵌入的时候,它们就得到了正当的区分,就像在批评和理论中所作的那样。于是,我们就被迫去探究作品的形式结构,而要将这种探究明智地继续下去,就必须对形式一般来说是什么有一个想法。这个词的一种习惯用法使它等同于形状或者外形,从这个事实出发,我们也许可以得到这个观念的一把钥匙。形式,尤其与图画有关的形式,常常被简单地等同于由形状的线条轮廓所界定的范型。既然形状只是审美形式中的一个元素,那么,它并不构成审美形式。在平常的知觉中,我们通过事物的形状对它们进行识别和辨识;当我们看和听时,甚至词和句也具有形状。请想一想,较之任何其他种类的发音错误来说,一个重音的错误如何更干扰识别。

因为与识别有关的形状并不限于几何的或者空间的属性。后者只有当它们服从于适应一个目标时,才发生作用。我们心中那些与任何功能都没有联系的形状,是难以把握和保持的。勺子、小刀、叉子、日常用品、各种家具的形状都是辨识的手段,因为它们是同目的联系在一起的。这样,在某一点上,形状就其艺术的意义而言,乃是同形式相结盟的。在两者之中,都存在着对诸组成部分的组织。在某种意义上,甚至一个器具和工具的典型形状也指出了进入诸部分中以限定它们的那个整体的意义。这个事实导致一些理论家,比如赫尔伯特·斯宾塞,把"美"的源头等同于诸部分对整体功能有效而经济的适应。在有些情形中,适合性事实上如此精致,以至于构成了独立于任何功利思想之外的可见的优美。然而,这个特殊的例子指出了某种方式,在这种方式之中,形状和形式一般是不同的。因为,在"笨拙"意谓对目标的无效适应的意义上来说,在优美中就有超出仅仅是不笨拙之外的东西。在这样的形状中,适应乃是被内在地限制于一个特定的目标上的——就像勺子的目标就是为着要把液体送到嘴里。而另外具有那种被称为优美的审美形式的勺子,则不承载这样的限制。

很多理智的努力已经花在把对特定目标的有效性和"美"或审美性质等同起来的尝试之中了。然而,这些尝试必定是失败的,幸运的是,这两者在某些情形中是一致的,而且人们愿意它们总是相宜的。因为对一个特定目标的适应常常是(在复杂事务的情形中则总是)某样被思想所知觉的东西,尽管审美效果乃是在感觉-知觉中被直接地发现的。一把椅子所服务的目的也许是提供舒适和保健的座位,而并不同时服务于眼睛的需要。相反,如果它在经验中妨碍而不是促进视觉的作用,那么就是丑陋的,不管它用作一个座位是多么合适。没有什么预定的和谐来保证满足某一套器官需要的东西,会实现所有其他那些在经验中起作用的结构和需要,从而使它作为所有元素的一个联合体来得以完成。我们可以说的是:在没有干扰性语境的情况下,如为了私人利润的最大化而生产对象,往往会倾向于达到一种平衡。这样,对象对于作为整体的自我来说,就是令其满意的——从严格意义上来说,是"有用的"——即使有特殊效能在过程中被牺牲。在这样的程度上存在着一种倾向,即动态的形状(不同于赤裸裸的几何图形)倾向于同艺术的形式相混合。

在哲学思想史的早期,使对象的界定和分类得以成为可能的形状的价值就被注意到了,并且被作为关于形式本性的形而上学理论的一个基础。人们完全忽视甚至否认了一个经验事实,它是对于关系的一个经验事实,通过把各部分安排于一个明确的目标和用途——如勺子、桌子或杯子的目标和用途——而得以实现。形式被当作某种内在的东西,当作由形而上学的宇宙结构而来的事物本质。沿着导致这种结果的推论过程前进是很容易的,倘若形状与用途的关系被忽视的话。正是依据形式——在合适形状的意义上来说——我们才能在知觉中既辨识又区别事物:椅子区别于桌子,枫树区别于橡树。既然我们以这种方式来进行注意——或者说"知道"它们——并且,既然我们相信知识是事物真实本性的一种揭示,那么就可以得出结论说:事物乃是由于内在地具有某些形式而存在的东西。

此外,既然是这些形式使得事物可知,那么就可以得出结论说,形式乃是世界中的对象和事件的理性的、可理解的元素。这样,它就与"质料"相对置了,后者是非理性的,生来就混沌无序和动摇不定,形式在其上面打上印记的原料。形式是永恒的,正如质料是易变的。这种对于质料和形式的形而上学的区分,体现在统治欧洲思想长达若干世纪的哲学之中。由于这个事实,它仍然影响着与质料相关的形式的审美哲学。它是支持它们分离的那种偏见的源头,特别是当其以这样的方式出现时,即假定形式具有一种质料所缺乏的高贵和稳定。事实上,如果不是由于这种传统的背景,那么也许就要怀疑,是否有人想到在它们的关系中存在着问题,以及是否清楚,艺术中唯一重要的区分乃是不充分赋形的质料和完全而连贯赋形的材料之间的区分。

工业艺术的对象具有形式——适应它们特殊用途的形式。不管这些对象是毯子、壶或者篮子,当材料得到安排和适应以直接服务于其关注性知觉指向于它的某个人的直接经验的丰富时,这些对象就呈现了审美的形式。原生的材料必须经受一种变化,这种变化使得各个部分具有形状,并着眼于整体的目的来对这些部分进行彼此关涉的安排;而在此之前,没有什么材料能够适应一个目标,不管是作为勺子还是地毯的使用目标。因此,对象乃是在一种决定性的意义上具有形式的。当这个形式从一个专门目标的限制中解放出来并服务于一个直接而鲜活的经验的目的时,形式就是审美的而不仅仅是有用的。

"设计"这个词有着双重的意义,这是非常重要的。它既意味着目的,又意味着安排,即构成的模式。一所房子的设计是一个计划,根据这个计划,房子是为服务于那些居于其中的人们的目的而被建造起来的。一幅绘画或一部小说的设计乃是其诸元素的安排,凭借这个安排,作品成为直接知觉中的一个表现性的统一体。在这两个例子中,存在着许多组成元素的有序关系。艺术设计的特色,是把各部分聚在一起的关系的亲密性。在一所房子中,我们有着房间,而且有着它们彼此相关的安排。在艺术作品中,各种关系如果离开了它们所关系到的什么就无法被道出,除非在事后的反思之中。如果它们处在分离之中,那么一件艺术作品就是贫乏的,正如在一部小说里,其中的情节——设计——被感觉到是叠加到事件和人物之上的,而不是它们彼此的动态关系。要理解一架复杂机器的设计,我们不得不知道这架机器旨在服务的目的,以及各个部分如何装配以达成这个目的。设计好像是被叠加在材料之上,而材料并没有实际参与其中,这就如同参加战役的士兵,他们在将军对战役的"设计"中只有被动地参与。

只有当一个整体的组成部分所具有的唯一目标乃是促成有意识经验的圆满完成时,设计和形状才会失去叠加的特性而变成形式。只要它们服务一个专门的目的,就不能够做到这一点;虽然,当它们不单独地突出而同艺术作品的其他所有属性相融合时,它们是可以服务于具有一则经验这个综合性目的的。在论及绘画形式的意义时,巴恩斯博士说出了这种混合的完整性的必要性,即"形状"以及范型与色彩、空间和光线彼此渗透。正如他所说,形式乃是"所有造型手段的综合和融合……它们的和谐融合"。另一方面,狭义上的范型,或者说计划和设计,"仅仅是一副骨架,在它上面,诸造型单元……得以移植"[1]。

如果我们所讨论的对象乃是要服务于其统一生命力中的整体创造物,那么,媒介的所有属性这种相互融合就是必要的。它因而界定了所有艺术中形式的本性。至于专门的功用,我们可以把设计的特征刻画为关联这个和那个目标。一把椅子具有适合于提供舒适的设计;另一把适合于保健;第三把适合于王室的华丽。只有当所有的手段彼此扩散时,整体才充满部分,以至于构成一则由包容而不是排斥所统一的经验。这个事实巩固了前一章中关于某种联合的立场,这种联合就是直接的感官生动的性质与其他表现的性质之间的联合。只要"意义"是一件联想和暗示的事情,它就会脱离感官媒介的性质,而形式也就受到了搅扰。感官性质是意义的运载者,不过,这不像运货的车辆,而是像怀子的母亲,此时孩子乃是她自身有机体的一部分。艺术作品就像词一样,在字面上孕育着意义。在过去经验中有其源头的意义乃是手段,凭借这手段,在一幅特定画上做标记的独特组织得以实现。它们不是被"联想"附加上去的,而要么是灵魂,色彩是其身体;要么是身体,色彩是其灵

---

[1] 《绘画中的艺术》,第85页和第87页,参阅第2卷第一章。就限定的意义而言,形式乃是"价值的标准",如同在那里所展示的那样。

魂——根据我们碰巧对那幅画所关注的东西而定。

巴恩斯博士曾经指出,不仅理智意义承袭过去的经验从而增加表现性,而且那些增加情感刺激的性质也是这么做的,不管这个刺激是平静还是强烈。正如他所说:"在我们动摇不定的心中存在着大量的情感态度,它们是准备在合适的刺激到来时便再度兴奋起来的感情;而且,不是任何别的东西,而正是这些形式,这种比普通人心中更完满更丰富的经验残余,构成了艺术家的资本。那被称为艺术家的魔术的东西存在于他的一种能力之中,即把这些价值从一个经验的领域转移到另一个领域,把它们加在我们普通生活的对象之上,并靠他富有想象力的洞见使这些对象变得深刻和重大。"① 色彩不是质料或形式,感觉性质也不是,但这些彻底浸润和饱和着转移价值的性质却是的。于是,根据我们兴趣的指导,它们或者是质料或者是形式。

尽管某些理论家由于刚才所提及的形而上学的二元论而区分感官价值和借入价值,但是其他的理论家作此区分则是唯恐艺术作品被不适当地智化。他们关心的是强调某种事实上乃是一种审美必要性的东西:审美经验的直接性。非直接的东西就不是审美的,这个断言并不至于很过分。错误在于假定只有某种特殊的事物——那些仅仅依附于眼睛、耳朵等的事物——才能够被定性地和直接地经验到。如果下面的论述是正确的,即只有单独通过感觉器官到达我们的性质才是被直接经验到的,那么,当然,所有相关的材料就都是被一种外来的联想所添加的——或者根据某些理论家,被一种思想的"综合"行动所添加。从这个观点出发,组成比如说一幅绘画的严格的审美价值的东西,就只是除了与对象关联外彼此支持的色彩的某些关系以及关系的秩序。它们作为水、石、云等的色彩而在场,而借此所获得的表现性则被归于艺术。在这个基础上,审美的东西和艺术的东西之间就总是存在着一种隔阂,属于两个截然不同的类。

作为这个分歧的基础的心理学,事先被威廉·詹姆斯在作如下陈述时推翻了。他指出,对于诸如"如果"、"那么"、"而且"、"但是"、"来自"、"随同"这样的关系,存在着直接的感觉。他表示,没有什么关系如此包罗万象,以至于可以不变成直接经

---

① 参看《亨利-马蒂斯的艺术》(*The Art of Henri-Matisse*)一卷中关于转移价值的一章;引文来自第31页。在这一章,巴恩斯博士说,马蒂斯的绘画中有多少的直接情感效果是无意识地从某些情感价值转移而来的,这些情感价值首先关联于织锦、海报、玫瑰形饰物(包括花纹)、瓷砖、诸如旗帜上的斑纹和条带,以及许多其他的对象。

《客西马尼》埃尔·格雷科(El Greco)作
国家美术馆,伦敦

验的一个质料。事实上,每一件曾经存在过的艺术作品都是与现在讨论的这个理论相矛盾的。完全正确的是,某些事物,也就是说某些观念,行使了一种中介的功能。但是,只有一种遭到扭曲和发育不全的逻辑才会坚持认为,因为某种事物是被中介的,所以就不能够被直接地经验到。事情正好相反。直到我们已经感觉和感受到观念,仿佛它就是一种气味或颜色,我们才能掌握观念即中介器官,才能在其全部力量中拥有它。

  那些把思考当作一种职业而沉溺于其中的人,当他们对思想的过程加以观察,而不是根据辩证法来决定它们必须是什么的时候,就会意识到,直接的感觉并没有被限制在它的范围之中。不同的观念有着不同的"感觉",它们直接地定性方面,就和其他别的东西差不多。一个对其穿过复杂问题的道路进行思考的人,依靠概念的这种属性为他的道路找到指导。当他误入歧途时,观念的性质就阻止他;而当他找到正途时,这些性质就送他向前。它们是理智的"停止与行进"的标志。如果一位思考者不得不推论式地得出每个观念的意义,他就会迷失在一个既没有尽头又没有中心的迷宫之中。无论何时,只要一个观念失去了它直接被知觉到的性质,就不再是一个观念,而是变成了一个像代数符号那样仅仅执行运算而无须思考的刺激。出于这个理由,某些导向它们适当圆满完成(或者结局)的观念序列就是美的或者优雅的。它们具有审美的特性。在反思中,通常必须作出感觉的质料与思想的质料之间的区别。但是,这个区别在所有的经验模式中都不存在。当科学探究和哲学思辨中存在真正的艺术性时,一个思考者不是依据规则来进行思考,也不是盲目地进行思考,而是依靠像有着质化色彩的感觉那样直接存在着的意义进行思考。①

  感觉的性质、触觉和味觉的性质以及视觉和听觉的性质都具有审美的性质。然而,它们不是在孤立之中,而是在其联系之中具有这种性质的;作为相互作用,而不是作为简单而分离的实存物。这些联系也没有局限于它们自己的类之中,颜色限于颜色,声音限于声音。甚至科学控制方式中的最高极限,也从未成功地获取一种"纯粹"的颜色或者纯粹的色谱。在科学控制下所产生的一束光不会清晰和均匀

---

① 关于这种质料,不仅涉及这一特定的话题,而且涉及所有和作为艺术家特征的智力有关的问题,我参考了收于《哲学与文明》(Philosophy and Civilization)卷中那篇《质化思维》的文章(《杜威全集·晚期著作》第5卷,第243—262页)。

地得以完成,它有着模糊的边缘以及内部的复杂性。另外,它被投射到一个背景之上,唯其如此,它才能进入知觉。而这个背景并不仅仅是其他色调以及深浅中的一个,它有着自己的性质。甚至连最细的线所投出的阴影也不是非常均质的。不可能把一种颜色从光线中分离出来,以便不发生折射。甚至在最始终如一的实验室条件下,一种"简单的"颜色在其边缘泛蓝的程度上而言也是复杂的。那些在绘画中所使用的色彩就不是纯粹的光谱色了,而是颜料;不是投射在空无之上,而是涂抹在画布之上。

这些基本观察是根据某种企图作出的,该企图就是把关于感觉材料的所谓科学发现转接到美学之中。它们表明,甚至在所谓的科学基础之上,也不存在对"纯粹的"或"简单的"性质的经验,也不存在对局限于某个单一感觉的范围内的性质的经验。但是,无论如何,在实验室的科学和艺术作品之间存在着不可逾越的隔阂。在一幅绘画中,色彩是作为天空、云朵、河川、岩石、草地、宝石、丝绸等的色彩而得以呈现的。经过人为训练的眼睛会把色彩看作色彩,剔除色彩修饰的事物;然而,即使是这样的眼睛,也不能够排除这些对象的应有价值的共鸣和转移。对色彩性质而言,尤为正确的是:在知觉中,它们就是它们在与其他性质的对比与和谐关系中所是的东西。那些根据其线条制图术来对图画进行测量的人,正是在这个基础上攻击配色师。他们指出,与线条的稳定不移相反,色彩从来不会有两次的相同,它随着光线以及其他条件的每一个变化而改变。

与把解剖学和心理学所错置的抽象放进审美理论中去的企图相反,我们也许要好好听听画家们所说的东西。例如,塞尚说:"设计和色彩并非是截然不同的。设计存在于色彩被真正地涂画的程度。色彩越是彼此和谐,设计就越是得到界定。色彩最丰富的时候,形式也就最完整。设计的秘密,由范型所标记的一切事物的秘密,就是色调的对比和关系。"他赞同地援引了另一位画家德拉克洛瓦(Delacroix)所说的话:"给我街上的泥土,并且,如果你愿意把力量也留给我,以便照我的趣味把它围起来,那么,我将用它做成一个有着美妙色泽的女人肉体。"在一般的心理学理论和哲学理论中有一个错误,这就是,把性质当作直接的和感性的,把关系当作纯然间接的和理智的,从而使性质和关系处于对立之中。在优美艺术中,这是荒谬的,因为一件艺术产品的力量依赖于两者完全的彼此渗透。

任何一种感觉的行动都包括那些应归于整个有机体的态度和倾向。属于感觉器官本身的能量作为原因,进入被知觉的事物之中。一些画家引进"点彩派"

(pointillist)的技法，即依靠视觉器官的能力，把画布上那些从物理角度来说分离的色点融合在一起。这个时候，他们恰恰就以此为例说明，他们并没有发明一种把物理存在转变为被知觉对象的有机体的活动。不过，这种修正是基本的。并非仅仅是视觉器官，而是整个有机体，都在与环境相互作用，这种相互作用存在于除例行公事之外的所有行动之中。眼睛、耳朵或者无论什么，都只是渠道，通过它，总体的反应得以发生。人们所看到的一种颜色，总是被许多器官的暗中相互作用，以及交感神经系统和触觉的暗中相互作用所限制的。它是总体能量得以放出的漏斗形通道，而不是其源头。色彩之所以奢华和丰富，正是因为一种总体的有机体共鸣深深地暗含在它们之中。

更为重要的是这样一个事实，在经验对象的生产中有所反应的有机体，其观察、欲求和情感的倾向都是由先前的经验所塑造的。它在自身中承载着过去的经验，这种承载不是靠有意识的记忆，而是靠直接的命令。这个事实说明，某种程度的表现性存在于每个有意识的经验的对象之中。这已经说过了。与审美主旨的话题有关的东西取决于一种方式，在这种方式中，载于当下态度之上的过去经验的材料，连同由感觉所提供的材料一起运作。例如，在全然的回忆中，把这两者分开是必需的；否则的话，记忆就被扭曲了。在纯然自动获得的行动中，过去的材料就其根本没有在意识中出现而言，乃是从属性的。而在其他情况下，过去的材料进入意识之中，但作为工具被有意识地利用以处理某个当前问题和困难。它被限制于服务某个特别的目标。如果经验主要是研究的经验，那么就会具有提供证据或者提出假设的地位；如果主要是"实践的"经验，那么就具有为当前行动供给提示的地位。

相反地，在审美经验中，过去的材料既没有像在回忆中那样填满注意力，也没有从属于一个特别的目的。在那到来的东西上的确存在着强加的限制。但是，它所限制的是此时所具有的一则经验的直接质料的成分。材料并没有被用作通向下一步经验的桥梁，而是被用作当前经验的一种增加和个性化。用以度量一件艺术作品范围的东西，乃是来自过去经验的元素的数量和种类，它们被有机地吸收到此地此时所具有的知觉之中。它们给予艺术作品以其形体和暗示性。它们所来自的源头常常过于模糊，以致无法以任何有意识记忆的方式来加以辨识，因而它们创造了艺术作品浮游于其中的光韵和半影。

我们通过眼睛来看画，通过耳朵来听音乐。因而在反思上，我们非常喜欢假设在经验本身中视觉或听觉的性质照样处于中心地位,如果不是处于独占地位的话。这就导致把最初的经验当作其直接本性的一部分,而不管后来的分析会在其中找到什么,这是一个谬误——詹姆斯把这个谬误称为那种心理学的谬误。在看一幅画时,真实的情况并非是:视觉的性质照样或者有意识地处于中心地位,而其他的性质以一种附属的或联想的方式被安排在它们周围。没有什么比这个更远离事实了。无论是看一幅画,还是读一首诗或一篇哲学论文,真实的情况都并非如此,因为在阅读的时候,我们并没有以任何独特的方式意识到字母或语词的视觉形式。这些东西乃是刺激,对于这些刺激,我们以取自我们自己情感的、想象的和理智的价值来作出回应,这些刺激因而就借着同那些通过语词中介而呈现的东西进行相互作用得到安排。在一幅画中所看到的色彩被认为是源于对象,而不是源于眼睛。单单出于这个理由,它们在情感上所取得的资格有时达到了催眠力量的程度,而且成为有意义的或表现性的。解剖学和心理学知识的使用对之有所帮助的研究表明,器官在以经验为条件的时候,在因果关系上成为主要的东西;而这个器官在经验本身中也许是不显眼的,好像眼睛般被牵涉进来的大脑神经束那样,只有训练有素的神经病学家才会对此有所了解——当他全神贯注地看某样东西的时候,甚至他对此也是毫无意识的。当我们借助作为原因辅助物的眼睛来知觉冬日里水的流动、冰的寒冷、石的坚固、树的裸露时,眼睛性质以外的其他性质在知觉中确实是显而易见并起着控制作用的。同样确实的是,任何可能是那些光学性质的东西都不会独自地突现出来,而任由触觉的和情感的性质依附于它们周围。

刚才所讲的这一点,并不是一种遥远的技巧理论。它同我们的主要问题,即主旨和形式的关系问题直接相关。这种相关有着许多方面。其中之一就是感觉与生俱来的扩张倾向,要进入同其他事物而不止是它本身的亲密关系之中,并因而由于它自己的行动而呈现形式——而不是由于被动地等待形式来强加于它之上。由于其有机的联系,任何的感官性质都倾向于伸展和融合。当一种感觉性质停留在一开始出现的相对孤立的平面上时,它就会这么做。这是因为某种特殊的反作用的缘故;也是因为,它是为着特殊的理由而得到培养的。它不再是感官的(sensuous),而是变成了肉欲的(sensual)。感觉的这种孤立不是审美对象的特征,而是为着感觉的直接兴奋而放纵的诸如迷幻药、性高潮以及赌博等东西的特征。在正常的经验中,感觉的性质乃是关联其他性质的,并以这样的一种方式去界定对象。处于焦点上的感受器官,把能量和生气加给意义,否则的话,意义就只是回忆的、陈腐的或者抽象的。没有哪位诗人比济慈更能触动人的感官。但是，也没有哪位诗人在写诗时，比他更紧密地使感官性质为客观的事件和场景所渗透。表面上看起来，那激发弥尔顿灵感的东西对今天的绝大多数人来说是一种干巴巴的、令人生厌的神学。但是，他充分地浸润在莎士比亚的传统之中，所以他的主旨就是在宏伟的规模上所构成的直接戏剧的主旨。如果我们听到一个洪亮圆润而不易忘怀的声音，会直接把它感觉为某类名人的声音。而假如我们后来发现，这个人事实上有着一种贫乏和肤浅的本性，那么就会感到自己仿佛被欺骗了。所以，当一个艺术对象的感官性质和理智属性接不上时，我们总是会在审美上失望。

当我们在主旨和形式相整合的语境中进行考察时，那悬而未决的装饰性和表现性之间的关系问题就得到解决了。表现性倾向意义的一边，而装饰性倾向感觉的一边。眼睛有着一种对于光线和色彩的饥渴；当这种饥渴得到食物时，就会产生一种独特的满意。墙纸、地毯、挂毯、天空和花朵那变幻色彩的绝妙上演，满足了这种需要。阿拉伯式的图饰和鲜艳的色彩在绘画中有着一种相似的职能。某些建筑结构的魅力——由于它们既有尊严又有魅力——来自这样一个事实，即在它们线条和空间的精巧适应中，满足了感觉运动系统一种相似的有机需要。

然而，在所有这一切中，不存在特定感觉的单独运作。可以得出的结论是，独特的装饰性质应归于一种感觉神经束不同寻常的能量，它为它所关联的其他活动提供鲜活性和吸引力。哈得逊是一位对世界的感性表面有着非凡敏感性的人。谈及自己的童年时，他这样说道："就像一只用其后腿四处乱跑的小野兽，对发现自己身处其中的这个世界惊异地感着兴趣。"他继续说道："我欣喜于色彩和气味，欣喜于品尝和触摸：天空的湛蓝，大地的葱郁，河面上的粼粼波光，牛奶、水果和蜂蜜的滋味，干土或湿土、风和雨、香草和花的气息；仅仅是摸着一片草叶，也使我感到幸福；还有些声音和芳香，尤其是花、羽毛和鸟蛋的那些颜色，比如鹅蛋紫色光亮的外壳，使我陶醉于喜悦之中。当我骑马走在草原上时，发现一片鲜红的马鞭草正在怒放。这蔓延的植物覆盖着好几码的空地，湿润而油绿的草皮上洒满了闪亮如浮雕般的花朵，我会欢呼着从马上跳下，躺在草地上，躺在这些花朵中间，让我的目光尽享它们鲜艳的色彩。"

没有人可以抱怨在这样的一则经验中缺乏对直接感官效果的识别。它是更为值得注目的，因为它没有装出那种对嗅、味、触性质的高傲态度，而这种态度是自康德以来一些著作家所采用的。然而，要注意的是，"色彩、气味、品尝和触摸"并不是孤立的。所享受的乐趣有着对象的色彩、触感和气味:一片片草叶、天空、阳光和水、鸟儿。那被直接诉诸的视、嗅和触乃是手段,通过这些手段,那个男孩的全部存在都纵情于对他所居于其中的这个世界的性质的敏锐知觉里面——这里的性质是被经验到的事物的性质,而不是感觉的性质。一个特定感觉器官的积极作用参与到性质的生产之中;但是,该器官并没有因为这个理由而成为有意识经验的焦点。性质与对象的联系是内在于一切有意义的经验之中的。如果除去这种联系,那么就不会有什么东西保留下来,而只有一连串毫无意义和难以辨识的短暂激动。当我们具有"纯粹的"感觉经验时,它们是以突兀的瞬间和强制的注意而走向我们的;它们是震惊,甚至通常是致力于鼓动好奇心去进行探究的震惊,而这种探究所针对的是那突然打断我们先前工作的情况的本性。如果条件坚持不变,且没有能力把所感觉到的东西投入对象的属性之中,那么结果就是全然的愤怒——一种远离于审美愉悦的东西。把感觉的病理学弄成审美愉悦的基础,这不是一桩有前途的事业。

马鞭草在草地上蔓延,阳光在水面上粼粼闪烁,鸟蛋泛出闪亮的光泽。倘若把这些东西所带来的乐趣转化成活的生灵的经验,那么,我们所发现的东西恰恰就是孤立地起作用的单一感觉的对立物,或者恰恰就是大量仅仅把其分离性质加在一块儿的感觉的对立物。后者借着它们与那些对象的共同关系而协调在一个充满活力的整体之中。正是这些对象,过着一种充满激情的生活。艺术有点像哈得逊在回味童年经验时的那个样子。不过,艺术还要通过选择和集中来进一步地指涉一个对象,指涉超越单纯感觉的组织和秩序,这些东西原是隐含在孩子的经验中的。因而,有着其连续和累积特性(这些属性的存在乃是由于"感觉"有着在普通世界中得到安排的对象,而并非仅仅是短暂的兴奋)的原生经验,为艺术作品提供了一个指涉的框架。有一种理论认为最初的审美经验具有单独的感觉性质,如果这种理论是正确的,艺术就不可能把联系和秩序添加到它们之上了。

刚才所描述的情形,给了我们一把理解艺术作品中装饰性和表现性之间关系的钥匙。如果欣赏所关涉的只是单单的性质,那么装饰性和表现性就彼此毫无瓜葛了:它们一个来自直接的感觉经验,另一个来自艺术所引进的关系和意义。既然感觉本身同关系混在一起,装饰性和表现性之间的差别就是侧重点的差别了。《生活的欢乐》(*Joie de vivre*)——不计翌日的放纵,织物的奢侈,花朵的华美,水果成熟的浓艳——就是通过直接从感官性质的充分表演中跳出的装饰性质而得到表现的。如果艺术中表现的范围是包罗万象的,那么,某些有价值的对象必定得到装饰性地呈现,而其他的则必定得不到如此地呈现。一个快乐的皮耶罗(Pierrot)小丑会在葬礼上同其他人相冲突。而当一个宫廷小丑被画入他主人的丧礼图时,他的外表必然至少是适合这个场合所要求的。过度的装饰性质在特定场景中有着它自己的表现性——就像戈雅在他当时的一些皇亲国戚的肖像中,把这种装饰性质夸张到了这样一种程度,即将他们的华丽夸耀变成了滑稽可笑。而要求所有的艺术都成为装饰性的,这同样是一种限制,即限制艺术的材料以排除对忧郁的表现,就像清教徒要求所有的艺术都是严肃庄重的那样。

装饰的表现性与主旨和形式的问题有一种特殊的关系,这就是,它证明了那些把感觉性质孤立起来的理论是错误的。因为在装饰效果孤立地得到实现的程度上,它变成了空洞的雕饰、做作的修饰——就像蛋糕上的糖画图案那样——以及外在的装扮。我无需不嫌其烦地去谴责那种用装饰品来隐瞒弱点并掩盖结构缺陷的不真诚。不过,必须注意的是,在把感觉和意义分离开来的审美理论的基础上,对这样的谴责不存在艺术的根据。艺术中的不真诚有一种审美的而不只是道德的源头;哪里的主旨和形式分崩离析了,哪里就可以找到它。这个陈述并不意味着,所有结构上必需的元素对于知觉来说都是明显的,就像建筑学中一些极端的"功能主义者"坚持认为它们应该的那样。这样一种论点混淆了颇为枯燥的道德概念和艺术。① 因为在建筑中,正如在绘画和诗歌中,原材料通过与自我相互作用而得到重新安排,以使得经验成为令人愉快的。

当花朵与房间的家具以及用途彼此和谐而没有增添一种不真诚的调子时,房间中的花朵就增加了房间的表现性——即使这些花朵掩盖了某些结构上所必需的东西。

质料的真相在于,在一种联系中是形式的东西,在另一种联系中则是质料,反之亦然。色彩在关于某些性质和价值的表现性时是质料,而在它被用于传达精美、显赫、快乐时则是形式。这话的意思并不是说,某些色彩具有一种功能,而其他的色彩具有另一种功能。以委拉斯凯兹(Velásquez)的画作《孩子玛格丽塔·特丽萨》为例,即在那女孩的右边有一瓶花的那幅画。这幅画的优雅和精美是无法超越

---

① 杰弗里·斯科特(Geoffrey Scott)在他的《人本主义的建筑学》(*Architecture of Humanism*)中,已经充分揭露和说明了这种谬误。

的;这种精美弥漫于每一个方面和每一个部分——衣服、珠宝、脸庞、头发、手、花;然而,恰恰同样是这些色彩,不仅表现了织物的材质,而且表现了委拉斯凯兹成功作品中总带有的一种人的内在的高贵;这种高贵甚至在王室人物中也是内在的,从而不是王权的一种装饰物。

当然,接下来并不是说,所有的艺术作品,甚至那些有着最高质量的艺术作品,都必须拥有装饰性和表现性之间这样一种完全的彼此渗透,就像在提香、委拉斯凯兹和雷诺阿的作品中常常展示的那样。艺术家也许仅在这个或那个方面伟大,但仍然是伟大的艺术家。几乎从一开始,法国的绘画就被标记上了一种活泼的装饰感。朗克雷(Lancret)、弗拉贡纳尔(Fragonard)、华铎(Watteau)是那种也许有时到了脆弱的精美,但他们几乎从未展示出表现性和外部修饰之间的分裂,而这几乎总是布歇(Boucher)的标志。他们更喜欢那些要求以精美细致和亲切微妙来呈递其全部表现性的主题。比起他们来说,雷诺阿在他的画作中有着更多的关于普通生活的主旨。但是,他使用一切造型手段——在它们本身以及它们彼此关系中的色彩、光线、线条和平面——来传达一种与普通事物交流中极富乐趣的感觉。据说,认识他所使用的模特儿的朋友们有时会抱怨,他把那些模特儿画得比他们真实的样子漂亮许多。不过,看这些画的人没有谁会得到一种他们被"修补"过或雕琢过的感觉。那被表现的东西乃是雷诺阿本人所具有的关于知觉世界的乐趣的经验。马蒂斯在当今的装饰性配色师中是无可匹敌的。最初,他也许会给观看者一个震惊,因为那些本身过于鲜艳的色彩被并置在一起了,也因为物质上的空白最初看起来是非审美的。然而,当人们学着去看的时候,他们就会发现有一种性质得到了奇迹般地呈现,这种性质是典型的法国式的——清晰明朗。如果对它进行表现的尝试没有获得成功——当然,它并不总是这样——那么,装饰的性质就会单独地突出来,并且是压制性的——就像放了太多的糖那样。

因此,在学着去知觉一件艺术作品的时候,一种重要的才能——一种连许多批评家都不拥有的才能——就是把握那使一位特定的艺术家格外感兴趣的对象状况的能力。静物画也许会像大多数风俗画那样空空如也,倘若它没有在大师的手下,通过重要的结构因素的装饰性质本身而变成表现性的,就像夏尔丹以亲切悦目的方式来呈现体积和空间位置那样;塞尚以水果成就了不朽的性质,正如瓜尔第(Guardi)在相反的方面,以一种装饰性的光辉使不朽的东西充满在大楼之中。

随着对象从一种文化媒介传送到另一种文化介质中,装饰性质也呈现出新的价值。东方地毯和碗具有一些范型,这些范型在装饰性的半几何图形中得到表现,而它们最初的价值通常是宗教的或政治的——作为部落的徽章。西方观察者在前者上的收获,并不多于对最初关联佛教和道教的中国绘画中的宗教表现性的把握。造型的元素得到保持,并且有时会给出装饰性与表现性分离的错误感觉。地方元素是一种由以支付入场费的媒介。在地方元素被去除之后,内在的价值仍然得以保持。

美,按照惯例被假定为是美学的特别题目,它几乎不被提及先前的东西。它完全是一个情感的术语,尽管它所表示的是一种特有的情感。在直接强烈地抓住我们的一片风景、一首诗或者一幅画面前,我们被感动得喃喃细语或者失声喊道"多么美啊"。这种突然的喊出正是一种赞词,它献给对象那种唤起接近崇拜的赞美的能力。美最大限度地远离分析的术语,因而也远离一种可以在理论中充当解释手段或者分类手段的概念。不幸的是,它被僵化成一个特殊的对象;情感的狂喜隶属于哲学称为实体化的东西,而结果便是作为直觉的一种本质的美的概念。对理论的目的来说,它就变成了一个碍事的术语。万一这个术语在理论中被用来标明一则经验的总体审美性质,那么,当然最好是对经验本身加以研究,并说明这性质来自何处又如何进行。在此情形中,美乃是对某种东西的一种回应;这种东西对反思来说,就是通过其内在关系而整合于一个单一定性整体之中的质料的圆满完成的运动。

这个术语有另外一种和更为有限的使用,在这种使用中,美用来反衬审美性质的其他模式——反衬崇高、喜剧、怪诞。从结果来判断,这种区分并不是一个恰当的区分。它倾向于使那些研究它的人陷入概念的辩证操作之中,陷入一种妨碍而不是辅助直接知觉的鸽笼式分类格架之中。现成的划分不是支持人们去听任对象,而是导致人们怀着一种比较的意图去接近对象,从而导致他们把经验限定为对统一整体的部分把握。对这个词的常用案例的考察,除了揭示出上面所提到的它的直接情感意义之外,还揭示出,该术语的一个重要意义乃是装饰性质的显著在场,以及对感觉的直接魅力的显著在场。另一个意义则是指出整体诸成员的合适关系和相互适应的明显在场,无论它是对象、情境还是行为。

因此,数学证明以及外科手术都可以说是美的——甚至一个病例在其特有关系的展示上也可能如此之典型,以至于被称作是美的。这两种意义,即感官魅力的意义和各部分和谐属性的显现的意义,标志着人类形式中最佳的样本。理论家们所做的把一种意义化约为另一种意义的努力,说明通过固定的概念来接近素材是徒劳无益的。这些事实阐明了形式和质料的直接融合,阐明了被当作形式或主旨的东西在一种特定情形中的相对性,以达到使反思性分析具有生气的目的。

全部讨论的总结就是:那些把质料和形式分离开来的理论,那些努力在经验中寻找各自特殊位置的理论,尽管它们彼此对立,但都是同一基本谬误的案例。它们依靠活的生灵与居于其中的环境的分离。有一种派别造成了意义或者关系的趣味中的分离,这种派别当其含意被表示为公式时就变成了哲学中的"唯心主义"。而另一种派别,即感觉-经验的派别,则为着感觉性质的首要地位而造成这种分离。人们不曾相信,审美经验会为着解释艺术而产生它自己的概念。这些概念是通过来自那些思想系统的现成结转而叠加上来的,而这些思想系统的架构并没有指涉到艺术。

没有什么比讨论质料和形式的问题更具有灾难性的后果了。也许可以很容易地用来自某些美学论著者的引文来填满这一章的空页,这些论著者主张质料和形式的一种原初二元论。我只援引一例:"我们称一座希腊神庙的正面是美的,这特别是指它那令人赞慕的形式;然而,在断言一座诺曼底式城堡的美时,我们所指的却是那城堡所意味的东西——对它往昔骄傲自豪的力量,以及这力量被岁月的无情击打慢慢征服的想象效果。"

这位独特的作者把"形式"直接指涉为感觉,而把质料或者"主旨"指涉为想象的意义。把这种处理方法颠倒过来,是很容易的。废墟如画;这说的是,废墟那长满常春藤的直接范型和色彩,对感觉来说引起了一种装饰性的兴趣;而人们也会争论,希腊神庙的正面效果应归于对比例关系的知觉,等等,这更多涉及理性的而不是感性的考察。当然,乍看起来似乎更为自然的是把质料归于感觉并把形式归于间接的思想,而不是反过来。而事实是,这两种方向上的区分是同样武断的。在一种语境中是形式的东西,在另一种语境中则是质料,反之亦然。此外,它们在同一件艺术作品中随着人们兴趣点和注意力的变换而改变位置。就拿《露西·格雷》(Lucy Gray)中的以下几节来说:

> 却有人主张直至今日,
> 　这孩子依然活在世上;
> 你也许会见着甜甜的露西·格雷,

在那寂寥的荒野之上。

无论崎岖平坦她穿越向前,
　　从来不曾向后顾盼;
且唱起那一首寂寞之歌,
　　歌声啸啸在风儿里面。

有哪个审美地感受着这首诗的人会有意识地——在同时——区分感觉和思想,区分质料和形式?如果是这样的话,他们就不是在审美地阅读或者聆听了,因为这些诗节的审美价值在于两者的整合。尽管如此,在全神贯注地欣赏这首诗之后,人们可以进行反思和分析。人们可以考察,语词、节奏和韵脚、短句的运动的选择如何有助于产生审美的效果。不仅如此,那样一种由着对形式更为明确的理解而作出的分析可能会进一步地丰富直接经验。在另一种场合,如果把这些相同的特点联系华兹华斯的阐发,联系他的经验和理论,那么,它们可能就会被当作是质料而不是形式。于是,这段情节,这个"守信至死的孩子的故事",就用作为华兹华斯体现他个人经验材料的一种形式。

既然形式和质料在经验中得以结合的最终原因乃是经受和做之间的密切关系,而这种关系又处在活的生灵同那自然与人的世界的相互作用之中,那么把质料和形式分离开来的理论的最终源头就在于对这种关系的忽视。于是,性质被当作是由事物所造成的印象,而提供意义的关系则或者被当作印象之中的联想,或者被当作某种由思想所引入的东西。这里存在着形式和质料的结合的敌人。然而,它们乃是来自我们自己的局限;它们不是内在固有的。它们源于漠不关心、狂妄自大、自哀自怜、不冷不热、恐惧害怕、惯例俗套、例行公事,源于那些阻塞、偏离和妨碍活的生灵与他居于其中的环境进行生机勃勃的相互作用的因素。只有平常无动于衷的人,才会发现艺术作品中单纯的短暂兴奋;只有消沉沮丧、不能面对周遭情境的人,才会仅仅为着药物式的慰藉去求助艺术作品,而这种慰藉是通过那些他不能在他的世界中找到的价值来达成的。然而,艺术本身不只是沮丧者意气消沉中的一种能量搅动,也不只是烦恼者心绪狂乱中的一种平静安宁。

通过艺术,对象的意义得到了澄清和集中,否则就是不能说话的、未得到发展的、饱受限制的、遭到抵制的;而且,这澄清和集中不是靠致力于它们之上的艰苦思

考,也不是靠躲避到一个只有感觉的世界之中,而是靠一种新的经验的创造。有时候,扩充和加强得以实现的手段是:

  ……某一首哲学之歌,
  来自珍爱我们每日生活的真理;

有时候,它得以达成乃是由于一次去向远方的游历,即一次冒险,这冒险去向

  敞开于泡沫之上的窗扉,这泡沫
  来自那被遗弃仙境中的危险之海。

  然而,无论艺术作品追踪哪条道路,它都将使那经验普通世界的力量保持其完全的活跃,因为它就是一种完全而强烈的经验。它这么做所凭借的,便是把那种经验的原材料化约为通过形式而得到安排的质料。

(孙　斌译)

形式的自然史[*]

形式作为把材料组织进艺术质料之中的某种东西,已经在前一章得到了考察。所给出的这个定义告诉我们:当形式得到完成时,当形式存在于艺术作品中时,形式是什么。但是,它没有告诉我们,形式是如何生成的,亦即它的产生条件。形式根据关系来加以定义,而审美形式则根据所选媒介中的关系的完整性来加以定义。不过,"关系"是一个模棱两可的词。在哲学话语中,它被用来指称一种在思想中所建构的联系。因此,它意味着某种间接的东西、某种纯粹是理智的甚至逻辑的东西。但是,"关系"在其习惯用法中则表示某种直接的和积极的东西、某种动态的和有力的东西。它把注意力固定于事物彼此影响的方式,即它们的冲突和联合,固定于它们彼此实现和阻扰、促进和延迟、刺激和抑制的方式。

理智的关系存在于命题之中;它们陈述那些术语的彼此联系。在艺术中,正如在自然和在生活中,关系是相互作用的模式。它们是推和拉,是收缩和膨胀;它们决定轻和重、起和落、和谐和不和谐。朋友关系、夫妻关系、父母和子女关系、公民和国家关系,就像引力作用以及化学作用中物体与物体的关系那样,也许可以由术语或概念来加以符号化,并因而以命题来加以陈述。但是,它们乃是作为事物在其中得到修正的作用与反作用而存在的。艺术进行表现,而不是进行陈述;它与那些由它们被知觉到的性质而来的存在有关,而不是与那些由术语加以符号化的概念有关。一种社会关系是一个爱与义务、交合、生育、影响和彼此修正的事件。当"关系"被用来定义艺术中的形式时,它正是在这个意义上被理解的。

---

[*] 选自《杜威全集·晚期著作》第 10 卷,首次发表于 1934 年,为《作为经验的艺术》第 7 章。

就形式而言，各个部分在构建一个整体时的彼此适应，乃是一种雕刻艺术作品之特征的关系。每一台机器、每一件器具都适度地具有一种相似的互惠适应，在各自的情形中都有一个目的得到实现。不过，这仅仅是一种功用，它满足特定的和有限的目标。审美艺术作品满足许多目的，它们中没有哪一个是预先被规定的。它服务于生活，而不是指定一种被界定的和受限制的生活模式。如果各个部分没有以种种独特的方式集聚在审美的对象之中，那么，这种服务将是不可能的。在构建这种整体时，每个部分怎样才是动态的部分，也就是说，怎样扮演一个积极的角色，这是出现在我们面前的一个问题。

马克斯·伊斯特曼（Max Eastman）在他的《诗歌欣赏》（*Enjoyment of Poetry*）中，用一个巧妙的例子道出了审美经验的本性。这个例子说的是一些渡河人，我们假定他们乘渡船进入纽约市。有些人简单地把它看作是一次把他们带到他们要去的地方的旅行——一种需要忍耐的手段。所以，也许他们会读读报纸。一个无所事事的人可能会看看这座或那座大楼，分辨大都会塔、克莱斯勒大厦、帝国大厦，等等。而另一个急于到达的人，或许会眺望界标以判断与目的地接近了多少。还有人是头一次旅行，他热切地东张西望，被眼前展现的繁多的对象弄糊涂了。他既没有看到整体，也没有看到部分。他就像进入一所陌生的工厂的外行，在这所工厂里，许多机器正在忙活着。另外一个人对房地产感兴趣，他在注视大楼以天空为背景映出的轮廓线时，也许看到大楼高度的证明，看到土地价值的证明。或者，他也许会让自己的思考在巨大的工商业中心的拥塞中游荡。接下来，他也许认为这种安排的无计划性是一个证明，证明了在冲突而不是合作的基础上组织起来的社会的混乱。最后，由这些大楼所赋予形式的场景可能被看作是一个个色彩和光线的三维物体，它们彼此关联且关联于天空与河流。这个时候，他就是在审美地看，一个画家可能就是这样看的。

现在，这最后列举的视觉的特征和其他所提及的形成了对比，它所关注的乃是一个由各相关部分所构建起的知觉整体。并没有一个单一的轮廓、外表或者性质被挑选出来，以作为达到所欲求更多外部结果的手段，或者以作为也许可以被引出的推论的一个记号。帝国大厦也许会被单独地认出。但是，当它像图画那样地被看时，它被看作是一个在知觉上组织起来的整体的相关部分。它的价值，它被看到的性质，得到整体场景其他部分的修正，而且反过来修正整体中其他部分作为知觉的价值。此时就有了艺术意义上的形式。

马蒂斯曾经以下面一种方式来描绘实际的绘画过程:"如果在一张干净的画布上,我每隔一段距离就画上蓝、绿和红的色块,那么随着我一笔笔地添上去,那先前所画的每一笔都在失去重要性。如果我要画一幅内景;我看到前面有一个衣柜,它给我一种鲜明的红色的感觉;我把这使我满意的特定的红色画到画布上。这个时候,这种红和画布的白之间的一种关系就确立起来了。当我此外再画上绿色,又画上黄色,以再现地板时,这种绿和黄与画布上的颜色之间就会形成更进一步的关系。但是,这些不同的色调彼此减弱。我所使用的不同色调,必须以一种它们彼此不破坏的方式达到平衡。为了做到这一点,我不得不使自己的想法条理分明;色调之间的关系必须以树立它们而不是拆除它们的方式建立起来。色彩之间一种新的结合将会继承一开始的那一种,并且将给出我的构思的整体性。"①

此时,倘若房主留意查看的话,这里就没有什么东西在原则上不同于房间布置中所做的一切。桌子、椅子、毯子、灯、墙壁的颜色,以及它们上面那些图画的间距,得到了如此地选择和安排,以至于它们不是冲突而是形成了一个整体。否则,就会存在混乱——也就是说,知觉上的混乱。在那时,视觉不能够完成自身。它分解成一串不连贯的行为,此时看看这,彼时看看那,而仅仅成串并不是一个系列。当团块得到平衡、色彩得到和谐、线条与平面适当地相会与交叉时,知觉就会成为系列的以至于可以把握整体;而且,每个连续的行为增进并加强了那以前的东西。甚至乍看起来,存在着某种定性的统一的感觉。那里存在着形式。

简单地说,形式并不独独在贴有艺术作品标签的对象中被找到。知觉在哪里没有变得迟钝和反常,哪里就有一种不可避免的倾向,即倾向于参照完整统一的知觉的要求来安排对象和事件。形式是每个成为一则经验的经验的特性。艺术以其特定的意义,更为审慎和全面地颁布了实现这种统一的条件。形式因而也许可以被定义为诸力量的运作,这种运作把对事件、对象、场景以及情境的经验带向其自身的完整实现。这样,形式和主旨之间的联系就是内在固有的,而不是从外部强加的。它标志着一则圆满完成的经验的质料。如果质料属于一种欢乐的类别,那么适合于悲惨质料的形式就是不可能的。如果在诗里面进行表现,那么,节拍、运动的速度、所选的语词、整个的结构都将是不同的;而如果在画里面进行表现,那么,

---

① 引自1908年出版的《画家手记》(*Notes d'un Peintre*)。在另一种联系中,人们可能会凝神思考关涉"使想法条理分明"的必要性的短语的含义。

同样如此的就将是色彩和体积关系的整体调配。在喜剧中,一个忙于垒砖的人身着晚礼服是适当的;这种形式适合于这种质料。同样的素材会把另一种经验的运动带向灾难。

因而,这样两个问题就一致了:一个问题是发现形式的本性,另一个问题是发现一则经验推向其圆满得以实现的手段。当我们知道这些手段时,就知道了形式是什么。尽管确实如此的是,一切质料都有其形式或者是私密个人的,但是存在着一些普遍的条件;这些条件包含在任何有序地发展到其完成的素材之中,因为只有当这些条件得到满足时,一种得到统一的知觉才会发生。

某些形式的条件已经顺便提及过了。除非有一种价值的逐渐聚集,有一种累积的结果,否则就不可能有向着圆满终结的运动。倘若不对那已经走在前面的东西的含义进行保存,这个结果就不可能存在。此外,要保证所需的连续性,累积的经验必须就是这样,以便创造出对解决的焦虑和预期。累积同时也是准备,就像一个活的胚胎的每一步发育阶段那样。只有把这作为先导的东西继续下去;否则的话,就会存在抑制和破裂。由于这个理由,圆满完成就是相对的;它不是一劳永逸地出现在某个给定的点上,而是反复出现的。节奏性的停顿预期着最终目标,尽管目标只是以一种外在的方式成为最终的。因为,当我们从诗或小说的阅读中转开时,或者从图画的观看中转开时,那结果会在更进一步的经验中奋力向前推进,即使只是下意识的。

诸如连续、累积、保存、紧张和预期这样的特征,因而就是审美形式的形式上的条件。在这一点上,抵抗的因素值得特别关注。如果没有内在的紧张,就会有一股洪流直冲目标,而不存在任何可被称为发展和完成的东西。抵抗的存在界定了一件优美艺术对象的生产中的智力的位置。在达成各部分之间适当的互惠适应时,有一些需要加以克服的困难,这些困难构成了在理智的作品中成为问题的东西。正如在处理主要是理智事务的活动中,那构成问题的材料必须被转变为一种促其解决的手段,它不可能被回避。然而在艺术中,较之在科学中来说,所遭遇的抵抗以一种更为直接的方式进入作品里。知觉者以及艺术家都必须去知觉、直面、克服问题;否则,欣赏就是短暂的,并且负担了过重的感伤。因为要进行审美地知觉,他必须重塑他过去的经验以使它们被整合进一个新的范型之中。他不能够遣散他过去的经验,也不能够像过去曾是的那样居于它们之中。

对最终产品一种严格的预先决定,无论由艺术家还是观看者作出,都将导致一种机械的或学院式产品的生产。在这些情形中，种种用以获得最终对象和最终知觉的过程，并不是在圆满经验的构建中前行的手段。后者所具有的毋宁说是一种模板的本性，尽管用以制造这个模板的副本存在于心灵之中，而不是作为一种物质性的事物。关于艺术家不在乎他的作品如何实现的说法，并不完全准确。不过，他确实关心作为先行之物的完成的归宿，这不是因为它与现成的先行方案相符合或不符合。他愿意把结果留给它由之引起并得到总结的手段的合适性。就像科学探究者一样，他允许他的知觉的素材连同它所呈现的问题一起去决定结局，而不是坚持它与预先决定的结论相一致。

经验的圆满完成的阶段——既是最终的，也是居间的——总是呈现出某种新的东西。赞叹总是包含着一种惊奇的元素。正如一位文艺复兴时期的作家所说："不存在没有一定比例的新奇性的卓越之美。"那意料之外的转变，某种艺术家本人没有明确预见到的东西，乃是一件艺术作品的得体性质的条件；它使艺术作品避免了机械性。它赋予在其他情况下可能成为计算结果的东西以某种未曾预期之物的自发性。画家和诗人就像科学探究者一样，懂得发现的乐趣。那些把他们的工作当作预先形成的论题的演示而进行工作的人，可能会有以自我为中心的成功的快乐，但这不是为着自身的目的而完成一则经验的快乐。在后面一种情况下，他们通过工作来学习，在他们所进行的工作中，查看和感受那尚未成为他们原先计划和意图的一部分的东西。

圆满完成的阶段在一件艺术作品中自始至终地反复出现，而且，在对一件伟大艺术作品的经验中，它出现的地点在对它的连续观察中发生变化。这个事实在机械的生产及使用与审美的创造及知觉之间设置了不可逾越的障碍。在前者之中，除非最终的目标被达到，否则就不存在什么目标。因此，工作往往成为劳动，而生产则往往成为苦差。然而，在一件艺术作品的欣赏中，并不存在最终的界限。它持续地开展着，并且既是最终性的又是工具性的。那些否认这个事实的人对"工具性"的意义进行了限制，把它限制为致力于某种即使不是卑劣的也是狭隘的功效职能的过程。在事实没有被命名时，他们承认它。桑塔亚那谈及被"对自然的沉思带到一种对理想的生动信念"。这个陈述可以像用于自然那样用于艺术，而且，它指出了一种被艺术作品所行使的工具性的功能。我们被带到一种对普通经验的环境和紧迫的重新振作的态度之中。对一件艺术对象所做的工作，就其为工作而言，并没有在直接的知觉行为停止时而停息。它继续在那些间接的渠道中运作。事实上，那些在提到与艺术有关的"工具性"时就退却的人，恰恰常常会赞颂艺术所带来那份持久的平静从容、心旷神怡，或者它所引起的对视觉的重新培养。真正的麻烦是言辞上的。这些人习惯于把语词与出于狭隘目的的工具性联系在一起——就像伞对于免遭淋雨来说是工具性的，或者，收割机对于收割谷物来说是工具性的那样。

某些乍看起来无关的特征，事实上是属于表现性的。因为它们推进了一则经验的发展，以便给予突出的实践以特别的满意。例如，与众不同的技艺以及手段使用的简洁在它们同实际的作品整合起来时，就是一个明证。因而，技艺不是作为艺术家外部装备的一部分，而是作为属于对象的一种增强表现而得到赞美的。这是因为，它推动一个连续的进程达至其自身清晰而明确的结尾。它属于产品，而不仅仅属于生产者，因为它是形式的一个组成部分；就像一条猎狗的优雅乃是它所做出的运动的标志，而不是该动物所拥有的某种外在于运动的特征。

正如桑塔亚那曾经指出的，昂贵也是表现性的一个元素，它是一种与购买力的庸俗显摆毫无共同之处的昂贵。稀有利于加强表现性，无论这个稀有是由于坚韧劳动的少有发生，还是因为它有一种远方地域的魅力并把我们带入不为知晓的生活方式。这些关于昂贵的例子是形式的一部分，因为它们的运作仿佛使所有新颖和意外的要素都能够促进一则唯一经验的逐步建立。那所熟悉的要素可能也具有这种效果。与查尔斯·兰姆（Charles Lamb）相比，其他有些人特别敏感于驯服了的东西的吸引力。不过，他们是赞颂那所熟悉的东西，而不是以蜡像来再生产出它的形式。旧的东西披上新的打扮，在这打扮里，对那所熟悉的东西的感觉从通常由习惯招致的漠视中得到拯救。高雅也是形式的一部分，因为它是每当素材以不可避免的逻辑运动至其结尾的作品的标记。

这里所提及的某些特色，常常更多地指向技巧而不是形式。无论何时，只要所讨论的性质是指向艺术家而不是他的作品，这种归因就是正确的。存在着突出的技巧，就像一位写作大师的华饰那样。如果技艺和简洁使人想起它们的作者，那么就把我们带离了作品本身。而使人想起其生产者技艺的作品特色尽管在作品之中，但却并不是作品所享的。它们不被作品所享的原因恰恰就是我所强调的要点的反面。它们没有把我们带到统一的、发展着的经验的习俗中的任何地方；它们没有作为内在的力量，把它们声称是其一部分的对象送抵圆满完成。这样的特色就像其他多余或累赘的元素一样。技巧不同于形式，但也不是完全地独立于形式。

准确地说,它是那些构成形式的元素由以得到管理的技艺。否则,它就是卖弄,或者是一种脱离表现的精巧手艺。

因此,技巧上获得了重大进展,这与种种解决问题的努力分不开,但这些问题不是技巧而是由新的经验模式的需要而来的。这话对于审美的艺术和技术性的东西同样正确。存在着仅仅与老式运载工具的改良有关的技术上的改进。但是,它们同那种从马车到汽车的技术变化比较起来就无关紧要了,此时,社会需要呼唤着一种由个人所控制的快捷运输,这种快捷运输甚至是火车也不能做到的。如果我们考察文艺复兴时期以及文艺复兴以来主要绘画技巧的发展,那么我们就会发现它们是同解决某些问题的种种努力联系在一起的,这些问题来自绘画中所表现的经验,而不是来自绘画的技艺本身。

所存在的第一个问题是从平面式马赛克中的轮廓描绘到"三维"呈现的转变。直到经验扩大到要求表现某种不只是教会法令所规定的宗教题目的装饰性表演,才会存在某样激发这种变化的东西。在其自身而言,"平面"绘画的老套路与任何其他的老套路是一样好的,就如同采用某一种方法的中国透视画与采用另一种方法的西方绘画的透视法一样完美。引起技巧上变化的力量,乃是在艺术之外的经验中的自然主义的成长。这同样可以应用于下一个巨大的变化,即掌握呈现空气透视和光线的手段。第三个巨大的技巧变化是,威尼斯画派对色彩的使用影响到了其他画派,尤其是佛罗伦萨画派依靠雕刻般的线条所完成的东西——该变化表明了价值的一种大规模世俗化,这伴随着其对经验中的奢侈华丽和温文尔雅的颂扬的要求。

然而,我所关心的并不是一门艺术的历史,而是要指出技巧如何着眼于表现的形式而起作用。有意义的技巧依赖于对表现某些独特经验模式的需要,这种依赖由通常随新技巧的出现而出现的三个阶段得到证明。首先,存在着艺术家方面的实验,这种实验有着对新技巧将要适应的因素相当程度的夸张。确实如此的情形是用线条去界定对圆的价值的识别,就像曼特那(Mantegna)那样;这对着眼于光线效果的典型的印象派艺术家来说,是确实的。存在着公众方面的普遍谴责,即谴责艺术中这些冒险的意图和素材。在接下来的阶段,新规程的成果得到吸收;它们被采纳并实现了对旧传统的某些修正。这个时期确立了新的目标并因而确立了具有"经典"效力的新技巧,而且伴随着一种延续到随后诸时期之中的声望。第三,存在着这样一个时期,其时,平稳时期大师技巧的特别之处被用于模仿,并且被做成目的本身。提香那戏剧性的运动特点的处理,以及丁托列托的更多处理,主要是依靠光线和阴影做出的,而这种处理在 17 世纪晚期被夸张到矫揉造作的程度。在圭尔奇诺(Guercino)、卡拉瓦乔(Caravaggio)、费蒂(Feti)、卡拉齐(Carracci)和里贝拉(Ribera)那里,戏剧性地描绘运动的企图导致了摆好姿势的舞台造型,并使自己遭受了失败。在这第三个阶段(当创造性的作品获得普遍的承认之后,这个阶段便尾随着它而来了),技巧被借用但却丝毫无关于那一开始把它唤起的急迫经验,结果便导致了学院的和折衷的东西。

我前面说过,单单的技艺并不是艺术。现在要补充的一点是,艺术中的技巧对于形式的彻底相对性常常被忽视了。早期哥特式雕刻被赋予其特殊的形式,中国绘画被赋予其特殊的透视,这都不是由于缺乏灵巧的缘故。艺术家乃是凭借他们所使用的技巧,把他们必须说的东西说得更好,而不是凭借其他的东西。那种对我们来说迷人的天真烂漫,对他们来说则是表现一种所感觉到的素材的简单而直接的方法。由于这个原因,尽管任何的审美艺术中都不存在重复的连续性,但也并不必然存在着前进。希腊雕刻就其自身而言,永远是无与伦比的。托尔瓦德森(Thorwaldsen)不是菲迪亚斯(Pheidias)。威尼斯画派的画家们所成就的东西将无可匹敌地矗立。而对哥特式大教堂建筑的现代复制总是缺乏那原作的性质。在艺术的运动中所发生的是,要求表现的新的经验材料浮现出来,并因而在它们的表现中牵涉新的形式和技巧。马奈(Manet)返回到过去成就他的绘画风格,但是他的返回所包含的并不仅仅是对旧技巧的模仿。

技巧对于形式而言的相对性,在莎士比亚那里得到了再好不过的证明。在莎士比亚作为全才文学艺术家的声名确立起来之后,批评家们认为有必要假定有一种伟大性蕴含于其所有作品之中。他们在特殊技巧的基础上建立起了关于文学形式的种种理论。而当一门更为准确的学问表明,那许许多多被赞美的东西乃是借自伊丽莎白时代的惯例时,他们就震惊了。对于那些使得技巧等同于形式的艺术家来说,结果就是莎士比亚的伟大性被缩减了。然而,莎士比亚的实质性的形式却仍然只是它一直曾是的东西,以及不受他的局部适应所影响的东西。对他技巧的某些方面的承认,确实只应当把注意力集中于他艺术中有意义的东西上。

我们一点儿都没有夸大技巧的相对性。它随着各种各样几乎与艺术作品毫无关系的环境——也许是一种对颜料产生影响的新的化学发现——而变化。有意义的变化,乃是那些在其审美感觉上对形式本身产生影响的变化。技巧对于工具而言的相对性,常常是被忽视的。在新的工具成为文化中的——亦即被表现的材料中的——一个变化记号时,它才变得重要起来。早期的陶器很大程度上是被陶工的转轮所决定的。地毯和毛毯应把它们的许多几何图样归功于编织工具的本性。这些东西本身就像艺术家的体格——就仿佛塞尚希望他具有马奈那样的肌肉。只有当这些东西涉及文化和经验中的变化时,它们才会超越古文物研究式的兴趣。那些很久以前在洞穴壁上作画的人的技巧,以及雕刻骨头的人的技巧,都是为由条件所提供或强加的目的而服务的。艺术家总是曾经使用并且总是将要使用各种各类的技巧。

在另一边,外行的批评家中存在着一种把实验限制在科学家的实验室里的倾向。然而,艺术家的本质特征之一却是,他天生就是一个实验者。倘若没有这个特征,他就会变成一个或劣或优的学者。艺术家之所以被迫成为一名实验者,乃是因为他不得不通过那些属于普通和公共世界的手段以及材料来表现一种强烈个性化的经验。这个问题无法被一劳永逸地解决掉。它在每一件着手的新作品中都会碰到。否则的话,一位艺术家就会重复自己,并且在审美上死去。正是因为艺术家实验性地进行着工作,他才能打开新的经验领域,并发现那些熟悉的场景和对象中的新方面和新性质。

如果不是说"实验的"而是说"冒险的",那么可能会赢得普遍的赞同——词的力量是如此之伟大。因为艺术家是纯粹经验的热爱者,所以他避开那些已经饱和的对象,并因而总是处在事物成长的锋口之上。根据该情形的本性,他不满意那已确立起来的东西,就像一位地理探险者或者科学探究者那样。"古典"在它被生产出来时就打上了冒险的标记。这个事实是被那些反对浪漫主义的古典主义者所忽视的,浪漫主义者着手新价值的发展,且通常并不拥有适于其创造的手段。现在成为古典的东西之所以成为古典的,乃是由于冒险的完成,而不是冒险的缺乏。一个从审美上来进行知觉和欣赏的人,在阅读任何古典名著时总会产生冒险的感觉,这种冒险的感觉是济慈在阅读查普曼(Chapman)的《荷马》时所具有的。

具体的形式只能联系实际的艺术作品来加以讨论。这些东西不可能在一本关于美学理论的书籍里面得到呈现。但是,完全专注于艺术作品以至于排斥分析,也是不可能持久的。存在着一种屈从与反思的节奏。我们中断我们对对象的臣服,转而考问它通向何处以及如何通向那里。这样,我们在某种程度上就开始把注意力集中于一种具体形式的形式性条件之上了。事实上,在我们谈论作为审美经验的形式性特征的累积、紧张、保存、预期以及实现时,已经提及了这些形式的条件。如果一个人足够远地离开艺术作品以避免其总体的定性印象所产生的催眠效果,那么,他就不会使用这些词,也不会清楚地知道它们所代表的事物。但是,他所区分出的作为给予作品以其凌驾于他之上的力量的那些特征,可以被化约为已经有所述及的这种形式的条件。

总体的震慑性印象首先到来,将这印象俘获住的也许是蓦然出现的一幅景色的壮观,或者是进入一座大教堂时在我们身上所产生的效果。其时,暗淡的灯光、供神的熏香、彩画的玻璃以及宏伟的比例,融合成一个无法区分的整体。说一幅画打动了我们,这是真实的。存在着一种效果,这种效果先于对这幅画所关涉的东西的一切明确识别。正如画家德拉克洛瓦对这种最初的和前分析的阶段所谈论到的,"在知道图画所再现的东西之前,你就被它魔术般的和谐一致所俘获了"。对大多数人而言,这种效果在音乐中特别显著。任何艺术中由一种和谐整体所直接造成的印象,往往都会被描述为那门艺术的音乐性质。

然而,不仅不可能无限期地延长审美经验的这个阶段,而且也不值得这么做。只有一样东西能保证这种直接的俘获是在一种高层次之上的,这就是经验它的人的教养程度。就其本身来说,它也许是并且常常是廉价手段使用在浮华材料上的结果。而把这种层次提升到具有内在价值保证的层次的唯一方法,就是通过插入判别的阶段。产品中的区别密切地联系着进行辨别的过程。

尽管最初的俘获和随后的批评性判别都同等地要求各自的完满发展,但不应忘记的是,直接的和非理智的印象是首先到来的。围绕这样的场合,存在着某种具有风的性质的东西,而风随着意思吹(bloweth where it listeth)。它有时候来,有时候又不来,甚至在同一对象的面前也是如此。它不能被勉强,而且,在它没有到来的时候,靠直接行动去寻求恢复那最初的美好狂喜是不明智的。审美理解的开端,乃是保持这些个人的经验并发展它们。这是因为,它们的培育最后将进入判别。判别的结果往往会使我们确信,所讨论的特定事物并不值得引起这样痴迷的突然迸发;事实上,这种突然迸发乃是由那些对于对象本身来说是外在的因素引起的。然而,这个结果自身就是对审美教育一个确切的贡献,而且把下一个直接印象提升到一个更高的层次。为了有利于判别以及被对象直接捕获,一个可靠的手段就是:当某种在其强烈时像一种神性的疯狂的东西没有到来的时候,拒绝模仿和伪装。

审美欣赏节奏中的反思阶段是处于萌芽状态的批评,那最为精致和有意识的批评只是它的合理扩充。对这个特定题目的阐发在别的地方。① 但是,属于这一般性题目之下的一个话题必须至少在这里触及一下。许多纠缠不清的问题,五花八门的含混,种种历史性的论争,都被牵涉到艺术的主体性和客体性问题之中。然而,如果已经采用的看待形式和主旨的立场是正确的,那么至少存在一种重要的意义,在这个意义上,形式必定同它所限制的材料一样是客观的。如果原生材料为呈现一则统一,在导致其内在实现的运动中的经验而得到有选择的安排时,形式就显现出来,那么,客观的条件当然是艺术作品生产中的控制性力量。一件美的艺术作品,雕像、建筑、戏剧、诗、小说,当其完成时,便是客观世界的一部分了,就如同一辆机车或一台发电机。并且,和后者差不多,优美艺术作品的存在从原因来说,是以外部世界的材料和能量的协调为条件的。我的意思并不是说,这就是艺术作品的全部;甚至工艺产品也被做得服务于一个目的,并且,当它在生产超越其朴素的物质存在之上的结果的条件下运作时,它就在实际上而不是潜在地成了一辆机车;也就是说,它仿佛是在运输人和货。不过,我的意思是想强调,不可能存在脱离对象的审美经验,以及对于一个成为审美欣赏的内容的对象来说,它必须满足那些客观的条件,倘若没有那些条件,那么累积、保存、加强、跃迁到更为完善的东西中就是不可能的。我在几个段落前谈到的审美形式的一般条件,从其属于物质性材料和能量的世界的意义上来说,乃是客观的:尽管物质性材料和能量对于审美经验来说并不足够,但它们是其存在的必要条件。而证明该陈述之真实性的直接艺术证据在于两个方面:一方面是当每个艺术家观察他周遭世界时便将他迷住的趣味,另一方面是他为着他借以工作的物质媒介而献出的关切。

那么,那些深深地根植于世界本身之中的艺术形式的形式性条件是什么呢?该问题并没有牵涉我们尚未考虑过的材料。环境同有机体之间的相互作用是所有经验直接或间接的源头,而且,从环境中产生出阻碍、抵抗、促进,当这些东西以适当的方式同有机体的能量遭遇时,它们就构成了形式。周遭世界使艺术形式的存在得以成为可能的首要特征就是节奏。在诗歌、绘画、建筑和音乐存在之前,自然界中就已经有节奏了。假如不是这样的话,作为形式之本质属性的节奏就仅仅是被叠加在材料上面,而不是材料由以在经验中达到其自身顶点的一种运作。

---

① 参看《作为经验的艺术》第13章。

更为宏大的自然节奏是如此密切地关联于人的最为基本的生存条件,以至于一旦人意识到他的职责以及使职责有效的条件,那些生存条件就不可能逃脱人的注意了。黎明和日落、白天和黑夜、雨天和晴日这些交替性因素,都与人类有直接的关系。

季节的循环过程几乎对每一种人类利益都有影响。当人开始从事农业时,季节的节奏性过程必然是与共同体的命运相一致的。月亮在形状和运行中的不规则的规则性循环,看起来对人、畜、庄稼的繁荣充满了神秘的重要性,并且不可避免地关联到生殖的神秘。与这些更为宏大的节奏密切关联的是那样一些节奏,即种子成熟并再生出种子的永恒循环;动物的繁殖,雄与雌的关系;永不中断的生死轮回。

人类自身的生命受到醒与睡、饥与饱、作与息之节奏的影响。随着手艺的发展,土地耕作的漫长节奏进入到细小且更直接的可知觉的循环之中。随着对木头、金属、纤维、陶土的加工,原生材料通过技术控制的手段向圆满结果的变化客观地显现出来。在对这些质料进行加工时,拍、凿、塑、削、敲的节拍反复出现,这些节拍在尺度上对工作进行划分。然而,更为重要的是在为战争或种植而做准备的时刻,以及在庆祝胜利和丰收的时刻,在这样的时刻,一行一言都具有了抑扬顿挫的形式。

这样,人在自然节奏中的参与,一种较之任何为着知识的目的而对这些节奏所做的观察来说要亲密得多的伙伴关系,或早或晚,会引导他把节奏加诸那些尚未出现的变化之上。按比例排好的苇管、拉紧的绳线、绷紧的兽皮通过歌舞使得行动的尺度成为有意识的。对战争、狩猎、播种和收割、植物的死去与复活、周行于警醒的牧羊人之上的星辰、多变月亮的不变回复的种种经验在哑剧中再生,从而产生出生活如戏剧的感觉。当巨蛇、麋鹿、野猪的神秘运动在舞蹈中得到表演、在石头上得到凿刻、在银器上得到锻造,或者在洞壁上得到描画时,它们便处于节奏之中;而正是这些节奏,使这些动物的生命本质得以实现。给有用之物塑形的造形性艺术(formative arts)与嗓音和自洽的身体运动结合在一起,由这种结合所产生的技术性的艺术便获得了优美艺术的性质。于是,所领会到的自然节奏就得到了使用,即被用来将明显的秩序引入人类混杂的观察与意象的某个方面之中。人不再使他的活动必然地遵从自然循环的节奏性变化,而是利用那些由必然性强加在他身上的东西来颂扬他与自然的关系,仿佛自然将其王国中的自由授予了他。

自然变化的秩序的再造以及对这种秩序的知觉起先是紧密联系在一起的,联系得如此紧密以至于在艺术和科学之间不存在任何区别。它们都被称作艺术（technē）。哲学是用诗文来写就的，并且在想象的影响之下，世界变成了宇宙（cosmos）。早期的希腊哲学所讲述的是自然的故事，而由于故事有开端、发展和高潮，所以故事的主旨就要求审美的形式。在故事之中，小的节奏变成了大的节奏的部分，这大的节奏所关涉的是产生与毁灭、生成与消逝、缓和与浓密、凝聚与分散、巩固与分解。法则的观念是随着和谐观念而出现的，而那些今天是平淡无奇的老生常谈的想法则是作为在语言艺术中得到解释的自然艺术的部分而出现的。

自然中存在着节奏的大量例证，这是一个人们所熟识的事实。经常被引证的有潮汐的涨落、月亮变化的循环、血流中的脉搏，以及一切生命进程中的合成代谢与分解代谢。一般不被知觉到的是，自然中每一种变化的一致性和规律性都是节奏。"自然法则"和"自然节奏"这两个术语是同义的。就自然对于我们不只是一股在其不定变化中缺乏秩序的洪流而言，就自然不只是一个混乱的旋涡而言，它乃是被节奏所标识的。这些节奏的公式构成了科学的法规。天文学、地质学、动力学以及运动学记录了各式各样的节奏，这些节奏是不同种类的变化的秩序。分子、原子以及电子这些概念正是出于一种公式化的需要，即把所发现的那些更细小和更微妙的节奏加以公式化。数学是可以想到的对应于最普遍获取节奏的最为一般化的陈述。计数的一、二、三、四，线和角对于几何图案的构成，矢量分析的最高阶段，都是记录节奏或施加节奏的手段。

自然科学进步的历史就是对这样一些活动的记录，即提炼我们对最早吸引古代人注意力的那些粗糙而有限的节奏的把握，并使它更加全面详尽。这种发展达到一定程度时，科学和艺术就分道扬镳了。今天，自然科学所颂扬的节奏显然只是对于思想而言的，而不是对于直接经验中的知觉而言的。它们被呈现于符号之中，而这些符号在感觉-知觉中并无任何意义。它们使自然的节奏仅仅对那些经历过长期而严格训练的人显现。然而，对节奏的一种共同兴趣仍然是维系科学和艺术之间亲缘关系的纽带。由于这种亲缘关系，这样的一天就有可能到来；在这一天，今天的素材会变成诗的主旨并因而成为所享受到的知觉的质料，而这素材在今天仅仅为艰苦的反思而存在，仅仅诉诸那些训练有素以便解释对感觉来说只是象形文字之物的人。

因为节奏是一种普遍的存在图式，它构成了所有变化着的秩序实现的基础，所以遍布于一切艺术门类：文学、音乐、造型艺术和建筑艺术以及舞蹈等等。既然人只有在使其行为适应自然秩序时才能获得成功,那么,他的那些随着抵抗与斗争而来的成就与胜利也就变成了所有审美素材的母体;在某种意义上,它们构建起了艺术的共同范型、形式的最终条件。它们累积的连续秩序如果没有明确的意图,就成为人们用以纪念和庆祝其经验之最为强烈而完满的瞬间的手段。在每门艺术的节奏之下,在每件艺术作品的节奏之下,都存在着活的生灵与其环境之间关系的基本范型,就仿佛是一种在下意识深处的基质。

因此,人之所以喜爱有节奏的描绘和呈现,并非仅仅是由于血液流动时的心脏收缩与舒张,或者呼吸时交替的吸气与呼气,运动时腿与臂的摆动,也不是由于自然节奏的任何特定范例的结合。这样的一些考察是十分重要的。但是,归根结底,喜悦来自这样一个事实,即这些东西乃是那些决定自然而成功的生活过程的关系的实例。有一种假定认为,那种支配着优美艺术对节奏的兴趣只能简单地基于生命体的节奏性进程而得到解释,这无非是有机体与环境相脱离的另一个案例。早在人对自身的有机进程作诸多观察或思考之前,并且当然也早在他发展对其自身精神状态的专注兴趣之前,他就参与到环境之中了。

在哲学以及艺术之中,自然主义是一个具有许多意义的词。就像大多数的主义——艺术中的古典主义和浪漫主义、理想主义和现实主义——那样,它已经变成一个情感的术语、一个派系的战斗口号。在艺术中,形式上的定义使我们变得冷冰冰的,这甚至甚于在哲学中的情形;在我们获得这些定义的时候,那些实实在在地使人热血沸腾并且唤起赞叹的元素就化为乌有了。在诗里面,"自然"常常与一种趣味联系在一起,这种趣味与那种来自人们交往生活的质料截然不同,如果不是说与它相对立的话。因而,正如在华兹华斯那里,自然乃是一个人为着慰藉和安宁所转而与之交流的东西:

> ……当那无益的烦人搅扰
> 以及世界的狂热
> 悬于一次次心跳之上时。

在绘画中,"自然主义"意指转向大地、天空和水域更为偶然的,以及好像是非正式的、更为直白的方面,从而与那些着意于结构关系的画作区别开来。但是,就自然之最广和最深的意义而言,自然主义对于所有伟大的艺术,甚至对于最合宗教惯例的绘画以及抽象的绘画,还有涉及城市环境中的人类行动的戏剧来说,都是必不可少的。所能作出的区别仅仅是根据对自然的特定方面及阶段的指涉,而在这特定方面及阶段之中,那标志着一切生活关系及其环境的节奏得以展示。

无论如何,自然的和客观的条件必须被用来将价值的表现推向完整,而这些价值属于一则在其直接性质上得到整合的经验。然而,自然主义在艺术中所意味的东西,不只是说所有的艺术都必须使用自然的和感官的媒介。它意味着一切可被表现的东西都是人与其环境的关系的某个方面,而且,当刻画这两者之间相互作用的基本节奏被任意依赖和托付时,这种素材就达到了它与形式的完美联姻。人们常常断言,"自然主义"意味着忽视所有那些不能被化约到物质性东西和动物的价值。但是,如此来构想自然乃是将周遭条件当作自然的全部而孤立起来,并且将人从事物的图景中排除出去。艺术的存在本身作为一种使用自然材料和媒介的客观现象,证明了自然所意味的不亚于是这样一种完整的复合体,即人是带着他的记忆和希望、知性和欲求与世界相互作用的结果的复合体,而片面的哲学只将"自然"限于那个世界。自然的真正反题不是艺术,而是武断的奇想、空想以及老套的惯例。

虽然如此,也存在着鲜活的和自然的惯例。艺术在某些时间和地点是被仪式和礼仪的惯例所控制的。然而,它们在那时并没有必然地变得贫乏单调和缺乏美感,因为惯例本身活在共同体的生活之中。甚至当它们呈现为指定的僧侣式的和礼拜式的外形时,可能也表现了群体经验中积极的东西。当黑格尔断言艺术的第一阶段总是"象征的"时候,他从自己的哲学而言,暗示了一个事实,即某些艺术曾经只能自由地表现那些得到牧师或王室批准的方面的经验。不过,它仍然是一个得到表现的经验的方面。此外,这种特征描述作为一种普遍化是错误的。因为在所有的时间和地点,都存在像唱歌、跳舞、讲故事以及作画这样的通俗艺术,它们在官方批准和指导的艺术之外。然而,世俗的艺术更为直接地是自然主义的;并且,每当世俗主义侵入经验的时候,它们的性质就在自然主义的方向上改造了官方的艺术。要是不出现这种改造的话,那曾经鲜活的东西就退化了。例如,人们可以在西南欧的公共广场上找到退化了的巴洛克的证据,其典型的例子就是将丘比特装扮成小天使,这无聊到了轻佻的程度。

真正的自然主义有别于对事物和特性的模仿,正如它有别于对艺术家的工作程序的模仿。时间授予这些艺术家似是而非的权威——之所以似是而非,乃是因为并非源于对它们所经验以及所表现的事物的经验。它是一个对比性的术语,意味着对存在的节奏的某个方面,较之那先已存在的节奏,有更深更广的敏感性。它之所以是一个对比性的术语,乃是因为它意味着在某些细节上,个人的知觉已经被惯例代替。请让我重提一下先前就绘画中受福的表现所谈到的东西。有关某些确定的线条代表特定的情感的假设乃是一种惯例,而这种惯例并非是从观察中产生的;该假设妨碍了反应的敏锐感受性。当受情感影响的人类特征的无定性被知觉到时,当这些特征自身多种多样的节奏得到反应时,真正的自然主义就紧随其后而到来。我并不打算将限制性的惯例仅仅局限于教会的影响。当艺术家们沾染上学院气息时,比如后来的意大利的折衷派绘画以及18世纪的许多英文诗歌,更多的牵制性惯例就在艺术家们本人之中产生了。我出于方便的考虑而称作"现实主义"艺术(这个词虽随意但事情是存在的)以区别于自然主义艺术的东西,尽管再现了细节但却错失了其运动节奏和组织节奏。仿佛磨损了的照片,无非是记录了单调的事实。它之所以被磨损了,乃是因为对象只能从一个固定的视角来接近。而那些形成一种微妙节奏的关系,则促成了从变换的视角来的进路。何其多的有个性的各式各样的个人经验利用了这样一种节奏,这种节奏在形式上是相同的,尽管在实际上由于其构成艺术作品主旨的材料而有所不同!

  与弥尔顿死后在英国盛行的所谓诗意措辞相反,华兹华斯的诗是一种自然主义的反抗。有一种假定(由于对华兹华斯所写作的某些东西的误解而产生)使他的实际作品变得一文不值,该假定认为,这种反抗的本质乃是常见习语词的使用。因为该假定认为,他继续了早期诗歌的形式与主旨分离的特征,只不过是使它改头换面一下而已。而事实上,这种反抗的意义当其与他自己的一个评论联系起来时,就在早期的两行诗中得到了证明。

    面对明亮的西方,那橡树使
    它暗黑的枝枝叶叶以更强的线条缠绕。

这是韵文而不是诗。这是未被情感触及的直白描述。正如华兹华斯本人对它所说的那样:"这场景所得到的是虚弱无力和不够完美的表现。"但是,他继续补充说:"我清楚地记得这场景第一次打动我的那个地点。它是在霍克斯黑德和安布雷塞德之间的路上,它给了我极度的愉悦。那一瞬间在我诗人的历史上是非常重要的;因为我从中确定了我关于无限多样的自然外貌的意识,而这尚未被任何时代或国度的诗人所注意,就我对他们的了解而言;我做了一个决定,要在某种程度上弥补这不足。那时,我还没有过 14 岁。"

这是一个鲜明的例子,即从惯例的东西,从源于并导致不完善知觉的抽象普遍化的东西,过渡到自然主义的东西——过渡到更加微妙和敏感地符合自然变化之节奏的一则经验。因为他想要表现的多样和流变不是纯粹的,而是具备有秩序的关系——枝枝叶叶的特色与阳光的诸般变化之间的关系。地点和时间的细节,那特定橡树的细节,都消失不见了;而关系则保持了下来,这个保持不是抽象的而是确切的,尽管在这个特定例子中的体现有点平淡无奇。

这个讨论并没有偏离作为形式之条件的节奏的话题。其他人也许更喜欢用另外的词而不是"自然主义的"来表达脱离惯例转向知觉。然而,无论用什么词,如果它对于审美形式的更新来说是真实的,那么就必须强调对自然节奏的敏感性。这个事实把我带向对节奏的一个简短定义:节奏乃是有秩序的不同变化。始终如一的平静流动倘若没有强度或速度的变化,就没有节奏。存在着停滞,即便它是无变化的运动的停滞。同样地,当变化没有被安置(place)的时候,也没有节奏。"发生"(take place)这个短语有着丰富的暗示。变化不仅来到而且还驻下;它在一个更大的整体中有其确切的位置(place)。最为明显的节奏的例子关系到强度上的变化,这就如同前面所引华兹华斯的韵文中,某些形式逐渐变得强大,与其他枝枝叶叶的较弱形式形成对照。在不发生搏动和休止的变化的地方,不管如何的精致和广阔,都不存在任何种类的节奏。但是,这些强度的变化并没有在任何复杂的节奏中成为质料的整体。它们服务于界定变化的数量、范围、速度,以及内在性质的不同,如色调、音调等。也就是说,强度的变化是相对于直接经验到的素材而言的。区分整体之部分的每一个节拍都增加了那先行的东西的力量,同时造成了对要求来到的东西的牵挂。它不是一个单一特征中的变化,而是对全部弥漫性和统一性的定性基质的调节。

均匀地充满在容器之中的煤气,冲破一切抵抗的湍急洪水,一潭死水的池塘,未开垦的沙滩荒地以及单调的吼叫,都是没有节奏的整体。泛着涟漪流动的池塘,叉状的闪电,风中树枝的摆动,鸟儿翅膀的拍打,花萼和花瓣的轮生体,牧场上云影的变化,都是简单的自然节奏。① 这其中必定存在着彼此抵抗的能量。其中的每

---

① 我们将它指认为"轮生体"(whorl)的事实说明,我们是下意识地知道有关能量的张力。

一个都获得某一阶段的强度,但也因此而压缩了某种对立的能量,直到后者在其扩充时能够克服那逐渐放松下来的另一者。然后,运作就颠倒过来了,这并不必然在相等的时间阶段之中,但却在某种被感受为有秩序的比率之中。反抗累积能量;它开始保存,直到释放和扩张继之而起。在颠倒的那一刻,存在着间歇、暂停、休止,通过它,对立能量的相互作用得到界定并且变为可知觉的。暂停是对抗性能量的一种平衡或者说对称。这是节奏性变化的一般图式,只是该陈述没有考虑到扩张和收缩同时发生的次要变化,这些变化发生在有组织的整体的每个阶段和方面;同时,该陈述也没有考虑到这样一个事实,即连续的波动和搏动本身就是着眼于最终圆满完成的累积。

至于人类的情感,直接的宣泄对于表现而言是致命的,对于节奏而言是有害的。这里没有足够的抵抗来造成张力,以及因此而来的周期性累积和释放。能量没有得到保存,以便贡献给一种有秩序的发展。我们会哽咽抽泣或尖声叫喊,挤眉弄眼,愁眉苦脸,扭来扭去,狂乱挥拳。达尔文题为《情感的表现》(*Expression of Emotions*)——更准确地说,是情感的宣泄——的书中就充满了这样的例子,即当只是有机体状态的情感以直接外显的行动在环境中释放时会发生什么。倘若完全的释放被推迟,而且,它的最终达到乃是通过一连串有秩序的累积和保存的阶段,通过一个个由反复出现的平衡暂停而划分出的间歇,那么此时,情感的显现就变成真正的表现,并获得审美的性质——也只有在那时才是如此。

情感的能量继续工作,但现在是在真正地工作;它完成了某种东西。它唤起、集合、接受和拒绝记忆、意象、观察,并使它们进入一个由同样直接的情感性感觉而得到完全调和的整体之中。因此,一个得到统一和区别的对象呈现出来了。针对情感直接表现的抵抗,恰恰是要强迫其采取有节奏的形式。实际上,这是柯勒律治对诗歌中韵律的解释。他说,它的起源"可上溯到由一种自发的努力所实现的心灵中的平衡,这种自发的努力试图控制情感的作用……这种有益的对抗恰恰得到了它所抵制的状态的帮助,而这种对抗者之间的平衡则被一种随同发生的意欲行为或判断行为组织进了韵律之中,这种组织是有意识的并且是为着所预见到的愉悦目的的"。存在着"一种激情和意欲、自发冲动和自愿目的的相互渗透"。韵律因此"倾向于增加一般感觉以及注意力的活泼性和感受性。它产生这种效果所凭借的东西,一者是持续的惊奇刺激,另一者是好奇心在得到满足和再受刺激之间的迅速互换,这两者实际上太轻微了,以至于在任何一个时刻都不能成为清楚意识的对象,但它们在其聚合的影响中变得相当客观"。音乐使停止和加强这一愉快的往复对抗过程变得复杂和强劲,在那里,各种不同的"声音"既彼此反对又相互回应。

桑塔亚那曾经正确地作过这样一段评论:"知觉在心灵中的保持并不像封印和石蜡的陈腐比喻所暗示的那样被动且不变,直到时间磨去它们粗糙的边沿并使它们慢慢消失。不,知觉落于头脑之中,毋宁像种子落于犁过的田野之中,甚至更像火星落于火药桶之中。每一个意象都繁育出另外一百个意象,这繁育有时候是缓慢而隐匿的,有时候(像激情的导火索点燃时)是奇思妙想的一种突然迸发。"甚至在抽象的思想过程中,与最初的动力装置之间的联系也并非是完全割断的;而且,动力机制是同交感系统和内分泌系统中的能量储存相连接的。一个观察,一个闪进心中的念头,开启了某样东西。结果也许是一种过于直接以致缺乏节奏的宣泄;也许存在着一种粗鲁而未加规训的力量的展示;也许存在着一种软弱性,它允许能量在怠惰的白日梦中挥霍自身;也许存在着某些渠道的过大开放性,因为习惯已经变成了盲目的常规——当活动有时候采取的形式完全与"实际的"行为同一时。倘若一个世界不利于那些支配性的欲求,那么,对这个世界的无意识恐惧,就会抑制一切行动或者把行动限制在熟悉的渠道之内。有许许多多的途径在不冷不热的无动于衷和粗鲁狂暴的迫不及待两极之间变化着,在这些途径中,那曾经被唤醒的能量未能进入累积、反对、中止和暂停的有序关系之中,未能向着一则经验最终的圆满完成而迸发。后者因而是不成熟的、机械的,或者是松散而不集中的。这些例子从反面界定了节奏和表现的本性。

从物理上说,如果你稍微拧了一下水龙头,那么,对水流的抵抗就会迫使一种能量得到保存,直到抵抗被克服为止。然后,水就会一滴一滴并在有规律的间隔中流出来。如果一股水流落下有足够的距离,就像大瀑布那样,那么表面的张力就会使水流以单一的水滴抵达底部。能量的极性或对立,对定义和界定来说是普遍需要的,这定义和界定使得否则就是均匀的团块和广域分解成个体的形式。同时,这种对立的能量的平衡分配提供了尺度或秩序,这尺度或秩序防止变化变成一种无秩序的异质性。绘画以及音乐、戏剧和小说都具有张力的特征。在其明显的形式之中,它可见于互补色彩的使用,前景和后景的对比,以及中心物体与外围物体的对比。在现代绘画中,明与暗之间必要的对比和关系并非是通过使用棕色与褐色的阴影来达成的,而是通过使用本身就鲜艳的纯色来实现的。彼此相似的曲线被用于界定轮廓,不过是以上和下、前和后的相反方向。单一的线条也展现出张力。

正如列奥·斯坦因(Leo Stein)曾经评论的："如果一个人注视花瓶的外形并留意到它用以弯曲轮廓线条的力量,那么,他也可以观察到线条中的张力。这将依赖于线条的表面弹性、先前部分所给予的方向和能量,等等。"在艺术作品中,间歇的普遍运用具有重要的意义。这些间隙不是断裂,因为它们既导致个体化的定界,也导致成比例的分布。它们在作出区分的同时,也建立了联系。

能量借以起作用的媒介决定了最终的作品。在唱歌、跳舞以及戏剧表演中,有待克服的抵抗部分地在于有机体自身,如窘迫、害怕、笨拙、害羞、缺乏活力,另外部分地在于听讲的观众。抒情的讲述和舞蹈,乐器所奏出的声音,使气氛或背景活跃起来。它们不必遭遇在外部材料的改造中所发现的反对。抵抗是个人的,而且其结果无论在生产者还是在消费者那里也直接是个人的。然而,雄辩的言论并非入水无痕。那些有机体,那些被牵涉到的人,在某种程度上得到了改造。较之演员、舞者和音乐演奏者来说,作曲家、作家、画家、雕刻家借以工作的媒介乃是更为外在的,而且离观众更为遥远。虽然他们避开了由直接的观众所施加的压力,但改造了一种提供抵抗并在内部设置张力的外部材料。这种不同还可继续深入。它可诉诸气质和天资上的不同,以及观众中的不同情绪。绘画和建筑不可能领受由戏剧、舞蹈以及音乐演奏所博得的那种即时发生的直接的兴奋喝彩。由雄辩术、音乐以及戏剧演出所建立的直接的亲身接触是自成一格的。

造型艺术和建筑艺术的直接效果不是有机体的,但却存在于永恒的周遭世界之中。它更为间接,同时更为持久。以字母记录的歌曲和戏剧,写出的音乐,在造型性艺术中有着它们的位置。在形成性艺术中所引起的客观修正的结果是双重的。一方面,在人和世界之间存在着张力的直接减损。由于人处在一个他参与建造的世界之中,所以他发现自己更有在家的感觉。他变得习惯起来,并且相对地安逸起来。在某些情况下,并且在某些范围内,人和环境彼此之间作为结果的更加适应,对于进一步的审美创造来说是不利的。事情现在太顺畅了;没有足够的不规则性来创造新展现的要求以及新节奏的机会。艺术变得因循守旧,并且满足于以一致的风格和方式把细小的变化加到旧的题目之上,而这些题目之所以讨人喜欢乃是因为它们是愉快回忆的渠道。到了这个程度,环境从审美上来说,已经耗尽了,用坏了。学院派和折衷派在艺术中的重现,是一个不能被忽视的现象。而且,假如我们通常把学院派与绘画和雕刻联系起来,而不是与比如诗歌或小说联系起来,那么,下面的情形依然如实地存在着,即诗歌或小说对现有场景的依赖,人们所熟悉的情境的变化,易被认出的人物类型的乔装打扮,这些都具有可让我们称作学院派绘画的显著特征。

但是最后,恰恰是这种熟悉性在一些人的心中引起了抵抗。熟悉的事物得到吸收并变成一种沉淀物,在这种沉淀物中,新条件的种子或火星会引起骚乱。在旧的东西还没有得到结合的时候,结果就只是怪诞。然而,伟大的原创艺术家却把传统吸收到他们自身之中。他们不是避开它而是消化它。然后,恰是传统与他们本身之中以及环境之中的新东西之间所产生的冲突创造出了一种张力,这种张力要求一种新的表现模式。莎士比亚也许只了解"很少的拉丁语以及更少的希腊语",但他对容易取得的材料却是一位贪得无厌的饕餮者,以至于如果材料没有通过一种关涉到他周围生活的同样贪得无厌的好奇心而与他的个人创见既对抗又合作的话,那么,他就成了一个剽窃者了。现代绘画中的伟大革新者们更多地是往昔画作的勤勉学生,而不是那些树立当代时尚的模仿者。但是,他们个人创见的材料的运作是反对旧的传统的,而且从交互的冲突和加强中产生出了新的节奏。

这些事实指出了一种审美理论的基础,这种指出乃是建立在艺术之上,而非外部的成见之上。理论只能建基于对内在与外在能量的核心作用的理解之上,以及建立在对能量的某种相互作用的理解之上,这种相互作用伴随着累积、保存、暂停和间歇而设立起对立,同时在一则有秩序的或者说有节奏的经验中设立起趋于实现的合作运动。然后,内在的能量就在表现中得到释放,而能量在质料中的外在体现则具有了形式。在这里,我们有一个有机体与环境的做和经受之间的那种关系的更为完满且更为明晰的例子,而该关系的产品就是一则经验。对做和经受之间不同关系而言的特殊节奏,乃是导致知觉的直接性和统一性的诸元素得以分布和分配的源头。适当关系和适当分布的缺乏,会产生一种妨碍知觉的单一性的混乱。唯有关系方才产生一件艺术作品由以激动和平静的经验。做引起激动,而经受的结果则带来一个宁静的阶段。一种彻底的并且相关的经受会实现能量的累积,而这是在活动中进一步宣泄的源头。作为结果的知觉是有序而清晰的,同时在情感上得到调和。

对艺术中的宁静性质进行夸大是有可能的。没有什么艺术会缺乏与对象中的设计和组织相应的镇静。但是,也没有什么艺术会缺乏抵抗、紧张和兴奋;否则的话,所引起的平静就不是满足意义上的平静。事物在概念中是被加以区分的,而在知觉和情感中则是同属的。感觉的和观念的、表面和内容或意义的区分,兴奋和平

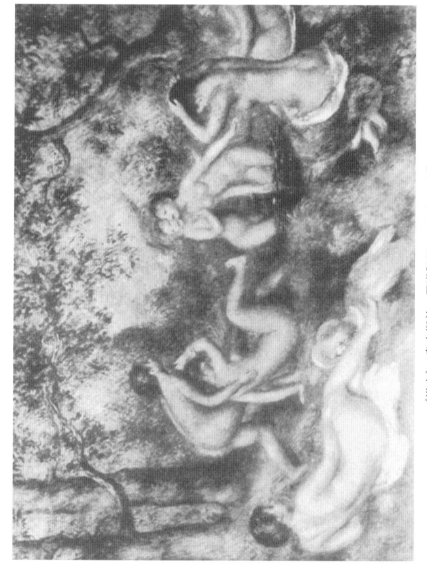

《浴女》 奥古斯特·雷诺阿（Auguste Renoir）作
巴恩斯基金会

静的区分,在艺术作品中并不存在,尽管它们变成了哲学反思中的反题;而且,它们的不存在不是因为概念上的对立得到了克服,而是因为艺术作品存在于一种经验的层次上,在这个层次上并没有出现反思所作出的区别。兴奋也许出自多样性,但是在纯粹的多样性中并不存在有待克服并引起停顿的抵抗。再没有什么东西比散乱在人行道上等待运货车的家具更多样化了。然而,当这些东西在运货车中被强行放在一起时,却没有出现秩序和宁静。它们必须得到彼此相关的分布,就像给一间房间布置家具,以组成一个整体那样。分布和统一的共同运作,导致了那种引起激动的变化运动,以及带来平静的满足。

  在自然和艺术中存在着一个有关美的古老公式:多样性之中的统一。所有的一切,都依赖于如何理解"之中"这个介词。一个盒子之中也许有许多物件,一幅单一的绘画之中也许有许多形象,一个口袋之中也许有许多硬币,一个保险箱之中也许有许多文件。这种统一是外在的,这种繁多是不相关的。重要之点在于:当对象或场景的统一成为形态的和静态的之时,统一和繁多就总是会有这种状况或者近似于这种状况。只有联系一种能量关系而对这个公式的术语进行理解时,这个公式才是有意义的。倘若没有特别的区分,就不会有完满,也不会有许多的部分。然而,只有在那些区别依赖于相互的抵抗之时,它们才具有审美的性质,就像乐句得到丰富的情形那样。只有在抵抗创造了一个由对立能量的合作性相互作用所决定的中止之时,才会有统一。这个公式的"一",便是由那些抵抗中各自能量的互动部分而来的实现。而"多",则是由最终支撑起一种平衡的对立力量而来的确切个性化的展现。这样,下一个题目就是艺术作品中能量的组织。因为作为艺术作品之特征的多样性中的统一,乃是动态的。

(孙　斌　译)

艺术与文明

艺术和文明*

艺术是一种弥漫于经验之中的性质；它不是经验本身，除了比喻的说法之外。审美经验永远不只是审美的。在它里面，本身并非审美的大量质料和意义进入通向圆满完成的有秩序的、有节奏的运动中时，就变成审美的了。材料本身在很大程度上是有人性的。审美经验的材料在具有人性——这种人性与自然联系在一起，并且是自然的一部分——时就是社会性的。审美经验是对文明生活的一种展示、记录和赞美，是促进其发展的一种手段，并且是对一种文明的性质的最终判断。这是因为，尽管它被个人生产出来并被个人所欣赏，但这些个人之所以在他们的经验内容中是其所是，乃是由于他们参与其中的文化的缘故。

《英国大宪章》被称为盎格鲁-撒克逊文明的伟大的政治稳定器。即便如此，它也是在想象力而非在字面内容所给出的意义上起作用的。在一种文明中，既存在着转瞬即逝的元素，也存在着持久长存的元素。持存的力量并不是单独的；它们是大量过往事件的功能，因为后者被组织到了形成心灵的意义之中。艺术是实现这种结合的一种巨大力量。拥有心灵的个人一个接一个地逝去，而意义于其中得到客观表现的作品则持存了下来。它们成为环境的部分，而与环境的这个方面的相互作用乃是文明生活中的连续性的中枢。宗教的条规和法律的力量之所以有效，乃是因为它们披上了壮丽、尊贵以及庄严的华服，而这华服正是想象力的作品。如果社会习惯不只是统一的外在行动模式，那么，这是因为它们浸透了故事以及被传递着的意义。每一门艺术都以某种方式成为这种传递的一种媒介，尽管它的产品

---

* 选自《杜威全集·晚期著作》第 10 卷，首次发表于 1934 年，为《作为经验的艺术》第 14 章。

并非是浸透质料的微不足道的部分。

"光荣属于希腊而伟大属于罗马",这对于我们大部分人,或者说,很可能是对于除历史研究者之外的所有人来说,乃是对那些文明的总结;光荣和伟大是审美的。对于除古文物研究者之外的所有人来说,古埃及就是它的纪念碑、神庙以及文学。文化从一种文明穿越到另一种文明的连续性,以及该文化之中的连续性,乃是以艺术而非任何其他的东西为条件的。特洛伊对于我们来说,只活在诗歌中,活在从它的废墟中所找回的艺术对象之中。米诺斯文明在今天就是它的艺术产品。异教的神和异教的仪式已经一去不复返了,但却依然存在于现在的熏香、灯光、长袍和节日之中。也许是为着方便商业交易的目的而发明出来的字母没有发展成为文学,那么,它们就仍然是技术设施,而我们自己就可能生活在几乎不比我们野蛮的祖先更高的文化之中。要是没有下面一些东西,遥远过去的事件现在就被湮没在遗忘之中了,这些东西包括仪式和典礼,哑剧、舞蹈以及由此发展出来的戏剧,舞蹈、歌唱以及伴奏的器乐,还有根据图案形成并印上共同体生活徽章的日常生活的器具和物件,这与其他艺术中所展现的那些东西相似。

人们只能勉强罗列更古老文明里的艺术的功能,此外再要做什么就不可能了。但是,原始人用来纪念和传递他们习俗和制度的那些艺术、那些公共的艺术,乃是所有优美艺术得以从中发展出来的源泉。武器、垫子和毯子、篮子和罐子上所特有的图案,成为部落联盟的标识。今天,人类学家依靠刻在棍子上或者绘在碗上的图案来确定它的起源。仪式和典礼以及传说把生和死连在一种共同的伙伴关系之中。它们是审美的,但又不只是审美的。哀悼的仪式所表现的不只是悲痛;战斗和收获的舞蹈不只是为着要执行任务而聚集能量;巫术不只是命令自然的力量听从人的召唤的方式;宴会不只是饥饿的满足。这些公共活动方式中的每一个,都把实践、社会以及教育因素统一在一个具有审美形式的综合整体之中。它们通过最能给人以深刻印象的方式,将社会价值引入经验里面。它们把那些明显重要并且明显与共同体的实质生活有关的事物联系在一起。艺术就在它们之中,因为这些活动符合最强烈、最易把握、记忆最长久的经验的需要和条件。但是,它们不只是单单的艺术,尽管审美的方面无所不在。

我们把雅典当作最卓越的史诗和抒情诗的家乡,当作最卓越的戏剧、建筑和雕刻艺术的家乡,可是在希腊,正如我评论过的那样,那种为艺术而艺术的想法是无法被理解的。柏拉图对荷马和赫西俄德的苛刻态度,看起来有些过分。但是,他们的确是人们的道德教师。他对诗人的攻击,就像现在的批评家对部分基督教经文的攻击一样,因为这些经文被认为造成了邪恶的道德影响。柏拉图对诗歌和音乐进行审查的要求,是那些艺术所产生的社会影响甚至政治影响的一份献礼。戏剧在神圣的日子(holy-days)演出;而出席演出属于公民崇拜行为的本性。建筑在其所有重要的形式中都是公共而非家庭的,更不用说专用于工业、银行或商业了。

艺术在亚历山大时期衰落了,它退化成对古代范例的低劣模仿,这种衰落标志着伴随城邦的消失和大型帝国的兴起而来的公民意识的普遍丧失。关于艺术的理论和对于文法及修辞的培养取代了创造。而且,关于艺术的理论给出了已经发生的巨大社会变化的证据。艺术没有与共同体生活的表现联系在一起,相反,自然美和艺术美被当作某种超凡现实的回声和提示,这种超凡现实存在于社会生活之外,并且实际上是存在于宇宙本身之外——这正是后来所有那些把艺术当作某种从外部输入经验之中的东西的理论的最终源头。

随着教会的发展,艺术再次被带入与人类生活的联系之中,并且成为人们之间的一种连接纽带。通过礼拜以及圣礼,教会以给人深刻印象的形式恢复并改造了在所有先前仪式和典礼中最为动人的东西。

在罗马没落后充当随之而来的崩溃状态的聚合角色上,教会甚至超过了罗马帝国。研究精神生活的历史学家,强调教会的教义;研究政治制度的历史学家,则强调依靠教会制度而来的律法和权威的发展。但是,把民众的日常生活考虑在内并给他们以统一感的影响得以建立起来了,而这种建立可以有把握地推测,乃是通过圣礼、歌唱和绘画、仪式和典礼等所有具有审美方面的东西而不是任何其他东西所达成的。雕刻、绘画、音乐、文学出现在崇拜所进行的地方。对于聚集在神庙中的崇拜者来说,这些对象和行为远远不止是艺术作品;极有可能的是,这些东西对于他们来说,比起今天的信仰者和无信仰者来说,更谈不上是艺术作品。可是,由于审美方面的存在,宗教的教谕就更加容易得到传达,而且其效果也更加持久。凭借存在于它们之中的艺术,它们从教义转化成了活的经验。

教会完全意识到艺术这种超审美的效果,这明显地体现在它对艺术的小心调控之中。所以,公元787年,在第二次尼西亚会议上,官方颁布了以下的法令:

"宗教场景的主旨并非归结为艺术家的主动性;它来自天主教会和宗教传统所

规定的原则。……单单的艺术属于画家；而它的组织和安排属于神职人员。"①柏拉图所渴望的那种审查制度获得了充分的支配地位。

马基雅维利（Machiavelli）的一段陈述在我看来，始终是文艺复兴精神的象征。他说，当他完成了这个时代的任务时，就会遁入他的研究之中，专心致志地沉浸到古代的经典文学之中。这个陈述具有双重意义的象征：一方面，古代的文化不再活着，它只能被研究。正如桑塔亚那曾经说过的那样，希腊文明现在只是一种有待赞慕的理想，而不是一种有待实现的理想。另一方面，对于希腊艺术的了解，尤其是对于建筑和雕刻的了解，使包括绘画在内的各门艺术的实践产生了彻底的变革。对物体的自然形状及其在自然景色中的排布的感觉得到了恢复；在罗马画派中，绘画总是一种生产由雕刻所引起的感觉的企图，而佛罗伦萨画派则发展了内在于线条之中的独特价值。这种变化对审美形式和审美主旨都产生了影响。教会艺术的透视法的缺乏、平面和侧面的性质、黄金法则的使用以及许多其他的特征，并不应该归于有技巧的技艺的单纯缺乏。它们与人类经验中某些特定的相互作用联系在一起，这些相互作用作为艺术的结果而被人们所欲求。在文艺复兴时期所出现并且由古代文化所滋养的世俗经验，必然包含要求艺术中的新形式的效果的生产。主旨从圣经主题和圣徒生活扩展到希腊神话的场景的描绘，再到在社会意义上令人印象深刻的当代生活景象，这种扩展不可避免地接踵而来。②

这些评论仅仅试图勉强说明以下事实，即每一种文化都具有它自己的集体个性。就像由以产生一件艺术作品的个人的个性那样，这种集体的个性也把它难以磨灭的印记留在了所生产的艺术之上。诸如南太平洋岛屿的、北美印第安人的、黑人的、中国的、克里特岛的、埃及的、希腊的、希腊化时期的、拜占庭的、穆斯林的、哥特式的、文艺复兴时期的艺术表述，都具有一种真实的重要意义。这种集体文化起源与作品含义不可否认的事实，阐明了前面所提及的一个事实，即艺术是经验之中

---

① 援引自李普曼（Lippmann）的《道德序论》（*A Preface to Morals*），第 98 页。这段引文所在的那一章文本给出了对画家作品进行调控的具体规则的一些例子。"艺术"和"主旨"之间的区别，类似于某些拥护对艺术实施无产阶级专政的人们所划分的一种区别，即把属于艺术家的技巧或手艺与素材区别开来，后者是由对事业起促进作用的"党的路线"的需要所决定的。一种双重标准被确立起来了。存在着仅仅作为文学而来的或优或劣的文学，也存在着依据其对经济革命和政治革命的影响而来的或优或劣的文学。
② 参看《杜威全集·晚期著作》第 10 卷，第 146 页。

的一种张力,而不是经验之中的一种实存物。然而,一种最近的思想流派却从这个事实中得出了一个问题。该流派主张,既然我们不能在事实上重现遥远时代和异国文化的某个民族的经验,那么我们就不能对它所生产的艺术有一种真正的欣赏。甚至关于希腊艺术,该流派也声称,希腊人对于生活和世界的态度是如此不同于我们的态度,以至于希腊文化的艺术品对于我们来说,必定是一本在审美上密封起来的书。

对于这种主张,我们已经给出了部分的回答。无疑正确的是,希腊人面对比如说希腊建筑、雕刻和绘画时的总体经验,是远远不能等同于我们的经验的。他们的文化特征是短暂的;他们现在已经不存在了,而这些特征体现在他们对他们的艺术作品的经验之中。但是,经验乃是艺术产品与自我的一种相互作用。因此,即使在今天,对于不同的人,它不会两次一模一样。它随着同一个人在不同的时间将不同的东西带入作品中而发生变化。但是,没有理由认为,这些经验为了要成为审美的,就必须等同起来。只要在各自的情形中存在着通向完成的经验质料的有序运动,就存在着一种主导的审美性质。从根本上来说,这种审美性质对希腊人、中国人和美国人都是一样的。

然而,这个回答并没有包含全部情况。这是因为,它并不适用于一种文化的艺术对人所产生的总体影响。当这个问题被错误地着眼于独特审美性来加以架构时,就暗示了另一民族的艺术对我们的总体经验可能意味着什么的问题。丹纳(Taine)以及他的学派关于我们必须根据"种族、环境和时代"来理解艺术的主张,触及了问题,但也仅仅是触及而已。这是因为,这样的理解可能是纯粹理智的,并因而处在它所伴随的地理学、人类学和历史学资料的层次之上。它没有解决这样一个问题,即异国艺术对于现在的文明所特有的经验来说,具有什么样的重要意义。

该问题的本性在休姆先生论及以下两种艺术之间基本差别的理论中得到了暗示:一种是拜占庭艺术和穆斯林艺术,另一种是希腊艺术和文艺复兴艺术。他说,后者是充满生机的和自然主义的,而前者是几何学的。他继续阐述说,这种差别与技术能力上的差别没有关系。这条鸿沟是由态度的根本差别,以及欲望和目的的根本差别所造成的。我们现在习惯于一种满足模式,并且把我们自己对欲望和目的的态度当作所有人的本性所内在固有的,从而可以给出所有艺术作品的尺度,构建起所有艺术作品所符合并且应当满足的要求。我们所具有的欲望根植于一种渴求,即渴求通过与"自然"形式和运动的愉快交流所经验到的活力的一种增长。拜占庭艺术,以及一些其他形式的东方艺术,发源于一种在自然中没有乐趣并且不去追求活力的经验。它们"表现了面对外部自然时的一种分离感"。这种态度对对象特征的刻画,完全不像埃及的金字塔和拜占庭的镶嵌工艺那样。这样的艺术和西方世界所特有的艺术之间的差别,无法通过抽象的兴趣来加以解释。它显示了一种关于人与自然的分离以及不和谐的想法。①

休姆先生用下面一句话来作总结,他说:"艺术不能被单独地加以理解,而必须被当作人和外部世界之间的一般性调适过程中的一个元素。"无论休姆先生对许多东西方艺术之间典型差别(它几乎完全不适用中国艺术)的阐述的真实性如何,他陈述事情的方式,在我看来,是把一般性的问题放在了其合适的语境之中,并且暗示了解决的办法。从集体文化对艺术作品的创作和欣赏的影响的立场来说,正因为艺术表现了一种深层的调适态度,一种普遍的人类态度的根本观念和理想,所以,一种文明所特有的艺术就成为同情地进至遥远和异国文明的经验中的最深层元素的手段。借助这个事实,也可以说明他们的艺术对于我们而言的人性含义。它们使我们自身的经验得到了拓展和加深,而且就我们凭借它们来把握其他经验形式中的基本态度而言,它使我们自身的经验更少地具有局部性和褊狭性。除非我们抵达另一种文明的艺术中所表现的态度,否则的话,它的产品或者只是对"唯美主义者"具有意义,或者没有在审美上给我们以深刻的印象。因此,中国艺术之所以看起来是"古怪的",乃是因为它的不寻常的透视方案的缘故;拜占庭艺术僵硬而笨拙;黑人艺术则好像奇形怪状。

在提及拜占庭艺术时,我把自然这个术语放在了引号之中。我之所以这么做,是因为"自然"这个词在美学文献中具有一种特别的意义,这尤其通过"自然主义的"这个形容词的使用而显示了出来。但是,"自然"还具有一种意义,在这种意义里,包括了万事万物的整个系统——它在其中具有富于想象和充满情感的"宇宙"这个词的力量。在经验里面,人类的关系、制度和传统就像物质世界一样,是我们生活于其中并且由以生活的自然的一部分。自然在这个意义上,就不是"外部的"。它在我们之中,而我们也在它之中,并且属于它。不过,存在着许许多多参与到它里面去的途径,这些途径不仅是同一个体的不同经验所特有的,而且是在其集体性

---

① 休姆(T. E. Hulme):《沉思》(*Speculations*),第 83—87 页以及各处。

方面归属于各种文明对渴望、需要和成就的态度所特有的。艺术作品是一些手段，借助这些手段，并且通过它们所唤起的想象和情感，我们进入到与我们自身不同的其他形式的关系和参与之中。

19世纪晚期的艺术以严格意义上的"自然主义"为特征。20世纪早期最有特色的制作，由埃及、拜占庭、波斯、中国、日本和黑人艺术的影响所标识；这种影响在绘画、雕刻、音乐以及文学之中，都得到标识。"原始的"和中世纪早期的艺术效果是这同一个一般运动的一部分。18世纪则把高贵的野蛮人和遥远民族的文明理想化了。但是，除了中国艺术风格和浪漫文学的某些方面之外，对异国民族艺术背后的东西的感觉并没有影响到实际所生产的艺术。准确地说，英国所谓的前拉斐尔派艺术体现了那个时期所有绘画中最为典型的维多利亚风格。但是，在最近的几十年里，从19世纪90年代开始，远方文化的艺术所产生的影响已经内在地进入艺术创作之中。

对于许多人来说，这种效果无疑是肤浅的，仅仅提供了某种类型的可供人欣赏的对象，之所以如此，部分是由于这些对象个别的新奇性的缘故，部分是由于一种附加的装饰性质的缘故。但是，那种依靠对不同寻常或稀奇古怪甚或迷人魅惑之物的单纯渴望来解释当代作品的生产的想法，比这种欣赏更加肤浅。从某种程度和方面来说，动力在于真正地参与到在原始的、东方的以及中世纪早期的艺术对象中得到表现的经验类型里面去。倘若一件件作品仅仅是对异国作品的模仿，那么，它们就是转瞬即逝和微不足道的。但是，在它们最好的情况下，它们可以造成一种有机的混合，即把我们自己时代的经验所特有的态度与遥远民族的经验所特有的态度混合起来。这是因为，新的特点并不仅仅是装饰性的附加，而是进入艺术作品的结构之中，从而引起一种更为宽广和完满的经验。它们对那些进行知觉和欣赏的人的持续影响，将会成为他们的同情、想象和感觉的一种扩充。

艺术中的这种新运动说明了由于真正熟悉其他民族所创造的艺术而产生的效果。我们对它的理解是在把它当作我们自身态度的一部分的程度上来进行的，而不是通过关于它得以生产的条件的总体信息来进行的。借用柏格森的一个术语来说，当我们把自己安顿在对我们起初感到陌生的自然的领会方式中时，就达到了这个结果。在某种程度上说，当我们着手这种整合时，我们自己就变成了艺术家；并且凭着促使其实现，我们自己的经验也再次确定了方向。当我们进入黑人艺术或波利尼西亚艺术中时，障碍就解除了，限制性偏见也消融了。这种无法感觉到的消融比推理所引起的变化要有效得多,因为它直接地进入态度之中。

出现真正交流的可能性是一个宽泛的问题,刚才所处理的只是其中的一种类型。它的发生是一个事实,但经验共同体的本性是最为严肃的哲学问题之一——如此严肃以至于有些思想家要否认这个事实。交流的存在迥然不同于我们彼此之间物质性的分离,也不同于各个个体内在的精神生活,所以并不令人感到奇怪的是:语言被认为具有超自然的力量,而神交被赋予圣典礼仪的价值。

此外,熟悉和习惯的事件是我们最不可能去反思的东西;我们把它们当作理所当然的。由于它们通过姿势和手势而与我们紧密相近,所以它们是最难以加以观察的。通过口头和书面的言语进行的交流,乃是社会生活熟悉而持久的特征。相应地,我们倾向于仅仅把它当作无论如何必须毫无疑问加以接受的其他诸种现象中的一种。我们忽视了这样一个事实,即它是人与人之间内在联合所独具的全部活动和关系的基础和源泉。我们彼此之间大量的接触是外在和机械的。存在着一种它们由以发生的"场域",这种场域是由法律制度和政治制度来界定和维持的。但是,对这种场域的意识并没有进入作为其集成和控制力量的共同行动之中。国与国之间、投资者与劳动者之间、生产者与消费者之间的关系都是相互作用的,这些相互作用仅仅程度很轻地成为交流的形式。存在着所牵涉到的各方之间的相互作用,但它们是如此地外在和偏颇,以至于我们经受到了它们的结果却没有把它们整合到一则经验之中。

我们听到了言语,但几乎好像是在听一种七嘴八舌的嘈杂声。意义和价值没有被我们完全领会。在这样的情形中,不存在交流,也不存在只有当语言在其全部含义中打破物质隔离和外在接触时才会产生的经验共同体的结果。比起存在于大量彼此无法理解的形式中的言语来说,艺术是一种更为普遍的语言模式。艺术的语言必须通过努力才能得到。但是,艺术的语言并不受到划分不同模式的人类言语的历史偶然性的影响。音乐的力量尤其能把不同的个性融合在一种共同的让出、忠诚和灵感之中,这是一种既可用于宗教也可用于战争的力量,它说明了艺术语言的相对普遍性。英语、法语和德语这些语言之间的差别造成了障碍,而当艺术说话的时候,这些障碍就消失了。

从哲学上说,我们所面临的问题乃是离散和连续之间的关系。它们两者都是难以对付的事实,但它们必须在任何超越兽类交往水平的人类联系中相遇与混合。为了证明连续性是正当的,历史学家常常求助于一种被错误地称作"遗传学"的方法,在其中,真正的创始是不存在的,因为一切事物都被分解到了居前的东西之中。但是,埃及的文明和艺术并不仅仅是对希腊的一种准备,而希腊的思想和艺术也不仅仅是它们自由舶来的那些文明的修订版本。每一种文化都有自己的个性,而且都有一种把各个部分结合在一起的范型。

尽管如此,当另一种文化的艺术进入决定我们经验的态度中时,真正的连续性就得到了实现。因此,我们自己的经验并没有失去它的个性,但是,它吸收并结合了那些扩充其意义的元素。一种从物质上来说并不存在的共同性和连续性就被创造出来了。有一种企图是注定要失败的,即企图依靠把一组事件和一种制度分解到时间上在先的那些东西里来确立连续性。只有一种经验的扩充,才能消解不连续性所带来的后果,这种经验扩充把源自某些生活态度而经验到的价值吸收到了它自身之中;而且,这些生活态度不同于那些由我们自身人文环境所产生的生活态度。

这里所讨论的问题与某种我们日常所经受的问题并没有什么不同。这种日常所经受的问题就是努力去理解我们经常与之交往的另一个人。所有的友谊都是该问题的一种解决办法。友谊和亲密的感情不是了解有关另一个人的信息的结果,尽管这种了解可以促进它们的形成。但是,只有当它通过想象力而变成同情的一个不可或缺的部分时,它才会如此。正是在另一个人的欲望和目的、兴趣和反应模式变成我们自身存在的扩充时,我们才理解他。我们学着用他的眼睛来看,用他的耳朵来听,而它们的结果则给出了真正的指导,因为它们内置在了我们自己的结构之中。我发现,甚至词典也避免对"文明"这个术语给出定义。它把文明定义为文明化的状态,而把"文明化的"定义为"处在一种文明的状态之中"。然而,"文明化"这个动词又被定义为"在生活的艺术上进行指导并因此而在文明的等级上有所提高"。生活艺术上的指导,是某种不同于传递有关生活艺术的信息的东西。它是一个依靠想象力而在生活价值中进行交流和参与的问题,而艺术作品是帮助个人分享生活艺术的最为恰当和有力的手段。文明是不文明的,因为人类被划分成缺乏交流的派系、种族、民族、阶级和集团。

本章前面所展示的艺术与共同体生活之间联系的某些历史阶段的简短概述,表明了与当前状况的反差。有一种说法认为,艺术和其他文化形式之间缺乏明显的有机联系可以通过以下三个方面来加以说明,即现代生活的复杂性,它的诸多专门化,以及诸多不同的文化中心在不同民族中的同时存在。而这些文化中心只交换其产品却并没有形成一个包容性的社会整体的组成部分,但这样的说法是远远不够的。这些东西都是足够真实的,它们对与文明有关的艺术的地位的影响也可以容易地被发现。但是,重要的事实是:分裂到处存在着。

  我们从过去的文化中继承了许多东西。希腊的科学和哲学、罗马的法律、具有犹太教源头的宗教都在影响着我们当今的制度、信念,以及思维和感觉的方式,人们对这些影响太熟悉了,因而只需稍加提及。有两股力量被注入这些因素的运作之中,它们明显地起源较晚,并且构建起当今时代中的"现代"。这两股力量就是自然科学及其在工业和商业中所得到的运用,这种运用是通过机器并使用不属于人的能量模式来达成的。其结果是,艺术在当代文明中的位置和角色的问题要求我们注意它与科学的关系,以及与机器工业的社会后果的关系。艺术的孤立状态现在并不能被视为一种孤立的现象,它是我们这种借助新的力量而生产出的文明的不连贯性的一种展现;而且,这些力量如此之新,以至于那些属于它们的态度以及由它们所产生的结果还没有被合并和消化为经验构成整体所必需的元素。

  科学带来了关于物质自然以及我们与它的关系的全新观念。这种新观念是与另一种有关世界和人的观念比肩而立的,另一种观念来自过去的遗产,尤其是来自那种典型欧洲人的社会想象力所由以形成的基督教传统。物质世界中的事物和道德王国中的事物分离开来了,而希腊传统以及中世纪传统则把它们保持在紧密的联合之中——尽管这个联合在两个时期是用不同的手段来实现的。现在存在于我们历史遗产的精神元素及理想元素与科学所揭示的物质自然的结构之间的对立,乃是自笛卡尔和洛克以来哲学所系统阐述的二元论的最终源头。这些阐述反过来,又反映了一种在现代文明中到处活跃着的冲突。从某一种观点来看,恢复艺术在文明中的有机位置的问题有点类似这个问题,即对我们来自过去的遗产和当前知识的深刻见解进行重新组织,以便使它们进入一种连贯的和整合的想象性联合之中。

  这个问题如此严重且影响如此广泛,以至于任何可能提出的解决办法都是一种预期,充其量只能随着事件的进程而变为现实。现在所实践的科学方法太过新颖,因而无法归化到经验之中。它要在很长一段时间之后,才能渗入心灵的底土之中,从而变成共同信念和态度一个不可或缺的部分。而在此尚未发生之前,方法和结论都还是专家的所有物,而且只是通过外在的以及或多或少零散的对信念的冲击，通过同样外在的实际应用来产生一般的影响。但是，即使到这时，也有可能夸大科学在想象力上所产生的有害影响。真实的情况是：物理科学把那些使普通经验的对象和场景变得强烈和宝贵的性质剥夺掉了，并使世界就其科学性的呈现而言，不再具有那些曾经一直构成其直接价值的特征。但是，艺术在其中进行运作的那个直接经验的世界，仍然只是保持其曾经所是的样子。物理科学为我们呈现的对象完全不关心人类的欲求和渴望，这是一个事实；然而，这个事实并不能用来说明诗的死亡即将到来。人们总是意识到，在他们所生活的场景中，存在着许多对人类的目的怀有敌意的东西。被剥夺权利的民众绝不会惊讶于这样一种声明，即他们的周遭世界对他们的希望是漠不关心的。

科学倾向于指出人是自然的一部分，这个事实可能具有一种有利而非不利于艺术的影响，前提是它的内在意义得到了实现，并且其意义不再依靠与过去赋予我们的信念进行对比来加以解释。这是因为，人越近地被带向物质世界，就越清楚他的冲动和观念乃是由内在于他自身中的自然所规定的。人性在其充满活力的运作中总是奉行这条原则。科学给予这种行动以理智的支持。对于自然和人之间的关系的感觉，总是以某种形式成为艺术的激励精神。

此外，抵抗和冲突总是使艺术得以产生的因素；而且，正如我们已经看到的，它们是艺术形式的一个必要的组成部分。无论在人面前完全冷酷和阴郁的世界，还是与人的愿望相投合以至于满足所有欲求的世界，都不是一个艺术能够从中产生出来的世界。讲述这类情况的童话故事如果不再是童话故事，就将不再讨人喜欢。对于生成审美能量来说，摩擦是必要的，就像它提供驱动机器的能量那样。当旧的信念失去它们对想象力的掌控时——并且，它们的控制总是在那里而无须依赖于理性——科学对于环境对人的抵抗的揭示就会为优美艺术提供新的材料。即使现在，我们仍然把一种人类精神的解放归功于科学。它激起了一种更为急切的好奇心，并且至少在有些人那里极大地提高了观察的机敏性，而这种观察所涉及的是我们之前并未意识到的事物的存在。科学的方法往往产生出一种对经验的尊重，而且即使这种新的尊敬仍然局限在极少的人那里，它也包含了对一种要求得到表现的新型经验的承诺。

当实验性的展望一旦与一种共同文化彻底适应时，谁能预见将要发生什么事情？获得关于未来的远景，乃是一项最为艰难的任务。我们喜欢在既定的时间里获取最为突出和最为棘手的特征，就好像它们是未来的线索。所以，我们从源于当前情境的条件出发来考虑科学在未来的影响,仿佛这些条件必然而永恒地界定了它的地位;而在当前的情境中,科学占据了一种就西方世界伟大传统而言的冲突和分裂的位置。但是,当实验性的态度被彻底地采用时,我们必须把科学看作将要成为的东西,这样才能作出公正的判断。而且,尤其是艺术,当它缺乏熟悉的事物可充作其材料时,就总会被分散转移,要不然就变得绵软柔弱和过度精致。

迄今为止,科学对绘画、诗歌和小说的影响乃是使它们的材料和形式变得多样化,而不是创造出一种有机的综合。我怀疑是否在任何时候都存在着许多"稳定地看待生活并完整地看到它"的人。而且,在最糟糕的情况下,它会是某种已经不受想象的综合的束缚的东西,这与事物的气质背道而驰。对某种价值的迅速感觉成了当前艺术对象杂乱混合中的一种补偿,而这种价值就是大量从前被排斥在外的事物的审美经验的价值。当代绘画中的海滨浴场、街角、花朵和水果、婴儿和银行家毕竟不只是单纯散漫而分离的对象,它们是一种新的视觉的成果。①

我认为,无论何时,总有大量已生产出来的"艺术"曾经是琐碎和趣闻性的。时间之手已经筛掉了许多这里面的东西,尽管在今天的展览中,我们所面对的是它的整体。然而,绘画以及其他艺术的延伸,把那种曾经被当作太普通或太出位而不值得艺术承认的质料包括进来了,这是一个永久的收获。这种延伸并不直接是科学兴起的后果。但是,它是导致科学进程中的革命的相同条件的产物。

当今艺术之中的这种扩散性和不连贯性,昭示了信念共识所遭到的破坏。艺术的质料和形式上的更大整合因此取决于文化中朝向某些态度的一种一般性的变化,这些态度理所当然地被认为处于文明的基础之中,并且形成了有意识的信念和努力的底土。有一件事情是确凿无疑的:统一性无法通过宣扬需要回归过去而达到。科学就在这里,因而一种新的整合必须把它考虑进去,并且必须把它包括进去。

科学在当前文明中最为直接和普遍的存在,可见于它在工业中的应用。在这

---

① 李普曼先生曾经写过这样一段话:"一个人走进一座博物馆,并带着某种感觉走出来。这种感觉就是,他看到了一种奇怪的各色物品的搭配,有裸体、铜壶、橙子、番茄,还有百日菊、婴儿、街角和海滨浴场、银行家和时尚女子。我并不是说,这个或那个人可能没有找到一幅对他来说具有极其重要意义的画作。但是,我想,对于任何人来说,一般的印象都是趣闻、感知、幻想和极少关注的大杂烩,这些东西就它们自身而言也许一切都够好了,但却不是持存的,而且很容易被摒弃。"——《道德序论》(*A Preface to Morals*),第103—104页。

里，我们发现了一个比就科学本身而言更为严肃的问题，这个问题关涉到艺术与当前文明及其前景的关系。较之科学从过去的传统中脱离出来而言，有用的艺术和优美艺术的分离甚至具有更为重要的意义。它们之间的差别，并不是在现代被建立起来的。这种差别可以远溯至希腊人，那时候，有用的艺术是由奴隶和"低贱技工"所从事的，并且只分享到后者所得到的那种低等尊重。设计师、建筑师、雕刻家、画家、音乐演奏家都是工匠。那些以语词为媒介来工作的人才是深受尊重的艺术家，因为他们的活动并不牵涉双手、工具以及物质材料的使用。但是，借助机械手段进行的批量生产，已经将一种决定性的新转向赋予古老的有用和优美之间的分离。这种分裂被现在依附于整个社会组织中的工业和贸易之上的更大重要性所增强了。

机械性站在与审美性相对立的另一极上，而且，货物的生产现在都是机械性的。对于那种从事手工劳动的工匠来说，可容许的选择自由几乎随着机器的普遍使用而消失殆尽了。有些人在某种程度上有能力生产表现个体价值的有用商品，而被这些人在直接经验中加以欣赏的对象的生产已经变成了一种脱离一般生产过程的专门质料。在当前的文明里，这个事实大概是艺术地位中最重要的因素了。

然而，存在着某些可以阻止人们得出以下结论的考虑：该结论就是，工业条件使得艺术在文明中的整合成为不可能。我不能同意那些人的想法，即认为一个对象的各个部分之间就自动使用而言的有效而经济的彼此适应，会导致"美"或审美效果。每一个结构良好的对象和机器都具有形式，但只有当具有这种外在形式的对象与一种更大的经验融为一体时，才会产生审美形式。这种经验的材料与器具或机器的相互作用，不能够不加以考虑。然而，就最有效使用而言的各组成部分之间足够客观的关系，至少也会造成一种有利于审美欣赏的条件。它剥离了偶然的和过剩的东西。如果一台机器具有一种使其适合于其工作的逻辑结构，那么在对它的审美感觉中就存在着某种纯净的东西；而且，对于良好的工作状况来说非常重要的钢和铜的光亮，在知觉中也是内在地令人感到愉快的。假如有人将现在的商业产品与甚至20年前的商业产品加以比较的话，就会被形式和色彩所取得的巨大进展深深触动。从有着其愚蠢、累赘装饰的老式木制普尔曼车厢，到当今钢制车厢的变化，典型地表达了我要说的意思。城市公寓的外部建筑仍然是盒状的，但是在其内部，却由于对需要的更好适应而简直产生了一场审美革命。

一种更为重要的考虑是，工业环境的运作创造出了某种更大的经验，而那些特殊的产品则与这种经验融为一体,并以这种方式取得了它们的审美性质。自然,这个评论并不是指由丑陋的工厂及其污秽的环境对景观的自然美所造成的破坏,也不是指随着机器生产而来的城市贫民窟。我的意思是说,作为知觉媒介的眼睛的习惯慢慢地改变了,逐渐地习惯于工业产品的典型形状,习惯于和乡村生活不同的属于城市的对象。有机体习惯于对之作出反应的那些色彩和平面,发展出了适于趣味的新材料。流动的小溪、绿色的草坪、与乡村环境联系在一起的形式,都在失去它们作为经验的首要材料的地位。在刚刚过去的几十年里,对绘画中"现代主义的"形象发生了态度上的变化,这种变化至少部分是前面所说的那种变化的结果。甚至自然景色中的对象,也逐渐根据对象所特有的、其设计应归于机器生产方式的空间关系而被加以"统觉",如房屋、家具、器皿等这些对象都是如此。各个对象都进入充满着这些价值的一则经验之中,这些对象具有它们自身内在的功能性调适,它们将以一种产生审美结果的方式来进行适应。

但是,既然有机体自然地渴求在经验材料中获得满足,既然人所造成的环境在现代工业的影响下提供了比以前任何时代更少的满足和更多的厌恶,那么,非常明显,存在着一个仍然还没有得到解决的问题。有机体通过眼睛来获得满足的渴求,几乎不亚于它对食物的急迫冲动。实际上,许多农民对于花圃的栽培,比对充当食物的蔬菜的生产给予更多的关心。必定有某些力量在起作用,这些力量对那种与机器运作本身无关的机械生产手段产生了影响。当然,这些力量是在为私人收益而进行生产的经济制度中被发现的。

我们非常清醒地意识到的工人和雇佣的问题,不能仅仅通过改变工资、工作时间和卫生条件来加以解决。除非是一场彻底的社会变革,否则的话,永久的解决就是不可能的,而这场社会变革将影响到工人对生产及其所生产的物品的社会分配的参与程度和类型。只有这样一种变化,才会对有用对象的创造所进入的经验内容作严肃的修正。而对经验本性的这种修正,就那些被生产出来的事物的经验的审美性质而言,乃是最终的决定性因素。那种认为仅仅靠增加闲暇时间就能解决根本问题的想法,是荒谬的。这样一种想法,只不过保留了陈旧的劳动和闲暇之间的二元划分。

重要的是一种变化,这种变化将减少外部压迫的力量,并且增加生产运行中的自由感觉以及个人兴趣的力量。从工作的过程和产品之外而来的寡头控制是主要的妨碍力量,这种力量妨碍工人对他所做和所制的东西产生亲切的兴趣,而这种兴趣正是审美满足的一种本质性的先决条件。在机器生产自身的本性中，并没有什么无法克服的障碍在阻挡工人意识他们所做事情的意义，欣赏对同伴关系的满意，以及制作精良的有用作品。产生于为私人收益而对他人劳动进行私人控制的心理条件，而不是任何固定的心理学法则或经济学法则，成为抑制和限制与生产过程相伴而生的经验中的审美性质的力量。

只要艺术是文明的美容院，艺术和文明就都岌岌可危了。为什么我们大城市中的建筑如此配不上一种优美的文明？这既不是由于缺乏材料，也不是由于缺乏技术能力。然而，不仅仅是贫民窟，就连富人的公寓在审美上也都令人厌恶，因为它们如此地缺乏想象力。它们的特性是被一种经济体系所决定的，在这种经济体系中，由于从租赁和售卖而来的利润的缘故，土地乃是为着收益的目的而被使用——或者不被使用。直到土地免于这种经济负荷时，美丽的房屋也许才能偶尔地被建造出来。但是，几乎毫无希望的是，配得上一种高贵文明的一般性建筑结构会耸立起来。置于建筑上的限制也间接地影响了大量相联的艺术，而对我们生存和工作于其中的建筑产生影响的社会力量也作用在所有的艺术之上。

奥古斯特·孔德（Auguste Comte）说，我们时代的重大问题在于把无产阶级组织到社会系统之中。这句话在现在甚至比在它被说出来的时候更加正确。这项任务不可能依靠任何没有对人类的想象和情感产生影响的革命得以完成。导致艺术的生产和巧妙欣赏的价值必须被结合到社会关系的系统之中。在我看来，许多有关无产阶级艺术的讨论都是不得要领的离题之语，因为它们混淆了艺术家个人深思熟虑的意图和艺术在社会中的位置及作用。真实的情况是：艺术本身在现代条件下并非是安全可靠的，除非那些从事世间有用工作的男女大众有机会自由地管理生产过程，并且极为丰富地赋有欣赏集体工作的成果的能力。所要求的是：艺术的材料应当从不管什么样的所有的源泉中汲取营养，艺术的产品应当为所有的人所接受；与这样的要求相比，艺术家个人的政治意图就是无关紧要的。

艺术的道德职责和人性功能只有在文化的语境中，才能得到明智的讨论。一件特定的艺术作品也许会对某个特定的人或某些人具有一种明确的影响。狄更斯或者辛克莱·刘易斯的小说的社会影响，远远不能忽视。但是，有一种持续不断的经验调整虽不怎么有意却更具规模性，这种调整来自一个时代的集体艺术所创造的总体环境。正如物质生活没有物质环境的支持不能存在那样，道德生活没有道德环境的支持也不能继续下去。甚至技术性的艺术,就其总体而言,所做的事情也不仅仅是提供一些单独的方便与便利。它们形成了集体性的占有,并因此决定了兴趣和注意的方向,从而对欲望和目的产生影响。

居住在沙漠里的最高贵的人从沙漠的荒芜和贫瘠中吸收某些东西,而大山所哺育的人与其环境相阻绝时生出乡愁,这证明环境如何深深地变成了他的存在的一部分。无论野蛮人,还是文明人,都不是由于天生的构造而成为他这个样子的,而是由于他参与其中的文化。衡量那种文化的性质的最终尺度,便是繁荣昌盛的艺术。与艺术的影响比较起来,直接由语词和规诫所教的东西是苍白无力而不起作用的。雪莱说,道德科学只是"对诗已经创造出来的元素进行安排"。如果我们对"诗"进行扩展从而把充满想象力的经验的所有产品都包括进来,那么,雪莱说这话并未夸大其辞。所有反思性论文对道德所产生的影响的总和,与建筑、小说、戏剧对生活所产生的影响相比,是微不足道的;后者在"理智的"产品规划这些艺术的倾向并为它们提供理智基础时,变得非常重要。一种"内部的"理性检查是从现实撤退出来的记号,除非它是对实质性环境力量的一种反映。那些也许可以提供安全和资质的政治及经济艺术,并不当然是人类生活富裕和充足的保证,除非它们被伴随以决定文化的艺术的繁荣。

语词为已经发生的事情提供记录,并且凭借要求和命令为详细的未来行动指示方向。文学传递着过去的意义,这意义在当前的经验中至关重要,而且预言着未来的更大运动。只有充满想象力的视觉,才能诱发与现实的材质交织在一起的可能性。不满的最初萌动以及一种更好的未来的最初宣告,总是在艺术作品中被发现的。一个时期特有的新艺术的孕育具有不同于流行价值的价值观,这是为什么保守人士会发现这样的艺术不道德和肮脏的原因,也是为什么他们求助于过去的产品以获得审美满足的原因。基于事实之上的科学,也许可以收集统计数字并绘制图表。但是,它的预言,正如常言所说的,只是颠倒过来的既往历史。想象力的气氛中所发生的变化,是那些不止影响生活细节的变化的前兆。

那些把直接的道德效果与道德意图归因于艺术的理论是失败的,因为它们没有考虑到某种集体文明,而这种集体文明正是艺术作品于其中得到生产和欣赏的语境。我并不是说,它们倾向于把艺术作品当作一种升华了的伊索寓言;而是说,它们都全倾向于把某些被认为格外具有教育意义的特定作品从它们的环境中抽取出来，并且倾向于根据所选作品和特定个体之间严格的个人关系来考虑艺术的道德功能。它们对于道德的整个构想都是非常个人主义的，以至于错失了对于艺术由以实施其人文功能的方式的感觉。

马修·阿诺德的格言"诗是生活的批评"就是一个佐证。它提示读者：在诗人的方面，存在着一种道德意图；而在读者的方面，存在着一种道德判断。它没有看到，或者不管怎么说没有道明诗是如何成为生活的一种批评的；亦即，不是直接地，而是借助于揭示，通过充满想象力的洞察来处理对于与现实状况形成对照的可能性的想象经验（而不是处理老一套的判断）。对于那些还没有实现但也许会实现的可能性的感觉，当其与现实的状况对照起来时，就成为对于后者所能作出的最尖锐的"批评"。正是借助一种在我们面前所开启的对于可能性的感觉，我们才意识到那些限制我们的束缚和压迫我们的负担。

伽罗德（Garrod）先生不止在一种意义上是马修·阿诺德的追随者，他机智地说，我们在说教诗中所憎恶的东西不是它教了什么，而是它什么也没教，是它的不胜任。他又补充说道，诗的教导效果就像朋友和生活的教导，是通过存在，而不是通过明确的意图。他在另一处说道，"诗的价值毕竟就是人类生活的价值。你不可能把它们与其他价值划分出来，仿佛人的本性是在一块块隔板中建立起来的"。我认为，济慈在他一封信中所说的关于诗歌起作用的方式的话，是不能够被超越的。他问，如果每个人都从他充满想象力的经验中吐丝织出"一座空中城堡"，就像蜘蛛吐丝织出的网那样，"在空中填满美丽的环线"，那么结果会是什么？他说，因为"人不应该进行争论和断言，而要把结果低声地说给他的邻人，这样的话，凭借那吸吮以太沃土之元气的每一精神萌芽，每个人都可能变得伟大。人性也不是偶尔远远有一棵松树或橡树的大片遍生荆棘与石楠的荒野，而是变成森林里树与树之间的伟大民主"。

正是通过交流的方式，艺术变成了无与伦比的教导喉舌；但是，这种方式与通常与教育观念联系在一起的方式无关，它把艺术远远地提高到我们习惯认作教导的东西之上，所以我们对任何把教和学同艺术联系起来的提法感到厌恶。但是，我们的反感实际上是对某种教育方式的一种反思，这种教育方式的实施如此刻板以至于排斥想象力，而且并不触及人的欲望和情感。雪莱说："想象力是道德的善的伟大工具，而诗有助于依照这个原因产生出结果。"因此，他继续说道，"倘若诗人在他的诗歌创作中体现他自身的、通常存在于他自己时空中的对错观念，那么，这就是为非作歹。……通过承担这项低等的职责……他将放弃参与到这个原因之中"——即放弃参与到想象力之中。那些次要的诗人"频繁地作用于一个道德目的,而他们的诗的效果正好按比例地随着他们强迫我们去注意这一目标而逐渐削弱"。但是,想象的投射的力量是如此之大,以至于他把诗人称为"文明社会的缔造者"。

艺术和道德的关系问题,太过经常地被认为仿佛是一个只存在于艺术方面的问题。这实际上乃是假定,道德在观念上是令人满意的,如果不是在事实上令人满意的话;而且假定唯一的问题是,艺术是否以及以何种方式来符合一种已经发展成熟的道德体系。然而,雪莱的陈述抵及了问题的核心。想象力是善的主要工具。或多或少老生常谈的是,一个人对其伙伴的想法和态度,依赖于他把自己想象性地置于他们的位置的能力。不过,想象力的首要意义远远地延伸到了直接的个人关系的范围之外。除非"理想"以惯常的遵从或者作为一种伤感性冥想的名称加以使用,否则,理想的因素在一切道德观点和人性忠诚中都是充满想象力的。宗教和艺术的历史联姻关系,就根植于这种共同的性质之中。因此可以说,艺术比那些道德规范更加道德。这是因为,后者或者是,或者往往会变成现状的供奉、习俗的反映、既定秩序的加强。人性的道德预言家总是诗人,哪怕他们以自由诗体或者借助寓言来进行言说。然而,他们对可能性的洞察很快就一律转变成对既存的事实的一种宣告,并且凝固成半政治性的制度。他们对那些应当掌握思想和欲望的理想的想象性呈现,已经被当作政策规则。艺术成了使得对某些目的和意义的感觉保持活力的手段,这些目的超过了证据,而这些意义越过了僵硬的习惯。

各种道德在理论和实践中被分配到一个特殊的隔间,因为它们反映了体现在经济和政治制度之中的区分。无论在哪里,只要存在着社会的区分和障碍,那么与它们相对应的实践和观念就会把界限和范围固定下来,以至于自由的行动被置于约束之下。创造性的智力不为人们所信任;作为个性本质的创新为人们所恐惧,丰富的冲动被置于藩篱之下以免打扰平和状态。如果艺术是人类交往中一种公认的力量,而不是被当作空闲时的消遣,或者一种炫耀展示的手段,并且如果道德被理解为等同于经验中所分享的价值的一切方面,那么,艺术和道德的关系"问题"就不存在了。

道德规范的思想和实践包含了来自赞美和指责、奖赏和惩罚的观念。人类被区分为绵羊和山羊、邪恶和善良、守法和犯罪、好和坏。超越善恶对于人来说是不可能的,然而,只要善仅仅意味着得到称赞和奖赏的东西,而恶仅仅意味着通常遭到谴责或被宣布为非法的东西,那么,道德规范的理想因素就总是并且处处超出善恶之外。因为艺术完全没有那些出于赞美和指责的想法,所以风俗习惯的守护者们以怀疑的目光来看待它;或者,只有那种本身古老而"古典"以至于受到习俗赞美的艺术,才能勉强地得到承认。比如说就像莎士比亚这个例子,尊重习俗道德规范的记号可以被巧妙地从他的作品中提取出来。然而,这种由于全神贯注于想象的经验而来的对赞美和指责的无动于衷,却构建起艺术的道德潜力的核心。艺术的解放和统一的力量,正是由它而产生的。

雪莱说:"道德的伟大秘密就是爱,或者是我们本性的一种所出,以及我们自己与存在于思想、行动或人之中的美的合而为一,而不是我们自己。一个极其善良的人,必定能够进行热切而广泛地想象。"对个人来说正确的东西,对思想和行动中的整个道德体系来说也是正确的。尽管对可能之物和现实之物在艺术作品中的统一的知觉本身是一种伟大的善,但这种善并没有终止于它得以被获取的那种直接而特定的场合。这种在知觉中所呈现的统一,会持续地存在于冲动和思想的改造之中。欲望和目的大范围和大规模重新定向的最初暗示,必然是想象性的。艺术不是见于图表和统计中的一种预言方式,而且,它对人类关系的可能性的逐步潜入,也无法见于规则和戒律以及忠告和管理之中。

> 但是艺术,绝不是一个人向另一个人讲述智慧,
> 只能是向人类表达——艺术可以说出一条真理,
> 潜移默化地,这项活动将孕育出思想。

(孙 斌 译)